W0371266

JUAN CARLOS

DU MÊME AUTEUR

Francisco Franco,
la conquête du pouvoir, 1892-1937
Denoël, 1975

PHILIPPE NOURRY

JUAN CARLOS

un roi pour les républicains

2e édition

LE CENTURION

ISBN 2-227-00700-1
© Éditions du Centurion, 1986
17, rue de Babylone, 75007 Paris.

Pour Romain
dans le souvenir de mon père

PROLOGUE

UN MERLE BLANC

« Aujourd'hui commence une nouvelle étape de l'Histoire d'Espagne. »

Juan Carlos, le 22 novembre 1975.

Samedi 22 novembre 1975. L'air est vif à Madrid mais une somptueuse lumière d'automne enveloppe les avenues silencieuses de la capitale. Elle tamise les couleurs vives des drapeaux et celles noblement éteintes des tapisseries anciennes qui ornent les balcons de la Carrera de San Jerónimo. Elle assourdit les rumeurs étales qui montent de la foule sagement attentive derrière les barrières métalliques qui protègent l'accès aux Cortes espagnoles. Un immense dais cramoisi frappé aux armes du Royaume – château de Castille, chaînes de Navarre, lion du Leon, pals d'Aragon et de Catalogne – masque en partie le péristyle néo-classique de l'édifice.

Il est midi et quart lorsque la Rolls noire du prince d'Espagne arrivant de la Zarzuela s'arrête devant le portail de bronze largement ouvert. Hallebardiers et hérauts d'armes en pourpoints brodés ajoutent une note anachronique à la symphonie chatoyante des uniformes kaki aux écharpes garance, des jaquettes sombres et des capes cardinalices. Les lanciers de la Garde aux casques d'argent qui tout à l'heure encadreront la voiture royale forment la haie d'honneur. La délégation officielle, au pied des marches, accueille un homme de trente-sept ans, haut de taille, à la démarche preste, sanglé dans la tenue de campagne des capitaines généraux que rehausse le cordon bleu ciel de l'ordre de Charles III et, en chevron, celui de la Toison d'or. Aux mesures solennelles de l'Hymne national succèdent les notes allègres d'un paso doble militaire, « Soldadito español », tandis que Juan Carlos passe en revue la compagnie d'honneur d'un bataillon d'infanterie.

A l'intérieur de l'hémicycle, dont la tribune a été convertie en podium, tous les membres de l'assemblée franquiste, dont quelques-uns ont enfreint le protocole en arborant la chemise bleue des phalangistes, les invités de marque qui garnissent les bancs du public, le gouvernement au complet avec son président Carlos Arias Navarro, accueillent debout le prince et la princesse Sophie vêtue d'une élégante robe rouge. L'ovation dure deux bonnes minutes. Puis les futurs souverains prennent place sur leurs fauteuils dorés tendus de damas cerise au centre de l'estrade.

A leur droite, sur des sièges identiques, les trois membres du Conseil de Régence : Rodriguez de Valcárcel, président des Cortes et du Conseil du Royaume, l'archevêque Cantero, de Saragosse et le général Salas Larrazabal. A leur gauche, les trois infants : Felipe, bientôt huit ans, à qui reviendra un jour le trône d'Espagne, Elena qui vient de fêter son douzième anniversaire l'avant-veille et Cristina, dix ans. Le reste du podium est occupé par les ministres, le bureau des Cortes, les membres de la Maison du Prince au garde-à-vous. Parmi eux, un général noir de poil, au regard fuyant, celui que les mutins du lieutenant-colonel Tejero attendront vainement dans ces mêmes Cortes soumises au feu des mitraillettes le 23 février 1981 : le général Alfonso Armada Comyn, futur traître de mélodrame.

S'il lève les yeux vers la place réservée aux chefs d'État et de délégations étrangères, Juan Carlos peut apercevoir quelques figures familières comme celle de son beau-frère Constantin de Grèce et de l'ex-reine Anne-Marie. Il y a là aussi le prince Rainier de Monaco et le roi Hussein de Jordanie. Mais il doit bien constater que le monde occidental et démocratique boude cette cérémonie sur laquelle plane encore l'ombre du dictateur. Les États-Unis ont certes envoyé le vice-président Nelson Rockefeller. Mais pour le reste... Pinochet et Imelda Marcos, la belle épouse du président-dictateur philippin, composent l'essentiel de la galerie des personnalités étrangères. Et c'est tout un symbole!

De sa famille la plus proche, seules ses deux sœurs, Pilar l'aînée et Margarita la cadette, président à cet acte essentiel de la vie de leur frère. Entre les deux infantes, tout de noir vêtue, Carmen Villaverde, qui représente « l'autre famille ».

Tout cela doit changer. Il s'en faut de si peu! Mais ce samedi 22 novembre où Juan Carlos va être proclamé roi est vraiment un jour étrange, une sorte d'entracte lumineux et fugace dans un ciel funéraire. En fait une matinée à peine, brève parenthèse dans la grand-messe de « corpore insepulto » qui, jusqu'au lendemain, va déployer son lent rituel.

*
* *

Car à l'autre bout de ce village qu'est le vieux Madrid, dans la salle des Colonnes du Palais d'Orient, se déroule un tout autre spectacle. Depuis vendredi matin, lendemain de sa mort, le cadavre embaumé de Franco est offert à la vénération ou à la curiosité des foules qui forment de longues queues pour défiler devant son cercueil ouvert. Dans le bouillonnement des soies blanches de l'écrin mortuaire apparaît le masque aquilin et cireux d'un vieillard dont l'agonie fut interminable et pathétique. Certains croient savoir que ses pieds ont été amputés. Secret d'État! Le corps est revêtu de l'uniforme de gala de capitaine-général, bleu à parements rouge et or. Un bicorne à plumes d'autruche repose sur la poitrine.

Quarante ans de dictature – ou presque – sont maintenant ramassés dans une boîte d'acajou. Mais ce sont aussi, qu'on le veuille ou non, quarante ans de l'histoire d'Espagne. D'une si longue histoire, tout le monde n'est pas coupable, mais beaucoup sont complices. Plus de la moitié des Espagnols sont nés sous le règne du « Caudillo par la grâce de Dieu ». Seuls les hommes de soixante ans ont connu un autre régime. Donc, de celui-là, les Espagnols ont dû s'accommoder. Ils ont vécu avec lui. Ils ont grandi et prospéré sous sa coupe. Parfois même ils ont fini par oublier la singularité de ce pouvoir politique que contournaient efficacement, en Espagne même, les mutations du monde moderne, l'évolution rapide des mœurs et des mentalités.

Pendant ces quarante ans, la nature du pouvoir n'a pas changé. Sa face s'est seulement adoucie, patinée, comme s'adoucissent et se patinent certains visages en vieillissant. Comparaison d'autant plus naturelle que ce pouvoir – le plus long de l'histoire contemporaine et dont l'absolutisme ne fut tempéré que par l'esprit naturellement prudent de celui qui le détenait – se trouvait tout entier résumé dans la personne de Franco.

Les centaines de milliers de personnes qui piétinent ainsi devant le palais royal n'auront, pour la plupart, vu l'autocrate de près que ce jour-là. L'image qu'ils emportent n'évoque plus en rien le souvenir du petit dictateur replet et arrogant de la Croisade nationaliste. C'est une scène de Greuze corrigée par Goya. La mort solennelle du père entouré de ses fidèles, de ses adversaires et de la grande masse silencieuse des spectateurs de l'Histoire. Certains viennent peut-être même pour s'assurer qu'il est bien mort. Sait-on jamais, depuis le temps que cela dure!...

Au-delà des haines et des adulations anciennes, l'aventure s'achève dans cette froideur de marbre qui clôt un destin accompli. Personne n'a chassé Franco. Ce n'est pas maintenant qu'on va cracher sur son cadavre. S'il y a une vraie grandeur dans ce spectacle, elle tient d'abord à ce silence d'un peuple qui dit adieu au passé accepté et va enfin pouvoir le transcender.

Une des clés maîtresses de la transition pacifique vers la démocratie devra, en tout cas, être recherchée dans ce sentiment collectif. Depuis plusieurs années déjà, les Espagnols vivent mentalement « l'après-franquisme ». Cette « mort annoncée », quoi de plus banal! L'expression qui revenait le plus souvent dans leurs propos lorsqu'ils évoquaient l'inéluctable événement était celle-ci : la « fin d'un processus biologique ». Mais comment mieux exprimer aussi, sous l'apparente désinvolture, l'inconsciente sacralisation du phénomène?

L'« avant », l'« après » : c'est bien la mort réelle du dictateur qui fait le partage. Tant qu'un soupçon de vie agitait encore sur son lit d'hôpital ce vieux corps pantelant, mutilé, connecté à toute une batterie d'appareils médicaux, le pouvoir du Caudillo demeurait intact. Ce samedi 22 novembre, tandis qu'il gît dans son cercueil, nul n'est vraiment certain qu'il n'en retienne pas encore une parcelle entre ses deux mains jointes! C'est la statue du Commandeur qui trône au centre du salon des Colonnes. Statue couchée, mais terriblement présente. Le roi que l'on proclame, de l'autre côté de la Puerta del Sol, ne sera libre que demain, lorsqu'une lourde dalle de granit aura scellé sa tombe dans la crypte caverneuse du Valle de los Caidos, sous les monts du Guadarrama.

*
* *

Aux pieds de Juan Carlos, sur une banquette de velours rehaussée d'un riche coussin brodé, reposent la couronne et le sceptre royal. Ils ne quitteront pas leur place. Depuis le XIVe siècle, l'Espagne ne couronne plus ses rois; elle les proclame devant les attributs de leur souveraineté. Et les Bourbon n'ont rien changé à cette tradition de simplicité militaire.

Toute l'assemblée s'est levée lorsque le président des Cortes et du Conseil de Régence, Rodriguez de Valcárcel, un franquiste de la vieille garde, tend solennellement au futur souverain le livre des Saintes Écritures en prononçant la formule rituelle assortie de la variante qu'exige la législation du régime :

« Sire, jurez-vous devant Dieu et les Évangiles de respecter et de faire respecter les Lois fondamentales du Royaume et de garder fidélité aux principes du Mouvement national? »

Puis, après le serment prononcé par le prince dans les mêmes termes, tombe le noble sceau venu du fond des âges :

« S'il en est bien ainsi que Dieu vous récompense; sinon qu'il vous en demande raison! »

Alors, se tournant vers l'hémicycle, Valcárcel déclare d'une voix forte :

« Au nom des Cortes espagnoles et du Conseil du Royaume, nous faisons savoir à la Nation espagnole qu'est proclamé roi d'Espagne Don Juan Carlos de Borbón y Borbón qui régnera sous le nom de Juan Carlos I. »

« Messieurs les Procureurs, Messieurs les Conseillers, ajoute-t-il aussitôt dans un élan imprévu, dans le souvenir de Franco et l'émotion qui nous étreint, vive le Roi! Vive l'Espagne! »

Des observateurs pointilleux notent qu'il n'est que midi trente-sept à l'horloge des Cortes lorsque après cette brève cérémonie éclate une seconde fois la « Marcha Real » suivie d'une longue ovation. A présent, c'est le roi qui prend la parole pour délivrer son message. Lui aussi avoue son émotion en assumant la responsabilité d'un titre que lui confèrent, dit-il, « la tradition historique, les Lois fondamentales du Royaume et le mandat légitime des Espagnols ». D'emblée il doit rendre hommage au gisant du Palais d'Orient « cette figure exceptionnelle qui rentre dans l'Histoire, ce nom auquel il sera impossible de ne pas se référer pour comprendre le sens de notre vie politique contemporaine. Car c'est le signe des peuples grands et nobles que de savoir garder le souvenir de ceux qui ont dédié leur existence au service d'un idéal ».

Hommage distant, si l'on prend du recul, et que suivent aussitôt ces propos révélateurs de la véritable source à laquelle le nouveau roi entend puiser :

« Je sais que les Espagnols comprennent bien ce que sont mes sentiments dans de tels instants. Mais l'accomplissement du devoir est une exigence suprême quelles que soient les circonstances. Cette règle, mon père me l'a enseignée dès ma plus tendre enfance. Elle a toujours été une loi constante de ma famille. Une famille qui a entendu servir l'Espagne de toutes ses forces. Aujourd'hui commence une nouvelle étape de l'histoire d'Espagne... »

Dans un moment si délicat, devant cette assemblée franquiste, peut-on faire comprendre plus nettement qu'une page est tournée et bien tournée? Aux longs applaudissements qui ont salué l'évocation du Caudillo succèdent parfois de lourds silences lorsque le jeune souverain déclare que « l'avenir se fondera sur un consensus effectif de concorde nationale », que le peuple attend de « profonds perfectionnements », que « la Couronne considère comme un devoir fondamental la reconnaissance des droits économiques et sociaux ainsi que l'exercice effectif de toutes les libertés », ou encore qu'« une société libre et moderne requiert l'émergence de tous dans les forums de décision ».

A 13 heures, l'acte est terminé. Le « Vive l'Espagne! » par lequel Juan Carlos termine la lecture de ce discours dont tous les termes ont été pesés, discutés, polis jusqu'aux premières heures de l'aube, est salué d'une nouvelle ovation. Mais les « procureurs » franquistes les plus sagaces, Arias Navarro et la plupart de ses ministres, Valcárcel, Jose Antonio Giron et leurs phalangistes en chemise bleue, savent bien qu'ils applaudissent leur propre mort programmée. Cela prendra le temps qu'il faudra, mais tout, en filigrane, est annoncé.

Au même moment, dans un appartement parisien du boulevard Malesherbes où il a pour quelques jours élu domicile, un homme de soixante-deux ans, taillé en athlète et dont l'allure puissante évoque le grand large, n'a pas quitté des yeux l'écran de télévision où défilent en direct les images de la cérémonie madrilène. A considérer ce front ample et fuyant tendu par l'attention, ce nez voluptueux qui prolonge un profil à la fois énergique et sensuel, nul ne peut s'y méprendre : c'est bien Don Juan de Bourbon, descendant direct de Louis XIV, qui regarde son fils. A ses côtés la comtesse de Barcelone, elle aussi les larmes aux yeux, et leurs hôtes, le marquis et la marquise de Marianao.

Lorsque les caméras ont, pour la première fois, capté en gros plan le visage de Juan Carlos, le père et la mère ont échangé un regard et se sont fait la même réflexion, une réflexion tendrement familière, sans aucun rapport avec la gravité de l'événement : « Tu as vu la mine de Juanito! Regarde ces cernes sous les yeux! »... Car, pour le reste, tout est dit entre le comte de Barcelone et son fils, ou du moins l'essentiel. Le matin même le futur roi a appelé Don Juan à Paris. Ce soir, c'est Don Juan qui appellera son fils à la Zarzuela pour le féliciter et l'embrasser. Jamais les deux hommes n'ont perdu le contact ni senti se distendre leurs liens affectifs, même quand ils évitaient de parler politique.

De politique au demeurant, jamais sans doute ils n'en ont autant parlé et ne vont en parler que ces jours-ci, en dépit de la distance qui les sépare et des précautions qu'ils doivent encore prendre pour tromper les écoutes téléphoniques.

Apparemment, on pourrait croire que les choses vont au plus mal entre eux. Le comte de Barcelone ne vient-il pas, la veille, de rendre public un communiqué dans lequel il réaffirme le caractère irrévocable de ses devoirs dynastiques comme fils et héritier d'Alphonse XIII? Tous les termes qu'il emploie pour définir la monarchie démocratique et pluraliste qu'il entend représenter ne sonnent-ils pas comme une condamnation du serment que son fils vient de prêter?

Monarchie parlementaire contre « monarchie du 18 juillet 1936 », « monarchie restaurée » contre « monarchie instaurée », ou, comme le dit Juan Carlos, « réinstaurée » : le fossé peut paraître bien difficile à combler entre ces deux conceptions qui semblent s'affronter et se cristalliser dramatiquement dans cette cérémonie solennelle du 22 novembre où, en définitive, Juan Carlos accepte la couronne qui devrait revenir à son père.

Mais les chemins de l'Histoire ne s'encombrent pas de principes intangibles. Rien n'est pire que les impasses. Don Juan sait bien que son heure est passée. Il le sait, en fait, depuis 1969. Juan Carlos a compris qu'il est seul à pouvoir sauver la dynastie et asseoir la future démocratie, sans heurts avec l'armée et ces structures franquistes encore redoutables. Au prix d'un parjure? Il n'y a pas de parjure lorsque l'on va « de la loi à la loi ». Le peuple espagnol se chargera de récupérer les droits qui sont les siens. Le seul devoir du roi sera de faire respecter sa volonté souveraine, un jour prochain librement exprimée.

Car sur l'objectif suprême qui est de rendre à la nation son dû après quarante ans de dictature, de lui permettre aussi de rentrer pleinement dans le giron de l'Europe, le père et le fils sont en parfaite harmonie de pensée. Ils ne sont même plus en désaccord, comme ils le furent un temps, sur la manière de parvenir à un tel but. Les circonstances se sont en effet chargées d'aplanir ce différend. Devant le cadavre de Franco le choix n'est plus entre la compromission minimale avec le système et le « tout ou rien » incarné par Don Juan. La transition est maintenant en marche. Pas davantage que son fils, le comte de Barcelone n'a l'imprudence de l'imaginer comme une rupture immédiate et brutale.

Leurs deux discours se rejoignent ainsi sur l'essentiel, avec des paraphrases assez faciles à décrypter. Don Juan seul peut se permettre de parler clair lorsqu'il définit la vocation démocratique de l'institution monarchique. Mais c'est à son fils et non à lui-même, que, au terme de son message, il a assigné la responsabilité de la mission à remplir. Il n'y aura pas de querelle dynastique.

En revanche, il est nécessaire de maintenir encore deux chenaux parallèles pour canaliser l'imprévisible. Les résistances franquistes peuvent neutraliser Juan Carlos. La gauche elle-même se montrera-t-elle assez patiente pour accepter la voie nécessairement ambiguë que trace l'« héritier de Franco »? Si le roi échoue, la monarchie ne doit pas sombrer avec lui. Alors Don Juan qui, dans son cœur, a renoncé au trône et qui, à son fils au moins, peut bien le faire savoir – mais seulement à son fils – sera peut-être contraint de prendre la relève.

* * *

Juan Carlos, Franco, Don Juan. Les personnages de cette histoire – qui s'étale, elle aussi, comme le règne du Caudillo, sur quatre décennies –, tiennent encore chacun leur rôle sur la scène de ce jour d'automne où le passé et l'avenir s'entrecroisent singulièrement, comme si l'un s'attardait à dire adieu à l'autre.

C'est une pièce classique qui jusqu'à présent s'est jouée devant nos yeux. Une pièce à trois acteurs dont le thème est le pouvoir, et le ressort dramatique, l'amour paternel et le devoir filial.

La mort du César raidit encore les gardiens du Temple. Mais tout l'édifice qu'il avait conçu à son image, et dont il disait que les pierres étaient solidement jointes, va bientôt se déliter, sans drame immédiat, sous la poussée d'un irrésistible besoin de changement.

Don Juan lui aussi va discrètement s'effacer, côté jardin, veillant dans les coulisses au succès de son fils, ne revenant brièvement sur le plateau du théâtre, dix-huit mois plus tard, que pour transmettre à ce dernier la légitimité dynastique qui lui manque encore, lorsque l'autre édifice, celui de la démocratie, commence à s'élever fermement sur les ruines de l'ancien.

Ainsi bascule l'action, désormais centrée sur ce jeune roi qui, pour l'immense majorité des Espagnols, demeure encore une énigme. Car si nous connaissons la suite des événements, bien rares sont alors les esprits clairvoyants prêts à accorder à Juan Carlos le crédit qu'il mérite. Pour les uns il est « fils de Franco »; pour les autres « un fils à papa » qui aurait, de surcroît, renié son père. La propagande phalangiste, résolument antimonarchiste, a répandu l'image d'un prince sans envergure, tout juste bon à inaugurer les chrysanthèmes. Et cette image, étayée par la gêne réelle qu'il a ressentie dans toutes les manifestations officielles du franquisme auxquelles il était contraint de participer, s'est répandue jusque dans les milieux d'opposition, tant est naturellement ancrée dans l'opinion publique l'idée qu'un homme de cette espèce, dont le seul mérite est d'être né de sang royal, ne puisse s'avérer autre chose qu'un soliveau.

Seules quelques personnes qui le connaissent intimement ont pu mesurer à leur juste valeur son bon sens calculateur, sa spontanéité non exempte de ruse, la fermeté de ses convictions et de son caractère.

« Nous nous sommes tous trompés sur lui », avouera plus tard Felipe González qui, à cette époque, mû par un préjugé encore solidement républicain, résiste à la tentation d'entrer en contact avec l'hôte de la Zarzuela, quelque heureuse surprise que lui promettent certains de ses coreligionnaires socialistes mieux informés que lui. Quant à Santiago Carrillo, le leader du parti communiste, qui s'écriera au lendemain du putsch de février 1981 : « Sire vous nous avez sauvé la vie! », il ne veut voir en Juan Carlos, comme il le déclare en 1975 à la journaliste italienne Oriana Fallaci qu'« une marionnette, un pauvre incapable sans dignité ni sens politique, engagé jusqu'au cou dans une aventure qui lui coûtera cher »!

A l'étranger, aux États-Unis, en France, en Allemagne, grâce aux émissaires discrets que le prince d'Espagne, pendant son intérim de chef d'État, a dépêchés dans les grandes capitales pour faire connaître ses véritables intentions, on verra souvent plus clair. Dès le 27 novembre, Franco enterré, toute l'Europe démocratique – de Valéry Giscard d'Estaing à Walter Scheel en passant par Philip d'Edinburgh – se donnera rendez-vous à Madrid pour saluer en grande pompe le véritable « avènement » du roi.

Mais en Espagne même, Juan Carlos, jusqu'en ce jour de gloire, n'est pas encore délivré des sobriquets dont on l'a affublé. Au pire il était « le Fantoche du bunker ». Au mieux « Juan le Bref », un souverain qui ne durerait pas six mois...

Six mois, c'est le délai qu'il s'est à lui-même fixé pour faire sauter précisément le bunker franquiste. Dès juin 1976, il forcera effectivement la démission de celui qui l'incarne, Arias Navarro, l'homme qui succéda à Carrero Blanco en 1974. Encore six mois, et ce sera le référendum sur la réforme politique, la rupture définitive avec le passé. Puis au printemps de 1977, la légalisation du parti communiste et les premières élections générales en toute liberté. Dix-huit mois en tout, pour faire passer le pays d'une interminable dictature à la démocratie, en torpillant le franquisme de l'intérieur avec l'aide des jeunes cadres formés dans le sérail du précédent régime! Jamais les libéraux espagnols n'auraient osé rêver d'un tel prodige. A partir de ce mois de novembre, l'Histoire, en Espagne, va rentrer au galop.

***

Lorsque se termine la cérémonie des Cortes, Juan Carlos et Sophie, escortés par les lanciers de la Garde, leur longue cape blanche recouvrant à demi la croupe de leurs chevaux, se dirigent vers le Palais d'Orient pour rendre hommage à la dépouille mortelle du Caudillo. Demain le roi, suivant seul dans une voiture découverte le convoi mortuaire, l'accompagnera vers sa dernière et solitaire demeure au cœur de la sierra.

Aujourd'hui le voici en visiteur dans le palais de ses ancêtres, celui où fut élevé son père, celui que quitta son grand-père, par la porte du parc, une nuit d'avril 1931 pour n'y plus jamais revenir. Si l'idée de s'installer dans ce château immense et froid, plus vaste que Buckingham, lui était jamais venue, le souvenir d'une lecture qui jadis le frappa lui en ôterait probablement toute envie. C'est un texte qu'écrivit au début des années soixante Miguel Maura, fils d'Antonio Maura, un des grands hommes d'État de la monarchie, et lui-même ancien ministre de la République, en épilogue au livre qu'il consacra à la chute d'Alphonse XIII [1].

En ces années où Juan Carlos n'était encore qu'un otage sans voix ballotté entre Don Juan et Franco, Miguel Maura imaginait ce que pourrait être un jour l'oiseau rare appelé à porter la couronne lorsque le sabre du dictateur reposerait sur son cercueil. Avec ce rien de tendresse et d'espoir, de nostalgie aussi, contrebalançant l'ironie du propos, il l'appelait « le Merle blanc ». Et voici les conseils que le vieil aristocrate républicain, par-delà sa propre tombe, adressait à ce prince sans visage qui, un jour peut-être, régnerait de nouveau sur l'Espagne :

« Sire, il y a beaucoup de chances pour que je ne sois plus là le jour où vous serez couronné. Mais si d'aventure il m'était donné de revenir sur terre pour assister à cette remarquable cérémonie, je m'infiltrerais dans le palais et me glissant, invisible, aux côtés de l'inexpert Merle blanc, je lui soufflerais à l'oreille ceci : " Que Votre Majesté ne se fie pas exagérément aux marques d'affection et aux signes d'enthousiasme qui lui sont aujourd'hui prodigués. Le peuple de Madrid a toujours été et sera toujours ainsi... "

« Le jour où votre illustre arrière grand-père Alphonse XII, après le " pronunciamiento " royaliste de Sagonte en 1874, fit son entrée dans la capitale monté sur un superbe coursier blanc, un jeune et robuste Madrilène manifestait si fort son allégresse devant le souverain alors âgé de dix-huit ans, que ce dernier s'exclama :

« " Muchacho! Quelle frénésie, et comme tu cries fort! "

« Et ce dernier lui répondit :

« " Oh sire, ce n'est rien à côté de ce que vous auriez pu entendre le jour où nous avons chassé cette p... de reine! "

« La reine en question, c'était Isabel II, sa mère. Ce qui est bien vous dire, Majesté, le cas que les Madrilènes font de ce genre de fête... Mais ce n'est là, à tout prendre, que l'apparence des choses.

---

1. *Ainsi tomba Alphonse XIII* (en espagnol). Éd. Ariel (1966).

Or c'est, bien sûr, le fond qui vous intéresse. Et le fond du problème, c'est le vote que ce peuple pourra librement exprimer lorsqu'il sera convoqué aux urnes. Et ce jour arrivera fatalement. Il arrivera même très vite, car les nations d'Occident sont si arriérées en matière politique qu'elles continuent à pratiquer cette vieillerie de démocratie où chaque homme vaut une voix, ne serait-ce que parce que chaque citoyen est, entre autres, un contribuable...

« Ce sera donc la norme pour l'Espagne elle aussi, tant il est vrai que ces mêmes nations occidentales ne délivrent de passeport international qu'aux pays qui sont passés par cette épreuve concluante.

« En attendant l'heure décisive, que Votre Majesté mette donc à profit le temps qui reste pour bien connaître son pays. Mais alors, qu'elle voyage sans cortège, ni arc de triomphe. Qu'elle approche au plus près les naturels de chaque région, exactement comme le font les sept souverains que compte encore l'Europe. Ainsi connaîtrez-vous les Espagnols et eux, à leur tour, apprendront à vous connaître. Vous verrez que c'est plein d'intérêt. Aussi différents qu'ils soient les uns des autres, les Espagnols ont au moins quelque chose en commun : leur mémoire, qui est prodigieuse. Dans certaines de ces provinces, Votre Majesté s'apercevra que les habitants se souviennent encore de la guerre d'Indépendance, vieille de plus d'un siècle et demi. Dans d'autres, des guerres carlistes dont la première remonte à cent ans. Ici, ils se rappellent tout ce qui s'est passé durant notre guerre civile. Là, tout ce qui s'est passé après elle... Et c'est une chose vraiment curieuse de constater combien ce peuple, le peuple espagnol, a une mémoire d'éléphant. Il n'oublie jamais! Alors ne serait-ce que par simple curiosité, cela vaut vraiment la peine, Sire, de l'écouter.

« Avant de laisser Votre Majesté en paix, j'aimerais, avec sa permission, lui donner trois simples conseils que me dicte mon expérience :

« Le premier sera de ne pas vivre au palais royal. C'est un palais funèbre, et funeste à la monarchie. Ni plus ni moins qu'un Versailles espagnol. Comme ce château français, sa vocation est de musée...

« Le second est de bien veiller à fermer vos portes à ceux que l'on appelle les “ gens bien ”. Entourez-vous d'hommes intelligents et cultivés, modestes et simples, de préférence issus de la classe moyenne. Ce sont eux qui sauront vous apporter chaque jour l'air frais de la rue.

« Et puis... que Votre Majesté ne défasse pas ses valises, de crainte qu'elle ne trouve pas le temps de les refaire le jour de la vérité. Car il est probable, hélas, que les choses ne se passeront pas cette fois-ci aussi joyeusement, aussi civiquement que le 14 avril 1931.

« Rien de plus, sire. Il me faut retourner là-haut, où je vous attends. A bientôt! »

*
* *

Vingt ans se sont écoulés depuis que cet « envoi » fut publié en Espagne, et sa chute, aujourd'hui, paraît bien démodée. Le pire, comme l'on voit, n'est pas toujours certain. Loin de songer à tenir prêtes ses valises, le successeur d'Alphonse XIII peut dormir sur ses deux oreilles. Il a réussi ce miracle inespéré pour un monarque espagnol de retirer la monarchie du champ même des polémiques nationales. Si quelques-uns dans son pays contestent encore sa royauté, ce n'est pas parmi les anciens républicains que l'on peut les trouver. Il n'y a pas davantage de parti « républicain » en Espagne qu'il n'y a de parti « monarchiste ».

C'est une grande nouveauté historique.

Et comme elle paraît aujourd'hui surannée, la célèbre apostrophe d'Antonio Machado : « Petit Espagnol qui vient au monde sache qu'une des deux Espagnes, un jour, te glacera le cœur! »... Ces deux Espagnes emblématiques de la guerre civile dont l'affrontement fut jusqu'au bout glorifié par Franco se seront réconciliées sous le règne de ce roi.

C'est une grande réussite humaine.

Pendant ces dix ans de règne, la monarchie n'aura pas seulement restauré la démocratie. Elle aura su aussi être son seul rempart contre le ressac du franquisme en 1981. Paradoxe de l'Histoire : il fallait que Juan Carlos fût *aussi* « l'héritier » de Franco aux yeux de l'armée pour pouvoir mettre au pas ses éléments factieux. Le 23 février 1981, dans la nuit tragique de la prise des Cortes, le roi n'effacera pas seulement la dernière trace de son péché originel, celui de son serment du 22 novembre 1975, qui fut « sa messe d'Henri IV » : il en justifiera pleinement le sacrifice, comme « acte politique » nécessaire à la mise en œuvre de tout ce qui fut réalisé et sauvé par la suite.

Ainsi, après l'épreuve, allait-il conquérir cette légitimité suprême de l'élan populaire qui devait faire de lui, réellement, charnellement, ce qu'il s'était juré de devenir dès le jour de sa proclamation : « le roi de tous les Espagnols ».

Un roi, au demeurant, sans plus de pouvoirs politiques, depuis la Constitution de 1978, que la reine d'Angleterre ou les souverains scandinaves. Un roi dont le rôle demeure considérable, mais qui règne et ne gouverne pas. Un roi cependant – et c'est toute la différence – qui a dû gouverner fermement, parfois dramatiquement, avant de pouvoir paisiblement s'offrir le luxe de « régner ». Le seul roi de notre époque qui ait dû conquérir son royaume...

Tel est, encore tout en promesse, mais beaucoup plus insolite, beaucoup plus surprenant que ne pouvait le deviner Miguel Maura, ce « Merle blanc » qui s'envole de sa cage le 22 novembre 1975.

Bien inutile, d'ailleurs, de le prévenir des dangers qui menacent les dauphins trop gâtés ! Si la mémoire du peuple espagnol est immense, celle du nouveau roi l'est tout autant. Et ce ne sont pas des souvenirs si heureux qui se rappellent à lui au moment où il endosse de si lourdes responsabilités. Du moins peut-il se dire qu'il s'y est préparé avec soin et méthode, aguerri par une enfance difficile et l'apprentissage spartiate de ses hypothétiques devoirs de souverain.

Alphonse XIII avait eu le malheur de naître roi ; c'est l'incertitude de son destin qui a forgé le caractère de Juan Carlos. L'exil des siens, l'aura de tragédie qui plane sur la dynastie et n'épargne même pas la famille pourtant heureuse de Don Juan, ce sentiment pénible d'être un enjeu politique dès l'âge des culottes courtes et, plus tard, cette contradiction machiavélique dans laquelle on l'a enfermé de devoir choisir entre son père et l'héritage du pouvoir que représente Franco : tout cela, c'est la part la plus secrète et la plus riche peut-être de l'aventure du roi d'Espagne.

A observer aujourd'hui l'homme rayonnant qui a su réussir aussi bien sa vie familiale que son œuvre politique, on oublie vite qu'il fut ce prince au regard triste, préparant tenacement dans la solitude et le silence, son bonheur de demain et celui de son peuple. L'un pourtant éclaire l'autre plus qu'on ne peut l'imaginer. Et si l'histoire est exemplaire, il faut nous en accommoder. C'est un luxe trop rare pour être méconnu.

PREMIÈRE PARTIE

L'EXIL ET LE ROYAUME

« Mon fils a apporté à l'Espagne
la monarchie démocratique pour laquelle j'ai lutté. »

Don Juan de Bourbon à l'auteur

CHAPITRE I

ALBUM DE FAMILLE

L'histoire des rois ne commence pas à leur naissance. Les préliminaires auxquels sacrifie presque inévitablement le genre biographique, pour fastidieux qu'ils soient souvent, sont donc ici plus justifiés qu'ailleurs. En outre on connaît généralement fort mal ce qu'il advint aux Bourbons d'Espagne après la chute d'Alphonse XIII. Ouvrons un des albums de famille et feuilletons au hasard.

Le plus complet est, à coup sûr, celui de la grand-mère de Juan Carlos, la reine Victoria Eugenia.

Née princesse de Battenberg, elle était la vingt-troisième petite-fille de la reine Victoria et son mariage en 1906 avec Alphonse XIII fut arrangé par sa marraine, Eugénie de Montijo, ex-impératrice des Français. Elle régna vingt-quatre ans sur l'Espagne et trente-huit ans sur ses souvenirs. Lorsqu'elle s'éteignit à Lausanne, le 15 avril 1969, dans sa quatre-vingt-deuxième année, tout avait eu le temps de s'écrouler puis de se reconstruire autour d'elle. A quelques mois près, elle aurait pu voir sur son écran de télévision les premiers astronautes marcher sur la lune et son petit-fils intronisé solennellement successeur de Franco « à titre de roi » au cours d'une cérémonie dans l'enceinte des Cortes, qui n'était que la répétition générale de celle de 1975 à laquelle nous venons d'assister.

Les premières photos nous la montrent le matin de ses noces, sortant de la basilique de Los Jerónimos au bras de son royal époux à la taille de guêpe, prête à monter en carrosse, et si loin d'imaginer le terrible attentat qui guette les jeunes souverains dans la calle Mayor sur le chemin du Palais d'Orient. Vingt-huit morts autour d'eux et quarante blessés... La chronique populaire retiendra le funeste présage de cette robe de mariée tachée de sang. Trois ans plus tard, en 1909, c'est la « semaine tragique » de Barcelone, point culminant de la révolte anarchiste qui embrase l'Espagne.

Édouard VII avait prévenu sa jeune nièce qui, de Balmoral à Carisbrook dans l'île de Wight, n'avait guère connu que les charmes si tranquilles de la campagne anglaise : « Ena, tu ne vas pas dans un pays de tout repos. Si tu acceptes cette union, ne viens pas te plaindre auprès de moi! » Mais l'union en question était plus que flatteuse. Roi dès sa naissance, couronné à seize ans après la longue régence de sa mère, la reine Marie-Christine, née Habsbourg-Lorraine, le fils posthume d'Alphonse XII, en ce siècle de dirigeants pansus et barbus, possédait toute la grâce imberbe, le charme sportif et l'aisance royale que l'on pouvait attendre d'un souverain moderne. Il était de surcroît sensible et intelligent. Ena et Alfonso firent sans nul doute un mariage de sincère inclination – peut-être même d'amour – que d'autres drames, malheureusement, se chargeront d'évaporer.

D'innombrables clichés nous révèlent cette beauté anglaise au port réellement souverain dans l'exercice des innombrables fonctions qu'impose son état et qu'elle assume avec une bonne grâce accomplie. La voici en dolman de colonel de hussards présidant à cheval, botte à botte avec le roi, un défilé militaire; en uniforme de la Croix-Rouge, en présidente de ligues contre la tuberculose et même, déjà, contre le cancer. C'est incontestablement une femme de devoir, bien décidée à surmonter les premières aversions que lui cause son pays d'élection, y compris les courses de taureaux auxquelles elle assiste les yeux fermés mais sans qu'il y paraisse.

Palais anciens

La cour de Madrid n'est pas si triste au demeurant. Un peu guindée certes, selon le protocole autrichien hérité de la reine régente – qui ne quittera le palais et ce monde qu'en 1929 –, mais animée par des figures intelligentes et pittoresques, comme les deux tantes du roi, sœurs d'Alphonse XII et filles d'Isabelle II; l'infante Isabelle, surnommée « La Chata » par le peuple de Madrid qui adore en elle le franc-parler gouailleur, la désinvolture un peu canaille de sa mère détrônée en 1868, et l'infante Eulalie, l'historiographe de la famille, péremptoire, fantasque, mais l'une des femmes les plus douées de son temps.

« La présence de la nouvelle Reine, témoigne cette dernière, commença très vite à influencer les mœurs du palais. Un air de mondanité, un esprit plus léger, plus féminin pour tout dire, se mit à courir dans les vastes salons. Victoria Eugenia, à peine arrivée, devint l'arbitre de la mode madrilène et avec elle se mirent à changer bon nombre d'habitudes qui contribuaient à faire de nous la lanterne rouge de l'Europe. »

La mère d'Alphonse XIII avait inauguré une tradition : chaque été la cour, suivie du gouvernement, se transportait à Saint-Sébastien où Marie-Christine s'était fait construire, dans le goût anglais, le reposant palais de Miramar. Victoria Eugenia franchit un nouveau pas en y généralisant les bains de mer sportifs et sans façons. Comme le résume un historien de la Maison Royale, la grand-mère de Juan Carlos fut « la première souveraine véritablement européenne que connut l'Espagne ». Mais ce n'est là évidemment qu'une vue un peu superficielle des choses. Alphonse XIII, plus encore, apparut comme le roi le plus à la page, on dirait aujourd'hui le plus *in,* d'Europe. Le golf, le polo, le tir aux pigeons et les puissantes torpédos contribuèrent, autant que la sympathie naturelle qu'il inspirait, à populariser son image à l'étranger et avec elle, au demeurant, celle de son pays.

Le couple royal était vraiment à la charnière de deux mondes. Dix ans de règne avant la Première Guerre mondiale et douze ans après... Des valses viennoises à l'ère du jazz, du carrosse à l'Hispano, voilà, en fin de compte, le plus spectaculaire chambardement qu'aura vécu une génération. Et c'est bien ce qu'illustre cet album de famille royal dans son anachronisme et sa modernité. A mi-chemin de l'Histoire vraie et du « Congrès s'amuse ».

Nous avons dit : couple royal. Mais ce n'est pas l'image qui s'impose le plus évidemment. Fût-ce avec leurs enfants, le père et la mère apparaissent le plus souvent séparés sur les photos non officielles. Aussi constamment volage que se révèle Alphonse XIII tout au long de son existence qui ne dépassera pas la cinquante-quatrième année, il aura fallu sans doute qu'intervienne une forte déception pour l'éloigner de celle que les Espagnols ont baptisée d'emblée avec la révérence que justifiait son éclat un peu froid, « la

Reina guapa », « la belle Reine ». Cette déception se fait jour dès 1907 peu après la naissance de leur premier enfant, prénommé Alfonso comme son père. Depuis l'époque des Rois catholiques il est de tradition dans la famille royale d'Espagne de pratiquer la circoncision. L'hémorragie qui en résulte révèle que le prince des Asturies (c'est le titre également traditionnel donné au fils aîné appelé à monter un jour sur le trône) est atteint d'hémophilie. Comme une autre petite-fille de la reine Victoria – Alice de Hesse-Darmstadt, épouse de Nicolas II et impératrice de Russie –, Ena de Battenberg – qui descend d'ailleurs elle aussi, par son père, de la même Maison de Hesse – a transmis à son fils cette maladie mystérieuse et incurable que toute une époque encore range dans l'arsenal de ses terreurs sacrées.

Il n'y aura pas de Raspoutine au chevet de l'infant Alfonso comme à celui du tsarévitch Alexis, mais des parents que ce malheur commence déjà à éloigner l'un de l'autre. D'autant qu'il est suivi un an plus tard, en 1908, d'un autre coup du destin : le second fils, Jaime, sera, lui, sourd-muet. Trois autres enfants vont naître, en parfaite santé : l'infante Béatriz en 1909, l'infante Maria-Cristina en 1911 et, en 1913, l'infant Juan, futur comte de Barcelone et père de Juan Carlos. Le couple royal peut croire le mauvais sort conjuré. L'année suivante, leur dernier enfant, Gonzalo, naîtra malheureusement hémophile, comme l'aîné, bien qu'à un moindre degré.

L'existence brillante et apparemment heureuse de la famille royale se poursuivra longtemps encore avec son cortège de photos-souvenirs : parties de campagne dans le ravissant parc du château de La Granja, proche de Ségovie, scènes de plage à Saint-Sébastien ou Santander, enfants groupés autour du roi ou de la reine, aussi sains, semble-t-il, les uns que les autres. A peine peut-on remarquer, la massive fixité du visage de Don Jaime, un peu engoncé dans sa carrure d'athlète, et le regard trop lointain, le teint trop pâle du prince des Asturies, tous deux en blazers et pantalons de tennis parmi les robes à taille basse des deux jolies princesses et les costumes marins des deux cadets inséparables, Juan et Gonzalo.

Si la santé de ce dernier n'est pas un trop grave sujet de préoccupation, celle de l'héritier du trône exige malheureusement des soins constants. Alfonso, depuis son plus jeune âge, est condamné à vivre sous une surveillance sans relâche, tant en raison de son hémophilie que de son état général qui le rend incapable du moindre effort. Tout exercice lui étant pratiquement interdit, sa vie s'écoule entre les calfeutrages de son appartement du Palais d'Orient et une résidence campagnarde des environs de Madrid où il peut se livrer à son passe-temps favori : l'élevage des poules et des cochons. C'est le Hameau de la Reine à l'usage d'un infant exsangue. Dans les milieux populaires, le bruit court même, absurde et désolant, qu'il lui faudrait boire chaque matin le sang d'un jeune veau pour se maintenir en vie!

Le plus pathétique est que son père, qui l'adore, ne songera nullement à cette époque, à l'écarter de la succession au profit du jeune Don Juan, son troisième fils, comme s'il attendait qu'un miracle rende la santé à Alfonso et la parole à Jaime.

Né pour monter sur le trône, le malheureux prince des Asturies ne cessera d'être élevé dans cette invraisemblable perspective. Seul son mariage morganatique en 1933 va le priver de ses droits et bousculer l'ordre successoral jusqu'à faire du comte de Barcelone puis de son fils les héritiers légitimes de la couronne.

Une autre image, dans cet album de famille, mérite à présent toute notre attention. C'est un instantané, une photo de presse, sur laquelle on peut voir un groupe de personnages civils et militaires entourer une dame éplorée mais de grande allure sous son chapeau cloche. La scène se déroule en rase campagne sur un remblai de voie ferrée, non loin de l'Escorial. Nous sommes le 15 avril 1931 et la reine d'Espagne accompagnée de ses enfants s'apprête à monter dans le train de l'exil. Elle ne reposera le pied sur le sol de sa patrie d'élection que trente-sept ans plus tard, en 1968, un an avant sa mort, pour assister à Madrid au baptême de l'infant Felipe, premier enfant mâle de son petit-fils Juan Carlos et, aujourd'hui, héritier d'un trône solidement restauré.

La veille, 14 avril, tirant les conclusions du caractère plébiscitaire en faveur de la république qu'avaient pris, dans les grands centres urbains, de simples élections municipales, Alphonse XIII s'était décidé à quitter sa patrie sans abdiquer. Le croiseur *Principe Alfonso,* de Carthagène, l'avait déposé le lendemain matin à Marseille. Il battait déjà le pavillon républicain en approchant le quai de la Joliette.

Le 16 avril, au soir, après une courte pause à l'hôtel de Noailles, le roi arrivait en gare de Lyon où une foule importante de Parisiens était venue l'acclamer. Alphonse XIII avait toujours été pour son pays un excellent produit d'exportation. Les étrangers, monarchistes anglais et même républicains français, ne comprirent jamais tout à fait que l'Espagne pût se priver de bon cœur d'un roi aussi sympathique. Les Espagnols, eux, s'étaient lassés de l'aimer.

Chambres d'hôtels

L'album de famille va perdre en épaisseur. Fin du premier tome. On ne photographie plus les rois détrônés ni les familles désunies. Si les anciens hôtes du Palais d'Orient se retrouvent tous un temps à l'hôtel *Meurice,* où trois jours après son arrivée va s'éteindre à plus de quatre-vingts ans l'infante Isabel – cette « Chata » si populaire que le gouvernement de la République lui avait offert de rester en Espagne – la diaspora est quasi inévitable. Le roi et la reine s'installent à Fontainebleau, à l'hôtel *Savoy* et y établiront théoriquement leur résidence jusqu'à la fin de 1934. Mais Alphonse XIII, qui n'a pas encore atteint la cinquantaine, ne tient pas en place. Il multiplie les voyages, part chasser le crocodile sur le Nil, le tigre en Inde, la grouse en Écosse, tandis que Victoria Eugenia séjourne de plus en plus souvent à Londres ou sur les bords du Léman.

Les infantes suivent leur mère, les garçons sont dispersés. Le prince des Asturies, qui était au plus mal lors de son arrivée à Paris, récupère lentement un semblant de santé dans une clinique suisse. Il y rencontrera une jeune fille cubaine, Edelmira Sampedro, fille d'un riche planteur de canne, dont il ne tarde pas à s'éprendre. Il l'épousera le 21 juin 1933 à Lausanne, après avoir renoncé, comme l'exige son père, à tous ses droits de succession à la Couronne dans une lettre adressée au roi dix jours auparavant.

Ce mariage sans ambition aurait pu être un havre de paix pour ce malheureux prince. Mais l'instabilité allait de pair avec son état physique. Le couple divorça à La Havane. Alfonso, qui avait pris le titre de comte de Covadonga, se remaria avec une autre Cubaine, Maria Rocáfort, mannequin dans une maison de couture de New York, divorça de nouveau et acheva de brûler le peu de santé qui lui restait encore en courant les boîtes de nuit de Miami. C'est là que la mort l'attendra en septembre 1938, à l'âge de trente ans. Il succombera des suites d'un accident d'auto, d'une blessure dont tout autre se fût guéri. Lui se videra de son sang avant même qu'on ait pu le transporter à l'hôpital le plus proche.

Cette triste fin ne sera au demeurant que l'ultime épreuve qui attend Alphonse XIII avant sa mort. Quatre ans plus tôt, le 12 août 1934, alors que la famille royale passait des vacances d'été en Autriche au château de Pörtschach, chez une amie, la duchesse de Parcent, la princesse Béatriz, au volant d'une voiture où avait pris place l'infant Gonzalo, traversait la petite localité de Krumpendorf en Carinthie lorsqu'un cycliste l'obligea à donner un coup de volant malencontreux qui les précipita contre un mur. L'accident lui non plus n'était pas grave. Le frère et la sœur en sortirent indemnes, mais peu après, une hémorragie interne se déclara chez Gonzalo qui mourut en quelques instants. Le dernier enfant du roi et de la reine avait tout juste vingt ans. Ses bonnes dispositions physiques et intellectuelles avaient fait presque oublier que lui aussi, comme le fils aîné, était porteur du mal dynastique. Gonzalo était arrivé peu avant de Louvain où il poursuivait des études d'ingénieur agronome. En juin, Don Juan, qui l'aimait tout particulièrement, lui avait rendu visite en Belgique, puis tous deux s'étaient retrouvés à Pörtschach. Il revint au futur père de Juan Carlos de recueillir le dernier souffle de son cadet et de lui fermer les yeux.

Don Juan était le seul des fils d'Alphonse XIII à ne pas avoir suivi la reine Victoria Eugenia dans le train de l'exil. La proclamation de la République l'avait surpris à l'École navale de San Fernando près de Cadix où il était entré en juin 1930, à dix-sept ans. Dès le 15 avril 1931, après avoir pris congé de ses camarades et de ses instructeurs au cours d'une discrète et émouvante cérémonie, il se retrouvait avec un aide de camp à Gibraltar, où l'avait déposé un torpilleur de la marine espagnole. Il y demeura trois jours, hôte du gouverneur, sir Alexander Godley, le temps d'avoir confirmation que sa famille était réunie à Paris et de pouvoir embarquer sur un paquebot italien, le *Roma*, qui se rendait à Gênes via Palerme et Naples.

Le 24 avril il embrassait sa mère à Fontainebleau et apprenait que son père venait de partir pour Londres d'où il l'appela. Alphonse XIII avait déjà tout arrangé pour que Juan pût poursuivre ses études de marin à l'École navale de Dartmouth. Après avoir subi avec succès un examen de cinq heures, le prince sur qui reposaient tous les espoirs de la dynastie endossait l'uniforme de la Royal Navy quinze jours à peine après avoir quitté celui de la Marine royale espagnole.

Un an plus tard en avril 1932, le « Prince John of Borbón » pouvait enfin passer quelques jours de permission à Paris avec les siens avant d'embarquer pour l'Inde à bord du croiseur *Enterprise.* En février 1933, le père et le fils se réuniront de nouveau à Ceylan et entreprendront ensemble, de Madras à Misore, un de ces voyages féeriques que les vice-rois britanniques et les maharadjahs locaux organisaient alors pour leurs hôtes de marque. C'est une fois de plus à bord de l'*Enterprise,* au cours d'une escale à Colombo, en juillet de la même année, que Don Juan apprit par un télégramme d'Alphonse XIII que l'inéluctable était arrivé. La renonciation de ses deux aînés faisait de lui le nouveau prince des Asturies, successeur légitime du roi détrôné.

Ce même 21 juin 1933 où le prince Alfonso épousait dans la capitale du canton de Vaud la sẽnorita Sampedro, l'infant Jaime, après un entretien privé avec son père à l'hôtel *Savoy* de Fontainebleau, remettait en effet à ce dernier le document suivant :

« Sire,

« La décision prise par mon frère aîné de renoncer pour lui-même et pour sa descendance à ses droits successoraux à la Couronne, m'a amené à mesurer pour ma part les obligations qui rejailliraient immédiatement sur moi-même.

« Inspiré par les sentiments dont Votre Majesté n'a cessé de me donner le plus haut exemple, j'ai décidé, après en avoir mûrement débattu avec moi-même, de suivre la même voie. Par le présent acte je vous fais donc part de ma formelle et explicite renonciation, pour moi-même et pour les descendants que je pourrais avoir, à tous les droits qui m'étaient dévolus dans la succession au Trône de notre Patrie.

« En remettant entre les mains augustes de Votre Majesté cette renonciation, je renouvelle, Sire, l'expression de respect de celui qui reste votre fils aimant,

Jaime de Bourbon »

Cette lettre méritait d'être rappelée. Bien des années plus tard en effet, lorsque le clan familial du Caudillo et certains milieux

(Ph. Viollet)

Alphonse XIII et la future reine Victoria Eugenia lors de leurs fiançailles au printemps 1906.

(Ph. Viollet)

1931 : un roi en exil.

(Ph. Viollet)

Alphonse XIII à Santander avec ses enfants. A gauche, le futur Comte de Barcelone.

(Ph. Gamma)

Alphonse XIII en 1938 sur la plage de Fregene, près de Rome, avec deux de ses petits-enfants. A gauche, le futur roi d'Espagne Juan Carlos I.

(Ph. Gamma)

Hiver 1946 : le Comte et la Comtesse de Barcelone en visite au collège de Fribourg où Juanito est pensionnaire.

(Ph. Gamma)

"Juanito" avec son père en 1947 à Estoril.

(D.R.)

Le quotidien monarchiste *ABC* du 10 novembre 1948 consacrait sa première page à cette photo du petit Prince des Asturies pour saluer son arrivée sur la terre espagnole où il allait commencer ses études.

(Ph. Elliot Erwitt, Magnum)

Au printemps 1958, père et fils se retrouvent à Washington. Don Juan vient de traverser l'Atlantique sur son voilier le "Saltillo". Le "midship" Juan Carlos fait son "tour du monde" sur le trois-mâts école "Juan Sebastian Elcano" de la marine espagnole.

(Ph. Keystone)

Le 14 mai 1962, Juan Carlos épouse, à Athènes, Sophie de Grèce qu'il a connue en 1954 lors de la croisière de l'"Agamemnon".

(Ph. AFP)

Quinze ans plus tard, une famille heureuse pendant les vacances d'été au "Palais" de Marivent à Majorque.

(Ph. Keystone)

Un prince au regard triste et lointain :
Juan Carlos aux côtés de Franco en 1971 lors d'un défilé militaire.

(Ph. Keystone)

L'acceptation de la succession en juillet 1969 au palais de la Zarzuela.

(Ph. Keystone)

22 novembre 1975 : devant les Cortès assemblées au lendemain de la mort de Franco et après avoir prêté serment face à la couronne, Juan Carlos prononce son premier discours de souverain en présence de la reine Sophie et de l'infant Felipe.

(Ph. Keystone)

23 février 1981 : le lieutenant-colonel Tejero et ses gardes civils occupent les Cortès et tiennent gouvernement et assemblée à la merci de leurs mitraillettes.

(D.R.)

Le roi avec Adolfo Suarez en 1977 : la démocratie au forceps.

(Ph. Clem)

Juan Carlos et Sophie en conversation avec Felipe Gonzalez.

(Ph. Gamma)

"Le roi de tous les Espagnols."
L'homme le plus populaire du pays.

(Ph. Sygma)

La relève assurée. Janvier 1986. Le Prince des Asturies, qui règnera un jour sous le nom de Philippe VI, prête serment devant les Cortès le jour de sa majorité.

phalangistes essaieront de promouvoir contre Juan Carlos un roi plus « sûr » que ce dernier en la personne de Don Alfonso, fils de Don Jaime et époux de la petite-fille de Franco, de savants juristes, fidèles adeptes du régime, déploieront toutes les ressources de leur art pour démontrer la non-validité de ce document en arguant notamment, et contre tout bon sens, que le prince sourd-muet ne pouvait renoncer qu'à ses propres droits et non à ceux de sa postérité. Ce combat politique d'arrière-garde n'eut heureusement pas de suite. Le droit dynastique – pour peu qu'il comptât au début des années soixante-dix – était d'ailleurs formel. Don Jaime contracta, peu après la renonciation que lui avait dictée son infirmité, un mariage avec une aristocrate franco-italienne, Emmanuelle de Dampierre, fille du vicomte Roger de Dampierre et d'une princesse Ruspoli. Les deux enfants nés de leur union – Alfonso, né en 1936, et Gonzalo – se virent refuser la dignité d'infants et le titre de princes, par Alphonse XIII, pour être issus d'un mariage morganatique. Ils n'eurent jamais que le droit de s'appeler Bourbon. Cette union se termina d'ailleurs par un divorce. Emmanuelle de Dampierre qui vit à Rome épousa en secondes noces un agent de change italien, Antonio Sozzani. Don Jaime se remaria de son côté à Paris avec une infirmière autrichienne, Carlotta Tiedemann, elle-même divorcée, ce qui incita ses deux fils à réclamer en 1963 son incapacité pour prodigalité devant les tribunaux français. Ce ne fut qu'un ultime et tardif épisode de cette triste chronique. Il faudra à Don Juan toute la santé morale, tout l'appétit de bonheur dont la nature l'a gratifié pour dissiper enfin l'étrange malédiction qui pèse sur la famille royale.

Après la double renonciation de ses frères, il n'était plus question que le nouveau prince des Asturies poursuive durablement cette carrière de marin qui était pour lui une véritable vocation [1]. Il continuera néanmoins de servir sous l'« Union Jack » jusqu'à l'obtention de son diplôme de lieutenant de vaisseau qui lui sera remis par le roi George V, après avoir quitté à Portsmouth son dernier bâtiment, le torpilleur *Winchester*.

Deux mois plus tôt, en janvier 1935, il avait assisté à Rome au

---

1. En 1985 encore, le comte de Barcelone nous confiera combien lui avait coûté à l'époque cette renonciation à sa vocation de marin. Il tarde même plusieurs jours avant de répondre au télégramme de son père reçu en Inde.

mariage de sa sœur aînée Béatriz avec le prince Alessandro Torlonia, et y avait rencontré celle qui deviendra sa femme, Maria de Las Mercedes de Bourbon-Orléans. La jeune fille portait le même nom que la première épouse si passionnément aimée et si vite disparue de son grand-père Alphonse XII. Comme cette reine amoureuse, symbole d'une Espagne romantique et déjà si lointaine, elle était aussi la cousine, mais cousine éloignée, de son futur époux. Et si elle se montrait aussi séduisante que cette fugitive souveraine fauchée à dix-huit ans, après cinq mois de mariage et de règne, du moins n'était-elle pas menacée de phtisie... Son parfait équilibre physique et moral, l'optimisme de son caractère et sa simplicité allaient faire d'elle une compagne idéale pour le solide coureur d'océans qu'est déjà Don Juan et pour le stratège politique qu'il va devoir devenir. « Je crois, dira Alphonse XIII à son fils en le félicitant de son choix, que c'est là la femme dont toutes les mères espagnoles peuvent rêver pour leurs fils. »

Fille de l'infant Don Carlos de Bourbon-Sicile, descendante de Louis-Philippe par sa mère, la princesse Maria Luisa d'Orléans, Maria de Las Mercedes, a en effet passé toute sa jeunesse en Espagne et particulièrement à Séville, où son père fut capitaine général d'Andalousie. C'est toute la générosité allègre de cette terre andalouse qu'elle saura transporter dans son exil, jusqu'à cette résidence d'Estoril où les parents de Juan Carlos se fixeront en 1945 et à laquelle, comme il se doit, elle donnera le nom de *Villa Giralda*, en souvenir du plus célèbre monument de la cité du Guadalquivir.

L'union de Don Juan et de Doña Maria aura lieu elle aussi à Rome dès le mois d'octobre 1935 et cette cérémonie se transformera en véritable événement politique. C'est en effet dans la capitale italienne qu'Alphonse XIII a décidé de s'établir définitivement après le drame de Pörtschach.

Le roi et la reine se sont déjà courtoisement mais définitivement séparés. Séparés au point que Victoria Eugenia n'assistera pas davantage au mariage pourtant si officiel, si fastueux de son troisième fils, qu'elle n'avait assisté à ceux des deux aînés. Il est peu probable que son attitude ait été dictée par quelque manque de sensibilité. Tout au long de sa longue existence elle ne cessera en effet de manifester le plus grand attachement à ses enfants et à ses petits-enfants, érigeant *Vieille Fontaine*, sa résidence lausannoise, en point de rassemblement de toute la famille. Lors de son bref retour à Madrid en 1968, accueillie par de fervantes ovations populaires, elle donnera libre cours à son émotion, preuve qu'elle n'a pas davantage oublié sa patrie d'adoption. Mais c'est aussi une femme déçue. Peu de temps avant sa mort, elle éprouvait encore le besoin de se justifier en rappelant à Juan Carlos et à Sophie tous les efforts qu'elle avait faits pour se faire aimer du peuple espagnol. « Un peuple qui se montra plus qu'injuste à son égard et ne sut jamais apprécier son extraordinaire personnalité », nous dit avec quelque sévérité Eugenio Vegas, qui fut le précepteur de Juan Carlos.

Une certaine froideur héritée de son éducation britannique l'avait sans doute empêchée d'entrer de plain-pied dans les jeux affectifs de cette nation émotive. Mais le plus dur pour elle fut de se faire pardonner ce signe de malheur dont elle semblait porteuse. Alphonse XIII ne l'y aida sans doute guère. « Sans me permettre d'entrer dans les détails de leur vie conjugale, nous dit encore Vegas, je puis affirmer en connaissance de cause que l'origine de leur mésentente résida toujours dans le caractère du roi [2]. »

Bilan d'un règne

En ce début d'année 1935, Alphonse XIII a pourtant bien changé. En 1933, tel qu'il nous apparaît sur un portrait tiré à Fontainebleau, c'est encore un homme jeune, souriant à pleines dents, habité par un formidable appétit de vivre. Deux ans plus tard, photographié à Rome par le peintre Vidal Quadras, il semble qu'une décennie pour le moins se soit abattue sur son visage, éteignant le regard, blanchissant les tempes, dessinant deux plis amers aux commissures des lèvres. Il n'a pourtant que quarante-huit ans, mais son médecin à Paris a découvert une affection du myocarde qui le contraint à renoncer à quelques-unes des plus chères passions de sa vie : le polo, les chasses sportives, les courses en grosses cylindrées. Les voitures!... En a-t-il encore le goût après l'été 1934! Sans jamais se plaindre ni laisser transparaître son désarroi secret devant les nombreux monarchistes espagnols qui viennent le visiter et avec qui il entame d'interminables entretiens politiques, grillant cigarette

---

2. Eugenio Vegas Latapie, *Mémoires politiques*.

sur cigarette, ses jugements deviennent plus lointains, ses propos moins toniques. Il s'est fait à l'idée qu'il ne reverra peut-être pas son pays. Le cœur n'y est plus.

Le bilan de son règne? Comment le cerner vraiment quand il n'en a ressenti que la chute brutale sans avoir eu à s'interroger au départ sur la question que tout homme d'État responsable doit se poser : pourquoi suis-je là? Où dois-je aller? Comment conduire mon action? Dès l'enfance il a appris que son devoir de roi était d'aimer sa patrie, de servir son peuple, de se faire aimer de lui. Mais son éducation politique s'est arrêtée là. Ses véritables succès, il les aura dus à son action diplomatique, à cette mission de représentation qu'il assume si bien à l'étranger, grâce à son bon sens, à ses dons naturels de sympathie et de générosité.

La neutralité de l'Espagne si bénéfique pour elle de 1914 à 1918, c'est lui. Les efforts pour humaniser la guerre des autres, c'est lui aussi. En revanche lorsque à la prospérité factice conquise par le pays grâce au conflit mondial succède, sur fond de désastre militaire au Maroc, Annual, 1921, l'inévitable récession des années vingt, que sonne l'heure des grandes revendications de masse dans un monde profondément bouleversé par la guerre et, qui plus est, dans un royaume qui a accumulé les retards économiques et sociaux tout au long du XIXe siècle, au point de compter encore plus de 60 % d'analphabètes, alors le voilà dépassé, contraint d'abandonner entre les mains d'un dictateur militaire Don Miguel Primo de Rivera, le pouvoir qu'il tient de la Constitution parlementaire de 1876 et dont il est le gardien...

Aussi positifs qu'aient été certains de ses aspects – pacification marocaine, paix sociale provisoirement retrouvée, équipement accéléré du pays – cette expérience autoritaire de sept ans (1923-1930) imposée au roi mais acceptée et soutenue par lui, n'en était pas moins une dictature, c'est-à-dire une rupture avec l'ordre constitutionnel auquel était liée l'institution monarchique.

En visite officielle à Rome, Alphonse XIII, accompagné de Primo de Rivera, avait présenté ce dernier au roi Victor-Emmanuel de cette manière plaisante et sans façon qui était la sienne : « Voilà mon Mussolini! » Le roi d'Espagne n'aura pas le temps de voir la chute du Duce entraîner celle de la dynastie de Savoie, mais il mesure bien, dans son exil, ce qu'une semblable collusion a coûté à son propre trône, même si cette dictature fut dans l'ensemble très débonnaire. A se laisser coiffer par une casquette de général, la couronne des Bourbon avait perdu le faible crédit qui lui restait encore. C'est une leçon que Don Juan et son fils sauront parfaitement retenir. Mais il faudra attendre quarante-cinq ans, près d'un demi-siècle, avant de réconcilier cette couronne et la démocratie.

Les bases de la monarchie de Juan Carlos seront, au demeurant, toutes nouvelles pour l'Espagne. Le drame d'Alphonse XIII, dont le règne, coupé par la césure de la Grande Guerre, chevauche deux époques, deux mentalités, est d'avoir vécu en constant porte-à-faux avec le pouvoir. Lorsque à seize ans, en 1902, il préside son premier conseil des ministres, l'Europe connaît encore des souverains presque absolus. Lorsqu'il quitte l'Espagne en 1931, il n'y a plus de place déjà que pour des monarchies purement emblématiques, des rois ou des reines qui ont appris, pour mieux régner, à ne pas gouverner.

Winston Churchill qui trace de Don Alfonso un portrait plein de chaleur dans son livre consacré aux « Grands Contemporains », pose la vraie question : « Gouverna-t-il ou régna-t-il? »

« Pour ma part, répond-il, je vois en lui un politique résolu et froid qui usa pleinement de son influence pour dominer les destinées de son pays. Il se jugeait supérieur, non seulement par la hiérarchie, mais également en expérience et en capacité aux ministres qu'il employait. C'est donc comme véritable gouvernant que l'Histoire doit le juger, et c'est ainsi au demeurant qu'il souhaitait l'être, et non comme un monarque constitutionnel suivant communément les conseils de ses gouvernements. Il n'a rien à craindre au demeurant de cette responsabilité posthume. Il avait pour lui sa parfaite bonne conscience. »

Jugement intéressant, mais qui ne tient sans doute pas assez compte de l'ambiguïté de sa situation. Devant Julián Cortés Cavanillas, un fidèle de toujours qui va se faire son plus ardent biographe, Alphonse XIII, repassant le film de son règne, insiste sur la paralysie à laquelle il était condamné :

« Que pouvait faire un roi que la Constitution obligeait au silence et à l'attente des décisions du Parlement et dont chaque intervention devenait objet de scandale dans les milieux politiques? Chaque fois qu'une situation tournait mal, une situation dans laquelle je n'étais cependant pour rien, je savais que l'on m'en rendrait responsable. Car chacun sait que les rois sont faits pour charger sur leurs épaules

les responsabilités des autres alors que théoriquement on les considère comme irresponsables [3]! »

Comme voilà bien décrit, effectivement, le vice d'un système « mal ficelé », comme on dirait de nos jours, où un monarque sans réel pouvoir pouvait faire figure de despote dans un régime dominé par des partis pseudo-démocratiques! Car la Constitution espagnole de 1876, les mœurs politiques de la « Restauration », si elles ont eu le grand mérite d'assurer à l'Espagne une stabilité réelle pendant vingt ou trente ans, n'étaient, par rapport aux institutions britanniques, qui les avaient inspirées, que placage de stuc sur une réalité sociale, économique et culturelle totalement différente. Comme en Angleterre, deux partis conservateurs et libéraux – alterneront au pouvoir jusqu'à l'aube des années vingt, mais en subissant la décomposition accélérée, l'atomisation inévitable que leur caractère factice portait en germe. Régime de caciques attardés, qu'ils soient monarchistes ou républicains, submergé bientôt par l'appétit révolutionnaire d'un peuple audacieux et imaginatif qui, dans l'état où le maintient cette fraude originelle, ne trouve de salut que dans une attitude fondamentalement anarchiste... Comment s'étonner que ce même peuple se soit laissé entraîner dans toutes les aventures extrémistes qu'elles soient de gauche ou de droite?

Alphonse XIII était assez intelligent pour bien analyser les causes réelles de la situation qui l'avait conduit à l'exil :

« La décadence de la monarchie, déclare-t-il à Cortés Cavanillas, se résume à celle d'un peuple qui, tout en se sachant malade, n'arrive pas à diagnostiquer son propre mal et n'accorde plus aucun crédit de surcroît, aux médecins qui l'assistent. »

« Lorsque des monarchistes espagnols, par exemple, viennent se plaindre à moi des dommages que leur cause la réforme agraire mise en œuvre par la République, crois bien, lui dit-il aussi, que je les envoie balader! »

Et quitte à heurter ce royaliste inconditionnel qu'est son interlocuteur, il n'hésite pas non plus à défendre pied à pied l'action que mène en Espagne l'« Action populaire » de Gil Robles, bien que ce parti se soit rallié officiellement à la République.

3. J. Cortes Cavanillas, *Alphonse XIII.* C'est certainement en souvenir de son grand-père que Juan Carlos, encore « prince d'Espagne » dira un jour : « Si je fais quelque chose, on dit que je fais le Bourbon, et si je ne fais rien que je suis un poltron. »

Mais cette intelligence rapide, plus tournée au demeurant vers l'action que vers la réflexion et la spéculation, – alors que pour son métier de roi constitutionnel ce dernier versant eût été préférable – n'avait pas davantage suffi à sauver la monarchie que la noblesse innée de ses sentiments et l'abnégation de son patriotisme. Lorsque le Dr Gregorio Marañon dit de lui « qu'il vécut totalement absent de la véritable réalité nationale », il ne cerne qu'une part de la vérité. L'homme, il est vrai, était capable de courir à Deauville en plein drame politique. Il fut aussi capable de se sacrifier sans arrière-pensée et avec clairvoyance. Élevé en enfant-roi, il resta, pas bien des côtés, un roi enfant. Mais d'une qualité toute spéciale, et si humaine qu'elle justifie en lui l'inaltérable légèreté de l'être.

Le mariage de Don Juan

Le choix qu'Alphonse XIII a fait de Rome pour abriter ses dernières années d'exil ne tient certes pas d'une manière évidente à l'attrait que lui inspire Mussolini, alors au faîte de son prestige. S'il vante le dynamisme et les réalisations du régime, il se méfie de ce « fascisme » dont il dit « ne pas encore avoir réussi à comprendre en quoi consistait sa doctrine sociale et politique, et même s'il fallait en chercher une ». Et il moque volontiers « les poses théâtrales » du dictateur.

« Après avoir eu avec lui quelques longues conversations », confie-t-il à son ami Cortés en juillet 1933, « je n'ai pu discerner un ordre quelconque dans ses plans d'avenir. Il est persuadé d'avoir mis l'Italie dans sa poche, mais je ne suis pas certain que les Italiens soient disposés à le suivre dans n'importe quelle aventure! »

On pourrait néanmoins trouver une raison politique à cette décision du roi. Ses partisans les plus représentatifs, les chefs du mouvement Rénovation espagnole, Antonio Goicoechea et le général Barrera, s'étaient en effet unis avec les monarchistes « carlistes » de Rafael Olazábal et Antonio Lizarza pour constituer une délégation commune qui signa avec le Duce, le 31 mars 1934, un pacte secret par lequel Mussolini s'engageait à les aider matériellement en armes et en argent pour renverser le régime républicain. Dans le climat de pré-guerre civile qui s'installait en Espagne et qu'allait aggraver considérablement la fameuse « révolte des Asturies » en octobre de cette année, ce genre de préparatifs était devenu monnaie courante. Mussolini aidait d'ailleurs financièrement la Phalange de José-Antonio Primo de Rivera, le fils de l'ancien dictateur, comme il aidait les monarchistes. L'intérêt d'Alphonse XIII était donc de surveiller les agissements des monarchistes espagnols à partir de cette plaque tournante de la conspiration qu'était devenue Rome, et si possible d'éviter leurs débordements.

Car ce n'est pas sans appréhension que le souverain déchu voit se radicaliser peu à peu, sous le coup des événements, des hommes qui étaient jadis d'authentiques libéraux attachés à la monarchie parlementaire. L'heure est désormais au nivellement des monarchistes « alphonsins » ou « traditionalistes » (au sens carliste du terme) dans un regroupement d'extrême-droite, le « Bloc national » dont Jose Calvo Sotelo se fera le fédérateur en décembre 1934 et dont les idéaux, pour être théoriquement « royalistes » n'en sont pas moins résolument totalitaires.

Outre qu'elle lui répugne, cette dérive vers le fascisme le démode et l'écarte, il le sait bien, d'une éventuelle restauration. C'est bien pourquoi, à tout prendre, il lui arrive de préférer les démocrates-chrétiens de Gil Robles, tout républicains qu'ils se disent, à ces monarchistes de la nouvelle vague ralliés de fait aux vieux idéaux de la « Communion traditionaliste » mâtinés d'« Action française » et de corporatisme fasciste ou salazarien.

Le mariage de Don Juan fixé au 12 octobre 1935, anniversaire traditionnel de la découverte des Amériques et future « Fête de la Race », va être un excellent révélateur de ce malaise et fournir à la famille royale une occasion de préciser sa position. A quatre mois de la victoire électorale du « Frente popular », à neuf mois de la guerre civile, plusieurs milliers de monarchistes espagnols accourent à Rome pour assister à cette cérémonie et certains parmi eux ont une idée bien précise en tête. Ce sont les têtes pensantes de l'« Action espagnole », un mouvement politique fondé en 1931 autour d'une revue de sensibilité maurassienne et où militent nombre d'intellectuels de droite, dont le philosophe Ramiro de Maeztu, l'écrivain José-Maria Pemán ainsi que cet Eugenio Vegas que nous avons déjà cité et qui deviendra un fidèle de Don Juan en même temps qu'un éducateur pour Juan Carlos.

L'idée de ces monarchistes intégristes était de rallier l'héritier de la couronne à leurs thèses et, si possible, d'amener Alphonse XIII à abdiquer en sa faveur.

En septembre, Eugenio Vegas accompagné de l'aviateur Juan-Antonio Ansaldo, lui aussi célèbre activiste monarchiste, s'était rendu à Cannes dans le petit appareil d'Ansaldo pour connaître le nouveau prince des Asturies et le sonder discrètement. Les deux amis ne retirèrent aucune promesse de leur entrevue au *Carlton* avec Don Juan, mais ce dernier accepta le principe d'un déjeuner qui lui serait offert la veille de son mariage par les dirigeants de l'« Action espagnole ». Ainsi pourrait-il, « sans lever l'étendard contre son père ni choquer sa susceptibilité, manifester son adhésion à nos principes », estimait Vegas.

Même au sein du grand parti monarchiste classique, fidèle au roi détrôné, celui de la « Rénovation espagnole », les principaux leaders – Calvo Sotelo, Pedro Sainz Rodriguez, Jorge Vigón, Maeztu bien sûr – étaient dans le fond convaincus, résume Vegas dans ses Mémoires, « qu'il était vain de convertir ce monarque libéral en ce roi contre-révolutionnaire que nous appelions de nos vœux ».

Le fameux déjeuner de l'« Action espagnole » en hommage à Don Juan eut bien lieu le 11 octobre dans un salon de l'hôtel *Excelsior* de Rome... mais en l'absence du Prince qui, prétextant une attaque de lymphangite, maladie contractée en Inde, se contenta d'adresser à ses amphitryons une lettre assez peu compromettante qui fut lue à la fin de ce singulier banquet et dans laquelle il citait pêle-mêle quelques-uns des maîtres à penser les plus illustres de la réaction espagnole, carlistes et phalangistes inclus, « tous montrant combien la tradition sacrée de l'Espagne peut s'accommoder des doctrines les plus modernes ».

Vegas, quelque peu naïf, devait conclure : « Nous ne pouvions prétendre davantage. Le roi auquel nous pensions pour refaire la Patrie assumait pleinement les idées de l'" Action espagnole "! » Pemán, plus subtil, y vit une astucieuse et très diplomatique manœuvre du prince héritier pour se concilier les chefs de la « Communion traditionaliste » au moment où carlistes et alphonsins, grâce aux efforts déployés dans l'exil par son père, proclamaient l'union future des deux branches dynastiques en la personne de Don Juan.

Ce n'était pas, en effet, un moindre succès d'Alphonse XIII que d'avoir habilement désamorcé, dès 1931 à Fontainebleau, la menace que faisait peser sur sa dynastie la résurgence du mouvement carliste, qui semblait s'être bel et bien éteint en 1875 avec la défaite du prétendant Charles VII, « Don Carlos », devant les troupes du jeune Alphonse XII.

La « Communion traditionaliste », héritière des principes absolutistes et régionalistes incarnés par le frère de Ferdinand VII contre sa nièce Isabelle II, ne survivait guère depuis lors que dans les provinces basques, en Navarre surtout et plus modestement en Catalogne et dans le Maestrazgo aragonais. Avec la chute de la monarchie libérale et la proclamation de la Seconde République, l'idéal carliste, régénéré par les influences maurrassiennes et les conceptions totalitaires du fascisme, ne pouvait que se réveiller et attirer à lui un nombre croissant de monarchistes déçus par la faillite du constitutionalisme alphonsin.

Le mouvement carliste s'était regroupé en 1931 autour du fils de « Carlos VII », Don Jaime qui, à soixante-deux ans et sans enfant mâle, ne manifestait pas un enthousiasme débordant à faire valoir ses prétentions au trône. Le vrai danger pour Alphonse XIII était néanmoins de voir renaître l'ancienne querelle dynastique qui avait coûté à l'Espagne trois guerres civiles et qui, une fois de plus, diviserait idéologiquement les monarchistes, au profit cette fois des « traditionalistes », lesquels bénéficiaient déjà du soutien de la revue *Action espagnole* et du quotidien *La Epoca.*

Afin de limiter les dégâts, le roi et son fils étaient prêts à faire des concessions au langage de ces traditionalistes pour sauver la dynastie. Ce faisant, ils empêcheraient aussi le pire : une rupture désastreuse dans l'avenir entre la couronne et la démocratie.

Alphonse XIII s'employa ainsi à élaborer, dès 1931, avec le prétendant carliste, un accord par lequel ce dernier, en échange du titre de chef de la Maison de Bourbon, s'engagerait à reconnaître pour héritier le prince des Asturies. Mais Don Jaime mourut l'année même, et la succession carliste passa à son oncle, Alfonso-Carlos, frère du fameux « Carlos VII », et qui n'avait pas moins de quatre-vingt-deux ans. Entouré de conseillers ultra-réactionnaires, le vieillard, bien qu'il n'eût pas davantage de descendance et même aucun héritier mâle admissible selon la loi salique renvendiquée par les Carlistes, avait une tout autre conception de ses droits à exercer la monarchie de « droit divin » usurpée par Isabel II et sa lignée. Il allait se montrer cependant moins intraitable par la suite, en acceptant, peu avant sa mort accidentelle à Vienne en 1936 (il fut renversé par une voiture), de souscrire au pacte rédigé par Alphonse XIII et son défunt neveu.

Le père de Juan Carlos pourra ainsi se prévaloir de la double légitimité à la Couronne d'Espagne et ne manquera pas de le rappeler par la suite aux divers leaders du mouvement carliste. Mais, comme nous le verrons, le débat entre monarchie « libérale » et monarchie dite « traditionnelle » durera fort longtemps encore, obligeant Don Juan, dans ses interventions politiques à jouer sur les mots, pour éviter qu'il ne renaisse sous une forme par trop menaçante.

Mais revenons à ces journées matrimoniales d'octobre 1935 au cours desquelles tout ce qui compte vraiment dans le parti monarchiste ne pense en fait qu'à pousser Alphonse XIII à l'abdication en misant – bien aventureusement – sur la plus grande souplesse du prince des Asturies.

La vieille infante Eulalia, toujours perspicace, n'est pas la dernière à attirer l'attention de son royal neveu sur ces intentions dangereuses. A l'issue de la cérémonie religieuse qui se déroule le 12 octobre à Notre-Dame-des-Anges en présence du futur roi Humberto d'Italie, de tout le gotha européen, mais aussi d'une forte délégation de jeunes miliciens de « Rénovation espagnole », un banquet solennel a été organisé le soir par Calvo Sotelo dans les salons du « Grand Hôtel » où réside Alphonse XIII. Les jeunes mariés sont déjà partis pour leur voyage de noces autour du monde. C'est Jose-Maria Pemán, président de l'« Action espagnole » qui est chargé de prononcer le discours d'hommage au roi. Il le fait dans ce style fleuri et coulant qui est le sien, mêlant aux louanges et aux protestations de fidélité envers le souverain quelques phrases bien senties sur la nécessité d'un « aggiornamento » de la pensée monarchiste :

« Lorsque la révolution survint en Espagne, déclare-t-il, il y avait dans notre pays une armée saine, une Garde civile héroïque, quelques hommes politiques honorables et loyaux, un peuple plein de vertus, un roi excellent... Mais il manquait cette chose essentielle : une pensée contre-révolutionnaire clairement définie... Ce que nous vous offrons, Sire, est la mise en œuvre de cette pensée contre-révolutionnaire et monarchique que réclame le pays. »

Le lendemain, Alphonse XIII, déjà très agacé par le piège que les dirigeants d'« Action espagnole » avaient vainement tendu à son fils, reçoit fort mal la délégation de « Rénovation espagnole » qui a sollicité une dernière audience du souverain et, pour couper court à tout malentendu, lui déclare sans ambages qu'il n'a aucune intention d'abdiquer et que « rien ni personne ne sera à même de rompre le bloc de granit qu'il forme avec le prince héritier ».

Certains monarchistes ayant fort mal ressenti que le roi leur fît un si brutal procès d'intention, Alphonse XIII voulut réparer cette injustice avant leur retour en Espagne. Le 14, il leur accorde donc une nouvelle audience en prenant soin d'en avancer l'heure au dernier moment pour ne pas avoir à affronter Calvo Sotelo, le redoutable fédérateur du Bloc national. Ce dernier néanmoins se présente et déclare au roi que, s'il n'avait été dans l'intention de personne de lui demander d'abdiquer, « lui-même se réservait le droit de lui réclamer un tel sacrifice si quelque jour l'intérêt de la Patrie le commandait ».

Recevant une heure plus tard le fidèle Cortés Cavanillas, Alphonse XIII lui fait part de sa peine.

« Il était nécessaire, lui dit-il, de mettre fin aux intrigues de ceux qui essayent d'exploiter le nom de Juan contre le mien, comme s'il était mon rival. Le jour où je reviendrai au Palais d'Orient, je ne m'opposerai nullement à signer de tout cœur un acte d'abdication en sa faveur, mais je ne le ferai pas avant, pour la paix et le bien de l'Espagne. Il est possible, comme tu le dis, que ceux qui mènent cette campagne le fassent dans le but d'éliminer nos divergences avec les " traditionalistes " et de provoquer une fusion qui évidemment serait utile. Mais cette idée même est absurde puisque le jour où mourra Don Alfonso-Carlos, il n'y aura de toute manière selon sa propre théorie de la légitimité, qu'un seul héritier direct : moi-même. Ce n'est donc pas Juan qui, à ce moment-là, pourrait apporter une solution au problème. »

Si nous nous étendons un peu sur ces pages oubliées de l'album de famille, c'est qu'elles présentent quelque évidente analogie avec les problèmes dynastiques qui se poseront plus tard entre un autre père et un autre fils. De même que certains monarchistes, en 1935, tentent de jouer Don Juan contre Alphonse XIII en rêvant d'une monarchie nouvelle « instaurée sur de nouvelles bases » et non pas « restaurée » dans sa continuité, de même, trente-cinq ans plus tard, d'autres monarchistes et Franco lui-même joueront Juan Carlos contre Don Juan, le « prince neuf » contre l'héritier légitime et direct de la dynastie. L'échiquier politique dominé par la longue dictature du Caudillo sera alors, il est vrai, beaucoup plus délicat et complexe, autorisant, pour la bonne cause de la monarchie, de plus subtiles combinaisons.

Mais jamais, en fin de compte, ne sera rompu entre ces trois générations le « bloc de granit » qu'évoquait Alphonse XIII. Au milieu de cette débandade qu'évoque si souvent l'histoire des Bourbon d'Espagne, il y a là un roc de cohésion, de solidarité et de continuité profonde dans la pensée et l'instinct, qui force l'admiration et conjure la légende noire de la famille. Le mérite essentiel en reviendra à Don Juan qui, fils et père de roi et jamais roi lui-même, saura transmettre à Juan Carlos le meilleur de l'héritage humain et politique qu'il tenait d'Alphonse XIII.

La République, la guerre civile

La guerre civile espagnole va surprendre Alphonse XIII à Rome et Don Juan à Cannes où il a fixé pour quelque temps sa résidence à la villa *Saint-Blaise*, après six mois de lune de miel autour du monde et divers séjours plus ou moins prolongés à Paris, Londres et Vienne. Ni le roi détrôné, ni le prince des Asturies ne pouvaient se permettre d'adopter une position totalement neutre dans ce conflit déchirant ne fût-ce que parce que tous leurs partisans étaient devenus d'enthousiastes adeptes du « Mouvement national ». Mais ceci mérite quelques explications et un bref retour sur les événements politiques qui avaient conduit à cette terrible division de l'Espagne en deux camps irréconciliables.

La République, depuis la chute d'Alphonse XIII, avait connu, de 1931 à février 1936, deux époques successives, qui reflétaient les contradictions exacerbées de la société espagnole.

La première époque, celle dominée par la figure de Manuel Azaña, le leader de la « Gauche républicaine », avait été marquée par un florilège de mesures anticléricales et antimilitaristes qui répondaient, assez ingénument parfois, aux aspirations d'une bourgeoisie de gauche, idéaliste au point de croire que, par simple décret, l'Espagne cesserait d'un jour à l'autre, par exemple, d'être un « pays catholique ». Le sectarisme à rebours qui inspirait certaines de ces mesures dressa aussitôt la droite contre le nouveau régime, sans pour autant lui attirer les sympathies de la gauche révolutionnaire qui vivait en plein délire anarcho-syndicaliste et ne ménagea nullement ses coups au nouveau régime.

La seconde époque, inaugurée par les élections de novembre 1933, vit le retour de la droite. La CEDA de José Maria Gil Robles – le Dollfuss espagnol – sortait vainqueur du scrutin [4]. Un centriste, le radical Alejandro Lerroux, plus sûrement « républicain » que Gil Robles, fut amené à former le gouvernement par le président Alcalà Zamora.

En août 1932, le général Sanjurjo avait tenté, dans des conditions assez folkloriques, de fomenter un complot contre la République. En octobre 1934 la gauche révolutionnaire et syndicale, sous la conduite de Largo Caballero, le leader du parti socialiste, très fier de se voir appelé « le Lénine espagnol », déclencha une grève insurrectionnelle qui conduisit à la fameuse révolte des Asturies, matée dans un bain de sang par Franco, promu, pour la circonstance, à un poste à clé, à l'État-Major.

En termes de répression, la République avait battu tous les records jusqu'à présent connus. En termes de paix sociale elle n'avait rien résolu. Deux affreux drames surgis de la misère des campagnes – Castilblanco et Casas Viejas – réprimés atrocement par les forces de l'ordre – pesaient déjà lourdement sur le gouvernement d'Azaña; la majorité conservatrice qui siégeait désormais aux Cortes se montrait totalement rebelle aux timides réformes que le ministre de l'Agriculture, Manuel Gimenez Fernández – un homme de la CEDA – tentait de faire admettre aux possédants.

L'effondrement du parti radical de Lerroux sous le choc d'un scandale financier et l'affaire du « Straperlo » [5] allaient achever de faire basculer l'Espagne vers ses pôles extrêmes. A la veille des élections de février 1936, il n'existait plus de « centre » parlementaire crédible. Il n'y avait plus que deux camps. A droite, une coalition revancharde, exacerbée, acquise soit aux idéaux fascistes

---

4. CEDA : Confédération espagnole des droits autonomes. L'inspiration originelle du parti était démocrate chrétienne. Le goût du jour pour les chefs charismatiques conféra à Gil Robles une aura de style plus ou moins « fasciste » qui pouvait rappeler celle du chancelier autrichien assassiné en 1934 par les nazis.

5. Le « straperlo », du nom de ses deux inventeurs Strauss et Perl, était un jeu de roulette électrique pour casino qui permettait d'évidents truquages. Les auteurs de l'escroquerie avaient obtenu des licences en versant de confortables pots de vin à plusieurs personnalités radicales. Le fils de Lerroux se trouva le premier compromis.

de la Phalange créée en 1933 par Jose Antonio, soit aux dogmes totalitaires de l'« Action espagnole » ou ultra-conservateurs de « Rénovation espagnole », la CEDA de Gil Robles, avec ses vagues aspirations démocrates chrétiennes teintées d'autoritarisme paraissant déjà nettement dépassées. A gauche, entre le PSOE de Largo Caballero, le parti communiste, les syndicats où la CNT-FAI anarchiste rivalisait en maximalisme avec l'UGT socialiste, une nébuleuse tragique qui ne voyait de salut que dans une mise à mort de ce qui restait de république bourgeoise. Des deux côtés, l'assaut final contre les institutions républicaines paraissait imminent.

La responsabilité de la droite espagnole était indéniable. Elle avait bloqué toute réforme sociale, à commencer par la réforme agraire. Elle était historiquement responsable du latifundisme indécent et du caciquisme qui sévissait dans les campagnes, comme elle l'était des innombrables analphabètes que recensait le pays et, d'une manière générale, du retard considérable qu'accusait l'Espagne en Europe. Plus encore peut-être, et toutes choses confondues, elle l'était du désespoir, de la soif de dignité agressive qui animait ceux qui se dressaient contre un ordre politique qu'ils avaient appris à mépriser parce qu'il se confondait pour eux avec l'oppression sociale.

En revanche, une autre et non moindre responsabilité incombait aux leaders de cette gauche socialiste et communiste espagnole, qui se croyaient à l'aube de la « révolution d'Octobre » et rêvaient de faire de l'Espagne – fût-ce à travers des flots de sang, comme le proclama Dolores Ibarruri [6], la « Pasionaria », dans un discours célèbre – une nouvelle Union soviétique. Les modérés du Parti socialiste – les Prieto, les Besteiro – pouvaient bien voir le danger, comme Gil Roblès, à droite, le discernait aussi; aucune force raisonnable ne paraissait plus en mesure de mettre un frein à l'exaltation générale du discours et à la volonté d'en découdre des activistes des deux bords.

La victoire du Front populaire en février 1936, conséquence de l'effrondrement centriste, acheva de mobiliser la droite. Elle avait avec elle le gros de l'armée et les milices paramilitaires de la

---

6. Les discours enflammés de Dolores Ibarruri, la pasionaria, avant et pendant la guerre civile, avaient fait d'elle une figure de proue du parti communiste espagnol. Elle rentrera à Madrid le 13 mai 1977. Ainsi s'achèvera pour elle, à quatre-vingt-deux ans, un long exil de près de quatre décennies. Présidente du PCE, elle ne devait plus dès lors y assumer qu'un rôle purement honorifique.

Phalange ou d'autres formations. La droite factieuse, c'est un fait, rêvait de mettre à bas la République, n'attendait qu'un prétexte pour passer à l'assaut du régime et en établir un autre, résolument autoritaire, qui répondît à ses aspirations.

La charge morale de la guerre civile ne pouvait cependant lui être exclusivement imputée. La droite monarchiste ou phalangiste, militaire ou civile n'avait cessé de conspirer. Mais la gauche révolutionnaire avait déjà pris en 1934, dans les Asturies et en Catalogne, l'initiative d'une insurrection armée contre les institutions républicaines et démocratiques. Salvador de Madariaga qui, certes, ne pourra jamais être suspecté de sympathie envers le soulèvement militaire de Franco, reconnaîtra ainsi – peut-être exagérément – que « la rébellion de 1934 ôtait toute autorité à la gauche pour condamner celle de 1936 ».

Don Juan s'engage

Lorsque, les 12 et 13 juillet 1936, Madrid fut le théâtre de règlements de comptes sanglants qui coûtèrent la vie, notamment, à Jose Calvo Sotelo [7], la scission entre les deux Espagnes était si bien consommée qu'aucun monarchiste espagnol n'aurait entendu et plus encore compris un appel à la raison émanant d'Alphonse XIII.

Le roi en exil et son fils avaient pris assez de distance à l'égard de l'idéologie alors dominante parmi les soi-disant fidèles de la Couronne pour ne se sentir aucune responsabilité dans le déclenchement du conflit. Mais quand Mola et Franco, le 18 juillet, prirent l'initiative du soulèvement militaire – soulèvement préparé, cela va sans dire, bien avant l'assassinat du leader du Bloc national – il était inévitable qu'ils se sentissent solidaires de l'insurrection nationaliste.

Si Alphonse XIII et Don Juan avaient pu alors savoir que c'était une véritable guerre civile qui éclatait, une guerre atroce de trois ans et qui allait déboucher sur une dictature de près de quarante ans, on peut imaginer que leur sentiment eût été différent.

---

7. L'assassinat de Calvo Sotelo par des officiers de la Garde d'assaut et de la Garde civile répondait à celui du lieutenant Castillo, lui aussi de la Garde d'assaut, abattu vraisemblablement par des phalangistes. Ce fut l'étincelle qui précipita l'insurrection.

Dans la mesure où il le put, le roi aida le camp nationaliste. Si l'on en croit Juan Ignacio Luca de Tena, Alphonse XIII intervint notamment auprès de Mussolini dès le début du conflit pour que ce dernier envoie immédiatement à Mola les avions de chasse et les bombardiers que le général réclamait d'extrême urgence. Quant à Don Juan, son devoir lui apparaissait sous un jour beaucoup plus clair encore.

A son âge, tous les jeunes Espagnols étaient au combat. Dans son entourage, il n'était pas un seul de ses proches qui ne se fût engagé dès les premiers jours. Son aide de camp, le vicomte de Rocamora, son beau-frère, Carlos de Bourbon – qui devait mourir au combat dès septembre, avaient déjà rejoint la zone insurgée. Était-il pensable que l'héritier du trône, même s'il ressentait toute l'horreur d'avoir à tirer sur un compatriote, pût se soustraire à ce que tous ses amis, et sa propre conscience de solidarité, lui assignaient comme un devoir?

Le prince des Asturies allait donc s'enrôler. Ce fut une décision d'homme qu'il assuma pleinement et qu'il justifiait encore en 1947 lors d'une interview donnée à la presse britannique à l'occasion du mariage de sa cousine Élisabeth II, comme « une obligation patriotique pour sauver à cette époque l'Espagne de l'anarchie ».

Pressé par un groupe d'amis qui entendaient s'engager avec lui et vinrent le chercher à Cannes, il n'eut que le temps de voir naître son premier enfant, l'infante Pilar, avant de partir pour Biarritz et la frontière basque. Son père, qui séjournait alors en Tchécoslovaquie, lui donna son autorisation par téléphone.

Le 1er août 1936, il passait la frontière à Dancharinea, dissimulant son identité sous le nom de Juan Lopez, s'arrêtait rapidement à Pampelune pour revêtir une combinaison de mécanicien et coiffer le béret rouge des « Requetés » navarrais, puis passé Burgos, se disposait à faire étape avec ses compagnons à l'auberge de tourisme d'Aranda de Duero avant de gagner le front de Somosierra au nord de Madrid, lorsque le destin, après tout fort bénéfique, décida qu'il ne participerait pas à cet affreux règlement de comptes entre Espagnols. A Aranda de Duero, Juan Lopez et ses amis furent, en effet, arrêtés sur ordre du général Mola. Le soir même, Don Juan fut reconduit à la frontière. Jamais il ne rejoindrait la colonne du général Garcia Escámez, composée essentiellement de volontaires monarchistes.

De cette expédition d'un jour, il nous reste deux documents. Le premier est une photo prise aux environs de Burgos, au cours de la halte déjeuner que le prince fit dans le chalet d'un ami, Ruperto Vesga. On y voit la haute et avantageuse silhouette de Don Juan dominer le groupe de ses compagnons parmi lesquels on peut reconnaître son cousin, l'infant José-Eugenio de Bavière, lui aussi en treillis, le comte de Ruiseñada, organisateur de ses futures entrevues avec Franco, le comte de Valellano, vice-président de « Rénovation espagnole », le marquis de Eliseda, qui venait de quitter la Phalange pour revenir dans le giron d'« Action espagnole » et aussi Eugenio Vegas, que nous avons déjà cité. Le second document est le fac-similé du menu du dîner à en-tête de l'auberge d'Aranda qu'eurent tout juste le temps de signer les convives pour commémorer leur expulsion par un capitaine de la Garde civile.

« Ce n'est pas de cette manière que Votre Altesse doit rentrer en Espagne » avait déclaré cet officier à Juan Lopez, de la part de ses chefs.

Quelques mois plus tard, le 7 décembre, Don Juan écrira à Franco pour se justifier de son attitude et solliciter un autre poste de combat, sur le croiseur *Baléares* cette fois, et en s'engageant à ne débarquer sous aucun prétexte sur le sol espagnol. Ce dernier, qui s'est fait nommer le 29 septembre 1936 généralissime et chef du gouvernement de l'État espagnol par la Junte de Défense nationale, lui répondra de Salamanque sur papier portant l'en-tête de « Chef de l'État », une lettre datée du 12 décembre qui précise courtoisement son refus en arguant des obligations dynastiques de Don Juan : « C'eût été pour moi un grand plaisir de pouvoir accéder à votre souhait si patriotique et si légitime, mais la qualité particulière de votre personne ne vous permettrait pas de servir à bord comme simple officier. »

En juillet 1937, dans une interview au quotidien monarchiste *ABC* de Séville, le Caudillo s'expliquera publiquement sur son refus en avançant un autre argument assez hypocrite sans doute, mais néanmoins curieux par sa vision involontairement prophétique des choses. Constatant la division actuelle entre les Espagnols en deux camps, il déclare en effet à son interlocuteur Juan Ignacio Luca de Tena : « Lorsque nous aurons chassé définitivement les séides des Russes et que nous nous retrouverons entre vrais Espagnols, si un jour à la tête de l'État devait se retrouver un roi, c'est à titre de pacificateur que ce dernier devrait revenir, et il ne conviendrait donc pas qu'il pût se compter au nombre des vainqueurs. »

Naissance de Juan Carlos

En attendant que cette mission lointaine revienne au fils qui ne lui a pas encore été donné, il ne reste plus guère au prince des Asturies qu'à se consacrer à sa famille tout en secondant son père. Ce dernier souci l'a incité à quitter Cannes pour s'installer à Rome avec sa femme et sa fille. Depuis le déclenchement de la guerre d'Espagne, il est d'ailleurs trop souvent l'objet, dans la France du Front populaire, de manifestations hostiles. Et elles lui sont d'autant plus pénibles qu'il est sincèrement attaché, par ailleurs, à la cause des démocraties occidentales.

Après un court séjour à Milan, Don Juan et Doña Maria s'installent à l'hôtel *Éden,* contigu à la Trinité des Monts, puis, de l'autre côté de la Piazza di Spagna, au dernier étage du Palais Torlonia, via Bocca di Leone; enfin dans un entresol au 112 du viale Parioli.

C'est là que vient au monde, le 5 janvier 1938, son premier fils, que le cardinal Pacelli – qui va devenir Pie XII l'année suivante – baptise dans la chapelle de l'Ordre de Malte, via Condotti, sous le nom de Juan, comme son père. Le second prénom qu'on lui donna fut celui de son grand-père maternel, Carlos, qui était aussi son parrain. On y ajouta Alfonso, pour Alphonse XIII et Victor, pour honorer le roi Victor Emmanuel d'Italie. S'il passa à la postérité sous le nom de Juan Carlos, ce fut là en fin de compte, comme le rappelle Don Juan, « une invention de Franco pour qu'on ne le confondît pas avec moi ». En réalité, pour toute la famille et avant que l'habitude politique ne fût prise, il ne cessera d'être tout simplement « Juanito ».

Deux autres enfants naîtront par la suite : Margarita le 6 mars 1939 et Alfonso, le 3 octobre 1941. Mais s'il est un signe de bonheur parfait et durable, c'est bien sur la tête du futur roi d'Espagne que le destin le place. Margarita en effet naîtra pratiquement aveugle et Alfonso trouvera une mort tragique à quatorze ans en jouant à Estoril avec un pistolet de salon. Jusque dans cet îlot préservé que constitue la famille de Don Juan, le mauvais sort des Bourbon continuera encore de frapper.

Lorsque naît Juanito, la bataille de Teruel fait rage. Il s'en faut encore d'un an et trois mois avant que s'achève la guerre civile.

Pendant cette terrible période, la famille royale jouera de son influence dans un but humanitaire que l'hagiographie franquiste aura tout intérêt à passer sous silence. José-Antonio Primo de Rivera étant aux mains des républicains à la prison d'Alicante avec son frère Miguel, sa famille prit contact avec la reine Victoria Eugenia en Suisse pour lui demander d'intervenir auprès des Anglais pour les sauver. Cette dernière s'en ouvrit immédiatement à son fils, qui obtint de ses camarades de la Royal Navy qu'ils envisagent une opération de commando destinée à favoriser l'évasion des fils de l'ancien dictateur espagnol. « La Marine britannique, nous dit Don Juan, n'exigeait que le feu vert du gouvernement nationaliste. Lequel répondit par télégramme que cela ne l'intéressait pas. » C'était, nous dit Pedro Sainz Rodriguez, la réponse que le QG de Franco à Salamanque avait également donnée aux Allemands, eux aussi sollicités par une autre voie. « L'opération était si bien réalisable que Miguel Primo de Rivera put effectivement s'enfuir de la prison d'Alicante habillé en marin britannique et embarquer sur un bateau de la Navy », précise Don Juan. « Mais, ce qui est sûr c'est que Franco ne voulait pas de Jose Antonio à ses côtés. Même s'il me répugne de dire qu'il avait intérêt à ce qu'on le fusillât [8]... »

Alphonse XIII, semble-t-il, tenta également d'intervenir auprès de Léon Blum, par l'intermédiaire de son ancien ambassadeur à Paris, Quiñones de Léon, qui avait été un grand ami de Briand et l'était toujours du leader socialiste français. Le roi suivait en cela la conduite qu'il s'était tracée pendant la Première Guerre mondiale et qui lui avait permis de sauver tant de vies humaines. De n'être plus qu'un exilé n'affectait ni son devoir de gentilhomme ni le sentiment intact qu'il avait de sa majesté.

---

8. Pedro Sainz Rodriguez in *Un royaume dans l'ombre* (en espagnol).

Visions et mort d'Alphonse XIII

Cette distance royale envers les passions du siècle et tout ce qui lui paraissait bas ou mesquin faisait également de cet être superficiel d'apparence, aérien de nature, un médium assez exceptionnel de la réalité de son temps, presque un visionnaire, tandis que se consumait prématurément sa propre existence sous le boutoir des déceptions, des congestions pulmonaires et des infarctus répétés.

En février 1940, Alphonse XIII donne pour la dernière fois audience à Cortés Cavanillas au *Grand Hôtel* de Rome. Presque cinq ans se sont écoulés depuis leur dernier entretien à l'issue du mariage de Don Juan, et à la guerre d'Espagne a déjà succédé la Seconde Guerre mondiale. Peu de temps auparavant, lors d'une visite officielle de Ramon Serrano Suñer, à Rome, le roi a reçu le beau-frère de Franco alors en pleine ascension politique. Serrano lui a paru « redoutablement intelligent, mais jugeant avec une désinvolture préoccupante les problèmes qu'allait poser, à l'Espagne en particulier, le conflit déclenché par la folie d'Hitler ».

« Je lui ai fait observer, rapporte Alphonse XIII, tout le danger qu'il y aurait à faire fond sur une victoire que l'Allemagne n'obtiendra jamais. »

Je dus faire un geste de surprise, raconte Cortès, car le roi insista aussitôt :

« J'imagine que tu n'es tout de même pas assez naïf pour croire en la victoire d'Hitler... L'Allemagne en dépit de ses succès fulgurants perdra fatalement la dernière bataille. De cela je suis absolument convaincu. Et quelle que soit la perfection de la machine de guerre allemande... L'Allemagne ne gagnera pas, car il est inévitable que les États-Unis entrent dans le conflit pour la défense de leurs intérêts économiques et stratégiques. Je te dis même plus : si aujourd'hui j'étais sur le trône d'Espagne je jouerais sans hésiter la carte alliée. Je la joue d'ailleurs ouvertement dans mon exil, non par amour pour la politique britannique, mais dans l'intérêt exclusif de notre pays, car tu comprendras qu'avant que M. Juan Negrin [9]

9. Chef du gouvernement républicain en 1938, mort à Paris en 1956.

revienne en Espagne, je me sente quelque droit d'y retourner le premier. »

– « Sire, permettez-moi de vous dire que si votre opinion était connue en Espagne elle ferait l'effet d'une bombe! La majorité des Espagnols croient en effet fermement dans cette victoire allemande, et je dois reconnaître que moi le premier...

– C'est bien cela qui m'inquiète. Ce serait une terrible erreur de nous précipiter dans la guerre aux côtés de l'Allemagne. Y a-t-il, vraiment, des gens assez insensés pour considérer Hitler comme le défenseur de la civilisation chrétienne! C'est un dément aussi dangereux que Staline. Au demeurant quelle différence substantielle entre le nazisme et le communisme?

Impressionné, ajoute Cortés, je demandai au roi ce qu'allait faire l'Italie.

– J'ai malheureusement l'impression que Mussolini a perdu la tête. Il va donc entraîner son pays dans l'aventure et lui fera perdre tout ce qu'il a gagné ces dernières années, y compris son empire africain. Dommage qu'il ne soit plus ce qu'il était il y quatre ou cinq ans! Il a déjà joué sa popularité et il va jouer sa tête, son pays, la couronne le jour où il voudra concurrencer Hitler sur le terrain militaire... J'imagine ce que doivent être les préoccupations de Franco en ce moment. Que Dieu lui inspire les décisions qui nous maintiendront en marge de la guerre! Car cette guerre sera longue et ses conséquences pour l'Europe plus épouvantables encore que celle de 1914! Seules des imaginations débridées peuvent aujourd'hui imaginer une paix durable entre Hitler et Staline. Un des deux doit être vaincu et le vainqueur réduira les autres peuples européens en esclavage. Je ne me fais donc aucune illusion sur l'avenir. Pour garantir la paix du monde, il faudrait vaincre à la fois Hitler et Staline. De surcroît je crains beaucoup que, la guerre une fois gagnée, n'apparaisse un autre Wilson, une autre Société des Nations qui, en parfaite innocence, nous prépareront une nouvelle débâcle. »

Tout allait se passer très exactement comme Alphonse XIII le prévoyait. A ceci près que ses craintes concernant l'attitude de Franco se révélèrent vaines. Huit mois plus tard, le 23 octobre 1940, à Hendaye le petit dictateur mettant à profit toutes les ressources de son bagout, saura fort bien résister aux pressions du Führer et, loyalement secondé par Serrano Suñer, tenir fermement et habilement le cap difficile de la « non-belligérance » jusqu'à ce que le danger pour l'Espagne soit écarté.

L'Italie, en revanche, entra en guerre le 10 juin. Don Juan et sa famille avaient prévu leur repli vers la Suisse, mais Alphonse XIII tomba si malade que le projet fut ajourné. En juillet 1939, devant un notaire de Genève, le roi avait déjà rédigé un long testament dans lequel il rappelait qu'après la renonciation de son aîné Jaime, devenu duc de Ségovie, tous ses droits dynastiques retombaient sur son fils Juan, prince des Asturies, et ses descendants. Le 15 janvier 1941, il se décida à abdiquer en sa faveur et le fit connaître par un message à son peuple enregistré à l'ambassade d'Espagne et immédiatement communiqué au Caudillo qui le reçut sans excessive bonne grâce.

« Comme tu le comprendras, déclara-t-il à son fils, après un tel document, il ne me reste plus qu'à mourir... »

Il s'éteignit effectivement un mois et demi plus tard, le 28 février 1941 à cinquante-quatre ans seulement, dans sa modeste suite du *Grand Hôtel*. Depuis qu'il avait quitté le Palais royal de Madrid, dix ans plus tôt, il n'avait jamais connu que des chambres d'hôtels, jamais défait ses malles comme si l'exil auquel il avait fait à son pays le libre sacrifice – afin que ne soit pas versé en son nom un sang espagnol qui sera si abondamment répandu dans la guerre civile – devait trouver sa véritable et douloureuse signification dans cette longue errance de voyageur sans bagages.

Don Juan lui ferma les yeux. La reine Victoria Eugenia avait eu le temps d'accourir à son chevet. C'était un jour où des milliers de « chemises noires » acclamaient le Duce sur la place de Venise. Quelques jours plus tôt, le 12 février, Franco avait rencontré Mussolini à Bordighera. Les obsèques d'Alphonse XIII furent présidées par le roi Victor-Emmanuel. On l'enterra à l'église romaine de Montserrat avant qu'il ne rejoigne, trente-six ans plus tard, sous le règne de son petit-fils, la sépulture de ses ancêtres dans la crypte de l'Escorial.

Aux Espagnols qui avaient pu se rendre à Rome pour la cérémonie funèbre, Don Juan, nouveau roi sans trône, donna lecture de la lettre qu'il avait remise à son père et par laquelle il acceptait sa mission.

Une délégation des Grands d'Espagne vint ensuite lui demander quel titre il souhaitait communément porter parmi la liste impressionnante des principautés, duchés, comtés qui appartenaient à la Couronne. Prince des Asturies? C'était désormais l'apanage de son propre fils, dauphin de trois ans. Après y avoir mûrement réfléchi, il choisit celui de comte de Barcelone qui sonnait, en ces temps de répression féroce contre l'ancienne Généralité de Catalogne, comme un défi au centralisme exacerbé de la dictature et comme la promesse d'une politique d'autonomie régionale que seule la monarchie démocratique pourra pacifiquement, mais bien plus tard, réassumer.

CHAPITRE II

DON JUAN OU LA RESTAURATION MANQUÉE

Beaucoup d'Espagnols, à la mort d'Alphonse XIII, croyaient sincèrement que la monarchie serait rapidement restaurée. A la date du 28 février 1941, Jose-Maria Gil Robles, l'ancien « homme fort » de la droite légaliste sous la République, à présent exilé à Lisbonne et bientôt conseiller de Don Juan, écrivait dans son livre *La Monarchie pour laquelle j'ai lutté* [1] :

« L'Espagne entière mise à l'épreuve par la cruelle expérience de ces dernières années, éprouvera aujourd'hui un véritable remords devant la dépouille du roi. Mais la souffrance de ce dernier ne sera pas davantage perdue que la contrition du peuple. La mort d'Alphonse XIII marque un pas de géant vers la restauration de la monarchie. »

A posteriori, Laureano López Rodó, le chef de file des technocrates qui jouera de 1963 à 1969 un si grand rôle dans la désignation de Juan Carlos comme successeur de Franco, émet également dans ses Mémoires *La longue marche vers la monarchie,* un jugement catégorique encore que bien paradoxal sur cette période :

« Aucun sentiment d'urgence dans les paroles de Don Juan lorsqu'il accepte la couronne des mains de son père. C'est que l'un comme l'autre connaissent bien les intentions de Franco. Ils sont certains que ce dernier tiendra la promesse qu'il a faite de « couronner » son « œuvre ».

1. Mémoires sous forme de journal couvrant la période 1941-1954 (en espagnol).

Il est vrai que le généralissime qui a unifié tous les partis politiques de droite en 1937 sous la coupe du Movimiento, c'est-à-dire entre ses mains, n'est pas pour autant un fasciste doctrinaire. S'il a une idéologie en propre, ce ne peut être que celle de la tradition monarchiste, mais d'une monarchie non compromise avec les « idées néfastes » de libéralisme et de démocratie introduites en Espagne depuis la fin du XVIIIe siècle sous l'influence des « afrancesados ». Cette dévotion à l'image d'Épinal d'un passé révolu de grandeur, d'absolutisme et de catholicité militante, peut faire de lui un compagnon de route des totalitarismes modernes, un utilisateur du fascisme dans sa version phalangiste, qui reste d'ailleurs globalement « chrétienne », non l'idéologue d'un véritable « État nouveau ».

Lorsque, le 12 mai 1942, il enverra au comte de Barcelone sa première lettre de caractère politique, ce sera précisément pour définir sa conception de la monarchie, qui est celle d'un général ultra-conservateur dont les yeux restent éblouis par le souvenir des Rois catholiques, de Charles Quint et de Philippe II, alors que « les époques qui suivent sont celles de la monarchie décadente (celle des Bourbon), qui accueille et exalte tout ce que l'anti-Espagne peut concevoir au-delà des frontières pour abaisser notre patrie, à commencer par l'invasion des encyclopédistes et des maçons si bien accueillie par les Floridablanca et les comte d'Aranda... [2] ».

« Ainsi ai-je le regret de vous dire, ajoutera-t-il dans cette lettre, que ceux qui parlent aujourd'hui de monarchie sont malheureusement les mêmes qui regrettent cette forme de gouvernement décadente et sans courage. S'il s'agit bien de cette monarchie-là, alors le sentiment monarchiste n'existe pas dans notre peuple. »

Il y avait là de quoi faire réfléchir Don Juan; il sut en tirer la leçon. Mais il était vrai aussi que beaucoup de monarchistes espagnols pour ne pas dire la plupart, partageaient en grande partie ces vues. C'étaient des « maurrassiens » exaltés par la guerre civile et la victoire franquiste. Si on ajoutait à ce courant légitimiste, mais fort peu démocrate, celui incarné par les carlistes de la Communion traditionaliste, avec lesquels Don Juan devra aussi compter pour asseoir sa vocation de rassembleur des deux branches dynastiques,

---

2. Ministres de Charles III d'Espagne qui, au XVIIIe siècle, marquèrent avec talent l'époque de l'« Illustration », équivalent de notre siècle des Lumières.

on conçoit que la position politique de l'héritier d'Alphonse XIII n'était pas si aisée à définir.

Le mirage, cependant, est là, du côté de Franco qui, après tout, a multiplié les « petits pas » en faveur d'une restauration, rétablissant dès août 1936 le drapeau sang et or, puis la *Marcha Real,* l'hymne de la royauté, distillant à bon escient, au gré de ses discours, les mots prometteurs qui font entendre clairement que « l'horizon n'est pas fermé à la possibilité d'instaurer dans la nation le régime séculaire qui forgea son unité et sa grandeur historique ».

Manifeste, en tout cas, est la volonté du Caudillo de ne pas couper les ponts avec le représentant de l'ordre dynastique. Manifeste aussi celle initiale de Don Juan de ne compromettre en rien les chances d'une restauration par la voie franquiste. Même quand les rapports se gâteront – et ils se gâteront vite – leur détérioration inévitable ne sera jamais telle qu'elle puisse être jugée par l'un et par l'autre comme totalement irréversible. Surtout dans ces années hésitantes de la Seconde Guerre mondiale où les pressions des monarchistes de l'intérieur – généraux, ministres, hommes d'affaires – doivent être prises en considération par l'habile Caudillo, bien décidé, quant à lui, à se maintenir au pouvoir dans la division des forces qui le soutiennent.

Ce sont, en fait, les événements extérieurs qui vont progressivement déterminer l'attitude de Don Juan et lui permettre d'assumer un rôle de protagoniste face à la dictature de Franco. Il lui en coûtera de ne jamais monter sur le trône. En revanche, il préservera pour son fils un héritage essentiel : celui d'une dynastie aux couleurs démocratiques.

Le tournant de la guerre

Par sa mère anglaise, comme par son père dont nous venons d'éprouver les sentiments, Don Juan, lui-même ancien officier de la Royal Navy, ne pouvait se situer que du côté des Alliés. Contrairement à ce que laissèrent entendre plus tard certains propagandistes franquistes (qui lui inventèrent même des sympathies fascistes, voire pro-nazies), il n'attendit pas le tournant décisif de la guerre pour quitter Rome. C'est au début de 1942, après avoir célébré dans la capitale italienne le second anniversaire de la mort d'Alphonse XIII, qu'il s'établit avec sa famille à Lausanne. Il y trouva, tout près de *Vieille-Fontaine,* qui deviendra plus tard la résidence de la reine Victoria Eugenia, une maison de deux étages avec jardin : *Les Rocailles* située rue de Roseneck à Ouchy.

L'aviateur Juan Antonio Ansaldo, l'infatigable conspirateur monarchiste dont le monomoteur « Push Moth » avait été fatal en 1936 au général Sanjurjo, premier chef du soulèvement nationaliste, rend visite en mars 1943 à la « famille royale » et, dans le style lyrique de ses Mémoires, s'extasie sur la beauté blonde et la santé rayonnante de « Don Juanito », « cet enfant délicieux qui un jour se transformera en prince charmant [3] ».

Juanito a tout juste cinq ans et c'est effectivement un très joli enfant auquel son père commence à apprendre ses premières lettres quand il ne suit pas lui-même à l'université les cours d'histoire universelle de Pirenne.

Mais ses parents, à cette époque, se préoccupent surtout de la petite Margarita, tentant l'impossible pour la guérir de la cécité. Ils ont consulté, autant qu'on pouvait le faire à cette époque troublée, les plus grands spécialistes, dont le fameux professeur Barraquer de Barcelone et un praticien de Zurich fort connu, mais tous sont tombés d'accord pour considérer la lésion de la rétine comme inguérissable. La petite infante est néanmoins sensible à la lumière et aux couleurs.

« La plupart des ophtalmologues, explique le comte de Barcelone, nous conseillaient de la faire élever comme une véritable aveugle en l'envoyant dans un institut. Nous y résistions de tout notre cœur. Ce fut un prêtre de nos amis qui nous éclaira. La petite était si éveillée et paraissait si douée qu'il fallait la traiter comme une enfant normale à la maison, et sans précautions exagérées. C'est ce que nous fîmes et en peu de temps elle montait à bicyclette, grimpait aux arbres, nageait sans manifester la moindre crainte. C'est ce prêtre qui avait eu raison [4]. »

Margarita se mariera avec un médecin, le Dr Carlos Zurita après avoir connu effectivement une enfance heureuse auprès de sa sœur

3. Juan-Antonio Andaldo, *Para que?* (Pourquoi?).
4. Le Comte de Barcelone à Pedro Sainz Rodriguez, *Un royaume dans l'ombre,* (en espagnol).

aînée Pilar, toujours pleine d'entrain, et de ses deux frères, Juanito et Alfonsito qui n'est alors qu'un bébé de dix-huit mois.

Ce qui surprend le plus Ansaldo au cours de sa visite aux *Rocailles,* c'est la fermeté des convictions pro-alliées que manifeste la famille et en particulier la sûreté des prévisions de la reine-mère sur le cours qu'allaient suivre les événements militaires. Au moment où se situe cette visite, il y a certes déjà plusieurs mois que les Alliés ont débarqué en Afrique du Nord et quelques semaines que Stalingrad a été libéré par l'armée rouge, mais il faudra attendre le mois de juillet pour que les Anglo-Américains prennent pied en Sicile : « Il y aura sans doute cet été d'autres débarquements en Europe continentale affirmait tranquillement Doña Victoria, mais le débarquement définitif aura lieu au plus tard en 1944 et sur la Manche pour arriver plus vite au cœur de l'Allemagne. »

Mais bien imprudents seraient alors dans l'Espagne franquiste ceux qui s'aviseraient d'émettre des doutes sur la victoire finale de l'Allemagne. Ils passeraient inévitablement pour de « mauvais Espagnols », des ennemis du régime. Que le Caudillo mène par ailleurs une résistance opiniâtre aux exigences d'Hitler, par prudence, par instinct – et par impossibilité surtout de se couper des sources de ravitaillement américain sous peine d'asphyxier le pays – ne change rien à ce dogme officiel. Cette politique de double jeu, qui lui vaut une lettre rassurante de Roosevelt lors du débarquement à Casablanca, c'est son affaire à lui, Franco. Elle ne doit susciter aucun flottement intérieur susceptible d'irriter Hitler, de remettre en cause l'engagement idéologique de l'Espagne et, partant, le propre pouvoir du généralissime.

Lorsque Don Juan, le 11 novembre 1942, trois jours après le débarquement des Alliés au Maroc, fit en territoire neutre, dans le *Journal de Genève,* sa première déclaration de portée politique, les élites monarchistes de l'intérieur commencèrent cependant à se regrouper. On trouvait parmi elles des anciens de l'« Action espagnole », comme Pedro Sainz Rodriguez, qui avait été un temps ministre de l'Éducation de Franco, Eugenio Vegas, le marquis de Eliseda, Ansaldo, bien sûr, José-Maria de Areilza, des généraux comme Kindelán, Aranda, Orgaz, Ponte, qui avaient joué un rôle important dans la guerre civile et la promotion de Franco à la tête de l'État, des professeurs comme le psychiatre Lopez Ibor et le directeur des Instituts d'études politiques, Garcia Valdecasas.

Dans cette interview au journal suisse, le comte de Barcelone insistait sur « l'absolue nécessité de la neutralité espagnole qui devrait être défendue par tous les moyens, y compris, s'il le fallait, par les armes ».

Franco ne tenait pas à l'époque un langage bien différent au Führer, même s'il était beaucoup plus prudent dans la forme. Mais Don Juan se situait implicitement dans un autre camp, celui des Alliés et aussi dans une perspective bien différente : celle de la monarchie restaurée laissant ainsi clairement entendre que seule cette dernière était moralement fondée à s'opposer au Reich.

« Je ne suis le chef d'aucune conspiration, affirmait-il, mais le légitime dépositaire d'un trésor politique séculaire, la monarchie. Je suis certain qu'elle sera un jour rétablie. Ni une heure avant, ni une heure après le moment opportun. Lorsque le peuple espagnol estimera ce moment venu, je n'hésiterai pas un seul instant à me mettre à son service. Ma seule ambition est d'être le roi d'un pays dans lequel tous les Espagnols définitivement réconciliés pourront enfin se retrouver. »

Cela – et cela dit à ce tournant capital de la guerre mondiale – était déjà beaucoup trop pour le régime franquiste qui commença à poursuivre les monarchistes les moins souples à son égard. En septembre 1942, les locaux d'« Action espagnole » avaient déjà été fermés. Pedro Sainz Rodriguez et Eugenio Vegas durent quitter le pays. Kindelán sera bientôt évincé de son commandement en Catalogne. On parlait ouvertement d'une conspiration monarchiste qui ne visait rien moins qu'à faciliter avec l'aide des Anglais un débarquement allié dans la baie de Rosas, sur la Costa Brava.

Ce plan faisait partie des innombrables projets avortés de la Seconde Guerre mondiale et le « complot » ne dépassa guère, à Madrid, les portes du *Nuevo Club* où se réunissaient notamment Ansaldo et Eliseda. Mais un homme au moins avait averti Franco du danger réel que représenterait un véritable « manifeste » du comte de Barcelone dans le nouveau contexte international : c'était Luis Carrero Blanco, ce marin promis à un grand avenir et à une fin tragique, que le Caudillo avait nommé en mai 1941 au poste de sous-secrétaire à la Présidence [5].

---

5. Luis Carrero Blanco était né en 1903 près de Santander. Il avait participé à la guerre du Maroc et à la guerre civile comme chef d'état-major de la division des cuirassés.

Carrero aussi est « monarchiste » mais à la manière de son maître. Dans une note du 28 novembre 1942, il presse Franco d'entrer en rapport avec le « prétendant » afin d'éviter, d'une part, que ce dernier ne se prononce et que les Alliés, d'autre part, n'en fassent ouvertement leur homme.

En parfaite « éminence grise » sachant courtiser son souverain, le futur amiral écrit à ce propos : « Il est évident que, tôt ou tard, l'avenir de l'Espagne est dans une monarchie de type traditionnel. Votre Excellence aurait pu se faire couronner roi d'Espagne et à mon humble avis c'eût été une désignation providentielle. Mais elle ne l'a pas voulu... Si ainsi l'Espagne doit connaître un jour une royauté à votre image – car le pays est entre vos mains comme fruit de la victoire – il convient de pouvoir compter sur un roi. Or il est indubitable qu'en dépit de toutes les querelles de procédure soulevées par quelques traditionalistes, il ne peut y avoir d'autre monarque que Don Juan [6]. »

Le contact entre ce dernier et Franco était en principe assuré depuis la mort d'Alphonse XIII par le général Juan Vigón, qui avait été le précepteur du jeune prince au Palais d'Orient avant l'exil. Mais Don Juan perdit vite toute confiance en lui en raison de la germanophilie invétérée du général et de son adhésion de plus en plus prononcée au régime franquiste.

« Nous finîmes par nous brouiller, rappelle le comte de Barcelone. Mon représentant en Espagne fut ensuite Kindelán après 1942 pendant deux ans, puis mon oncle l'infant Don Alfonso d'Orléans, général lui aussi. Mais tous deux étaient évidemment suspects à Franco et ils ne purent rien faire. Leur dévouement en outre leur coûta leur carrière. »

Les victoires alliées donnaient des ailes à Don Juan. C'est à peu près au moment de la visite d'Ansaldo, le 8 mars 1943, dans la foulée de Stalingrad, que le comte de Barcelone se décide à répondre à la lettre que lui a adressée Franco presque un an plus tôt pour lui signifier son curieux concept d'une monarchie « moderne ». Et il le fait d'une manière particulièrement ferme :

« J'en appelle solennellement à la conscience espagnole de Votre Excellence lui écrit-il, pour avancer le plus vite possible le moment

---

6. Cité par Laureano Lopez Rosó, *La longue marche vers la monarchie* (en espagnol).

de la restauration, sans recourir à ces faux-semblants dont le seul résultat serait d'ôter toute efficacité à la monarchie. »

Le 27 mai, Franco lui répond « en chef de la nation s'adressant au prétendant au trône de la même nation » et lui rappelle crûment que c'est lui « le patron ». Premiers coups de bec...

En août, après le débarquement allié en Sicile, la chute de Mussolini et son emprisonnement au Grand Sasso, les mises en demeure remplacent cette correspondance encore nonchalante. 2 août, Don Juan à Franco :

« Les derniers événements de la guerre précipitent le cours du destin de l'Europe avec la rapidité impressionnante que prévoyait ma lettre du 8 mars... Il est évident que seul un régime vierge de tout parti pris lors du conflit mondial peut se trouver en condition de défendre efficacement les intérêts de la nation une fois la paix revenue. Vous-même, sur le plan intérieur, pouvez imaginer mieux qu'aucun autre à quelles horreurs, à quelles extrémités de vengeance pourrait aboutir le triomphe d'un mouvement subversif en Espagne. La seule manière de conjurer tous ces dangers est le procéder à l'immédiate instauration de la monarchie. Si vous deviez maintenir les inadmissibles conditions auxquelles vous subordonnez cet avènement, provoquant par là même une rupture inévitable, vous m'obligeriez à recourir à l'unique solution que les circonstances m'imposeraient : informer l'opinion publique par une claire et nette exposition des faits et des responsabilités [7]. »

Franco répondra le 8 août par un télégramme d'une apaisante prudence : « Le prince est, affirme-t-il, décidément trop éloigné des réalités nationales pour comparer à bon escient (comme l'a fait Don Juan) la situation espagnole de demain avec celle que connaît l'Italie aujourd'hui, ni *a fortiori* pour mesurer le degré d'adhésion du peuple au régime national... »

En proie à de sérieuses difficultés intérieures sur le front monarchiste (vingt-sept « procureurs » aux Cortes ont demandé en juin le retour de la monarchie et huit lieutenants-généraux, conduits par le « traditionaliste » Varela, insistent sur la nécessité de cette restauration, début septembre), le Caudillo a jugé préférable d'attendre

---

7. Ce message à Franco fut envoyé, semble-t-il, par télégramme et voie postale, ce qui n'était pas fait pour en atténuer la portée. Le diplomate López Oliván, alors conseiller de Don Juan, aurait pris une part importante dans sa rédaction.

un moment plus calme pour croiser réellement le fer avec Don Juan. Il s'y décide le 6 janvier 1944 après avoir annoncé le retrait progressif de la division « Azul » du front russe et transformé – nuance toute formelle – sa « non-belligérance » en « neutralité vigilante ». Dans cette longue lettre, il rappelle sans ménagement à Don Juan les responsabilités de la monarchie : « N'est-ce pas elle qui a abandonné le pouvoir à la République en 1931...? Notre Mouvement n'a jamais eu de couleur monarchiste, ainsi que Mola l'avait clairement spécifié; il fut seulement " espagnol et catholique ". Sur le million de morts de notre Croisade, les monarchistes n'ont jamais constitué qu'une petite minorité. En conséquence de quoi, le régime actuel n'ayant jamais mis à bas la couronne, n'est en rien obligé à la rétablir... »

Puis Franco met en garde Don Juan contre « les mauvais conseillers-francs-maçons ou républicains, les Sainz Rodriguez, les Gil Robles, les López Olivan, qui le poussent à jouer « la carte absurde de la rupture ». « Nous marchons vers la monarchie, assure-t-il, et c'est vous qui nous empêchez de l'atteindre! »

« Vous êtes sûrement un des seuls Espagnols à croire à la stabilité du régime national-syndicaliste et à l'identification du peuple à un tel régime », réplique Don Juan qui affirme qu'en aucun cas la monarchie n'est compatible avec « les exotiques institutions totalitaires de l'État phalangiste ».

Le dialogue de sourds se poursuivra par lettres et télégrammes pendant un mois encore, puis s'épuise faute d'arguments. Fort peu soucieux des admonestations du Caudillo, Don Juan va confier en avril la coordination de l'action monarchiste à Jose Maria Gil Robles qui, de Lisbonne, depuis l'été 1943, s'emploie à préparer le transfert du Prince de Suisse au Portugal, via l'Italie. Mais Don Juan, en raison des événements militaires, devra se borner à une courte incursion clandestine dans le nord de la péninsule occupée par les Allemands et contrôlée par le régime fasciste de Salo. Il en profitera pour participer avec son beau-frère, le comte Marone, qui a épousé l'infante Cristina et est entré dans la résistance italienne, à une opération de ravitaillement de maquis qui manque de tourner mal.

Cette aventure est intéressante à plus d'un titre. D'abord parce qu'elle resta ignorée jusqu'à ce que Don Juan la raconte un jour à son ami Sainz Rodriguez. Ensuite parce qu'elle révèle les liens amicaux qui unissaient alors, en pleine guerre mondiale, Don Juan et Allan Dulles, le futur chef de la CIA responsable de l'espionnage américain en Europe. C'est Dulles en effet qui informe si bien la famille royale des initiatives alliées, et c'est du matériel fourni par Dulles à la Résistance italienne que l'héritier du trône d'Espagne contribue, cette nuit-là, à hisser sur ses larges épaules vers un sommet alpin :

« Nous portions chacun quarante kilos et il faisait un froid horrible. Lorsque nous crûmes avoir été repérés par les chiens policiers d'une patrouille allemande et que pour les dépister nous dûmes rester cachés dans la neige à deux mille mètres pendant plusieurs heures, je crois n'avoir jamais eu aussi peur de ma vie! »

« Ce qui m'ennuyait un peu, ajoute le père de Juan Carlos, c'est que la plupart des maquisards que nous allions ravitailler étaient communistes. Mais il y avait aussi avec eux le groupe de Marone qui était libéral. Le responsable de ce secteur fut d'ailleurs le premier ambassadeur d'Italie nommé en Espagne après le fascisme [8]. »

Deux autres Espagnols accompagnent Don Juan dans cette expédition sportive, et leur personnalité n'est pas non plus sans signification. Le premier est son « secrétaire diplomatique », Ramón Padilla, un fonctionnaire du ministère des Affaires étrangères qui a été désigné par Franco pour occuper cette charge dès 1938, alors que Don Juan n'était encore que prince des Asturies. Une manière comme une autre, pour le chef de l'État espagnol, d'afficher son respect de la monarchie en reconnaissant aux membres de la dynastie le droit de maintenir en exil une Maison civile, fût-elle modeste. Le chef de ce petit appareil de cour était le duc de Sotomayor. L'un et l'autre se révélèrent parfaitement dévoués au comte de Barcelone. Surtout Padilla qui allait rester à ses côtés pendant vingt-huit ans.

Le second personnage est Eugenio Vegas Latapié, l'organisateur du banquet romain de l'Action espagnole auquel Don Juan, la veille de son mariage, avait évité de participer. L'itinéraire de ce juriste maurrassien, qui par fidélité à son roi – en ronchonnant peut-être – aide ce dernier à ravitailler un maquis communiste, est surtout très révélateur de la mutation qui s'opère alors dans les milieux civils et militaires les plus authentiquement royalistes. Déçus par Franco en qui ils ne voient désormais qu'un « Caudillo ordinaire », comme le XIXe siècle espagnol en a tant produit, peu à peu ils se libéralisent

8. *Un royaume dans l'ombre.*

dans l'orbite de Don Juan et n'attendent plus de salut que d'une victoire alliée, même si leurs préjugés contre la démocratie demeurent parfois vivaces. Devant l'imminence de cette victoire, confirmée par le débarquement en Normandie du 6 juin 1944, ils entendent « sauver les meubles » et surtout ne pas laisser à l'opposition républicaine de Mexico et de Toulouse le seul bénéfice de la résistance au franquisme.

Le manifeste de Lausanne

Le 10 mars 1945, un mois après la conférence de Yalta et alors que l'appareil du Parti communiste espagnol se reconstitue en France et en Espagne même – mais sans succès durable en dépit d'infiltrations de commandos « rouges » à travers les Pyrénées – le comte de Barcelone estima le moment venu de concrétiser publiquement, comme il l'avait annoncé, son dissentiment avec le régime franquiste. Il le fait à travers un manifeste daté de Lausanne, dans lequel il déclare textuellement :

« Alors que six ans se sont écoulés depuis la fin de la guerre civile, le régime implanté par le général Franco, inspiré depuis les origines par les systèmes totalitaires de l'Axe et si opposé au caractère et à la tradition de notre peuple, s'avère aujourd'hui fondamentalement incompatible avec les conditions que le cours de la guerre a imposées de par le monde. La politique extérieure suivie par ce régime compromet l'avenir de la nation. L'Espagne risque de se voir entraînée dans un nouveau conflit fratricide et de se retrouver totalement isolée. »

Et après avoir rappelé les nombreuses manifestations par lesquelles, depuis la mort de son père, il a exprimé son désaccord avec cette politique du généralissime, il estime aujourd'hui de son devoir d'« élever la voix pour demander solennellement à ce dernier de reconnaître l'échec de sa conception totalitaire de l'État et d'abandonner le pouvoir pour donner libre champ à la restauration du régime traditionnel de l'Espagne, seul capable de garantir la Religion, l'Ordre et la Liberté ». Puis vient le programme :

« Les premières tâches de la monarchie, affirme-t-il, seront de faire approuver immédiatement par le suffrage populaire une Constitution respectueuse de tous les droits inhérents à la personne humaine et garantissant les libertés politiques qui y sont attachées. Une Assemblée législative sera ensuite élue par la nation. Les diversités régionales seront reconnues, une large amnistie politique proclamée et tout sera mis en œuvre pour promouvoir une plus juste distribution des richesses en effaçant ces criantes disparités sociales qui sont en contradiction non seulement avec les préceptes du christianisme mais aussi avec les nécessités politico-économiques de notre temps.

« Je ne lève pas l'étendard de la révolte. Je n'incite personne à la sédition, concluait Don Juan, mais j'entends rappeler à ceux qui appuient le régime actuel l'immense responsabilité qui leur incombe en contribuant à prolonger une situation qui ne peut mener le pays qu'à la catastrophe. »

Est-il utile de préciser que ce manifeste, qui se terminait par un vibrant « Viva España! », fut totalement censuré en Espagne? Il ne sera publié que deux ans plus tard par la presse dans un climat d'extrême xénophobie et utilisé comme une arme contre son auteur. Dans les milieux officiels, et même dans certains milieux monarchistes qui se raccrochaient à Franco dans la peur panique de voir les vainqueurs de la guerre mondiale ramener les vaincus de la guerre civile, il fut considéré, selon le mot de Lequerica, l'ancien ambassadeur de Franco auprès de Pétain, devenu ministre des Affaires étrangères, « comme un acte de trahison, digne de Ferdinand VII ». Goicoechea, le dernier président de « Rénovation espagnole », parla lui-même de « péché de lèse-patrie »...

Mais le Caudillo n'avait pas intérêt à envenimer les choses alors que les Russes entraient à Berlin et que le cadavre d'Hitler venait de se consumer dans les ruines du Bunker. Une intéressante note de Carrero Blanco trace ainsi la tactique que Franco s'empressera de suivre à l'égard de Don Juan. Toute la politique « monarchiste » du régime y est contenue pour les trente-cinq années à venir :

« Certes, analyse le futur amiral, ce manifeste est bien une déclaration publique de rupture. Don Juan, subissant l'influence de conseillers déplorables et incapables d'apprécier justement la situation intérieure et extérieure du pays, a renoncé visiblement à régner à la tête d'une monarchie instaurée par le Caudillo. Cela dit, il ne serait pas prudent de l'abandonner totalement, surtout entre les mains de mentors tels que Gil Robles ou Salvador de Madariaga [9]. Ce serait

9. L'illustre écrivain espagnol s'était exilé aux États-Unis.

l'enfermer dans une attitude de rébellion dangereuse. Donc ne pas réagir violemment contre lui, même s'il estime qu'il n'a plus aucune chance d'être roi. Envoyer à Lausanne des monarchistes de toute confiance. Amener Don Juan à changer radicalement, ou à se résigner à ce que ce soit son fils qui règne un jour.

« Il faut ainsi penser à la formation du petit prince (Juan Carlos). Il a aujourd'hui six ou sept ans, jouit apparemment d'une bonne santé. Bien pris en main, élevé dans la morale chrétienne et les sentiments patriotiques, il pourra faire plus tard un bon roi... »

Et Carrero Blanco conseille en outre à Franco d'aborder sans tarder le problème de la définition du régime. Il faut donner au pays les lois fondamentales qui lui manquent. « Et comme il n'existe dans le monde que des républiques ou des monarchies, l'Espagne ne peut se définir que comme monarchie [10]. »

Monarchie certes, mais monarchie sans roi. Ce qu'elle restera jusqu'à la mort de Franco. « Il n'est pas question en effet, résumait l'éminence grise dans une note précédente d'août 1944, que l'Espagne recouvre ce type de monarchie libérale que souhaiterait l'Angleterre et qui ferait de nous sa vassale. Le libéralisme nous conduirait d'ailleurs tout droit au communisme, jetant très vite le trône à bas. »

Ce n'était là, au demeurant, que résumer la pensée du chef suprême. Franco, dans une instruction secrète réservée aux capitaines-généraux, en plein milieu de ce que l'on a appelé avec quelque emphase « la conspiration monarchiste » des années 1943-1945, développait le même thème :

« Prieto, Negrin, Madariaga et autres dirigeants de la gauche, leur expliquait-il, désespérés par la force du régime et l'impossibilité de rétablir directement une république maçonnique, jouent la carte de la monarchie démocratique, croyant trouver dans le prince Don Juan le candidat maniable dont ils ont besoin. Ils font tout pour rendre impossible *dans le futur* une véritable et durable institution monarchique. C'est le meilleur moyen de rendre inutilisable celui qui *demain* pourrait ceindre la couronne. Il s'agit pour eux de livrer la nation à l'étranger pour plus tard la précipiter dans le communisme. »

---

10. Cité par Lopez Rodó.

Ce mélange d'anachronisme terrifiant et d'astuce politique, d'agitation de fantasmes xénophobes et de réelle intelligence tactique ne pouvait être opérant, cela va sans dire, que dans un pays soigneusement bouclé et où toute manifestation de désaccord était immédiatement sanctionnée.

Au duc d'Albe, ambassadeur à Londres et signataire de la pétition des « procureurs » aux Cortes, on retire son passeport. Les autres sont démis de leur « mandat ». Les professeurs d'université qui, un an avant le manifeste de Lausanne, ont dirigé un appel à Don Juan sont *illico* privés de leur charge. La persécution va rarement au-delà de l'assignation à résidence dans quelque coin perdu d'Espagne, voire aux Canaries, comme Kindelán. L'intimidation suffit en général à apaiser ces tempêtes distinguées, et l'on passe ce qu'il faut de baume sur ces plaies après avoir frappé...

L'essentiel pour Franco est de gagner du temps. Sa stratégie à l'égard des Alliés est la même que celle qui lui a si bien réussi en face d'Hitler. Le 2 août 1945 les trois Grands, réunis à Potsdam, ont mis son gouvernement au ban des Nations unies. Qu'importe : l'orage passera sans que Franco ait à céder quoi que ce soit. Il y sera aidé par son sang-froid autant que par le piètre comportement du gouvernement républicain en exil dont les dissensions vont apparaître au grand jour. Enfin, et surtout, dès le 12 mai 1945, Churchill, dans une lettre à Truman, a résumé la situation internationale dans une formule appelée à passer à la postérité : « Un rideau de fer est tombé sur l'Europe. » La partie se joue désormais entre Staline et les puissances occidentales. L'anticommunisme militant du régime espagnol, un jour ou l'autre, doit y trouver son compte.

Mettant en œuvre la tactique d'encerclement de Don Juan qu'il a suggérée au Caudillo, Carrero Blanco fait venir de Suisse Vegas Latapié et lui remet à Madrid la dernière synthèse qu'il a livrée à Franco et qu'il a intitulée *Considérations sur le moment actuel de l'Espagne.* Il s'agit de faire comprendre à Don Juan que « les Anglo-Saxons, loin de vouloir reconnaître le gouvernement républicain espagnol de Mexico, feront tout pour écarter d'Espagne le danger communiste. (Donc, aucun risque pour l'héritier du trône d'être pris de court.) Sous le manteau, États-Unis et Grande-Bretagne se disputeront même l'amitié de l'Espagne ». (Donc, Don Juan a tout intérêt à se rapprocher de Franco.) « N'oublions pas », ajoutait-il en écho au mot célèbre de Churchill, « que la guerre diplomatique entre les Anglo-Saxons et l'Union soviétique a commencé avec le dernier coup de feu dans le Pacifique. »

Le « prétendant » pouvait également méditer cette conclusion : « Perturber aujourd'hui l'union des Espagnols relève consciemment ou inconsciemment de la trahison. D'autre part, sachant que le Caudillo n'est pas éternel et qu'un jour Dieu disposera de sa vie, il convient de penser à nous acheminer vers l'instauration de la monarchie traditionnelle. »

Tels étaient les messages que Vegas Latapié était chargé de transmettre à Lausanne en même temps qu'une proposition de rencontre entre Franco et le comte de Barcelone autour de Noël 1945, rencontre que le Caudillo annula car, la nouvelle ayant filtré, elle fut aussitôt interprétée en Espagne comme le signe d'un prochain départ du dictateur.

En dépit de la tranquille assurance de ce dernier, l'heure des sanctions contre le régime franquiste avait en effet sonné. Sans graves conséquences pour le régime, ainsi que l'avait prévu le Caudillo, mais néanmoins inéluctable. Le 1er mars 1946, le gouvernement de Georges Bidault fermait la frontière française. Suivait le 4 mars à Londres une déclaration tripartite – Grande-Bretagne, France, États-Unis – demandant le départ pacifique du général Franco, l'avènement d'un gouvernement provisoire et, à la clé, un plébiscite sur les nouvelles institutions. Le 12 décembre, ce sera la condamnation solennelle par l'Assemblée générale de l'ONU du régime « fasciste » de Franco, recommandant le retrait immédiat de tous les ambassadeurs en poste à Madrid. (Deux seuls devaient rester : celui du Portugal et le nonce Cigognani.)

1946 fut ainsi l'année des règlements de comptes, celle des condamnations à mort de Nuremberg et des coups de pique contre Franco. Mais il en fallait plus pour avoir la peau du taureau. Le 9 décembre, sans attendre le vote d'opprobre des Nations unies, une manifestation d'appui au Caudillo de quelque deux cent mille personnes sur la place d'Orient, bien orchestrée et magnifiée par les services de propagande, donnera à l'extérieur du pays le sentiment que le régime franquiste n'est pas si mal accepté des Espagnols ou, du moins, que leur capacité à faire bloc contre toute ingérence étrangère demeure une constante de leur caractère digne d'être prise en considération.

Quoi qu'il en soit, le comte de Barcelone n'entendait pas se laisser manœuvrer par Franco. En ce début de l'année 1946, bien qu'aient déjà échoué les tentatives de séduction auprès de Vegas Latapié, le Caudillo envoyait à Lausanne Miguel Mateu Pla, son ambassadeur en France, contraint de plier bagage, pour proposer à Don Juan – évidemment sous certaines conditions – de fixer sa résidence en Espagne. « Je suis le roi, lui avait répondu le comte de Barcelone, et je ne rentrerai dans mon pays que par la grande porte. »

En août, après la capitulation du Japon, nouvelle mission aux *Rocailles,* conduite cette fois par le directeur de l'*ABC,* Juan Ignacio Luca de Tena, et José-Antonio Sangróniz, deux monarchistes convaincus. Même réponse de Don Juan : « Que Franco sorte d'abord, j'entrerai ensuite! »

La résistance à Estoril

López Rodó, dans ses mémoires, nous laisse entendre que Don Juan se croyait abusivement dans une position beaucoup plus forte qu'il n'était, tablant même sur un soulèvement des généraux monarchistes. C'est plus que vraisemblable. Mais l'hypothèse n'entame en rien la ligne de conduite morale et politique que s'est fixée Don Juan. Il est clair pour lui que la monarchie, telle qu'il l'entend, ne peut se compromettre avec le régime et n'a aucun intérêt à le faire. Lui aussi voit les choses à long terme. Il convient cependant de laisser ouverte à Franco une porte de sortie honorable, seule garantie d'une transition pacifique, excluant toute revanche des vaincus de la guerre civile. Il ne se refusera donc pas à un dialogue direct le jour venu, mais en terrain neutre et d'égal à égal...

Puisque Franco, conscient de la menace que les Alliés vont faire peser directement sur lui, cherche un rapprochement, il faut profiter de l'occasion pour, au moins, se rapprocher de l'Espagne. Les gouvernements espagnol et portugais sont d'accord pour qu'il s'établisse au Portugal. Le 2 février 1946, après être passés par Londres, Don Juan et Doña Maria arrivent à Lisbonne où ils sont accueillis à l'aéroport par le frère aîné du Caudillo, Nicolás Franco, ambassadeur d'Espagne auprès de Salazar et dont les consignes sont de

« marquer » au plus près le « prétendant ». L'opération « charme » se développe ainsi de plus belle. Le comte de Barcelone doit refuser la magnifique Packard et la villa que l'aimable ambassadeur entend mettre à sa disposition. Il devra refuser très vite aussi l'invitation que lui transmet Nicolás de l'emmener secrètement « quelque part en Espagne » pour rencontrer Franco. Gil Robles, qui peut enfin approcher Don Juan pour la première fois, voit se dissiper tout ce qui lui restait de préventions contre la monarchie bourbonienne :

« Affable, jovial, intelligent, sérieux, note-t-il dans son journal du 4 février. Il sait écouter et il sait interroger. Il se montre au courant de tous les problèmes de fond et ne dédaigne nullement de demander conseil. Il me donne surtout l'impression d'un homme de grande rectitude, soucieux de vérité, répudiant d'instinct tout ce qui est manœuvres ou petites habiletés. A la différence de son père qui était né roi, on voit bien qu'il a été formé à la dure et profitable école de l'adversité. Il est encore jeune, il manque peut-être d'expérience, mais l'étoffe est excellente et l'on devine en lui les qualités fondamentales qui peuvent faire de lui un grand souverain. »

Comme il se doit, une des premières conversations entre le « roi » et son conseiller porte sur cette invitation transmise par Nicolás Franco à un rendez-vous incognito. S'il en était besoin, l'ancien chef de la CEDA conseille : « Impossible à Votre Majesté d'aller voir Franco en territoire espagnol; vous iriez en sujet! »

Après ce refus, les représailles inévitables. Nicolás qui vient de faire un aller-retour à Madrid, communique à Don Juan le 15 février la mauvaise humeur du Caudillo : compte tenu du manifeste de Lausanne, il ne sera accordé aucune facilité aux Espagnols qui désirent se rendre à Lisbonne pour saluer leur souverain. « C'est mieux ainsi », conclut Gil Roblès.

Avant que ne s'écoule ce mois de février, Don Juan va cependant pouvoir faire confirmer par les carlistes les moins entêtés, ceux qui suivent le comte de Rodezno – sa qualité d'héritier dynastique dans la ligne du défunt Alfonso-Carlos. C'est Gil Roblès, une fois de plus, qui a conduit la négociation, aboutissement d'interminables discussions sur la définition à donner à l'expression « monarchie traditionnelle », sésame de la reconnaissance définitive du fils d'Alphonse XIII comme roi des « bérets rouges »[11]. Le 26 sont signées entre les représentants des traditionalistes et des libéraux ce qu'on appellera « les bases d'Estoril », qui définissent les fondements de cette monarchie de compromis, « catholique, unitaire et représentative ». Les convictions démocratiques de Don Juan doivent se plier à certaines exigences de la « Communion traditionaliste ». La fonction législative incombe ainsi au roi avec la nécessaire collaboration des Cortes, mais un tiers seulement des membres de cette Assemblée unique (et totalement hypothétique) seront élus au suffrage direct. La volonté librement exprimée de la nation sera cependant requise pour qu'entre en vigueur cette ébauche de Constitution. En fin de compte, ce sont tout de même les carlistes qui font les concessions majeures. De toute manière, ce ralliement autour de Don Juan, même s'il n'est pas suivi par les « purs et durs » de Fal Conde, même s'il ne s'éloigne pas assez résolument du corporatisme franquiste, va renforcer assez considérablement l'autorité du comte de Barcelone et priver provisoirement Franco d'un de ses arguments favoris pour justifier de son maintien au pouvoir : la désunion des monarchistes.

En même temps, Gil Robles et d'autres amis de Don Juan, toujours entre deux avions, vont rechercher le contact avec les républicains de l'exil, et notamment les socialistes anticommunistes d'Indalecio Prieto, jusqu'à conclure avec eux, sous l'active médiation de Salvador de Madariaga, fort bien en cour à Washington, une Sainte Alliance contre le franquisme, dont nous aurons l'occasion de reparler et qui trouvera un aboutissement trop tardif en août 1948, dans le pacte dit de Saint-Jean-de-Luz.

Mais déjà Franco a trouvé la parade. Pendant ces deux années entre toutes difficiles, courbant l'échine sous la tourmente diplomatique, étouffant discrètement les complots que trament contre lui certains généraux libéraux comme Aranda et Beigbeder, son ancien ministre des Affaires étrangères, donnant le change à l'opinion en conférant à son régime – sans y rien changer – certains attributs de légalité, le Caudillo parviendra à passer ce nouveau

11. Les « requetes » carlistes (ce mot se prononce « réquété » et il exprime ici le superlatif de la valeur et du courage; on dirait en français d'aujourd'hui les « super ») portaient traditionnellement le béret rouge des Navarrais.

cap et à déboucher, au printemps 1948, sur le point culminant de la guerre froide : le blocus de Berlin.

Encore une fois, sans s'affoler, il aura su durer le temps qu'il fallait, attendant, voiles carguées sous la tempête, que les périls de la situation internationale permette à sa barque solitaire de se frayer un chenal vers un havre de tranquillité.

Comme le lui a conseillé Carrero Blanco, il décide opportunément d'habiller l'Espagne franquiste aux couleurs respectables de la monarchie. Le 28 mars 1947, Franco adresse aux Cortes son projet de loi de succession. Dès le surlendemain, Carrero lui-même se rend à Estoril pour informer Don Juan de son contenu. En aucun cas pour le négocier. Le texte du projet de loi déclare que l'Espagne se constitue en royaume et rappelle que « le commandement de l'État incombe au Caudillo d'Espagne et de la Croisade, généralissime des Armées, Don Francisco Franco Bahamonde ». En cas de vacance du pouvoir, celui-ci sera exercé par un Conseil de régence dont le principal personnage est le président des Cortes. A quelque moment que ce soit, le chef de l'État pourra proposer aux Cortes la personne appelée à lui succéder à titre de roi ou de régent, les conditions requises pour exercer cette fonction étant d'être Espagnol de sexe masculin, âgé de trente ans révolus, de professer la religion catholique, de prêter serment aux lois fondamentales et de s'engager à respecter loyalement les principes du Mouvement national.

C'est par simple incidence que l'article 8 indique que cette « personne » désignée par le Caudillo, de son vivant si bon lui semble, ou par les deux tiers des membres du gouvernement et du Conseil du Royaume s'il n'est plus là, doit être, dans le cas d'un monarque (non d'un régent) de « souche royale ».

« Mais c'est de la monarchie élective! » s'écrie Don Juan après avoir lu le document que lui a tendu son visiteur. « Non, Altesse. C'est une monarchie héréditaire sélective. C'est aussi une monarchie " traditionnelle " et non " libérale " comme le fut celle de votre auguste père. Car la monarchie qui convient à l'Espagne ne peut-être, en tout état de cause, que la continuation du " Mouvement national ", répond Carrero [12]. »

« Tout cela est digne des Goths! », réplique le comte de Barcelone qui discute toute la matinée du 31 mars avec l'envoyé de Franco.

---

12. Cité par Lopez Rodó.

Ce dernier, tout en essayant de rassurer Don Juan sur les intentions de son maître de respecter la dynastie et son ordre naturel, oubliera néanmoins de lui signaler un détail qui a tout de même son importance : la teneur de cette loi de succession doit être en effet rendue publique à la radio espagnole le soir même, à l'occasion du discours que le chef de l'État adresse chaque année à la nation pour célébrer l'anniversaire de la victoire nationaliste du 1er avril 1939.

La réaction de Don Juan n'en sera que plus vive, bien qu'en fin de compte Carrero ait essayé dans l'après-midi de réparer cet oubli. Le secrétariat du comte de Barcelone publia donc immédiatement un communiqué annonçant « qu'à l'attitude unilatérale publiquement adoptée par le général Franco sur un problème aussi grave que celui de la succession, Sa Majesté se devrait d'apporter sa réponse en toute liberté et, publiquement elle aussi, au moment opportun ».

Le 7 avril effectivement, en dépit des pressions menaçantes de Nicolás Franco et de Carrero, le comte de Barcelone remit à la presse internationale, deux ans après celui de Lausanne, un second manifeste, dit d'Estoril, qui aura beaucoup plus de répercussion que le premier.

« En ces moments si critiques pour la stabilité politique de la Patrie, souligne cet appel solennel au peuple espagnol, je m'adresse à vous en qualité de légitime représentant de votre monarchie afin de définir mon attitude face à la grave initiative prise par le général Franco. Les principes qui régissent la succession à la Couronne et qui constituent les fondements mêmes de la monarchie, ne sauraient être modifiés sans l'assentiment du roi et de la nation légitimement représentée par ses assemblées. Or le titulaire de la Couronne n'a pu intervenir. Qui saurait prétendre, en outre, que l'organisme de pure création gouvernementale que l'on appelle aujourd'hui Cortes puisse se targuer d'incarner la volonté de la nation? »

« Bien loin de vouloir admettre que l'hostilité internationale à laquelle se heurte aujourd'hui notre patrie est due essentiellement à la présence du général Franco à la tête de l'État, ajoute-t-il, ce dernier ne trouve rien de mieux que de convertir son pouvoir en dictature à vie et d'affubler des glorieux symboles de la monarchie un régime soumis à son libre arbitre et dont la nécessité n'apparaît plus depuis longtemps.

« La monarchie héréditaire, rappelle aussi Don Juan, est par sa nature même, un facteur essentiel de stabilité. Tous ces avantages disparaissent avec ce projet de loi de succession qui, faisant litière du principe essentiel de la continuité, ouvre la porte à toutes les querelles intestines dans un lamentable esprit de régression qui nous ramène aux temps lointains où les peuples, à l'aube de leur vie politique, se débattaient tragiquement dans des formules d'autocratie élective.

« De même que mon ambition suprême est d'être le roi de tous les Espagnols qui entendent de bonne foi se rallier à un État de droit obligeant autant les gouvernants que les gouvernés, conclut-il, de même suis-je toujours prêt à faciliter quelque solution permettant d'assurer une *normale et inconditionnelle passation de pouvoirs*. Mais en aucun cas on ne saurait me demander de souscrire à des actes qui par leur nature contredisent le devoir sacré qui m'incombe. Les droits dont je suis le gardien n'appartiennent pas à la seule Couronne; ils font partie intégrante du patrimoine spirituel de la patrie. Avec une foi aveugle dans les grands destins de notre Espagne, sachez que vous pourrez toujours compter sur votre roi. »

Nicolás Franco, nous dit Gil Roblès, se montra presque soulagé en constatant que ce texte n'impliquait pas une rupture définitive. A Madrid, en revanche, ce manifeste donna le signal d'une campagne d'autant plus violente contre l'héritier du trône que l'hebdomadaire *The Observer* publia le 13 avril une interview de Don Juan, considérée par le régime comme beaucoup plus choquante encore. Dans ces déclarations recueillies d'ailleurs indirectement et avant l'affaire de la loi de succession, Don Juan insistait plus lourdement sur le caractère inconditionnel que devrait revêtir toute transmission de pouvoirs de Franco à lui-même. Il affirmait également que s'il ne négociait pas en personne avec les « forces de gauche », tout Espagnol, quel qu'il fût, devait avoir légitimement accès à lui, et qu'il considérait le parti socialiste et les syndicats ouvriers, UGT ou CNT, comme bénéficiaires des mêmes droits que les partis politiques dans la future monarchie.

La grande peur des Bien-pensants

Pour une fois, il n'y eut pas de censure. On déterra même le Manifeste de Lausanne pour démontrer la persistance dans la trahison et le complot.

« Les déclarations de Don Juan à *The Observer* », commente López Rodó dans ses Mémoires, « firent beaucoup de bruit en Espagne et provoquèrent de fortes réactions y compris dans les milieux monarchistes. Le Comité d'action monarchiste de Madrid menaça de démissionner bien que la Délégation de la Grandesse d'Espagne ait adressé à Estoril un acte d'adhésion. La presse espagnole, totalement contrôlée par le gouvernement, mena une dure offensive contre le comte de Barcelone et beaucoup, qui ne pouvaient être soupçonnés de " franquisme ", reconnurent que ses déclarations lui avaient aliéné la sympathie des milieux conservateurs. »

Don Juan lui-même mesura tout de suite le faux pas tactique et sanctionna Vegas Latapié, qu'il rendait responsable de cette publication inopportune dans le magazine britannique en le cantonnant dans les fonctions de précepteur du prince des Asturies.

En 1980 encore, et bien que la suite des événements lui ait clairement montré qu'il n'avait aucune raison de regretter la mise en lumière d'une attitude qui le démarquait plus encore du régime de Franco, il considérait toujours, selon Sainz Rodriguez, que cette affaire de l'*Observer* lui avait fait du tort, bien qu'elle l'eût rapproché de la gauche espagnole. Pour que ces remords fussent logiquement fondés, il aurait pourtant fallu que Franco envisageât quelque peu sérieusement de « passer la main », ce qui n'entrait nullement dans son dessein. La raison de ce repentir persistant doit donc être recherchée ailleurs : dans le sentiment très vif que Don Juan éprouva alors d'avoir fait « le pas de trop » qui, aisément exploité par l'adversaire, rendait sa cause soudain suspecte aux monarchistes de l'intérieur et renforçait du coup le pouvoir du Caudillo.

Gil Robles, qui n'était pas un « royaliste de toujours », ne trouvait pas de mots assez durs pour dénoncer la servilité et l'égoïsme de ces prétendus monarchistes qu'arrangeait si bien le régime corrompu de Franco. Mais les faits étaient là : aucun régime ne défendait mieux leurs intérêts de classe. Une peur panique les saisissait à la seule idée que les vaincus de la guerre civile pussent retrouver droit de cité en Espagne. Or que leur proposaient les manifestes de Lausanne et d'Estoril, les déclarations de Don Juan à l'*Observer* et tout ce que la propagande franquiste distillait habilement concernant les compromissions de Don Juan avec la diaspora républicaine? Un retour à la démocratie, la réconciliation nationale, donc le retour des « Rouges »... Dans cette Espagne de la fin des années quarante, encore assommée par la guerre civile, fanatisée par la rhétorique officielle de la Croisade anesthésiée par la censure autant qu'assoupie dans un matérialisme de miséreux et de nouveaux riches, qui satisfaisait les plus courts instincts des classes dirigeantes, le message du comte de Barcelone avait effectivement bien peu de chances d'être entendu!

A cette époque, Douglas, l'ambassadeur des États-Unis à Londres qui suit de près l'évolution de la situation politique en Espagne, communique à Dean Acheson, pourtant favorable à une action directe contre le régime franquiste, que l'armée est fondamentalement loyale à Franco, et Philip Bonsal, chargé d'affaires américain à Madrid, bien que mêlé aux conspirations antifranquistes des généraux Aranda et Beigbeder, reconnaît que « la loi de succession a été une bonne manœuvre de Franco, beaucoup de monarchistes se montrant très hostiles au manifeste d'Estoril [13] ».

En juin, la visite spectaculaire d'Eva Perón apportera au Caudillo la caution d'une Argentine alors florissante, en même temps que les millions de quintaux de blé dont l'Espagne affamée a le plus urgent besoin. Et pendant ce temps, au Portugal, l'étau se resserre autour de Don Juan.

Gil Robles et Sainz Rodriguez, ses principaux conseillers politiques, sont assignés à résidence hors de la zone de Lisbonne. Le comte de Barcelone lui-même est avisé par le chef de la police politique – la PIDE –, un général ultra portant monocle, qu'il dispose de quarante-huit heures pour quitter le territoire. Simple intimidation. Hypocrite et conciliant, Salazar auquel Don Juan demande audience en catastrophe, promet d'arranger les choses. Le coup a néanmoins porté.

---

13. Cité par Ricardo de La Cierva, *Francisco Franco : un siècle de l'Espagne* (en espagnol).

Le 6 juillet, les Espagnols sont convoqués aux urnes pour approuver une loi de succession dont les Cortes ont encore aggravé la portée. Le nouveau texte omet en effet de préciser comme il en avait été question que le successeur désigné à titre de roi doit être « le prince de meilleur droit ». Il suffira qu'il soit de souche royale. C'est la porte grande ouverte aux conflits dynastiques, au libre arbitre de Franco. Un autre article ajoute que pourront être exclues de la succession, sur proposition du chef de l'État ou du Conseil du Royaume, « les personnes royales n'ayant pas la capacité voulue pour gouverner ou qui, en raison de leur mépris notoire des principes fondamentaux de l'État ou de leurs actes, mériteraient ainsi de perdre les droits de succession établis par la présente loi ». Cette fois, c'est le comte de Barcelone qui est directement visé. Telle quelle, la loi de succession sera approuvée, selon les chiffres officiels, par 93 % des votants et 82 % du corps électoral. Aussi peu convaincante que soit, dans un régime de cette nature, une telle consultation populaire, ambiguë de surcroît car elle se présente malgré tout comme une promesse d'ouverture et même d'évolution, il s'agit de la première épreuve à laquelle se risque le franquisme, la première aussi qui se déroule en Espagne depuis les élections générales du 16 février 1936, d'où sortit vainqueur le Front populaire.

La mauvaise conscience des puissances occidentales trouvera finalement un assez lâche apaisement dans ce verdict que Franco transforme en plébiscite personnel et qualifie avec emphase d'« acte politique le plus transcendant de notre histoire contemporaine ».

« Les vrais monarchistes, s'empresse-t-il d'ajouter, ont démontré qu'ils étaient ainsi résolument avec nous, avec l'Espagne, les autres appartenant à la caste séculaire des éternels " francisés " (afrancesados) qui voudraient que leur soient rendus des privilèges de cour à la mesure de leurs ambitions. »

Ainsi écrit-on l'Histoire!

Il en fallait certes davantage au comte de Barcelone pour abandonner la partie et renoncer à la ligne doctrinale qu'il s'était fixée. Mais à partir de cette époque, conscient du pouvoir intact de son adversaire, de la force d'attraction qu'exerce le régime franquiste sur ceux qui en Espagne devraient être ses plus fidèles partisans, il prendra cette sorte de recul que lui impose une pénible mais assez objective appréciation de la réalité. Et cette disposition d'esprit l'amènera à écouter d'une oreille plus attentive ceux qui, dans son entourage, le pressent de ne pas couper les ponts irrémédiablement avec un ennemi si puissant.

Cette stratégie le conduira à accepter en août 1948 une première rencontre au large de Saint-Sébastien avec le Caudillo. Elle n'entraînera aucune concession politique de sa part. Mais l'historien doit se poser la question : une attitude plus résolument combative et plus tenace surtout, dans cette période capitale où l'Espagne franquiste était en quarantaine, n'était-elle pas susceptible de faire basculer le cours des événements et de forcer le rétablissement de la démocratie dès cette époque?

Don Juan et la gauche

A l'appui de cette thèse, on ne peut que remarquer l'état très avancé des négociations entre les exilés monarchistes et les exilés républicains. Le manifeste de Lausanne avait fait du comte de Barcelone un pôle d'attraction d'autant moins négligeable dans la diaspora des gauches espagnoles que le gouvernement républicain de Mexico, présidé par Diego Martinez Barrio et sans cesse déchiré par des luttes intestines, n'avait su se faire reconnaître d'aucune grande puissance occidentale. Les syndicalistes espagnols furent les premiers à prendre contact avec Don Juan, peu après son arrivée au Portugal.

On vit ainsi arriver à Estoril dès mars 1946 un officier français de la Légion étrangère qui avait eu l'honneur d'entrer en avant-garde avec son char de la division Leclerc dans Paris non encore libéré. Il était catalan, s'appelait Amando Granell, se présentait au nom de l'UGT et comme secrétaire de Largo Caballero [14], l'ancien leader du parti socialiste ouvrier. Celui qu'on avait appelé le « Lénine espagnol » était mourant dans un hôpital parisien et se repentait cruellement, affirmait Granell, de ses erreurs passées. Puis ce fut le tour, en octobre de la même année, de Francisco Santamaria, un dirigeant de la CNT, la centrale de filiation anarcho-syndicaliste, amené clandestinement d'Espagne dans la voiture du

14. Largo Caballero (1869-1946), exilé en France en 1939, avait été arrêté par le gouvernement de Vichy et déporté par les Allemands au camp d'Orianenburg.

chef des services secrets français avec un passeport au nom de Carlos Bestigui, le célèbre mécène des années cinquante.

Après qu'ils furent passés par le filtre serré de Gil Robles et de Sainz Rodriguez, Don Juan les reçut l'un et l'autre et ils ressortirent conquis par la familiarité royale et l'ouverture d'esprit du « prétendant ».

Au nom des émigrés espagnols de France, Granell assurait qu'en dehors de la minorité communiste, socialistes et syndicalistes ne voulaient plus entendre parler de révolution et étaient tout prêts à admettre une monarchie démocratique. Un accord entre « les délégués du roi » et celui de l'UGT socialiste fut ainsi conclu dès le 16 mars, suivi d'un autre de même type avec Santamaria le 17 octobre, puis avec Luque son successeur qui, l'année suivante, en dépit de l'opposition des communistes, déclarait à Gil Robles que les syndicalistes étaient prêts à accepter la monarchie, même sans plébiscite préalable sur la nature du régime. « Il était évident, écrit Sainz Rodriguez, qu'il fallait négocier à fond sur cette base. C'est ce que nous fîmes avec succès. Mais les relations avec Luque se refroidirent, faute d'une politique assez dynamique de notre part et principalement de la part de Don Juan [15]. »

Avec le parti socialiste ouvrier espagnol, que dirigeait Indalecio Prieto [16], les négociations se révélèrent d'abord plus difficiles. Celui qui avait été sous la Seconde République le leader le plus modéré, le moins sectaire de la gauche en compagnie de Julian Besteiro, craignait de se faire déborder par les initiatives des syndicalistes et redoutait les accusations de trahison de ses coreligionnaires extrémistes comme Juan Negrin [17] ou Alvarez del Vayo. En revanche, les contacts des représentants de Don Juan Lopez Oliván, Felix Vejarano ou Quiñones de Léon – dans les grandes capitales occidentales – furent tout de suite excellents avec Trifón Gomez, un socialiste de la nouvelle génération qui contrôlait en outre, secondé par Granell, l'appareil de l'UGT. A Washington, Salvador de Madariaga mettait également tout son prestige d'universitaire et ses amitiés politiques très modérées au service d'une « monarchie de

15. *Un royaume dans l'ombre, op. cit.*
16. 1883 – Mexico 1962.
17. Chef du gouvernement d'union nationale en 1938, président du gouvernement républicain en exil en France, mort à Paris en 1956.

centre-gauche » qui devait définitivement attirer à elle, pensait-il, les épigones de la social-démocratie et de la démocratie-chrétienne.

En août 1947, le rapprochement entre la Confédération des forces monarchistes, créée dès janvier 1946 par Gil Robles, et l'Alliance Nationale des forces démocratiques, qui s'était implantée clandestinement en Espagne depuis près de trois ans, était assez avancé pour que Prieto lance sur les ondes de la radiodiffusion française un appel à l'« Union de tous les antifranquistes de droite ou de gauche, à l'exclusion des phalangistes et des communistes ».

Le 6 septembre de la même année, le congrès du PSOE à Toulouse insiste pour que se poursuivent les négociations avec les monarchistes de Don Juan « afin de frayer les voies d'un plébiscite démocratique qui définira le nouveau régime de l'Espagne ». Un comité de liaison permanent est créé avec Vejarano pour les monarchistes et Jimenez de Asúa pour les socialistes-syndicalistes. Anglais et Français insistent surtout pour que Prieto et Gil Robles se rencontrent rapidement, ce qu'ils feront en octobre, à Londres, sous le patronage de Bevin.

Des quatres réunions qu'ils tinrent à Londres et dont chacun consigna la teneur dans un mémorandum adressé séparément au gouvernement britannique, ne résultait qu'un seul point de divergence, concernant le procédé par lequel serait implanté le gouvernement provisoire qui devrait assurer le maintien de l'ordre en Espagne, rétablir les libertés et provoquer une consultation électorale pour l'établissement d'un régime définitif.

Roblès insistait surtout sur le danger d'un plébiscite préalable, comme le suggérait la note conjointe des gouvernements anglais, français et américain du 4 mars 1946 condamnant le régime de Franco. Une consultation immédiate du peuple espagnol sans pacification préalable des esprits, soulignait-il, risquerait de n'avoir pas plus de signification que le référendum organisé par Franco sur la loi de succession. Qui en garantirait le libre exercice? Les Alliés vont-ils envoyer un corps expéditionnaire en Espagne pour assurer l'ordre et la liberté? Impensable! Alors ce rôle devra-t-il être dévolu à l'armée espagnole qui soutient Franco? Absurde! En outre, il fallait laisser une porte ouverte au dictateur pour que, si les circonstances l'y contraignaient, il puisse procéder à une passation de pouvoir pacifique et volontaire entre les mains du roi.

« Ni le roi, ni les forces monarchistes, plaidait-il également, non sans arrière-pensée, ne peuvent se lier les mains par l'acceptation d'un plébiscite préalable. L'indépendance du roi à l'égard de Franco est totale. Il ne lui fera aucune concession. Mais Don Juan devrait-il refuser d'accepter le pouvoir *de facto* que lui remettrait Franco, sous prétexte que l'on aurait fait de ce plébiscite une obligation préalable ? »

En résumé, concluait-il, le problème du procédé par lequel on implantera les institutions garantissant une vie politique normale est secondaire. Pratiquement, il proposait que les nations signataires de la note du 4 mars 1946, demandent au Vatican d'intervenir auprès de Franco pour qu'il accepte cette formule de renonciation « sous la pression énergique de toutes les puissances démocratiques ».

Prieto, pour sa part, estimait que le processus par lequel seraient établies les institutions futures de l'Espagne n'avait rien de « secondaire » et insistait sur le bien-fondé de la note tripartite de 1946 avec gouvernement provisoire et consultation populaire. Certes Gil Robles, au nom des monarchistes, précisait bien qu'« aucune solution ne serait considérée comme définitive jusqu'à ce qu'elle soit soumise à la volonté de la nation ». Mais le leader socialiste insistait pour que cette consultation intervînt *a priori* et non *a posteriori*. « De toute manière, concluait Prieto dans un louable esprit œcuménique, nos points de coïncidence sont beaucoup plus nombreux que nos points de divergence. » Et, en janvier 1948, il écrivait à Fernando de Los Rios, autre républicain historique : « Ne pas aboutir à un accord avec les monarchistes serait lamentable; ne pas le tenter serait criminel. »

Dans son mémoire au gouvernement britannique, le leader socialiste citait abondamment Alphonse XIII. Si la monarchie était le meilleur moyen de rétablir la démocratie, il était bien décidé pour sa part à collaborer loyalement avec elle. Et Trifón Gomez plus encore. Au printemps de 1948, Prieto en viendra même à déclarer : « Si Don Juan peut accéder au pouvoir d'accord avec Franco, qu'il le fasse, je fermerai les yeux. L'essentiel est de chasser cette bête venineuse ! »

L'accord entre monarchistes et socialistes était effectivement de l'intérêt vital des uns et des autres. Les monarchistes – dans la perspective démocratique de pacification nationale qui était celle du comte de Barcelone – ne pouvant se passer de l'appui des organisations ouvrières et d'au moins certains éléments éminents de la diaspora républicaine, et la gauche espagnole d'autre part ne pouvant valablement exciper de la légitimité d'un gouvernement républicain en exil que seul en Europe l'Union soviétique et ses satellites avaient reconnu.

« Cette gauche à elle seule, résume fort bien Sainz Rodriguez, savait pertinemment qu'elle n'obtiendrait jamais le concours international qui permettrait de forcer une évolution du régime de Franco, car son retour au pouvoir signifierait la mise hors la loi de toutes les forces qui appuyaient le franquisme, si bien qu'on aboutirait, mais à l'inverse, à la même situation intenable. »

Depuis 1945, en résumé, les républicains espagnols avaient fait des pas considérables en renonçant pratiquement à mettre sur le même plan la légitimité du président Martinez Barrio et de ses successeurs et celle du fils d'Alphonse XIII. Au début de 1948, Prieto admettait implicitement la formule mise au point par les conseillers politiques de Don Juan. On constituerait un gouvernement de régence qui assumerait tous les pouvoirs après la chute de Franco. Il serait constitué par des hommes du centre avec participation d'éléments de gauche, à l'exclusion bien entendu de tous les secteurs totalitaires d'un bord ou de l'autre. Ce gouvernement de conciliation nationale serait régi par un statut organique garantissant les droits politiques et, dans les plus brefs délais possibles, il procéderait à une consultation électorale qui, selon les circonstances, pourrait être soit un référendum sur le texte organique, soit des élections pour la désignation de Cortes constituantes.

En mars 1948, un nouveau congrès socialiste réuni à Toulouse vota une motion de confiance à Prieto pour former un gouvernement et conclure un accord avec les monarchistes. Ce pacte fut effectivement signé à Saint-Jean-de-Luz, fin août, entre la Confédération des forces monarchistes et le Parti socialiste ouvrier espagnol.

Les « Don Juanistes » avaient dû, eux aussi, faire quelques concessions à leurs partenaires. Déjà, entre janvier et mars 1948, ils avaient admis cette participation « d'éléments de gauche » dans ce futur gouvernement-régence alors qu'au départ ils ne leur reconnaissaient, dans un premier temps, qu'un rôle « d'observateurs ». Le texte de Saint-Jean-de-Luz ne reprit pas la dénomination de gouvernement-régence. Il se borna à parler de l'instauration d'un statut juridique, attaché à promouvoir une ample amnistie, à maintenir l'ordre public d'une manière inflexible, à éliminer de la direction politique du pays tout foyer de totalitarisme quelle qu'en soit la couleur. L'Espagne s'incorporerait immédiatement au groupe des nations occidentales européennes associées au plan d'aide des États-Unis ainsi qu'au pacte des Cinq (Angleterre, France et États du Benelux) noyau formateur de la Fédération européenne. Le libre exercice des cultes serait assuré « en tenant compte de toute la considération que mérite la religion catholique ». Enfin, après un retour aux libertés publiques qui s'effectuerait aussi vite que les circonstances le permettraient, la nation serait consultée, soit directement, soit à travers ses représentants, sur son régime politique définitif, le gouvernement présidant à cette consultation devant être, par sa composition et la personnalité de ses membres, une garantie efficace d'impartialité.

Un comité de coordination permanent fut également désigné avec Félix Vejarano comme représentant des monarchistes, Prieto et Trifón Gomez pour les socialistes. Il fonctionna correctement, réaffirmant encore, en 1950, à Londres devant la Conférence des ministres des Affaires étrangères des pays signataires du Pacte atlantique, l'alliance des deux formations démocratiques, leur fidélité à la communauté occidentale et leur espoir de voir les puissances signataires de la note tripartite de 1946 aider l'Espagne à recouvrer ses libertés.

Mais il était déjà trop tard. Le 4 novembre de cette même année 1950, l'Assemblée générale de l'ONU abrogera sa résolution antifranquiste de 1946 et autorisera ses membres à renvoyer des ambassadeurs à Madrid. Prieto, écœuré, démissionnera de la direction de son parti. La page alors sera définitivement tournée.

La fin des illusions

Elle le sera aussi pour Don Juan. Mais ce dernier ne se faisait déjà plus d'illusion sur la possibilité de renverser Franco. « Dès 1948, dira-t-il bien plus tard, je me rendis compte que cet homme mourrait les bottes aux pieds. La monarchie ne reviendrait en Espagne qu'à travers le régime franquiste [18]. »

Cela ne signifiait pas qu'il acceptât de transiger sur les principes.

18. Cité par Sainz Rodriguez.

Toute son attitude témoignera éloquemment du contraire. Mais s'il n'était pas question pour lui de pactiser avec le régime, il ne s'interdisait plus de traiter d'homme à homme, de puissance à puissance, avec celui qui l'incarnait. Son devoir était même de tenter l'impossible, lui seul, parmi les tenants de la démocratie, étant susceptible de dialoguer avec le dictateur. Lorsque le comte de Barcelone rencontrera ainsi Franco à bord du yacht *Azor,* au moment même où les monarchistes concluent avec les socialistes le pacte de Saint-Jean-de-Luz, nul ne songera durablement à l'accuser de trahison, bien qu'aucun de ses conseillers politiques, ni Gil Robles, ni Sainz Rodriguez n'aient été avertis de l'entrevue et qu'ils en aient conçu une légitime amertume. Une fois passée la surprise qui fit dire à Prieto : « Il vient de me pousser sur la tête une paire de cornes qui m'empêchent de passer la porte! » les signataires du pacte durent se rendre à l'évidence que Don Juan, s'il modifiait sa tactique, n'avait pas vraiment changé de position.

La note remise par Vejarano en octobre 1948 aux diverses puissances occidentales à l'issue de ces deux événements simultanés – le pacte de Saint-Jean-de-Luz et la rencontre avec Franco – en fait foi, bien qu'elle n'émane pas directement du secrétariat du comte de Barcelone :

« Le roi, déclara-t-elle dans un premier paragraphe, s'il ne prend pas part aux négociations entre groupes politiques, approuve et stimule toutes les initiatives de la Confédération des forces monarchistes. »

Et dans le second, publié avec l'approbation de Don Juan :

« L'entrevue célébrée entre le roi et le général Franco le 25 août dernier, la venue en Espagne du prince des Asturies et les négociations qui postérieurement pourraient avoir lieu, *ont pour seul objectif de faire évoluer le régime espagnol vers sa pacifique liquidation.* Par là même, le roi est convaincu de rendre le plus grand service à la cause de la démocratie et à la paix du monde. Il promet d'intégrer l'Espagne dans le bloc anticommuniste des Nations occidentales, ce qui, tant que le général Franco occupe le pouvoir, s'avère impossible ou sujet à de très graves inconvénients. »

Non moins éloquente – et pathétique – la conclusion de ce texte :

« On peut être assuré qu'il dépend aujourd'hui des États-Unis que le général Franco s'en aille ou qu'il reste au pouvoir pour un temps indéfini... »

Là était évidemment le vrai nœud du problème. Si l'on peut discuter de l'opportunité de cette fameuse entrevue entre le comte de Barcelone et le Caudillo au moment même où se dessinait une solution de remplacement du régime franquiste à travers la rencontre historique des adversaires irréductibles des années trente, il est certain aussi que ce magnifique échafaudage démocratique n'existait guère que dans l'esprit généreux de ceux qui l'avaient conçu.

Où était le pouvoir réel en Espagne, sinon entre les mains de Franco et de l'armée qui, hormis quatre ou cinq généraux déjà évincés, le soutenait aveuglément? Où se situaient les troupes naturelles du roi, sinon très majoritairement dans le camp de l'adversaire, celui de Franco? Les monarchistes de l'intérieur manifestaient-ils quelque impatience? Le Caudillo faisait donner la Phalange. Et vice versa au demeurant. Ce jeu de bascule politique n'avait d'ailleurs d'autre but que d'amuser la galerie en trompant successivement tout le monde. La vraie force c'étaient les sabres et les baïonnettes sur lesquelles, contrairement à l'adage, un dictateur peut fort bien s'asseoir durablement pour peu qu'il ait aussi quelque autre talent.

Les conséquences du manifeste d'Estoril à l'intérieur du pays avaient fait comprendre à Don Juan qu'il n'était pas suivi, ou du moins que les temps n'étaient pas encore mûrs pour que les classes dirigeantes se détachent du régime. En novembre 1947, à l'occasion du mariage de la princesse Élisabeth avec son cousin Philip de Mountbatten, il avait eu un long entretien avec Bevin dans le bureau de George VI. La sympathie du leader travailliste pour une restauration monarchique ne faisait pas de doute, comme celle d'ailleurs du gouvernement français. Mais par quel moyen pratique se débarrasser de Franco si les pressions diplomatiques des Alliés, pourtant sévères, se révélaient inopérantes?

En février 1948, six mois avant son entrevue avec Franco, le comte de Barcelone se rendra également aux États-Unis à l'issue d'une croisière dans les Caraïbes sur le yacht de Léopold III. S'il ne rencontre ni Truman ni le général Marshall, dont le fameux plan d'aide à l'Europe a exclu l'Espagne franquiste, il retire de ses nombreux contacts avec le Département d'État, le Congrès et le Pentagone le sentiment que les Américains sont déjà prêts à tourner casaque :

« Pour le moment », note Gil Robles sur la foi de ce que lui rapporte Don Juan, « aucun parti, surtout à la veille des élections, ne se hasarde à suggérer que l'on fournisse une aide à Franco. Mais l'année prochaine, surtout si les risques de guerre augmentent, les États-Unis lui fourniront ce dont il a besoin. Bien sûr, ils détestent Franco et souhaitent une évolution vers la monarchie, mais si elle ne se dessine pas concrètement, ils supporteront le dictateur, quitte à le lâcher à la première occasion. Si donc le roi parvenait à un accord avec lui, ils en seraient très heureux... »

En fait, le revirement nord-américain était déjà beaucoup plus avancé que Don Juan ne l'imaginait. Dès le 24 octobre 1947, Marshall avait approuvé au nom du Département d'État un document « top secret » rédigé par George Kennan consacrant un changement définitif et irréversible de la politique des USA à l'égard de l'Espagne [19] et pour la première fois, en effet, le 17 novembre, ceux-ci feront pencher la balance au Conseil de sécurité des Nations unies en faveur de Franco évitant ainsi que soit adoptée à la majorité des deux tiers une nouvelle résolution contre son régime. La France elle-même suivra le même mouvement en procédant à la réouverture de sa frontière le 10 février 1948.

Le temps des illusions était déjà passé. Que pesaient, surtout, les laborieuses négociations entre les hommes de Don Juan et les socialistes espagnols pour l'avènement de la démocratie dans ce pays périphérique, au regard de la partie de bras de fer qu'entamaient alors les démocraties occidentales contre Staline?

Les problèmes moraux cèdent facilement le pas devant les impératifs stratégiques. Avec Franco, nul risque de voir surgir une situation chaotique au sud-ouest de l'Europe : c'était déjà prouvé. Était-il au demeurant si certain qu'un régime de libertés n'eût pas conduit à l'anarchie, puis au communisme? La légende noire de l'Espagne restait tenace dans l'esprit des dirigeants occidentaux et on était encore si près de la guerre civile!

Ces derniers ne voulurent prendre aucun risque. Pas davantage, au demeurant, qu'ils n'en avaient assumé entre le 18 juillet 1936 et le 1er avril 1939 avec l'hypocrite politique de « non-intervention » qui avait permis à Franco de s'abreuver en armes et surtout en

19. Cité par Ricardo de La Cierva, *F. Franco.*

carburant occidental bien au-delà de ce qui lui était nécessaire pour vaincre ses adversaires!

Le 10 mars 1948, Jan Masaryk, ministre tchèque des Affaires étrangères, se jetait d'une fenêtre, en lever de rideau du « Coup de Prague ». Le blocus de Berlin commençait le mois suivant. Et pourtant s'amorçait dans les coulisses extérieures de l'Espagne un formidable essai de réconciliation et de rédemption qu'un coup de pouce décisif eût peut-être transformé en victoire, trente ans avant que Juan Carlos pût enfin assumer cette mission de l'Histoire.

Devant l'évidence des réalités tant intérieures qu'extérieures, Don Juan ne pouvait que tirer les enseignements que lui dictait le leadership américain. Il ne s'agissait nullement d'un virage idéologique. Sa conception de la légitimité comme celle qu'il se faisait de la démocratie lui interdisaient toute compromission avec le régime franquiste. Mais le devoir d'un roi est de penser à l'avenir de la dynastie. Il lui faut voir loin pour voir juste. Là où les hommes politiques obéissent à une loi contingente qui efface leur action dès qu'ils ne sont plus en mesure de l'assumer, les souverains, héritiers d'une continuité immanente, gardiens d'un patrimoine qui ne leur appartient pas en propre, relèvent d'une autre loi qui les projette, s'ils sont bien nés, dans la perpétuation instinctive de l'espèce. En cette matière, Don Juan avait tout appris de son père, de la même manière que Juan Carlos, au prix d'une messe franquiste qui vaudra bien un trône démocratique, apprendra tout du sien.

Ainsi la véritable histoire de l'actuel roi d'Espagne, loin de commencer avec son règne, puise-t-elle ses racines dans celui sacrifié de Don Juan. Car nul n'aurait accordé crédit au simple successeur royal de Franco si ce dernier n'avait été, aussi et surtout, investi de la légitimité à la fois dynastique et démocratique que le comte de Barcelone saura maintenir tout au long de son règne symbolique.

Cette monarchie de l'ombre soudée dans une première réconciliation des adversaires de 1936 sera garante trois décennies plus tard d'une fusion exemplaire et inespérée entre les deux Espagnes. Mais dès 1948, admise par les précurseurs de Felipe González, elle se présente déjà comme l'alternative la plus réaliste, la plus raisonnable au régime franquiste. La restauration échoue cette année-là en même temps que la démocratie. Mais grâce à Don Juan, ces deux flammes incertaines demeureront inséparables. Jusqu'à la mort de Franco et jusqu'au règne de Juan Carlos.

CHAPITRE III

L'OTAGE

Le lundi 8 novembre 1948 en fin de journée, le prince Juan Carlos déjà entré dans sa onzième année et accompagné du duc de Sotomayor et du vicomte de Rocamora, tous deux de la Maison civile de Don Juan, montait dans le Lusitania-Express qui devait le conduire de Lisbonne à Madrid. C'était la seule conséquence appréciable – mais pour l'avenir non dénuée d'intérêt – de la conférence qu'avaient tenue Don Juan et Franco, le 25 août à bord de l'*Azor,* le yacht du Caudillo.

Le secret de cette rencontre avait été, on l'a vu, si bien préservé que les conseillers politiques du comte de Barcelone n'en crurent pas leurs oreilles quand elle fut divulguée. L'affaire était effectivement entre les mains d'autres personnes, intermédiaires entre Franco et Don Juan : José-Maria Oriol, un richissime monarchiste traditionaliste « aussi bien intentionné que piètre diplomate », selon Gil Robles et Julio Danvila, un ami de Sotomayor que Don Juan lui-même qualifiera plus tard de « mystificateur ». En bref, la « camarilla » d'aristocrates, qui, dans l'entourage de Don Juan, faisait pendant aux Gil Roblès, aux Sainz Rodriguez, aux Vegas Latapié, engagés, eux, dans l'action militante.

Les uns négociaient avec la gauche tandis que les autres, voyageant sans contrainte entre Madrid et Lisbonne, s'employaient par tous les moyens à rapprocher le roi du dictateur au nom des monarchistes de l'intérieur. Qu'ils fussent en définitive plus franquistes que royalistes n'échappait sans doute pas à Don Juan. « En fait, ils voulaient que je rejoigne leur camp alors que j'entendais conserver toute mon indépendance », reconnaîtra ce dernier [1]. Mais à l'époque, pour peu que Franco recherchât une négociation avec Don Juan, c'était par eux que ce dernier devait passer. Fût-ce sans espoir, mû aussi par une curiosité bien naturelle, Don Juan ne pouvait résister bien longtemps au désir d'aller « au fond des choses » avec ce personnage que les Américains le pressaient tant de rencontrer.

En juillet 1948, alors qu'il se préparait à partir pour l'Angleterre à bord du *Saltillo*, le voilier qu'un riche armateur de Bilbao, Pedro Galindez, avait mis à sa disposition, le comte de Barcelone avait reçu la visite de Danvila. Ce dernier insistait sur la nécessité d'une entrevue avec Franco. Don Juan lui répondit qu'il ne ferait aucun pas pour qu'elle ait lieu, et les choses en restèrent là.

Arrivé en Grande-Bretagne, une lettre plus pressante de Danvila l'attendait à laquelle il ne répondit pas, puis ce fut un coup de téléphone de Mme Galíndez, qui, le 15 août, en pleines régates des Jeux olympiques, lui annonçait que l'entrevue était arrangée par le zélé Danvila au large de La Corogne entre le 18 et le 20. Don Juan tranquillement lui répondit que son projet était de se rendre à Belle-Ile, d'où il repartirait le 20 août.

Ce jour-là il s'apprêtait effectivement à larguer les amarres lorsque la préposée aux PTT du port du Palais lui remit un télégramme lui demandant d'appeler d'urgence Sotomayor à Saint-Sébastien. Deux heures après, il apprenait que la rencontre était bien fixée, qu'il ne pouvait manquer cette occasion et devait mettre le cap au plus vite sur Arcachon où Sotomayor, Danvila et Padilla l'attendraient. Le lendemain le *Saltillo* mouillait dans le bassin et repartait le 22 avec Sotomayor, tandis que Danvila et Padilla regagnaient l'Espagne par la route. D'après Danvila, Franco avait commencé par se faire beaucoup prier, puis s'était ravisé, fixant la date de la rencontre au 25 à midi à cinq milles au large de Saint-Sébastien. A l'ordre du jour que proposait le Caudillo : un tour d'horizon des problèmes politiques et un échange de vues sur l'éducation du prince des Asturies.

1. Cité par Sainz Rodriguez.

L'entrevue de l'Azor

Le *Saltillo*, que barrait Don Juan, arriva avec un peu d'avance au rendez-vous et attendit l'*Azor* qu'accompagnait un dragueur de mines. La forte houle qui creusait l'océan réduisit au minimum le protocole que l'on avait de part et d'autre minutieusement mis au point. Don Juan se rendit directement sur l'*Azor* après avoir agité sa casquette de marin tandis que Franco, les deux bras levés au-dessus de la tête répondait à son salut « par des gestes de boxeur victorieux ». A ses côtés, l'inévitable Danvila.

Les deux hommes s'enfermèrent trois heures, tête à tête, dans le salon du bateau, et ce que raconte Don Juan de cette conversation peut être résumé de la sorte :

« Dès que je parlais du présent, lui parlait fumeusement du futur. Il se demandait pourquoi je semblais manifester tant d'impatience... Lui-même se trouvait en excellente santé et parlait de rester au pouvoir pendant encore vingt ans. Et il disait vingt ans, comme aussi bien, il aurait pu dire trente... La restauration se ferait un jour. Qui pouvait mettre en doute ses propres sentiments monarchistes! Et les larmes montaient aux yeux du Caudillo lorsqu'il évoquait le souvenir d'Alphonse XIII. Seulement voilà : il n'y avait en Espagne aucun véritable sentiment monarchiste... Pourtant il s'en faudrait de peu, ajoutait Franco, d'un air entendu, pour que cela change : quinze jours lui suffiraient à retourner l'opinion...

« Alors que ne le faites-vous si vous estimez que la monarchie est la seule solution stable?... »

Là, un silence contrarié et quelques mots aigres. Pour répondre honnêtement il eût fallu remettre la discussion sur la position doctrinale que Don Juan avait réaffirmée dès le début de l'entretien et qui était celle de ses deux manifestes.

« Croyez-vous, lui dit le comte de Barcelone, que ce soit par ambition personnelle que j'insiste sur l'urgence de rendre à l'Espagne des institutions durables? Moi aussi j'ai des devoirs et des responsabilités historiques! »

« Allons, allons!... répliquait Franco, de telles responsabilités n'incombent qu'à ceux qui détiennent réellement le pouvoir! »

Et le Caudillo revenait à son thème favori : la situation internationale était très délicate, la guerre risquait d'éclater dans quelques années. L'Espagne devrait être conduite d'une main ferme et sûre : une monarchie n'aurait pas cette fermeté de commandement...

Entre Zarauz et Saint-Sébastien, l'*Azor*, à petite allure, tournait en rond dans les eaux agitées du golfe de Biscaye tandis que se poursuivait interminablement, sans cesse relancé par les interminables digressions du dictateur, un dialogue sans but. Don Juan traitait Franco d'« Excellence » et Franco lui donnait de l'« Altesse royale » s'excusant de ne pouvoir l'appeler « Majesté » puisqu'il n'était pas couronné.

On en vint enfin à parler de l'éducation du prince des Asturies, ce qui donna à Franco l'occasion d'une non moins longue tirade sur l'influence néfaste qu'avait exercée l'« étranger » au cours de l'histoire contemporaine sur les princes espagnols. Ces allusions délicates, adressées sournoisement au comte de Barcelone, montraient tout le prix que le Caudillo attachait au fait d'attirer Juan Carlos en Espagne, où il bénéficierait de tous les honneurs dus à son rang. Don Juan répliqua que l'éducation de son fils le concernait seul. Il serait certes fort heureux que ce dernier pût accomplir des séjours dans son pays, mais à la condition qu'il pût désigner lui-même les personnes qui s'occuperaient de lui. En outre, comment y consentirait-il tant que les monarchistes continueraient d'être poursuivis par le régime et que crier « Vive le roi ! » serait assimilé à un délit ? « Tout ça peut s'arranger... » répliqua Franco.

Et les choses, apparemment, en restèrent là, dans la rumeur assommante d'une conversation sans intérêt, alimentée sans cesse par le bagout franquiste, le même qui lui avait permis de se tirer si bien d'affaire, douze ans plus tôt avec Hitler dans un wagon-salon à la gare d'Hendaye. Avant de passer à table sur le coup de quatre heures, il avait été convenu que Sotomayor se chargerait de maintenir entre eux le contact, Franco lui-même n'ayant, disait-il en riant, « personne à qui se fier ». Habilement, Don Juan avait emmené avec lui sur le *Saltillo* son frère aîné, Don Jaime, le sourd-muet, et il fit en sorte de ménager un court entretien privé entre celui-ci et Franco.

Dès cette époque il était en effet assez clair que dans l'entourage du Caudillo certains s'intéressaient au malheureux et plus encore à sa descendance. Le duc de Ségovie, qui avait eu deux fils parfaitement sains de son épouse Emmanuelle de Dampierre – l'aîné

Alfonso, futur duc de Cadix, épousera en 1972 la petite-fille du dictateur – revendiquait alors, depuis un an, en dépit de sa renonciation en 1933 confirmée en 1945 par une lettre à Don Juan, ses droits au titre de « chef de la Maison de Bourbon », lequel pouvait – lui avait-on suggéré – conférer au moins quelque droit au trône de France pour lui-même ou ses héritiers...

En février 1947 il avait, dans ce but, annoncé sa décision de faire usage du titre de duc d'Anjou, celui de Philippe V, premier Bourbon d'Espagne. Quelques mois plus tard, après le manifeste d'Estoril, Gil Robles notait dans son journal que la loi de succession, telle qu'elle était conçue par Franco ouvrant la porte à tout prince qu'il aurait le caprice de choisir, était une manœuvre qui se dessinait pour reconnaître comme futur roi le fils aîné de Don Jaime, de deux ans plus âgé que Juan Carlos. « Compte tenu de la mentalité infantile du père, de ses besoins d'argent, tout est possible ! » concluait l'ancien leader de la CEDA.

En décembre 1949, Don Jaime annoncera en effet de Paris que, guéri de son incapacité physique, il considérait sans effet la renonciation à ses droits au trône d'Espagne. Et en avril 1954, Gil Roblès note encore dans son journal que ce dernier, selon le témoignage de Nicolás Franco, a demandé une subvention de 200 000 F mensuels au généralissime, lequel au demeurant a eu la correction d'en avertir Don Juan, qui, bien sûr, y mit son veto, « la famille royale ne devant d'aucune manière grever le budget de l'État tant qu'elle ne le sert pas ». « Franco, reconnaîtra le comte de Barcelone, avait malgré tout le sens de la dynastie. »

La conversation fut assez pesante au cours du déjeuner qui suivit, où l'on parla chasse et pêche dans le bercement d'un roulis qui mettait Sotomayor dans un état si déplorable qu'on dut laisser le malheureux « chef de la Maison royale » à bord du yacht de Franco en compagnie du futur amiral Nieto Antúnez, de Julio Danvila et du général Martin Alonso qui accompagnaient le Caudillo. Après le café, Don Juan, son frère et leurs trois autres compagnons de croisière regagnèrent le léger *Saltillo* qui s'éloigna toutes voiles au vent dans une rapide manœuvre.

Le comte de Barcelone ressortait de cet entretien passablement agacé. Il aura encore avec Franco deux autres longues conversations en 1954 et en 1960, en Estrémadure cette fois, et conservera toujours de ces épreuves un sentiment d'ennui inextinguible :

« Des heures et des heures à ne parler de rien!... Je crois que ce furent les bavardages les plus inutiles que j'ai eus de ma vie : une horreur!... Les platitudes officielles alternaient avec les évocations de ses campagnes. Vingt fois de suite on remontait à la bataille de l'Ebre ou à quelque autre épisode de la guerre civile. Et toujours cette manie de me faire comprendre que je ne pouvais rien entendre à l'Espagne actuelle, que j'étais devenu en quelque sorte un prince étranger [2]. »

Plusieurs fois au cours de cette entrevue de l'*Azor,* Don Juan avait surpris Franco par la bonne connaissance qu'il avait des dossiers espagnols, notamment en matière économique, et le Caudillo s'était montré visiblement irrité d'être ainsi contredit. Il était, une fois pour toutes, le « chef » et, comme le Duce, il avait *sempre raggione.*

Le mépris dans lequel il tenait son entourage et la manière dont il en parlait à son interlocuteur – traitant par exemple le général Martin Alonso de « pauvre homme » – avaient beaucoup choqué Don Juan. « Je n'admets pas que mes ministres discutent mes ordres. Je commande, ils obéissent », lui répétait le généralissime. Et telle fut effectivement toujours la seule conception qu'il se fit du pouvoir. Un pouvoir qu'il ne désignait que sous les termes de « mando » ou de « jefatura » : son commandement.

Gil Robles auquel le comte de Barcelone raconta par le menu cette entrevue de l'*Azor* – une entrevue que le leader de la CEDA considérait comme une « erreur historique », l'œuvre de ces « collabos » de la Maison du roi qui prenaient une si fâcheuse influence sur Don Juan – se consola un peu en apprenant de la bouche de ce dernier qu'il n'avait rien cédé sur le plan politique. Encore espérait-il que le roi ne consentirait pas davantage à confier à Franco l'éducation de son fils.

Il fut rassuré en apprenant, le 4 octobre, que Don Juanito allait repartir le lendemain en compagnie de Vegas Latapié pour la Suisse afin de reprendre sa scolarité chez les marianistes de Fribourg, où le jeune prince avait déjà passé en internat le premier trimestre de 1946 et presque toute l'année scolaire précédente. Mais sa satisfaction allait être de courte durée.

« Le roi, note-t-il déjà, résiste fermement à Sotomayor et à Danvila

2. Cité par Sainz Rodriguez.

qui essaient de le convaincre que ce retour en Suisse causerait la plus fâcheuse impression à Franco. Il leur répète que cela ne préjuge en rien du fait que le prince puisse faire ses études en Espagne si les conditions qu'il a posées sont remplies. Ces " fervents monarchistes " sont avant tout franquistes. Et la fermeté du roi me paraît, hélas, plus apparente que réelle. Je crains qu'il ne finisse par capituler. Le roi est en effet convaincu que personne n'est en mesure de chasser Franco et que la restauration ne deviendra réalité que dans la mesure où le dictateur la voudra bien. »

C'était effectivement la conclusion à laquelle était parvenue Don Juan, sans pour autant se faire la dupe des hommes qui entendaient tirer gloire ou avantages de ce rapprochement tactique avec le maître du pays. Le comte de Barcelone, résigné, entrait dans un autre chapitre de l'histoire. Il s'installait dans la durée. Une durée qui ne serait que la version en creux de la durée franquiste.

Faut-il, là encore, lui reprocher cette attitude? Ni dans le journal de Gil Roblès, ni dans les mémoires de Sainz Rodriguez, on ne relève un clair plaidoyer en faveur d'une solution franchement militante qui eût conduit, par exemple, le comte de Barcelone à former un gouvernement en exil. Lorsque Gil Roblès relate le 27 octobre – le jour même où Don Juan rappelle son fils de Suisse – la longue et pénible explication qu'il a avec lui, il ne dit pas : « Le roi croit qu'il n'y aura plus d'action internationale contre Franco » mais « Le roi *comprend* que cette action n'aura pas lieu ». Gil Roblès, si souvent découragé, ne partage-t-il pas cette amère conviction?

Une autre personne de la famille royale peu suspecte de sympathie pour le régime franquiste, la reine Victoria Eugenia, approuve au demeurant ce changement d'orientation en écrivant le 28 novembre à Danvila, qui déjà a gagné la partie : « Je souscris à l'idée qu'il convenait de rechercher une nouvelle voie politique puisque celle suivie jusqu'à présent n'a pas donné de résultats. Or, à mes yeux, qui ne risque rien n'a rien! Je prie Dieu que le sacrifice consenti par mon fils ait un résultat satisfaisant... »

A cette date le « sacrifice » est déjà accompli. « Don Juanito », dix ans et onze mois, est depuis trois semaines l'otage chétif mais fort précieux de l'Espagne franquiste.

Un enfant sur la plage

L'éducation des princes sur qui pèse la fatalité ou l'espoir d'une couronne est toujours une affaire d'État. Dans la famille, il y a eux et les autres. Le sens de la « royauté » telle que Don Juan la concevait dans son exil, telle qu'Alphonse XIII lui-même l'avait entendue, contraignait le comte de Barcelone à considérer son fils aîné avant tout comme l'héritier de la dynastie. Les élans trop ostensibles de sensibilité paternelle lui étaient refusés au même titre que certaines tentations politiques trop précises qui l'auraient obligé à descendre de son dérisoire mais nécessaire piédestal. Sans cesser d'être un père de famille également tendre à l'égard de ses quatre enfants, Don Juan se devait d'être particulièrement exigeant à l'égard du prince des Asturies. Il sut l'être sans faiblesse ni excès de sévérité, avec la seule idée d'en faire un jour un roi digne de ce nom.

Sa propre formation dans la marine britannique lui avait enseigné les vertus d'une discipline spartiate. L'avant-veille du départ de Juanito pour l'Espagne, on voit ainsi ce père attentif partir deux jours à la chasse comme si de rien n'était. Aux éducateurs du prince, tant en Suisse qu'en Espagne, il réclame un traitement strictement identique à celui réservé aux autres élèves ce qui, en pratique, les incite souvent à une plus grande fermeté. La première fois que Juanito se retrouve, à huit ans à peine, pensionnaire à Fribourg, sa mère Doña Maria ne pense qu'à prendre le téléphone pour savoir, jour après jour, comment il s'acclimate. Et c'est Don Juan qui, chaque fois, la retient : « Attends encore, il faut qu'il s'endurcisse... »

« Pour sa part », nous dit une de ses professeurs de français, Aurora Gomez Delgado, « le prince se montrait extrêmement affectueux avec ses parents. Je le vois encore courir à travers les couloirs du collège en criant “ Mami, Mami! ” dès qu'on annonçait un appel téléphonique d'Estoril. Quant à Don Juan, s'il ne ménageait pas ses conseils paternels, il savait être aussi pour lui un “ grand ami ”, le confident dont il avait besoin. »

La vie sociale de Juanito avait vraiment commencé chez ces marianistes du collège de la *Villa Saint-Jean* à Fribourg à qui ses parents l'avaient confié au moment où eux-mêmes s'apprêtaient à quitter Lausanne pour le Portugal. C'était en janvier 1946 et ils ne savaient pas encore très clairement ce qui les attendrait dans le pays de Salazar. Franco avait tout mis en œuvre, nous l'avons vu, pour leur y ménager une prison dorée aux frais de l'État espagnol. Don Juan ayant catégoriquement refusé toute compromission de cette nature, le comte et la comtesse de Barcelone s'étaient installés provisoirement chez de richissimes monarchistes, anciens mécènes de l'Action espagnole, le marquis et la marquise de Pelayo, *Villa Papoila* à Estoril, puis dans une autre résidence de la même station balnéaire louée à un aristocrate portugais, la *Villa Bellver,* où ils purent recevoir leurs enfants demeurés en Suisse.

C'est ainsi que Juanito, accompagné par sa grand-mère, la reine Victoria Eugenia et précédé de ses frère et sœurs, arriva à son tour au Portugal, le 29 avril 1946, après un court trimestre passé en internat à la *Villa Saint-Jean.* Il ne retournera en Suisse qu'un an et demi plus tard. Ses parents, en cette période de grandes espérances pour la restauration monarchique, avaient en effet décidé de garder tous leurs enfants auprès d'eux. Eugenio Vegas Latapié, qui assumait le secrétariat politique du comte de Barcelone, s'était chargé de donner à Juanito des cours particuliers. Déjà en Suisse où l'exil le retenait, il veillait de près à l'éducation du prince. Ce catholique intégriste, féru de doctrine maurassienne, est aussi un homme cultivé, sensible, d'une rectitude remarquable et d'un désintéressement à toute épreuve.

Ces longs mois passés à Estoril entre le printemps 1946 et la fin de l'été 1947 seront certainement les plus insouciants et les plus heureux de l'enfance de Juan Carlos. Les seuls qu'il aura pu passer entièrement en famille avant que ne commencent, si tôt, le temps des séparations et celui trop compté des vacances scolaires.

La station balnéaire lisboète est, à cette époque, un vaste terrain de jeux pour petits princes exilés. Ils sont onze dans la famille du comte de Paris et quatre chez les souverains détrônés d'Italie. Les Gil Robles ont aussi quatre enfants et les Rocamora, deux.

Relativement peu nombreuse, la colonie espagnole était très soudée, se rappelle Antonio Eraso, le fils d'un diplomate latino-américain.

« Avec les Gil Robles, le prince, son frère Alfonsito et quelques autres gamins nous avions constitué une équipe de football et de temps en temps Don Juan, qui n'avait à l'époque que trente-quatre ans, venait se joindre à nous pour taper dans le ballon. Nous faisions aussi des courses à bicyclette. Seule l'infante Margarita menait une vie un peu différente en raison de son infirmité, mais nous l'aimions tous beaucoup. Je me souviens aussi que nous parlions très mal de Franco. C'était pour les enfants du comte de Barcelone " l'homme qui faisait du mal à papa ". Et ils nous sortaient les timbres de propagande que l'on venait d'imprimer à l'effigie de Juan III : " Regarde comment ce sera quand papa sera roi! " Puis l'un de nous faisait le croquemitaine : c'était Franco tapi derrière un fauteuil qui cherchait à nous voler une couronne en papier doré... »

Ces jeux innocents s'interrompaient peut-être quand arrivait le fils de l'ambassadeur, neveu du Caudillo, le jeune Nicolás Franco y Pascual del Pobil, qui fréquentait le même manège d'équitation que les infants et qui deviendra par la suite un excellent ami de Juan Carlos :

« A cette époque », confiera ce dernier à J. A. Perez Mateos, le biographe de ces années d'enfance [3], « nous n'avions pas toujours d'aussi bonnes relations. On s'empoignait souvent. J'ai d'ailleurs toujours pensé que Juan Carlos était d'une nature plus timide que son jeune frère. Don Alfonsito était plus extraverti, plus communicatif, plus sympathique peut-être entre guillemets, alors que le prince se montrait plus réservé. De toute manière, il régnait dans leur famille une atmosphère très simple. Le personnel lui-même n'hésitait pas à l'interpeller sans aucun protocole : " Oye, Juanito! "... »

Cette « réserve » de Juanito était au demeurant toute relative et destinée peut-être « au fils du frère de l'ennemi de papa ». Il est vrai que tout ce qui touchait au Caudillo hérissait les hôtes de la *Villa Bellver.* L'oncle du « roi », l'infant Don Alfonso d'Orléans qui était le fils de l'infante Eulalie, tante d'Alphonse XIII, et fut un temps le représentant de Don Juan en Espagne, se montrait le plus passionné et, fort de sa bonne connaissance du monde américain qu'il avait appréhendée « à la dure », comparait tout bonnement Franco à Al Capone, nous rapporte Pedro Sainz Rodriguez.

Ce dernier, grand érudit et bon vivant, infiniment dévoué à la cause monarchiste mais toujours prêt aussi à se retirer dans sa tour d'ivoire pour approfondir ses recherches sur les mystiques espagnols,

---

3. J. A. Perez Mateos, *Juan Carlos : l'enfance inconnue d'un roi* (en espagnol).

jouait lui aussi parfois, comme Eugenio Vegas, mais plus nonchalamment, un rôle de mentor auprès du petit prince et de ses frère et sœurs. Pour bienveillants qu'ils soient les portraits affectueux qu'il en trace ont réellement valeur de témoignage :

« Les enfants de Don Juan, écrit-il dans ses mémoires, venaient assez fréquemment à la maison car j'avais alors une bonne, native de Zámora, qui faisait un chocolat à l'espagnole dont ils raffolaient. Doña Pilar, l'aînée, adorait la lecture et c'était une vraie personnalité, avec un talent tout particulier pour s'attirer la sympathie des gens. Je me souviens notamment de la manière dont elle fit la conquête, sur un navire américain de passage, d'un groupe d'Espagnols, journalistes, écrivains, qui ne se caractérisaient nullement par leurs sentiments monarchistes. Il y avait même parmi eux un phalangiste particulièrement agressif. Cette gamine si jeune, si gracieuse, déploya un tel art dans la conversation qu'elle réussit à les retenir alors que tout le monde déjà quittait le bateau. Je me souviens aussi de l'émotion avec laquelle elle me raconta plus tard la catastrophe qui eut lieu à la gare de Lisbonne. Le toit s'était écroulé, décapitant plusieurs personnes. Elle avait passé là, comme infirmière, je ne sais combien d'heures à secourir les victimes. Nous parlions très souvent littérature; elle venait me demander mon avis sur différents auteurs. Aujourd'hui qu'elle est mariée et mère de famille je lui envoie encore des livres, en sachant qu'aucun cadeau ne peut lui faire davantage de plaisir.

« Doña Margarita, elle aussi aujourd'hui si heureusement mariée, était une fillette charmante, pleine de cordialité et qui n'avait aucune conscience de sa cécité. Un jour que nous cherchions un taxi à Estoril, le chauffeur s'écria : “ Mais cette petite est aveugle! ” Alors elle se mit à rire, comme si cet homme avait dit une énormité. Son infirmité ne fut d'ailleurs jamais totale. “ Quel joli costume bleu tu portes! ” me disait-elle. Et c'était bien en effet un costume bleu. Elle reconnaissait ses amis avant même qu'ils parlent, rien qu'en leur donnant la main. Toute jeune elle ressentait déjà une grande vocation maternelle et en attendant de pouvoir la réaliser elle se dédia à la puériculture en s'occupant surtout d'enfants déshérités.

« Don Alfonsito, le cadet de la famille, était également un amour d'enfant d'une grande personnalité et très intelligent. Lui aussi avait l'art de se faire partout des amis. Il était si populaire dans le vieux village de pêcheurs d'Estoril que personne n'aurait pu croire qu'il était fils de roi.

« Quant à Don Juanito, il était le charme même et physiquement d'une si grande beauté qu'il était difficile de se promener avec lui sans attirer l'attention. Il y avait en lui une générosité, une courtoisie de cœur et une délicatesse innées. J'ai parfois joué avec lui au ping-pong, et il prenait toujours bien soin, malgré mes protestations de me laisser gagner, bien qu'il fût beaucoup plus fort que moi. Un jour que nous étions dans le jardin de la villa de ses parents, j'assistai à une petite scène révélatrice. Un mendiant s'était approché de la grille pour demander l'aumône, et la gouvernante suisse qui s'occupait des enfants donna à Juanito une piécette de deux écus. Juanito trouvait que c'était trop peu " Non, non, insistait la nurse, pour une aumône c'est bien "... " C'est peut-être bien pour tout le monde, répliqua le prince, mais je crois que moi je dois faire davantage. "

« J'avoue que je fus ravi par cette manière d'interpréter instinctivement le sens de la hiérarchie sociale comme un devoir de plus grande générosité. En une autre occasion, je décidai que le fameux chocolat que nous prenions généralement dans ma maison, en plein centre de Lisbonne, nous irions le déguster, loin du bruit, dans une petite gargote au bord de la mer. Au moment de déballer notre bouteille thermos et nos paquets de gâteaux, je m'aperçus que Don Juanito n'était plus là. Je le cherchai partout et finis par le trouver assis sur un rocher le menton appuyé dans le creux de la main, les yeux rivés sur l'horizon marin avec un regard à la fois nostalgique et serein. Cela me parut étrange chez un enfant de cet âge. Mais déjà il y avait dans ce regard ce fond de mélancolie que je ne sais à quoi attribuer [4]. »

Interrogation superflue. Sainz Rodriguez connaît bien la cause de cette maturité précoce qui n'empêche nullement le petit prince des Asturies de se montrer par ailleurs un joueur infatigable, espiègle et turbulent. Entre Noël 1948 et le jour de l'an, alors que Juan Carlos vient de passer son premier trimestre d'études en Espagne, Gil Robles notera dans son journal :

---

4. Pedro Sainz Rodriguez, *Témoignages et souvenirs* (en espagnol).

« Aujourd'hui, 28 décembre, nous sommes allés avec les enfants et Don Juanito au parc zoologique de Lisbonne. C'était la première fois que je voyais le prince après son départ pour Madrid. C'est encore un véritable enfant dans toutes ses réactions si spontanées, mais je le trouve prématurément sérieux. On dirait qu'il se rend compte de la bataille qui se livre autour de lui. En le regardant jouer dans le parc puis à la maison, je ne pouvais me soustraire à un sentiment de tristesse. C'est un enfant qui tout de suite se fait aimer. Lorsque je pense à son avenir, je ne puis éprouver qu'une profonde compassion. Que réserveront les années futures à ce petit être qui, dès ses dix ans, est déjà l'objet d'une lutte si âpre! »

A cette date, beaucoup d'événements se sont déjà produits dans la courte existence de Juanito, qui rompent avec le bonheur tranquille de ses frère et sœurs. Tout est problème pour ce qui le concerne. Et s'il ne le comprend encore, il le devine. Comment n'aurait-il pas le sentiment de sa différence?

Les marianistes de Fribourg

En septembre 1947, ses grandes vacances familiales et balnéaires étaient déjà terminées. Il s'agissait maintenant d'entreprendre des études sérieuses et disciplinées. Donc : retour chez les marianistes de Fribourg avec Eugenio Vegas devenu son précepteur attitré en compensation de sa mise à l'écart du secrétariat politique de Don Juan. Ce dernier, comme on l'a vu, le tient en effet pour responsable d'un excès de zèle dans l'affaire de l'*Observer* et du divorce qui s'est ensuivi entre les « monarchistes de l'intérieur » et lui-même après son manifeste d'Estoril. Pendant toute l'année scolaire 1947-1948, que Juan Carlos passe en internat à la *Villa Saint-Jean,* le fidèle Vegas qui avait, de lui-même, choisi de se retirer dignement en Suisse, s'astreint de séjourner à Fribourg, non loin du collège où il vient chaque jour donner à son pupille l'enseignement complémentaire qui doit faire de lui, selon les directives du comte de Barcelone « un vrai chrétien et un prince espagnol dans toute l'acception du terme ». Aux yeux de Juanito, il va devenir pour quelque temps un véritable second père et il y aura quelque chose de réellement touchant dans l'affection réciproque que se porteront ce célibataire de quarante ans totalement dévoué à son petit dauphin et ce Télémaque de neuf ans qui apprend de son maître tout ce qu'un futur roi se doit de consentir en vertu et en obéissance afin d'obtenir un jour celles de ses sujets...

Eugenio Vegas n'est peut-être pas tout à fait un homme « de son temps », mais sa vie est un exemple de rigueur morale et de bonté. Ce n'est pas lui en tout cas qui risque de faire de Juanito un enfant gâté. Prendre un taxi est un événement exceptionnel, et lorsque Vegas se résout à cette dépense, le prince trouve tout naturel de l'en remercier chaleureusement. En bref, c'est un personnage à l'ancienne qui effraie même un peu, par l'intransigeance de ses concepts, Don Carlos Cardó, un chanoine de Barcelone exilé en Suisse depuis la guerre civile et qui avait donné à Don Juan des cours de langue et de littérature catalane quand ce dernier résidait à Lausanne.

Un jour que le comte de Barcelone était venu d'Estoril voir son fils à Fribourg et assistait à une conférence donnée par Eugenio Vegas à l'université de cette ville, le brave père s'approcha de son ancien élève et lui dit sur un ton de confidence mi-badin mi-sérieux : « Sire, prenez tout de même garde qu'Eugenio Vegas ne nous fabrique avec le prince un nouveau Philippe II! » A quoi Vegas, auquel Don Juan rapporta plaisamment ce propos, et qui en fut sans doute piqué, répliqua sur le même ton : « Il y a peu à parier, Majesté, pour qu'une telle chance nous tombe du ciel!... »

Cette année complète passée chez les marianistes avait été apparemment très profitable à Juanito. Le collège de la *Villa Saint-Jean* n'existe plus aujourd'hui, du moins dans l'état où le connut le roi, le canton de Fribourg l'ayant racheté il y a déjà longtemps. C'était à l'époque une institution assez voisine du célèbre collège Stanislas que l'arrière-grand-père de Juan Carlos, le futur Alphonse XII, avait fréquenté lorsque sa mère, la reine Isabel II, vivait en exil à Paris. L'enseignement y était évidemment donné en français par des professeurs français ou suisses, mais l'établissement hébergeait aussi un certain nombre de séminaristes espagnols, parmi lesquels le père José-Maria Ruiz qui exerce aujourd'hui son ministère dans un quartier populaire de Madrid et se souvient fort bien des premiers pas du petit prince dans cette école où tout le monde l'appelait par son petit nom ou parfois « Bourbon » comme on l'aurait appelé Dupont ou González.

Lui-même, quand ses parents l'avaient conduit pour la première fois dans le bureau du directeur, le père Ehrenburger, avait pris les devants : « Mes amis m'appelleront Juanito. » Et rien ne le mettait plus en colère, raconte un autre de ses professeurs, le marianiste laïc Joseph Masset, que lorsqu'il avait l'impression que l'on faisait une distinction entre ses camarades et lui.

Il lui fallait pourtant recevoir assez souvent des Espagnols de passage. Des dames de la bonne société « monarchistes de toujours » venaient en pèlerinage à Fribourg un peu comme elles eussent été à Lourdes et s'empressaient de pratiquer le baisemain ou d'amorcer une génuflexion devant le gamin, rouge de honte, qui courait alors se réfugier au fond d'une classe. Le brave Eugenio Vegas dut lui apprendre peu à peu à se montrer moins sauvage tout en canalisant le zèle de ces fanatiques. Mais il est certain que Juan Carlos ressentit très tôt, bien avant de faire ses études en Espagne, le poids des innombrables corvées que lui imposait son état particulier. La pire était de répondre au courrier déjà abondant qu'on lui adressait. « Eugenio, lui disait-il, je sais qu'il faut que je le fasse, mais je n'en peux plus, j'ai trop mal au poignet! »

Tout ce qui était espagnol le passionnait pourtant, bien qu'il parlât à l'époque plus aisément le français – avec un peu d'accent vaudois – que sa langue maternelle. C'est sa grand-mère, la reine Victoria, auprès de qui il passait à l'hôtel Royal de Lausanne toutes les fins de semaine, qui se chargera d'épurer son castillan d'inévitables gallicismes et de lui apprendre à bien prononcer les « r ». Elle y mettait un point d'honneur d'autant plus attendrissant qu'elle avait eu elle-même dans sa jeunesse un certain mal à se défaire de son accent anglais. Vegas et les séminaristes espagnols faisaient le reste, et aussi un de ses grands amis, le majorquin Galmez, qui tenait commerce de fruits et légumes à Fribourg, et lui apportait régulièrement ses plus beaux pamplemousses.

Au niveau des études comme de la discipline, Juanito avait eu, comme tout enfant sortant des jupes de gouvernantes, quelque peine à s'adapter à cet internat bienveillant mais sévère. Le père Ruiz, qui lui donna ses premières leçons d'histoire d'Espagne, le considérait comme un enfant d'intelligence normale et plein de bon sens qui sortait presque toujours des bulletins bleus correspondant à des notes légèrement au-dessus de la moyenne. Quant au préfet de la division « Gallia », le père Theurillat, et son successeur, M. Gremaud, ils le virent, nous dit Perez Mateos, comme un élève plutôt brillant, doté d'une grande faculté d'assimilation, mais en même temps très joueur et pour tout dire assez remuant. En bref, un petit garçon que le sens précoce des responsabilités et un fond de caractère naturellement circonspect n'empêchent nullement de se montrer souriant et spontané, avec une application au travail d'autant plus méritoire qu'elle participe davantage du souci de bien faire que d'un amour immodéré pour ces études auxquelles il préfère le sport et l'amusement comme il est au demeurant bien normal à son âge.

Premier chagrin

Après les vacances scolaires de l'été 1948, au cours desquelles avait eu lieu, loin d'Estoril, la fameuse rencontre de l'*Azor*, la grande question était donc de savoir si Juanito reprendrait ses études à Fribourg ou s'il serait envoyé en Espagne, comme y poussaient avec ferveur Sotomayor, Danvila, Rocamora et en général tous les partisans d'un rapprochement entre le comte de Barcelone et Franco. L'affaire était politique, mais l'enjeu dépassait aussi de beaucoup cette vision partielle des choses. Il s'agissait après tout de l'avenir de celui qui un jour serait l'héritier du trône. Don Juan pouvait-il priver son fils de l'immense atout que continuerait pour lui une éducation espagnole en contact direct avec les réalités du pays? Sous prétexte de ne rien devoir au Caudillo, n'était-il pas égoïste de sa part de refuser au prince des Asturies la chance dont lui-même ne pouvait bénéficier? Le père ne pouvait que mesurer les risques que représentait le maintien en exil de l'enfant : un jour les Espagnols lui reprocheraient sans doute de ne rien connaître de sa patrie, d'être un « prince étranger », handicap suprême dans l'ombrageuse Ibérie. Franco n'avait-il pas eu le front de lui adresser à lui-même ce camouflet?

Au regard de ce danger majeur pour l'avenir de la dynastie, les inconvénients apparaissaient assez limités. Éducateurs, environnement, Don Juan garderait la haute main sur l'éducation de Juanito et si les résultats n'étaient pas satisfaisants, il pourrait toujours faire revenir son fils au Portugal. Sans donner de garanties formelles, Franco lui avait en outre laissé entendre que l'on pourrait tenir la bride moins courte à la propagande monarchiste si Don Juan acceptait son offre. C'est du moins ce que Sotomayor et Danvila faisaient miroiter au comte de Barcelone en prenant des airs entendus comme si le Caudillo lui-même en avait pris devant eux l'engagement solennel.

Don Juan, cependant, n'avait pas l'intention de se presser. Encore moins de paraître céder aux pressions du Pardo et du groupe des « collaborateurs ». C'est pourquoi Juanito, toujours accompagné de Vegas Latapié, reprit dans les premiers jours d'octobre 1948, pour la rentrée des classes, le chemin de Fribourg. Mais un mois ne s'était pas écoulé que le précepteur recevait un télégramme de Don Juan les rappelant tous deux d'urgence à Estoril.

Dès leur retour, le comte de Barcelone expliqua à Vegas qu'il avait reçu des garanties sérieuses qui autorisaient le départ du prince pour l'Espagne. Non seulement il n'y aurait plus de persécutions contre les monarchistes mais on envisageait même de faire reparaître *l'Action espagnole*. Sans doute Don Juan n'y croyait-il qu'à moitié, mais il fallait bien donner une explication à ce dévoué serviteur. Le plus dur fut cependant de lui annoncer la vérité le concernant : il devrait se séparer de son élève. Vegas n'était pourtant pas interdit de séjour dans son pays, mais les organisateurs des études du prince aux environs de Madrid ne voulaient pas de lui, et Don Juan leur avait cédé. Toute l'amitié de Sainz Rodriguez, de Gil Robles et de la comtesse de Barcelone fut impuissante à consoler le pauvre Eugenio :

« Si encore, écrivit-il, ma séparation d'avec le prince avait été une condition imposée par Franco, exigée par le changement de politique, j'aurais compris. Mais comment admettre que contre les désirs du roi ait pu prévaloir la volonté du duc de Sotomayor et de son ami Julio Danvila [5]! »

Juanito lui aussi était triste autant qu'on peut l'être à cet âge. La politique jetait une première pierre dans son jardin secret. Le 6 novembre au soir, Vegas alla dîner à la Casa da Rocha la nouvelle maison que le comte et la comtesse de Barcelone occupaient depuis l'été pendant que l'on achevait les travaux de *Villa Giralda*, leur future et définitive résidence d'Estoril. Il repartirait le lendemain seul pour la Suisse, mais il ne voulait pas que Juanito le sût. Après le dîner il embrassa les quatre enfants comme s'il allait les revoir le lendemain, mais en prenant congé il ne put s'empêcher de dire

5. S. E. Vegas Latapié, *Mémoires politiques*.

à leur mère en lui baisant la main : – « Madame, si l'on vous dit que j'ai abandonné le prince, je vous en prie n'en croyez rien. On m'a chassé. – Je sais, Eugenio, je sais... Mais j'espère que tu reviendras vite » répondit-elle.

Le jour suivant, Juanito trouva à son réveil le mot suivant adressé à « SAR le prince des Asturies » :

« Pardon de ne pas vous avoir dit que je partais. Le baiser que je vous ai donné hier soir, c'était un baiser d'adieu. Je vous ai souvent dit que les hommes ne pleurent pas et c'est pour que vous ne me voyiez pas pleurer que j'ai décidé de regagner la Suisse la veille de votre propre départ pour l'Espagne.

« Si quelqu'un osait dire à Votre Altesse que je l'ai abandonnée, sachez bien que c'est faux. On n'a pas voulu que je reste à vos côtés et je dois me résigner. Quand je reviendrai en Espagne pour m'y fixer définitivement, j'irai rendre visite à Votre Altesse. Soyez très sage et que Dieu vous bénisse. De temps en temps priez pour moi. C'est tout ce que vous demande votre fidèle serviteur qui vous aime de toute son âme. Eugenio Vegas L. »

Longtemps le petit prince garda une photo dédicacée de son professeur au dos de laquelle il avait tracé de son écriture enfantine : « Je dois toujours réciter pour mon cher Eugenio un Notre Père, un Ave Maria et un Salve. »

A présent il était remis en d'autres mains, tout aussi catholiques mais sans doute moins touchantes.

L'Espagne en 1948

Le 9 novembre au matin, le Lusitania-Express s'arrêtait un peu avant Madrid dans la petite gare de Villaverde. Amenant au bercail leur précieuse brebis, les monarchistes de l'axe Pardo-Estoril se devaient de célébrer l'événement par un pèlerinage de leur goût : une belle messe votive au couvent des carmélites du Cerro de los Angeles, cette colline des Anges qui, non loin de la route de Tolède, marque le centre géographique de l'Espagne et symbolise sa consécration au Sacré-Cœur par Alphonse XIII en 1919.

S'ils voulaient donner au jeune prince une image pathétique de l'Espagne de la guerre civile pour frapper son imagination tout en l'intégrant à « l'esprit de la Croisade », les organisateurs de cette petite cérémonie – Danvila, Sotomayor (qui avait pris place dans la locomotive du train) Rodezno, Rocamora, Oriol – ne pouvaient choisir lieu plus édifiant. Mutilé par les « rouges », le monument incarnait, depuis son inauguration au lendemain du premier conflit mondial, l'essence même de cette moitié d'Espagne en guerre de religion contre l'autre moitié. L'initiative ne pouvait que déplaire à Don Juan qui se voulait roi d'un pays réconcilié. Mais le piège était habile. Pouvait-il s'opposer à ce que son fils, pour son entrée officielle dans la patrie de ses ancêtres, renouvelle de sa voix enfantine, devant quelques personnes choisies, l'acte de consécration que son grand-père avait prononcé ici même en grand arroi cinquante ans plus tôt?

Au moins le comte de Barcelone put-il éviter le pire : la visite immédiate de Juan Carlos au Caudillo que Danvila et ses amis avaient prévue. Un événement tragique allait les obliger à surseoir à ce projet. Ce même jour avait lieu en effet à Madrid l'enterrement d'un étudiant, Carlos Mendez, incarcéré depuis plusieurs semaines pour avoir diffusé de la propagande monarchiste et qui était mort deux jours plus tôt dans sa prison après avoir été un peu trop « bousculé » par ses geôliers. Le jeune homme faisait partie d'une organisation dirigée par la duchesse de Valence, qui connut à l'époque son heure de célébrité sous le nom de « Duchesse rouge ». Ses obsèques au cimetière de la Almudena, cerné par de nombreuses forces de police, créaient un climat de tension évidemment incompatible avec la visite au Pardo.

A la fin de la cérémonie funèbre, qui réunit quelque deux mille manifestants, un certain nombre d'assistants se rendirent au collège de *Las Jarillas,* où le prince des Asturies venait d'arriver quelques heures plus tôt afin de témoigner de leur fidélité à la cause monarchiste. Le concours de circonstances ne pouvait être plus fâcheux ni, hélas, plus symbolique.

A l'exception d'*ABC,* quotidien traditionnellement royaliste, qui consacra intégralement sa première page à une jolie photo de Juanito penchant sa tête blonde sur ses cahiers d'écolier, tous les autres journaux du régime s'ingénièrent à publier de lui le portrait le moins flatteur qu'ils avaient pu trouver, accompagné de légendes laconiques ou franchement déplaisantes.

Le célèbre psychiatre López Ibor, qui rencontre à Lisbonne Gil Robles quelques jours plus tard, lui fait part de la consternation des véritables monarchistes secoués par le meurtre de Mendez. Ces derniers, comme les éléments de la gauche modérée, ont vu d'un très mauvais œil l'arrivée du prince. La masse, mal informée, a en revanche accueilli assez bien la nouvelle en s'imaginant que c'est un pas vers la liquidation du régime. « Le roi, note le leader de la Confédération des Forces monarchistes, insiste devant tous ses visiteurs sur le fait qu'il n'y a, de sa part, aucun changement de politique et qu'il n'a fait qu'un simple mouvement tactique pour faire sortir le problème monarchiste du " point mort " où il était. »

Mais Gil Roblès n'en est pas moins convaincu que Don Juan n'a reçu de Franco aucune promesse concrète et qu'il se rend compte dès maintenant qu'il a fait un faux pas. « Les " collabos " eux-mêmes, ajoute-t-il, à l'exception de Danvila, qui continue à faire du zèle, sont on ne peut plus désappointés. »

Un autre visiteur, Juan Antonio Bravo, qui a assuré un temps le contact avec Indalecio Prieto, décrit aux exilés de Lisbonne la situation économique du pays sous un jour réellement catastrophique. Et il est vrai que l'Espagne que découvre le petit prince en ce jour froid de novembre est encore, neuf ans après la fin de la guerre civile, en bien piètre état. Pour le plus grand nombre, c'est toujours l'Espagne des années de la faim; pour quelques-uns le paradis de la combine et du marché noir. Un pays où les coupures de courant sont alors quotidiennes, où la production industrielle est ramenée au niveau de 1929 et la production agricole inférieure en rendement à celle de 1931 faute de fertilisants; où l'économie de guerre a été péniblement reconvertie en économie de subsistance selon le modèle le plus étroitement autarcique. Le revenu par habitant, compte tenu de l'accroissement de la population, est d'un cinquième inférieur à celui de 1936, et il faudra attendre 1951 pour que le revenu national atteigne de nouveau celui de l'avant-guerre civile, de même qu'il faudra attendre 1952 pour que soient supprimées les cartes de rationnement.

D'un point de vue strictement économique, l'Espagne payait très cher la victoire franquiste et son alliance idéologique avec les vaincus de la guerre mondiale. Exclu du plan Marshall et du marché monétaire international, incapable d'obtenir les crédits et les biens d'équipement qui auraient pu remettre assez rapidement le pays sur pied si Franco n'avait décidé de se maintenir coûte que coûte au pouvoir, le régime, de surcroît, faisait vertu de son infirmité en présentant le dirigisme d'État, source de corruption éhontée, d'injustice et d'inefficacité, non comme la conséquence d'un isolement forcé mais bien au contraire comme la recette idéale et permanente seule susceptible de maintenir une société stable dans un État national-syndicaliste considéré lui-même comme une panacée.

Seul atout de taille dans ce panorama désolant : la formidable vitalité du peuple espagnol, ce bonheur de vivre jamais démenti fût-ce dans les pires difficultés. Dans quelques années, quand s'amorcerait l'ouverture au monde extérieur, ce capital intact, mûri dans la misère et l'humour noir, commencerait à produire des fruits un peu plus acceptables.

Las Jarillas.

L'endroit où Juan Carlos allait poursuivre ses études n'était pas un collège ordinaire, mais une sorte de petit établissement pédagogique créé pour la circonstance dans une maison de campagne de style andalou appartenant à la famille Urquijo. Cette propriété mi-résidence-mi-ferme adossée aux collines du Pardo à dix-sept kilomètres environ de Madrid, non loin du palais de Franco et de la Zarzuela, future résidence de Juan Carlos, s'appelait *Las Jarillas.* Son propriétaire, Alfonso de Urquijo, l'avait décrite à Don Juan comme une maison « sans grande allure ni prétentions, mais agréable à vivre et bien adaptée à la fonction qu'on lui avait momentanément attribuée ». Cent hectares de terrain l'entouraient, où les élèves pourraient s'exercer à la chasse. La ferme les familiariserait avec les travaux des champs. Enfin la propriété était assez loin de Madrid et assez isolée pour décourager les visites inopportunes tout en demeurant facile d'accès pour les allées et venues autorisées et celles des professeurs.

Le personnage important du modeste corps enseignant de *Las Jarillas* est un pédagogue professionnel, José Garrido Casanova, qui a été précepteur des fils du duc de Sotomayor mais s'est aussi consacré très jeune en Andalousie, sa terre natale, à l'éducation des enfants pauvres et délaissés, acquérant même une certaine célébrité, pendant et après la guerre, en assumant avec un grand dévouement la direction de l'œuvre qu'il avait fondée, *La Paloma.*

Il avait ainsi réussi à transformer en institut modèle ce que l'on appelait encore à l'époque « asile » ou « orphelinat ».

Cet homme excellent, pour qui l'éducation est une leçon de choses ininterrompue autant qu'une école de vie, fera aisément la conquête de Juanito qui, en 1969, trois ans avant la mort de son ancien maître, lui écrira de la Zarzuela : « Je me souviens de toi avec la plus grande affection et chaque jour me permet de mesurer davantage tout ce que je te dois. Tu m'as beaucoup aidé par ton exemple et tes conseils. Et ceux que tu me donnais furent aussi bons que nombreux. »

Comme pour compenser ce que Garrido représentait de trop libéral, le cénacle éducatif avait choisi comme aumônier de *Las Jarillas* un prêtre à vocation tardive, architecte de formation, le père Ignacio de Zulueta, dont l'esprit résolument préconciliaire – le mot, évidemment, n'existait pas à l'époque – ainsi, que les préjugés aristocratiques, reflétaient beaucoup mieux que celui du maître pédagogue, l'esprit officiel de l'Espagne franquiste. Entre la silhouette débonnaire de Garrido et l'altière stature du père Zulueta s'inscrivait enfin, trois fois par semaine dans le paysage de *Las Jarillas,* la carrure athlétique de Don Heliodoro Ruiz Arias, le professeur d'éducation physique et celle plus gracile de son fils, lui aussi prénommé Heliodoro, qui assistait les enfants sur le plan médical. Heliodoro père avait jadis donné des leçons à José-Antonio Primo de Rivera. Il n'aura aucune peine à faire progresser le futur roi d'Espagne : Juanito aime déjà tous les sports et se révèle étonnamment doué pour les exercices physiques.

Quant aux compagnons du prince, ils sont au nombre de huit, et tous triés sur le volet comme on peut l'imaginer, puisqu'il s'agit maintenant d'une pension faite sur mesure pour Juan Carlos. Seul l'un d'eux, José Luis Leal, qui sera ministre de l'Économie d'Adolfo Suárez, n'est pas noble, ce qui d'après le témoignage de l'intéressé, semblait beaucoup contrarier le père Zulueta. Les autres appartiennent à de grandes familles originaires de diverses provinces. Leurs parents sont pour la plupart des amis de jeunesse du comte de Barcelone. Parmi eux figure le cousin germain de Juanito, Carlos de Bourbon-Siciles, futur duc de Calabre, qui épousera Anne de France, fille du Comte de Paris.

Carlitos de Borbón partage la chambre de Juanito, comme nous le révèle la rédaction que José Garrido impose à ses élèves sur le thème classique : « Mon collège : premières impressions » :

« Le jour où j'arrivai, écrit ingénument le jeune prince, les autres enfants m'attendaient à la porte et moi j'étais un peu honteux. Nous montâmes dans une chambre très jolie où j'allais dormir avec mon cousin Carlos qui est très sympathique parce qu'il n'arrête pas de raconter des bêtises... »

En accueillant le fils de Don Juan, les petits pensionnaires de *Las Jarillas* avaient eu pour consigne de le saluer par la formule : « Enchanté, Altesse! ». Mais les présentations faites, il ne fut plus question que de « Juanito » assorti du tutoiement de rigueur.

« Les enfants, se souvient Alfonso de Urquijo, étudiaient beaucoup plus, il me semble, que ne le faisaient habituellement des garçons de cet âge dans un collège ordinaire. Pour le prince le régime devait paraître assez dur. Être ce qu'il était, contrairement à ce que certains peuvent penser, n'est guère un avantage et je crois sincèrement que son statut ne lui facilitait pas la vie. C'était un élève qui se tenait dans la bonne moyenne et qui se montrait surtout très consciencieux. Mais ce qui le caractérisait vraiment, c'était la gentillesse profonde de son caractère, une véritable bonté d'âme jointe à un talent certain pour dire exactement aux autres ce qu'il voulait exprimer, avec une ouverture de cœur et d'esprit qui le rendait aussi affectueux envers les paysans ou les gardiens du domaine qu'envers nous autres [6]. »

La corvée que redoutait le comte de Barcelone – la présentation de son fils au Caudillo – eut lieu le 24 novembre, dès que l'émotion soulevée par la sinistre affaire de l'étudiant Carlos Mendez fut un peu retombée. Franco reçut très gentiment cet enfant qui ne pouvait lui porter ombrage et qui incarnait même à ses yeux l'assurance bien programmée de son maintien au pouvoir pendant au moins vingt ans. Juanito, de son côté, trouva « réellement sympathique » ce monsieur qui lui avait si chaleureusement parlé de son papa, paraissait tant s'intéresser à ses progrès scolaires, lui demandant de lui réciter par cœur la liste des rois wisigoths, et qui l'avait même invité à venir chasser le faisan à Aranguez avant les vacances de Noël « pour pouvoir ramener quelques pièces à Estoril ».

C'est du moins Danvila qui nous rapporte ces commentaires

---

6. J. A. Perez Mateos, *Le Roi qui venait de l'exil* (en espagnol).

aimables, ajoutant dans son récit que le prince avait trouvé la « Señora » un peu moins gentille que le « Señor ». Juan Carlos, plus tard, avouera, selon Perez Mateos, que cette visite au Pardo ne lui avait causé aucune impression particulière.

Si Julio Danvila voit dans cette rencontre le couronnement de sa politique, il n'en va pas de même à Estoril, où Don Juan, non sans quelque incohérence, trouve que ce « grand entremetteur », comme il l'appellera bientôt, « en fait décidément trop ».

A leur manière, les partisans de la collaboration avec Franco entendent aussi sauver l'avenir de la monarchie, mais quitte s'il le faut à sauter une génération selon les vues désormais assez claires du généralissime. Or c'est évidemment un pas que le comte de Barcelone, au-delà de toute ambition personnelle, ne peut franchir pour deux raisons évidentes qu'il est juste de rappeler puisque le problème se dessine déjà en filigrane.

La première tient au fait qu'il est, qu'il ne peut être que le gardien de la légitimité dynastique donc du principe héréditaire qui est le fondement même de la monarchie. Un roi peut renoncer en faveur de son fils; il ne peut accepter qu'un pouvoir illégitime fasse litière de cette transmission naturelle de la couronne et, qui plus est, quand ce même pouvoir, par une « loi de succession » hérétique vient d'affirmer sa volonté de rompre avec les règles traditionnelles de l'institution.

La seconde, plus simplement politique, est que, pas davantage que par le passé, Don Juan n'entend compromettre la monarchie avec le régime franquiste. Il peut, par raison d'État, trouver des accommodements avec ce régime et ceux qui le soutiennent, il peut même en son for intérieur, admettre que les seules chances d'une restauration passent désormais par la bonne volonté du dictateur, mais il n'entend pas, surtout à cette époque, que la monarchie qu'il incarne cède si peu que ce soit de ses principes pour se rapprocher du régime en place. Si, pour le plus grand bénéfice du pays, quelqu'un doit changer sa manière d'envisager l'avenir, ce n'est pas lui, c'est celui que Gil Robles appelle « l'usurpateur ».

Hésitations de Don Juan

Au printemps de l'année 1949, alors que Juanito allait bientôt achever son année scolaire à *Las Jarillas* après avoir passé les vacances de Pâques à Estoril, le comte de Barcelone pouvait dresser un premier bilan du bénéfice que la cause de la monarchie pouvait retirer de la présence en Espagne du prince des Asturies. Ce bilan lui apparaissait maintenant aussi négatif qu'à Gil Robles, Sainz Rodriguez et Vegas Latapié. En octobre 1948, il ne s'était pas senti le droit de priver son fils de ce dont il était lui-même si cruellement frustré. Encore ne fallait-il pas que le risque politique ainsi encourru fût trop lourd pour la cause monarchiste telle qu'il la concevait.

A bien examiner les choses, la présence en Espagne de ce prince de dix ans était presque passée inaperçue, et c'était plutôt à mettre au crédit de Franco, même si la presse et les milieux phalangistes en avaient profité pour multiplier les piques contre la monarchie, tel ce refrain qui circulait alors dans les cercles de jeunesse de la FET et des JONS :

« Du Portugal est arrivé
Celui qu'ils disent roi d'Espagne
L'infant Don Juan Carlos
S'il veut une couronne
Qu'il s'en fasse une en carton
Car la couronne d'Espagne
N'est pour aucun Bourbon! »

Il n'en restait pas moins que, tout en présentant opportunément la présence de Juan Carlos en Espagne comme la conséquence d'un « accord politique » avec son père – accord qui ne pouvait que servir sa cause auprès des puissances occidentales –, le dictateur n'avait en rien facilité, comme le lui avait demandé Don Juan sur l'*Azor,* l'éclosion en Espagne d'un climat plus favorable aux desseins des monarchistes.

Parfois, le Caudillo fait un geste qui peut laisser entendre à l'opinion publique nationale et internationale que la restauration est proche. On le voit ainsi présider en grande pompe à l'Escurial, le 28 février 1949, avec tout son gouvernement, une cérémonie religieuse pour le huitième anniversaire de la mort d'Alphonse XIII. Le Caudillo s'est mis aussi en tête de faire assister le prince des Asturies au prochain « défilé de la Victoire » du 1er avril, qui en principe devrait être le dixième et dernier. Placé à une tribune non loin de la sienne, mais de moindre hauteur, il recevrait les honneurs des troupes. Cette fois, Don Juan prend la mouche, et informe Danvila qu'il se refuse énergiquement à cette mascarade.

Ce n'est certes pas par souci de précipiter l'évolution de son régime que le Caudillo agit ainsi, mais parce qu'en ce printemps de 1949 il n'est pas encore totalement sorti d'affaire. Son isolement diplomatique reste entier bien qu'en voie de solution. Quant à l'alliance entre monarchistes donjuanistes et socialistes, elle est encore toute récente susceptible de se développer et d'acquérir un crédit international dangereux. La conclusion qu'en tire Gil Robles peut se permettre d'être lapidaire : « Franco ne veut pas perdre le contact avec la monarchie au cas où empirerait sa situation, mais de là à ouvrir le passage au roi!... Il ne s'y résoudra que le jour où il se sentira perdu... »

S'il se fait généralement beaucoup moins d'illusion que son conseiller politique sur la possibilité de faire sauter le régime, le comte de Barcelone n'est pas pour autant décidé à tout tolérer. Un discours de Franco va l'aider à mettre un terme provisoire à sa politique de « non-belligérance » avec le Caudillo. Dans cette importante allocution prononcée devant les Cortes le 18 mai 1949, le projet de monarchie élective du dictateur devenait si clair que le chef de la dynastie ne pouvait s'abstenir de réagir.

Situant ce projet, une fois de plus, dans « ce futur, Dieu merci encore lointain où ma vie pourra s'éteindre ou les forces me manquer », Franco se flattait que la loi de succession « approuvée par la quasi-totalité de la nation » permît, par sa flexibilité, d'envisager les solutions d'avenir les plus variées et les plus souples sur le plan institutionnel. Et, ce faisant, il se lançait dans un grandiose éloge de ce type de monarchie non dynastique, montrant combien l'histoire d'Espagne eût été plus heureuse si une telle loi avait existé depuis longtemps. Imaginons que les Espagnols aient pu choisir leur monarque! Plus de Ferdinand VII trahissant son père et son pays avec Napoléon! Plus de guerres carlistes opposant une dynastie à l'autre! Plus de « ces régences échéant subitement à des princesses qui, pour exemplaires qu'elles fussent, n'en étaient pas moins de sang étranger et trop faibles pour affronter de graves événements mondiaux »! Plus de problèmes, non plus, pour substituer un roi à un autre en cas de défaillance personnelle, en s'épargnant la tragédie d'une république! Après ces lourdes allusions à la régence de Marie-Christine et au règne d'Alphonse XIII, le Caudillo concluait sa démonstration par un curieux mais très significatif *satisfecit* : « C'est précisément par ce qu'elles ont de flou que nos lois sont si sûres!... »

Cette fois, le roi devra convenir que la coupe est pleine. Il doit faire quelque chose, et la seule chose qu'il puisse décider est de ne pas maintenir son fils en Espagne au cours de la prochaine année scolaire.

« Après une longue conversation avec le roi à laquelle assiste Sainz Rodriguez, note Gil Robles le 27 juillet, nous tombons tous d'accord pour considérer comme terminée la politique de " conciliation " commencée il y a dix mois sur l'*Azor*. Le prince des Asturies ne peut décemment plus continuer ses études en Espagne. »

« C'est un problème complexe et délicat », convient le conseiller de Don Juan, car il ne fait pas de doute que ce dernier a beaucoup profité de son année à *Las Jarillas*... Mais il est évident que sa présence dans une Espagne gouvernée par Franco maintient une équivoque qui nous a déjà causé beaucoup trop de mal. »

C'est ainsi que Juanito demeura à Estoril après la fin des vacances d'été, bien que sa grand-mère, la reine Victoria, qui vint passer le mois d'août au Portugal, ait plaidé pour son retour en Espagne, afin d'éviter à son petit-fils « ces changements continuels qui finiraient par perturber sérieusement ses études et son bon équilibre ». Néanmoins il lui faudra attendre le mois de décembre pour que son sort soit définitivement fixé, le comte de Barcelone hésitant jusqu'au dernier moment entre l'intérêt personnel de son fils et la « raison d'État ».

Gil Robles, pour décider le roi à la fermeté, lui dira brutalement : « Songez que le prince est votre seule arme en face de Franco qui veut à tout prix de sa présence en Espagne... Si vous n'y prenez garde, dans quelques années, le prince deviendra un espoir pour beaucoup, certains en toute bonne foi, d'autres par ambition. Et le jour où cela arrivera, c'en sera fini de la monarchie en Espagne... »

A très long terme, Gil Robles se trompait; à moyen terme et pensant à « son roi », les événements lui donnèrent raison. Il vivra assez longtemps pour éprouver la lenteur et le caprice qui règlent si souvent les voies imprévisibles de la Providence. Comment aurait-il pu prévoir que la monarchie démocratique serait, un jour lointain, d'autant plus fermement restaurée qu'elle aurait, un temps, épousé le franquisme pour mieux le détruire de l'intérieur?

En attendant, sur le tronçon de chemin qui nous occupe, celui qui sera le héros de l'aventure ne peut qu'inspirer plus encore ce sentiment de compassion, ce serrement de cœur que nous décrivait l'ancien leader de la CEDA lorsqu'il conduisait un an auparavant « Don Juanito » au zoo de Lisbonne avec ses propres enfants, un jour où, de surcroît, on fêtait les Saints Innocents... De ce garçon de onze ans, la politique faisait un otage. Ainsi le voulait l'Histoire qui est souvent cruelle.

L'enfant passa au Portugal une année scolaire quelque peu chaotique sous le contrôle épisodique de Garrido et du père Zulueta qui, de Madrid, se déplaçaient de temps à autre à Estoril. Si l'on en croit encore Gil Robles, une atmosphère d'abandon et de découragement régnait à *Villa Giralda,* s'épaississant au fur et à mesure que se confirmait le pouvoir de Franco et que s'évanouissaient les chances d'une restauration monarchique.

La première communion, le 12 octobre 1949, de l'infant Alfonso lui donne ainsi l'occasion de brosser un sombre tableau de famille qui exhale surtout les déceptions du narrateur devant ce qu'il estimait, non sans quelque injustice, être les inconséquences du comte de Barcelone :

« Quelle tristesse!, écrit-il, de voir le roi et la reine pratiquement seuls dans cette modeste paroisse d'Estoril! D'Espagne personne n'a daigné se déranger pour la cérémonie. Quelques mots balbutiés dans un espagnol approximatif par le curé, la *Marche royale* interprétée à l'harmonium avec une touchante imperfection par la petite infante aveugle, de tristes compliments à la sortie, et ce fut tout... Quel contraste avec la première communion du prince des Asturies il y a pourtant moins de trois ans de cela. Tout le monde alors pouvait croire que la restauration était proche. Les Espagnols étaient accourus en grand nombre au Patriarcat de Lisbonne pour la messe célébrée par le cardinal Cerejeira en personne. Et aujourd'hui!... Quel triste exemple donnent les classes dirigeantes de notre pays et en même temps quelle dure, quelle amère leçon de l'existence! Je fixai toute mon attention sur cette pauvre famille. Il me semblait que Doña Victoria Eugenia était toute prête à fondre en larmes. Quant au roi, le regard ailleurs, les traits défaits... Qu'était devenue son ancienne et si vigoureuse bonne humeur? La reine seule conservait son impassibilité coutumière [7]... »

A la fin de ce mois d'octobre 1949, le Caudillo se rendit avec une escadre en visite officielle au Portugal. Il insista beaucoup pour y rencontrer le comte de Barcelone, mais en posant la condition que celui-ci vînt le saluer le premier au Palais des Hôtes de Queluz. Après quoi Franco serait allé à *Villa Giralda* lui rendre sa visite. Cette exigence parut inacceptable aux conseillers politiques de Don Juan, autant qu'inopportune l'entrevue, faute d'un ordre du jour précis qui évitât de rééditer le dialogue de sourds de l'*Azor*. Si bien que les deux hommes s'ignorèrent. Don Juan n'en retira que l'amertume de voir, en simple spectateur, la capitale de son exil pavoisée aux couleurs de son pays, destiné pour longtemps à rester un royaume sans roi.

Miramar

Ces états d'âme ne résolvaient cependant pas le problème des études de Juanito. On trouva enfin pour l'année scolaire 1950-1951 une solution qui parut à tous acceptable. Le prince des Asturies réintégrerait le groupe de *Las Jarillas* qui, lui-même, quitterait Madrid pour s'installer à Saint-Sébastien au palais de Miramar, propriété de la famille royale. Ainsi contournait-on le problème politique. Juan Carlos serait élevé en Espagne, mais chez ses parents en quelque sorte. Son frère cadet l'accompagnerait, ce qui donnerait, là aussi, un tour familial à cette décision.

C'est ainsi qu'à partir d'octobre 1950 jusqu'à la fin du cycle secondaire, en juin 1954, le futur roi d'Espagne put poursuivre sans plus de heurts une bonne formation scolaire sous le contrôle de ses premiers maîtres espagnols, José Garrido et le père Zulueta. Que Juanito et Alfonsito fassent revivre cette vieille résidence de Miramar, qu'avait fait construire en 1893 la reine régente Marie-Christine, enchantait leur grand-mère, qui aux temps heureux, jusqu'en 1930, y avait passé tous ses étés.

Elle en connaissait bien sûr chaque recoin, y compris ceux du parc qui dominait la mer avec son « lieu magique » en principe

---

7. In *La monarchie pour laquelle j'ai lutté.*

interdit aux enfants, « le pic du perroquet », un rocher sur lequel venaient, par gros temps, se fracasser les vagues. Les glaces de cristal du grand salon portaient gravées depuis 1906 les initiales « ENA-A.XIII » en souvenir de son mariage... Dans leurs lettres à « Gangan » – c'est le surnom que l'on donne en famille à la reine Victoria, – ses petits-fils ne manqueront pas de satisfaire sa curiosité nostalgique en associant par le détail leurs joies et leurs peines à tant de souvenirs enfouis depuis vingt ans. Un seul méritera d'être tu : l'aile du palais qu'occupent les enfants est celle, sans angles ni saillants, qui fut jadis aménagée pour leur oncle Alfonso, l'aîné d'Alphonse XIII, de telle manière que le petit hémophile ne pût s'y blesser. Mais le nouveau prince des Asturies sait-il ce que fut le triste destin de son prédécesseur, mort quelques mois après que lui-même eut vu le jour à Rome?

A quelques exceptions près, dont son cousin Carlos de Bourbon, Juanito retrouve ses camarades de *Las Jarillas* avec lesquels il n'a jamais perdu le contact. Un autre groupe plus jeune a été également constitué autour d'Alfonsito. Les études des élèves commençant à devenir sérieuses, les professeurs des meilleurs établissements de Saint-Sébastien viendront de plus en plus nombreux à Miramar. Les examens de fin d'année se déroulent, comme il est de tradition dans la famille royale, à l'institut (lycée) San Isidro de Madrid et en public...

Le comte de Barcelone se montrera bientôt si satisfait de l'éducation que reçoivent ses fils qu'il éprouvera à la fin de l'année 1951 le besoin d'en remercier Franco, tout en soulignant bien entendu qu'il reste le seul maître d'œuvre de cette éducation.

« Mon cher général, lui écrit-il. A l'occasion des vacances de Noël que mes fils Juan Carlos et Alfonso passent actuellement parmi nous, il m'est agréable de vous exprimer ma gratitude pour les attentions dont ils ont été l'objet pendant leur séjour à Saint-Sébastien et leur voyage. Je suis très satisfait de la manière dont fonctionne le collège que j'ai installé à Miramar. Les enfants ont profité pleinement de leur scolarité, et je sais par leurs professeurs qu'ils ont été bien accueillis par les autorités chaque fois que l'on a dû avoir recours à elles.

« Je profite de cette occasion pour vous souhaiter ainsi qu'aux vôtres d'excellentes fêtes de Noël et de fin d'année. Je suis avec attention la situation internationale et vous comprendrez ma profonde préoccupation concernant la marche des événements. D'autre part, c'est avec une sincère satisfaction que j'ai suivi la modification de l'absurde attitude des Nations unies à l'égard de ce qu'elles appelaient " le cas espagnol ". J'ai pu admirer la sérénité de Votre Excellence durant toute cette époque. Elle fut un exemple pour notre peuple qui, si dignement, aura su garder son sang-froid. »

Curieuse lettre que cette missive au ton presque affectueux! Don Juan, sans doute, ne se renie pas en exprimant sa satisfaction de ne plus voir son pays au ban de l'ONU : il a toujours en effet jugé de son devoir patriotique de protester contre l'ostracisme dont l'Espagne faisait l'objet, fût-il dû exclusivement au régime franquiste. Mais la volonté de rapprochement est bien là, dictée par une appréciation sans fards des réalités qui sont : aux États-Unis la vague maccarthyste; sur le front Est-Ouest, la guerre de Corée et pour l'Espagne franquiste, la fin de la quarantaine. S'il s'en faut encore de cinq ans avant qu'elle ne soit admise au sein du palais de verre de Manhattan, du moins n'est-elle plus la pestiférée de 1946. Des relations diplomatiques normales vont être rétablies entre elle et le monde libre; déjà elle est admise à la FAO et à l'Organisation mondiale de la santé.

Quelques mois plus tôt, le 10 juillet 1951, le comte de Barcelone, manifestement désorienté par cette situation nouvelle qu'il avait pourtant prévue dès 1948, avait tenté auprès de Franco une suprême démarche en lui faisant parvenir une longue lettre, toute politique celle-ci :

« Votre Excellence est aujourd'hui dépositaire de tous les pouvoirs d'État, lui disait-il textuellement. Et moi, je suis le titulaire des droits de l'institution traditionnelle. Mettons-nous d'accord pour préparer un régime stable qui, sous l'égide de la monarchie, consolidera les principes auxquels est liée l'existence même de l'Espagne. »

Ce qui motivait cet appel solennel était essentiellement, selon Don Juan, la crise économique aiguë qui affectait le pays.

« Aussi satisfaisante moralement que s'avère la fin du blocus diplomatique, vous savez bien, écrivait-il, que cela ne suffit pas, que l'Espagne a besoin d'une assistance massive analogue à celle dont ont pu bénéficier d'autres pays. L'heure de l'évolution politique a donc sonné et aussi celle d'une réconciliation des Espagnols. Réconciliation qui ne viserait pas à renier le Mouvement national mais à la revivifier au sein d'un régime de grande audience nationale comme l'est la monarchie. »

Et Don Juan, en conclusion, offrait une fois de plus ses services à la patrie pour « une grande politique de rénovation grâce à laquelle notre culture, nos armes, notre économie, retrouveront un rang digne d'elles ».

« S'il est une responsabilité que je ne veux en aucun cas assumer, déclarait-il, et que dès maintenant je décline, c'est celle que l'Histoire me ferait encourir en prétendant que je n'ai pas recherché sérieusement une entente avec vous. Au moins aurai-je averti à temps Votre Excellence du danger et me serai-je disposé de tout cœur à la tâche nécessaire. »

Le flou des propositions du comte de Barcelone, donc son scepticisme, était aussi évident que son souci de renvoyer la balle dans le camp de l'adversaire tout en mettant sa conscience au repos. Il y avait fort peu de chance, il le savait, pour que le dictateur, de plus en plus sûr de lui, saisît l'occasion pour se rapprocher des positions doctrinales somme toute intangibles de son correspondant. Il restait que Don Juan ne réclamait plus le départ pur et simple du général comme en 1947. Il prenait acte de la victoire diplomatique du Caudillo et inaugurait clairement une autre phase de sa propre politique : la recherche d'un *modus vivendi* sur la question successorale qui préservât au moins la légitimité dynastique.

Comme il fallait s'y attendre, Franco ne fit aucun cas de cette longue et importante lettre. Dans ses rapports avec Don Juan deux objectifs seulement l'intéressaient : neutraliser ce dernier tant que son régime ne serait pas pleinement reconnu de l'étranger et disposer de Juan Carlos en Espagne pour en faire, à très longue échéance, son successeur direct et non plus l'héritier de son père. Or le premier objectif était en excellente voie et le second également. Dans ces conditions, il n'avait aucune raison de considérer comme d'actualité le thème de la monarchie en général et de la succession en particulier. Il lui suffisait de ménager encore un peu la susceptibilité du comte de Barcelone par quelques bonnes paroles pour éviter que, sur un coup de tête, il ne décide de rappeler définitivement son fils auprès de lui.

Et tout ira comme Franco l'entendait. Sur les deux tableaux. L'année 1953 fut celle de son grand triomphe diplomatique. Coup double avec la signature le 27 août d'un concordat avec le Saint-

Siège et, un mois plus tard, le 26 septembre, avec la conclusion à Madrid, des accords hispano-américains qui accordaient à Washington d'importantes bases militaires en Espagne en échange d'une substantielle aide économique et technique.

« Eh bien! » pouvait triompher Franco, devant un fervent monarchiste comme le comte des Andes, « qui aurait dit que le général Eisenhower, le vainqueur des puissances de l'Axe, se retrouverait l'allié et l'ami de l'Espagne! Qu'en pense donc son Altesse royale?... Et surtout qu'en pensent ses conseillers qui, il y a six ans, critiquèrent si âprement notre rencontre à bord de l'*Azor?* »

Les échos de ces succès parvenaient quelque peu atténués à Miramar où les élèves, quand ils n'étudiaient pas, s'intéressaient davantage aux prouesses de Di Stefano et de Kubala sur les stades, à la rivalité de Luis Miguel Dominguin et de Carlos Arruza dans les arènes, qu'aux événements politiques.

Ce qui semblait évident, c'était l'amélioration progressive des conditions matérielles de vie, la fin des coupures de courant et des « tickets », la nourriture meilleure et plus abondante, une certaine ouverture déjà au monde extérieur avec la première vague de touristes et l'arrivée tapageuse dans la péninsule de la superbe Ava Gardner. Aux séances de cinéma que l'on organisait au collège, c'était Juanito qui disposait les chaises pour ses camarades, en maître de maison. Attention normale puisque le projecteur lui avait été offert par une admiratrice de la famille royale.

En grandissant, les traits de son caractère restaient ce qu'ils étaient, avec cet approfondissement du jardin secret propre à tout adolescent. Juan Carlos y entassait pêle-mêle de la musique classique, des zarzuelas – comme *La Revoltosa* qu'il adorait, et son livre de prédilection que lui avait fait découvrir Jose Garrido, le *Platero y yo* de Juan-Ramón Jiménez, qui est un peu à la littérature espagnole contemporaine ce que *Le Petit Prince* de Saint-Exupéry est à la française. Ces dialogues ravissants d'un grand poète – exilé depuis 1936 – avec son ânon andalou enchantèrent la jeunesse du futur roi d'Espagne. Il en connaissait par cœur des morceaux entiers tout empreints de gravité légère et ne manquait jamais d'emporter son exemplaire dans sa serviette les jours d'examen, comme un viatique de bonne chance. Pour le reste, il demeurait cet élève consciencieux dans le travail, « juste au-dessus de la moyenne », mais aussi prompt que son petit frère à manigancer des sottises qui obligeaient souvent le père Zulueta à le punir.

« Souvenez-vous bien de ce que je vous ai dit concernant l'obéissance que vous devez à vos maîtres, leur écrivait le comte de Barcelone. Vous avez beaucoup trop la fâcheuse habitude l'un et l'autre de discuter tous les ordres que l'on vous donne. Pensez bien à ce que je vous dis : vous n'avez pas à vous demander si en en faisant à votre tête les choses seraient mieux ou pires, mais à faire ce qu'on vous demande tout de suite et de plein gré. Rappelle-toi, Juanito, que tu entres dans ton année de " bac " et que toutes tes études supérieures dépendront de ce bain de culture générale. Alors vas-y, travaille de tout ton cœur pour ne pas avoir de problèmes plus tard. Et toi, Alfonsito, je te le demande très fermement bien que je connaisse tes bonnes dispositions : mets plus de volonté à étudier, sois moins distrait et montre un peu plus d'amour-propre en donnant l'exemple à tes camarades, comme tu le leur dois... »

« Et cesse de te ronger les ongles », ajoutait Doña Maria.

Le 22 juin 1954, le prince des Asturies passa avec mention bien son dernier examen d'études secondaires l'équivalent de notre ancien baccalauréat en session solennelle à l'institut San Isidro. L'écrit portait sur l'anglais, les mathématiques, la physique et une composition sur un thème parfaitement orthodoxe : « le concile de Trente et la contre-réforme ». A l'oral, il montra que le français lui était plus familier qu'à son examinateur et se sortit avec honneur du cours de formation politico-civique imposé par le régime et dont il écrivait quelques mois plus tôt à son père qu'il était « à mourir d'ennui ».

Réaction bien normale de sa part, car à cette époque précisément la presse officielle espagnole déchaînait contre le comte de Barcelone une nouvelle et violente campagne, l'accusant d'être vendu aux Anglais, colonisateurs de Gibraltar, parce qu'il avait accepté de son parent lord Louis Mountbatten une invitation à participer aux manœuvres de l'OTAN en Méditerranée sur le navire amiral britannique. Un an plus tard en octobre 1954 Franco allait présider aux mêmes exercices, mais sur un bâtiment américain cette fois, ce qui changeait tout...

Le baccalauréat de Juanito scellait une étape et en ouvrait une autre. Dans l'entourage du comte de Barcelone, Gil Robles surtout plaidait pour que le prince poursuivît ses études supérieures hors d'Espagne, à Louvain, par exemple, où il avait déjà établi des contacts. Franco prit les devants en écrivant dès le mois de juillet à son père qu'il comptait bien sur son bon sens et sur son patriotisme pour que Juan Carlos, « conformément au rang qu'il occupe dans la branche dynastique », puisse parfaire la formation de son caractère en suivant dans la foulée les cours des diverses académies militaires espagnoles pendant quatre ans. Après quoi, il pourrait compléter cette expérience par des cours universitaires et une approche pratique des divers rouages de l'administration et de la vie économique et sociale du pays. Tout un programme très précis taillé sur mesure pour un prince héritier et qui prouvait l'extrême attention avec laquelle le Caudillo s'était penché personnellement sur le problème.

Le comte de Barcelone allait-il refuser cette chance à son fils? La majorité de son conseil privé, y compris le général Kindelán et Sainz Rodriguez, l'incita à accepter.

Le rendez-vous de Las Cabezas

Officiellement, l'affaire allait se résoudre lors d'un nouveau tête-à-tête entre Don Juan et Franco le 29 décembre 1954, à *Las Cabezas*, une résidence seigneuriale d'Estrémadure – à mi-chemin entre Estoril et Madrid – que possédait Juan Claudio Güell, comte de Ruiseñada, lié à la fois aux amis de Don Juan et aux proches du Caudillo, en particulier Carrero Blanco et Danvila, instigateurs l'un et l'autre de cette seconde entrevue.

Le comte de Barcelone qui, pour la première fois depuis 1931, foulait le sol de sa patrie, arriva par la route la veille au soir dans ce château fin de siècle et pourtant d'un autre âge, dominant la solitude glacée des terres qui s'étendent à perte de vue entre les vallées du Tiétar et du Tage. Le service d'ordre était assuré, comme aux temps féodaux, par les gardes du domaine, à cheval et armés. Le Caudillo se présenta le lendemain à l'heure convenue, accompagné du seul amiral Nieto Antúnez et, vu le dispositif de sécurité déjà mis en place par le maître des lieux, ordonna à son escorte de se retirer des abords immédiats du château. Un fort contingent de journalistes étrangers attendait au village voisin mais le dernier avisé de la rencontre – et jusqu'à la publication du communiqué – fut le ministre de l'Information Arias Salgado. Franco adorait faire passer ses ministres pour des imbéciles.

L'essentiel de la conversation entre les deux hommes se déroula strictement en tête à tête dans un salon du château et occupa, de midi à 16 heures, une longue matinée espagnole. Nous en connaissons à peu près tout grâce au témoignage de José-Maria Ramón de San Pedro, un collaborateur du maître de maison qui, de faction auprès du téléphone dans la pièce voisine, entendit involontairement tout ce qui se passait et en fit immédiatement une relation très complète qu'il communiqua plus tard à Sainz Rodriguez [8].

Après les politesses d'usage, les commentaires sur leurs voyages respectifs donnèrent à Don Juan l'occasion de souligner aimablement devant son interlocuteur la bonne impression que lui avait faite cette brève incursion dans le pays. Les campagnes et les bourgs qu'il avait traversés lui paraissaient refléter un niveau de vie bien plus satisfaisant qu'au Portugal. Franco en profita pour lui faire quelques confidences sur Salazar qui, à ses yeux, se méfiait un peu trop du progrès. « Prenez garde », se targuait-il d'avoir dit à ce dernier lors de son voyage officiel à Lisbonne, « que les Portugais ne vous posent un jour quelques problèmes graves s'ils comparent leur situation avec celle de leurs voisins ! » Et il ajoutait, très satisfait, à l'intention du comte de Barcelone : « Qui nous dit qu'un jour ou l'autre, lassés de la diète que leur inflige le cher professeur, ces Portugais ne demandent à redevenir espagnols comme sous Philippe II... Quel problème en perspective !... »

Don Juan, toujours soucieux de plaire, le félicite ensuite pour les succès diplomatiques obtenus, faisant l'éloge du nouveau ministre espagnol des Affaires étrangères, Alberto Martin Artajo. Las ! C'est ce qu'il ne fallait pas dire !.. Martin Artajo est un bon collaborateur parce qu'il est bien dirigé, un point c'est tout... Et le Caudillo s'empresse d'amener la conversation sur le sujet qui lui tient à cœur : les études de Juan Carlos, dont il détaille avec enthousiasme le plan. Deux ans à l'Académie militaire générale de Saragosse, un an à l'École navale de Marín en Galice et une dernière année à celle de l'Air dans la province de Murcie, le tout sous la haute direction d'un prestigieux directeur d'études et d'assistants spécia-

---

8. In *Un royaume dans l'ombre.*

lisés. Ses précisions, ses commentaires prouvent qu'il en a déjà fait son affaire et qu'il entend le faire savoir. Pour la suite – les études universitaires –, il a déjà consulté son vieil ami Natalio Rivas, qui fut ministre de l'Éducation sous Alphonse XIII. Une référence!..

Il en fait tant, le généralissime, que Don Juan lui fera remarquer qu'il a sans doute lui aussi son mot à dire sur l'éducation de son fils, même s'il approuve dans ses grandes lignes le programme exposé. Franco lui promet de tenir le plus grand compte de ses suggestions, mais il est clair qu'il prend sa revanche sur Miramar... L'éducation du prince est devenue à présent une affaire d'État; elle relève donc essentiellement du chef de l'État « Altesse, s'exclame-t-il dans un grand élan, confiez-nous la formation de vos fils. Je vous promets que nous ferons d'eux des hommes exceptionnellement bien préparés et de magnifiques patriotes! » Ce à quoi Don Juan répondra courtoisement mais fraîchement, que pour ce qui concerne le patriotisme, il s'agit là d'une vertu que dans sa famille on cultive dès le berceau.

Un ange passe, et tout étant donné pour dit sur ce thème capital – y compris l'exhortation désormais superflue faite au comte de Barcelone de repousser une fois pour toutes « les conseils de ceux qui voudraient déraciner, par une formation étrangère, ces jeunes gens dont le destin est lié à l'avenir de la Patrie », Don Juan tente de mettre sur le tapis quelques-unes des questions politiques qu'il a préparées. Elles concernent notamment le rôle organique et paradoxal que joue encore la Phalange, si antimonarchiste, dans un État qui depuis 1947 est théoriquement redevenu un royaume, l'implication excessive des forces armées dans ce système organique, etc. Toutes questions, au demeurant, bien « enveloppées » au regard de la franchise désespérée de sa lettre – restée sans réponse – du 10 juillet 1951.

Comme à son habitude, Franco se lance alors dans d'interminables digressions historiques ou considérations sur le pouvoir en général. Don Juan, certes, n'en a cure, mais elles n'en sont pas moins intéressantes dans la mesure où elles reflètent bien la psychologie et les idées maîtresses de son auteur. Institutionnaliser le régime en lui donnant une vraie constitution? « A quoi bon? réplique-t-il. Avec de l'ordre et de l'autorité toutes les constitutions se valent! » Il ne voit pas davantage l'utilité de séparer les fonctions de chef de l'État de celles de chef du gouvernement, « à moins, bien sûr, que les forces viennent à lui manquer ». L'armée compromise en apparaissant comme le bras armé du régime? Mais c'est une constante nationale que cette implication des militaires, et préférable en fin de compte à leur désintérêt. Si en 1931 Alphonse XIII s'était appuyé, par exemple, sur les jeunes généraux, des généraux comme lui, il n'aurait pas perdu son trône!...

On voit de même Franco se lancer dans une apologie sans frein du « syndicalisme vertical », prédire que les orientations politiques en matière sociale seraient de plus en plus imprimées par le Vatican et se préoccuper à plusieurs reprises du danger franc-maçon, accusant Sainz Rodriguez, contre tout bon sens, d'être affilié à la secte, ce qui était, en fait, une manière de faire comprendre à Don Juan qu'il le soupçonnait d'en faire partie lui-même, et d'observer ses réactions.

Enfin, comme le comte de Barcelone revient à la charge en s'étonnant qu'il laisse encore tant de personnalités de son régime mener campagne contre la monarchie, Franco lui réplique à peu près ceci :

« Pour ce qui concerne la propagande de la doctrine monarchiste, je suis prêt à offrir toutes sortes de facilités. Ce à quoi je ne consentirai jamais, c'est que ces monarchistes viennent dire : ôtez-vous de là que nous prenions vos places! Je le dis très sincèrement et précisément parce que je suis monarchiste : j'entends que l'instauration de la monarchie se fasse avec le concours de ces personnes qui sont peut-être gênantes aujourd'hui mais qui se trouvent insérées dans le système et avec lesquelles il faut compter. »

En conclusion, un jour ou l'autre, l'Espagne aurait un roi, mais cela se ferait, en quelque sorte, sans que l'on s'en aperçoive, en laissant aller le cours naturel des événements. Et le jour où cela arrivera il n'y aura plus en Espagne que des gens qui accepteront la monarchie comme une sorte de nécessité. Curieusement, c'est à peu près comme cela, en effet, que les choses se passeront vingt ans plus tard, mais dans une dynamique démocratique.

Don Juan demanda encore quels seraient les titres et prérogatives que le chef de l'État envisageait de donner à Juan Carlos pendant son séjour en Espagne, lui-même suggérant de lui accorder le traitement de prince des Asturies. « Altesse, si vous le voulez bien, nous verrons cela plus tard. Laissons matière à d'autres entretiens », se contenta de répondre le général. Puis, après que Franco eut absorbé un demi-verre d'eau additionnée de jus de citron, son habituel apéritif, on passa à table où le Caudillo, très en verve, ne cessa pas de parler, racontant des anecdotes de la guerre du Rif et de la guerre civile.

L'après-midi fut essentiellement consacré à l'approbation du communiqué final. Don Juan prit les devants en sortant de sa poche le texte suivant :

« Le chef de l'État et le comte de Barcelone ont tenu une réunion en Estrémadure. Les facilités accordées par Son Excellence à Son Altesse ont permis à cette dernière de réaliser le souhait que son fils aîné – son baccalauréat obtenu – continue ses études et complète sa formation en Espagne pour servir au mieux la Patrie eu égard à la place qu'il occupe dans la dynastie.

« Le programme d'études a été arrêté d'un commun accord entre Son Excellence et Son Altesse. Don Juan Carlos sera entouré des attentions spéciales propres à son rang. La personne qui doit représenter son auguste père pour veiller à l'éducation de ses fils a été désignée. Son Altesse Royale l'infant Don Alfonso poursuivra également en Espagne ses études de baccalauréat. »

Franco fit mine d'être un peu surpris du procédé. Il appela Danvila et, feignant la contrariété, demanda tout haut si les termes d'une telle note avec ses allusions à la dynastie, aux « attentions dues au rang du prince », etc., n'allaient pas le faire accuser d'avoir outrepassé la loi de succession. Puis, décidant de se montrer beau joueur, il déclara que « la chaude atmosphère patriotique qui avait présidé à cette journée » le déterminait à accepter tel quel ce communiqué qui fut effectivement publié dès le lendemain par la presse espagnole.

Un mois plus tard, Franco éprouva cependant le besoin d'accorder une interview au journal phalangiste *Arriba* pour répondre aux « alarmes » de certains dirigeants du Movimiento concernant l'avenir du régime, initiative qu'il avait sans nul doute lui-même suscitée. Dans cet article du 23 janvier 1955, repris obligatoirement par toute la presse nationale, le Caudillo réitérait devant le pays l'assurance que la monarchie qui pourrait être instaurée un jour ne serait « ni libérale, ni parlementaire ». « La succession du Movimiento nacional, affirmait-il, c'est le propre Movimiento, sans aucune altération. » Il en profita aussi pour rappeler que sa propre magistrature était « à vie ».

En deux coups, apparemment contradictoires, il avait pris toutes ses précautions et défini une politique parfaitement cohérente. Il suffisait pour la comprendre de la résumer à sa propre existence terrestre et d'admettre que cette existence une fois brisée par la volonté divine le pouvoir qu'elle avait incarné ne pouvait décemment se survivre que sur une tête couronnée; lui-même n'ayant pas voulu fonder sa propre dynastie, avait-il confié sans rire à Carrero Blanco, « parce que la monarchie réclame de l'ancienneté »...

Le principal mérite de Juan Carlos était évidemment d'avoir, à dix-sept ans, un très long avenir devant lui. L'entrevue de *Las Cabezas* ne se contentait plus de confirmer sa fonction d'otage; elle faisait déjà de lui un rouage du système et, potentiellement, une véritable machine de guerre contre son père.

CHAPITRE IV

LA FORMATION

L'année 1954 avait été pour Juan Carlos, sans qu'il s'en doutât encore, celle de l'adieu à l'enfance.

A la clé du baccalauréat et en manière de récompense, il y avait eu la fameuse croisière de l'*Agamemnon* organisée par la reine Frédérika de Grèce pour la jeunesse non encore « casée » du Gotha européen. Le prince ayant déclaré lui-même, peu après son mariage, qu'il était tombé amoureux de Sophie dès leur présentation, il n'est pas interdit de faire remonter leur idylle à cette pérégrination spectaculaire de têtes couronnées et couronnables dans les eaux lumineuses de l'Égée. Mais à considérer les photos de cette mémorable aventure qui fit tant pour le « look » international des souverains et des altesses soudain captées, comme vous et moi, en short ou en costume de bain, on voit bien qu'il ne pouvait s'agir entre les deux intéressés que de très innocentes approches, faites davantage de bourrades amicales que de baisers volés.

La future reine est à cette époque une brunette aux joues pleines, gentille réplique de sa mère avec ses cheveux courts et sa jupe fermière qui lui bat les mollets. Juan Carlos, c'est visible, a du mal à assumer une trop rapide croissance, ce qui lui donne une allure gauche et fait paraître sa tête blonde et frisée, au-dessus du cou maigre, plus petite qu'elle n'est. Tous deux, à dix mois près, ont le même âge. Juanito est du 5 janvier 1938, elle du 2 novembre. Un Capricorne et un Scorpion. Frédérika qui croit aux astres et aux signes, doit faire ses calculs, en marieuse avertie [1].

Un an plus tard, à la fin de l'été 1955, c'est vraiment un homme qui se présente à la porte de l'Académie militaire générale de Saragosse, celle-là même qu'a été chargée d'édifier et de diriger de 1928 à 1931 le général Franco.

Conformément à ce qui avait été décidé lors de l'entrevue de *Las Cabezas,* la direction générale des études du prince pendant cette phase militaire a été confiée par son père et par le Caudillo, d'un commun accord, au général Carlos Martinez Campos, duc de la Torre, Grand d'Espagne et membre de l'Académie royale espagnole, distinction qu'ont value à cet artilleur, ancien chef de l'état-major à la fin de la guerre civile et descendant d'un illustre général du siècle dernier, plusieurs ouvrages d'histoire et de stratégie militaire. Cet homme cultivé, assez original, mais de caractère brusque et autoritaire, dont la seule présence faisait trembler Juan Carlos quand il venait chercher son élève le samedi après-midi, s'était retrouvé à la tête d'une sorte d'état-major pédagogique constitué de cinq officiers supérieurs représentant chacun son arme, d'un dominicain bien introduit dans les salons madrilènes, le frère Aguilar, et d'un universitaire, Angel López Amó.

Ce dernier n'est pas un visage nouveau pour Juan Carlos, puisque tous deux se sont connus chez les marianistes de Fribourg où ce jeune professeur d'histoire du droit, Prix national de littérature et membre de l'Opus Dei, lui avait donné jadis des cours d'espagnol. Titulaire d'une chaire à Santiago de Compostelle, il avait encore contribué à Miramar à la formation du prince. Lopez Amó, avec Vegas Latapié et Garrido, fut certainement un des hommes qui eurent le plus d'influence sur le futur roi à l'âge de l'enfance et de l'adolescence; il sera malheureusement victime d'un accident mortel aux États-Unis l'année suivante.

Parmi les membres de l'équipe militaire, deux au moins se détachent par leur destin antithétique. Le premier est le marquis de Mondéjar, Grand d'Espagne, alors commandant, qui ne cessera

1. Très portée sur l'ésotérisme, l'ex-reine de Grèce, jusqu'à sa mort à Madrid en 1981, fera de nombreux séjours dans un « ashram » de l'Inde. La reine Sophie a de bonnes connaissances en astrologie. Le prince Felipe, héritier du trône, se passionne lui pour l'astronomie.

d'assumer auprès de Juan Carlos la charge de chef de sa Maison. A quatre-vingts ans, ce cavalier fidèle, mais qui passait alors pour le plus « franquiste » du groupe, continuait d'occuper en 1985 sa charge au palais de la Zarzuela. Le second est Alfonso Armada, commandant artilleur en 1955, secrétaire de la Maison du roi de 1975 à 1977, qui accomplit une peine de trente ans de prison pour la part qu'il prit dans la sédition militaire du 23 février 1981 avec le lieutenant-général Milans del Bosch et le lieutenant-colonel Tejero.

Les autres instructeurs du prince étaient le fantassin Joaquin Valenzuela – qui entra très vite en conflit avec le duc de la Torre –, le marin Fontanals et l'aviateur Garcia-Conde.

Cet aréopage de tuteurs s'était enfermé avec son élève au palais de Montellano – un hôtel particulier aujourd'hui démoli de la madrilène Castellana – pendant six mois pour préparer son entrée à l'Académie. Tous le suivront ensuite pendant les quatre ans de son cursus militaire.

Le but recherché étant de donner à Juan Carlos une formation d'officier dans les trois grandes armes, terre, air et mer, ce dernier ne pourra évidemment accomplir le parcours complet requis aux diplômés ordinaires de ces trois disciplines. En revanche, à la fin de ses études militaires, il aura acquis une connaissance plus étendue de la vie militaire dans son ensemble et se sera fait de nombreux camarades dans les trois Académies. A Saragosse, tronc commun des officiers de l'armée de terre, il restera au demeurant les deux ans requis avant toute spécialisation, traité comme un cadet parmi d'autres et suivant intégralement les cours de sa promotion.

Les Académies militaires

Ses camarades de cette « XIVe promotion », prévenus qu'ils auraient parmi eux le prince héritier de la couronne d'Espagne, apprirent rapidement à le considérer comme il souhaitait l'être. Juan Carlos sut en effet très vite se débarrasser des flagorneurs comme des persifleurs et, sinon faire oublier ce qu'il était, du moins le faire admettre comme une chose qui ne devait avoir aucune incidence sur les rapports humains qu'il entendait entretenir.

C'est au cours de ces années où, pour la première fois, il se trouva mêlé à un échantillon de société assez large et inévitablement plus critique que ceux qu'il avait connus jusqu'alors, qu'il apprit à cultiver ce talent héréditaire des Bourbon, aussi prometteur chez lui qu'il était accusé chez son père et son grand-père : le don de la familiarité royale, du « tu à toi » qui étonne et séduit. A dix-sept ans, en dépit d'une nature plutôt timide et réservée, Juan Carlos commençait déjà à manier les relations humaines avec un naturel consommé aussi exempt de démagogie que de hauteur. Une mémoire excellente et une grande intuition lui faciliteront encore la tâche. Cette aisance à se faire des amis, cette fidélité aussi dans la camaraderie, lui seront plus tard un capital inestimable. Elles lui conféreront dans l'armée un prestige et une aura de sympathie que son état à lui seul eût été bien incapable de lui dispenser.

« Lorsque j'entrai à l'Académie, confiera Juan Carlos en 1976, beaucoup de mes condisciples n'éprouvaient aucune inclination pour ce que je représentais. D'autres m'imaginaient comme un enfant gâté, un fils à papa ou une sorte d'extraterrestre. Il m'a fallu gagner le droit d'être considéré comme un élève parmi d'autres et obtenir que mes camarades en viennent vraiment à faire abstraction de tout ce qui n'était pas strictement moi-même en tant qu'individu. »

« On l'appelait familièrement le “ Sar ” par-ci, le “ Sar ” par-là, autrement dit Son Altesse Royale en abrégé, raconte un officier de sa promotion. Altesse était le titre que lui donnaient en classe nos professeurs, mais entre nous le tutoiement était de rigueur. On ne se préoccupait d'ailleurs pas du tout, à cette époque, de savoir s'il serait roi un jour. Mais nous savions bien évidemment qu'il ne faisait pas la carrière de tout le monde. Je l'ai connu au cours d'un de ces “ bizutages ” par lesquels il a dû passer comme les autres. Ses seuls privilèges étaient d'avoir une chambre seul, où il étudiait souvent avec ses instructeurs particuliers et son cheval à lui qui s'appelait “ Pied d'argent ” et qui faisait notre envie car il était bien meilleur que ceux du manège. Il disposait également d'une voiture avec un chauffeur, Gaudencio, qui le suivra longtemps et qui était un conducteur remarquable, d'une régularité étonnante. Pour peu que nous soyons en difficulté pour nous rendre en ville ou revenir à l'Académie avant le couvre-feu, il nous faisait monter et nous nous retrouvions souvent à cinq ou six à l'intérieur.

« Les privilèges qu'il avait, il s'arrangeait toujours pour en faire profiter les autres. Ils avaient d'ailleurs leur contrepartie, car le prince disposait, en fait, avec ses professeurs sur le dos, de beaucoup moins de liberté que nous. Avec les filles il avait, par exemple, un succès évident dû autant à sa prestance qu'à ce qu'il représentait, mais trop peu de temps à leur consacrer et trop peu discrètement. Il lui fallait aussi écarter les " pots de colle "... Il n'empêche que, comme il attirait toujours les plus jolies dans les réunions de société, nous étions quelques-uns à ne pas le quitter d'une semelle pour profiter de l'aubaine.

« Le prince avait surtout un excellent caractère et un très bon sens de la répartie. A un camarade qui essayait un jour à la cantine de le " taper " de quelques dizaines de pesetas en lui donnant ironiquement du " Sar " à tout bout de champ, il répliqua très tranquillement : " Écoute, Guadiana, ce n'est pas la peine d'insister : je suis complètement à sec "... le Sar et le Guadiana se trouvent être en effet deux rivières de la péninsule. A la leçon de savoir-vivre s'en ajoutait ainsi une autre, de géographie.

« Comme à n'importe quel autre cadet, il lui arriva d'être " mis au trou ". Une fois au moins pour ne pas avoir attaché à son attelage muletier une pièce d'artillerie et l'autre pour s'être échappé de l'infirmerie avec quelques copains afin d'aller voir passer dans les environs la " Vuelta " cycliste avec Bahamontes. Cela nous valut deux jours de cachot et je revois encore Son Altesse passant très dignement la porte de sa cellule avec son matelas et son polochon sur l'épaule [2]. »

Un autre de ses camarades se rappelle aussi la « soirée de pétards » par laquelle Juan Carlos avait décidé de célébrer dignement la Sainte-Barbe, patronne des artilleurs. La moitié des vitres d'une galerie n'y avait pas résisté.

Mais si, en tout, le comportement de Juan Carlos semble bien avoir été celui d'un élève-officier tel qu'on l'imagine, potache prolongé, blagueur et bon vivant, ses condisciples relèvent aussi certains traits de délicatesse qui paraissent n'appartenir qu'à lui, comme un tribut qu'il se devait de rendre aux autres pour faire oublier son état tout en le rehaussant.

« Si un jour notre régime alimentaire, plutôt austère, s'agrémentait d'un dessert spécial et que deux " nouveaux " s'en trouvaient privés, il était le premier à attraper le soldat de service par le bord

---

2. Ricardo Parrotta, Anecdotes du roi (en espagnol).

de sa veste en lui disant : “ Va donc voir un peu si tu ne trouves pas deux portions de plus. Il y en a deux qui se sont perdues. ” »

« C’était un magnifique camarade, conclut un ancien de la “ XIVe ”, et tout le monde l’aimait vraiment, du personnel de troupe aux femmes de ménage. Il avait quelques amis intimes, choisis par lui. Il cherchait toujours à en élargir le cercle, mais sans se laisser jamais “ coiffer ” et encore moins utiliser. »

Les années ne le changeront pas. A l’École de l’Air de San Javier, sa dernière étape dans l’armée, un autre de ses condisciples aujourd’hui pilote à « Iberia », se souvient encore de la première nuit passée en commun avec Son Altesse dans un dortoir de vingt où les concours les moins subtils étaient ouverts, si l’on peut dire, à tous les vents... Afin de mettre la chambrée à l’aise, Juan Carlos ouvrit le ban d’une manière si magistrale que toute barrière fut effacée en l’espace d’un souffle!

« Ce qui rendait Juan Carlos si attachant, témoigne-t-il, ce n’était pas seulement sa gentillesse et ses attentions pour ses camarades, c’était sa parfaite “ normalité ”. Il se montrait si semblable à nous, malgré son instructeur attitré – le futur général Garcia Conde – sa Mercedes et le chauffeur Gaudencio, que nous ne pouvions l’imaginer en puissance d’un destin totalement différent du nôtre. Et si même nous l’avions imaginé, je crois que nous aurions fait des vœux pour qu’il y échappe, pour qu’il soit tout simplement heureux dans la vie, sans ces complications ténébreuses et ces dangers qui nous paraissaient alors inséparables de la vie politique. »

Cette « normalité » faisait aussi de Juan Carlos un élève plus studieux qu’étincelant, essentiellement sportif et plus spontanément intéressé par les applications mécaniques que par la théorie et les spéculations intellectuelles. Longtemps, de son propre aveu, il n’avait pas « mordu » aux mathématiques :

« Elles commencèrent à me plaire plus tard, racontera le roi, quand je compris leurs implications dans la navigation par exemple ou dans la balistique. L’électronique, en revanche, m’a tout de suite passionné et j’ai toujours aimé l’histoire. Quant aux langues, je me souviens de ma résistance tout jeune à apprendre l’anglais. C’était le seul sujet de dispute que j’avais avec ma grand-mère. Mais il y avait une raison : à l’époque, le problème de Gibraltar était un grand thème patriotique et je m’étais mis dans la tête, malgré les reproches de mes professeurs, de ne pas céder. Jusqu’au jour où à l'occasion d'un voyage que je fis en Grande-Bretagne avec mon père, nous fûmes invités à déjeuner par la reine à Balmoral. Au moment de passer à table, mon père demanda à Élisabeth II : " Prends-le donc à côté de toi pour qu'il ait bien honte de ne pouvoir répondre en anglais à tes questions. " Et effectivement, je fus tellement gêné d'être obligé d'employer le français pour converser avec la reine que je me mis sérieusement à combler cette lacune. »

Les camarades du futur roi furent aussi frappés par sa foi qui paraissait profonde. Piété exempte de toute cagoterie mais qui le poussait, sans aucune obligation, à assister tous les matins à la messe. Ils furent également impressionnés par son sens rigoureux du devoir, bien qu'il n'en fît nullement étalage.

La ferveur patriotique et religieuse faisait, sans doute, partie des vertus que se doit de cultiver un descendant des Rois catholiques, héritier d'une dynastie toute tendue vers la reconquête de son trône et donc plus soucieuse que nulle autre de se montrer irréprochable. Mais il y eut incontestablement, dans l'éducation que Juan Carlos reçut de ses parents, un réel souci de donner l'exemple.

Géant affable et dionysiaque, tout en vitalité généreuse et en élans du cœur qui le portaient naturellement à la compréhension la plus large envers les faiblesses humaines, Don Juan mettait dans les valeurs dont il s'estimait dépositaire – le service de la patrie et de la foi de ses ancêtres – la même massive et tranquille assurance que celle dont il faisait preuve à la barre de son voilier lorsqu'il affrontait les colères de l'océan. Il sut avec une sincérité insoupçonnable transmettre à son fils le code de valeurs et de comportement avec lequel il n'était pas question de plaisanter. Alors que Juan Carlos, trois mois après son entrée à l'Académie de Saragosse, s'apprêtait à prêter devant le drapeau le serment solennel qui marque la vie de tout officier espagnol, son père lui écrivait dans les termes suivants qui constituaient dans son esprit un véritable *Vademecum ad usum Delphinis :*

« Mon très cher Juanito. Je voudrais que cette lettre te parvienne la veille de ton serment afin que tu ressentes bien dans ton cœur la certitude de ma présence au cours de cette cérémonie. Dans une famille royale, du jour où Dieu décide de nous mettre au monde, nous portons sur nos épaules autant de responsabilités que de devoirs et de droits. Ces derniers ne sont rien si nous ne remplissons pas scrupuleusement les premiers. De manière que nos actes doivent être inspirés par le plus haut sentiment du devoir. Ce jour doit marquer la date où, avec toute ta foi lucide, tu te consacreras pour le reste de ta vie au service de l'Espagne. Je suis certain que dorénavant le pays et moi-même pourrons compter en ta personne sur un véritable soldat.

« Puisque tu dois bientôt te rendre à Barcelone, je compte sur toi pour faire honneur à ton drapeau. Sois aimable avec tout le monde. C'est à de petits détails que les gens forment leur jugement et il importe d'en faire grand cas, car ceux à qui nous nous adressons et qui mettent en nous leurs espoirs méritent toute notre attention et tout notre respect. »

Juan Carlos après avoir embrassé l'étendard, sang et or de l'Académie que son arrière-grand-mère, la reine régente Maria Cristina, avait brodé de ses mains, envoya à son père un télégramme sur le même ton :

« Devant mon drapeau, j'ai promis à l'Espagne d'être un soldat exemplaire et c'est avec une intense émotion que je m'engage devant toi à rester fidèle à ce serment. »

Tragédie à Estoril

Cette cérémonie avait eu lieu le 15 décembre 1955, le jour où à New York l'Espagne de Franco était définitivement admise au sein des Nations unies. Personne ne prêta attention à cette coïncidence, sauf vraisemblablement le comte de Barcelone. Le trône s'éloignait un peu plus de lui. Franco entrait dans la famille – peu regardante il est vrai – des chefs d'État respectables et son propre fils, traité en prince héritier par le dictateur, était devenu officier espagnol, première épreuve initiatique vers un hypothétique couronnement. Cette aube nouvelle qui se levait sur le régime en même temps que sur Juan Carlos, était-ce le signe prémonitoire de son inévitable effacement? L'amertume aurait pu le ronger. Mais comment déplorer une situation que l'on a lucidement acceptée?

« Du moment où je consentais que le prince fît ses études en Espagne, j'étais bien conscient que la page de la restauration monarchique pourrait s'écrire d'une manière différente (de celle que requérait l'ordre dynastique), confiera bien plus tard Don Juan au journaliste Victor Salmador. Il est évident que j'aurais pu empêcher cette situation ou y remédier quand je le voulais. Il me suffisait, pour cela, de retenir mon fils auprès de moi. Mais mon devoir était d'éduquer ce dernier comme un Espagnol, en Espagne, quelles qu'en fussent les conséquences...

C'est vrai... comment aurais-je pu ignorer qu'un jour ou l'autre peut-être, pour assurer cette restauration et remplir son devoir, mon fils pourrait être amené à consentir des sacrifices, aussi dur que cela lui parût? Oui! je savais tout aussi pertinemment que le prix de la restauration et de la consolidation de la monarchie pourrait être mon propre effacement. Je n'ai jamais cherché à me donner le change et personne, non plus, ne m'a trompé. En revanche, j'ai toujours eu très présents à l'esprit les préceptes que mon père m'avait transmis sur ce chapitre et qui peuvent se résumer en cette règle : les rois doivent s'exclure d'eux-mêmes si l'intérêt de leur pays l'exige [3]. »

On le voit bien à travers cette confession : la perspective politique du comte de Barcelone va devoir s'accommoder plus que jamais de cette réalité majeure que constitue la carrière de Juan Carlos en Espagne, même si officiellement, aux yeux de Don Juan et des monarchistes légitimistes, le prince est et ne peut être, au royaume de Franco, que le « représentant, le successeur et l'héritier de son père ».

Un événement tragique d'ordre familial va aussi contribuer à mettre le comte de Barcelone en situation de moindre résistance à l'égard d'un combat politique qui a déjà perdu beaucoup de son mordant initial.

Le 29 mars 1956 toute la famille se trouvait réunie à *Villa Giralda* pour passer gaiement les vacances de Pâques, et les deux frères, rentrés d'Espagne quelques jours plus tôt, s'exerçaient à tirer avec un pistolet de salon en attendant l'heure du dîner, lorsque Alfonso, en essayant de nettoyer ou de recharger l'arme, se logea une balle en plein front. Livide, Juan Carlos n'eut que le temps de recueillir son frère dans ses bras. Sa mort fut pratiquement instantanée.

En plus cruel encore, l'accident rappelait celui dont avait été victime vingt-deux ans plus tôt en Autriche l'infant Gonzalo, le dernier fils d'Alponse XIII mort à vingt ans dans les bras de Don

3. Victor Salmador, *Don Juan de Bourbon* (en espagnol).

Juan. L'Histoire se répétait avec un étrange acharnement, et d'autant plus impitoyable que le malheur de la dynastie semblait bien s'être écarté à jamais du foyer d'Estoril. Alfonsito, si sain, si gai, ne vivait, lui, sous aucune menace. Il allait sur ses quinze ans et venait d'être fauché en quelques secondes, stupidement, dans ces circonstances insoutenables qui font douter de la charité divine les âmes chrétiennes les mieux trempées. De Madrid, le Dr Marañon, qui s'était mis jadis « au service de la République », écrivit à Don Juan : « Vous pouvez être certain qu'en ce moment l'Espagne entière est avec son roi. »

Les obsèques de l'infant qui se déroulèrent en présence de la reine Victoria accablée par le chagrin et de nombreux monarchistes espagnols venus témoigner leur compassion et leur solidarité à la famille royale, furent d'autant plus déchirantes que la plupart des assistants avaient encore en mémoire le souvenir de la fête si joyeuse que leur avaient donnée à *Villa Giralda* le comte et la comtesse de Barcelone quelques mois plus tôt pour les dix-huit ans de l'infante Pilar.

Lorsque Juan Carlos dut réintégrer l'Académie de Saragosse, ses meilleurs camarades pensèrent un moment qu'il ne se remettrait pas de cette épreuve d'autant plus terrible qu'elle lui laissait un sentiment injustifié mais irrépressible de culpabilité. L'engrenage de la vie militaire, avec ses rudes contraintes, lui évita de céder à ces phantasmes morbides, et lui permit de retrouver peu à peu un équilibre. Ses compagnons surent aussi le distraire efficacement et lorsqu'ils partirent tous en manœuvre dans la région de la Rioja, ils le considéraient comme « récupéré ».

Don Juan lui aussi éprouva le besoin de secouer sa douleur tout en se rapprochant de son fils aîné. La cure passerait pour lui par un exploit sportif, dans le cadre qu'il aimait le plus au monde : le grand large. Juan Carlos devant embarquer comme aspirant pour les États-Unis à bord du navire-école espagnol, le Juan Sebastian Elcano au printemps de 1958, le comte de Barcelone se prépara à accomplir la traversée de l'Atlantique à la voile avec le Saltillo. Père et fils se retrouveraient ainsi de l'autre côté de l'océan, comme Alphonse XIII jadis avait rejoint Don Juan en Inde lorsque ce dernier était « midship » dans la Royal Navy.

L'aventure était assez hasardeuse à l'époque pour que son entourage s'émût un peu de sa décision. Il fit comprendre qu'il n'était pas question de l'en empêcher et il poussera même le défi jusqu'à faire la traversée de retour, qui n'était pas prévue initialement à son programme. Avec lui, Don Juan emmenait quelques amis; l'amiral anglais sir Arthur Rattrag, le duc d'Albuquerque, nouveau chef de sa Maison, le marquis de Tovar, Eduardo Caro Aznar ainsi que deux marins portugais et quatre espagnols. Le 16 mars 1958, le trois-mâts quittait le quai de Buen Sucesso, à l'ombre de la tour de Belem. Le 20 avril, le *Saltillo* aborda à Porto Rico, après avoir fait d'une traite mouvementée le trajet Lisbonne-Antiqua.

A San Juan, un des premiers soins du comte de Barcelone fut d'aller rendre visite à son compatriote, le poète Juan Ramón Jimenez – l'auteur de *Platero* – qui avait été couronné du Prix Nobel de littérature deux ans plus tôt et allait s'éteindre peu de temps après sans avoir revu l'Espagne qu'il avait volontairement quittée au début de la guerre civile. Cette démarche, toute spontanée de la part de Don Juan, contribuera beaucoup à asseoir sa popularité dans les milieux intellectuels. Elle fut saluée immédiatement par une lettre de remerciement signée d'une trentaine d'écrivains espagnols classés à gauche.

Puis le périple se poursuivit vers New York via les Bahamas. Mais des vents contraires retardèrent le *Saltillo.* Si bien que Don Juan dut prendre place sur un garde-côte américain afin d'arriver aux États-Unis à temps pour profiter du passage de son fils. Juan Carlos l'attendait à Washington chez l'ambassadeur d'Espagne, José-Maria de Areilza, qui allait jouer quelques années plus tard un rôle de premier plan à la tête du secrétariat permanent du Conseil privé du comte de Barcelone. Pendant plusieurs jours, le père et le fils se trouvèrent ainsi réunis tant à l'ambassade de Washington qu'au *Waldorf Astoria* de New York sous le parrainage attentif et efficace du représentant de Franco qui organisa pour eux, à titre privé, de nombreuses rencontres. « Je savais bien, écrit Areilza dans ses *Mémoires extérieurs,* ce qu'avait de risqué cette double invitation, mais je me décidai à jouer cette carte diplomatique et psychologique de première importance en sachant qu'elle aurait de profondes implications pour l'avenir de la monarchie et qu'elle serait ressentie comme telle aux États-Unis. »

Les désarrois du comte de Barcelone

Avant d'entreprendre cette longue croisière maritime, le comte de Barcelone avait dû aussi tenir bon la barre du vaisseau dynastique, les carlistes recommençant à faire inopportunément parler d'eux comme si les « Bases d'Estoril » négociées en 1946 avec le comte de Rodezno n'avaient été que du vent. La faute en incombait au prince Xavier de Bourbon-Parme – Don Javier – qui s'était laissé passivement proclamer « roi d'Espagne » par quelques exaltés au couvent de Montserrat, haut-lieu du catalanisme, à l'occasion du Congrès eucharistique de Barcelone de 1952.

Neveu, par sa mère, du vieil infant Alfonso Carlos décédé en 1936 à Vienne, ce prince était d'autant moins bien placé pour faire valoir ses prétentions que la loi salique, dont se réclamaient précisément les carlistes, l'écartait du trône et ne pouvait faire de lui, à la rigueur qu'un régent et l'exécuteur testamentaire d'un oncle qui s'était déjà prononcé en faveur d'Alphonse XIII et de sa descendance. Vertement houspillé par Don Juan, Don Javier s'était tenu à peu près tranquille depuis son incartade catalane. Mais en mai 1957, à Montejurra en Navarre, lors du rassemblement annuel des fidèles de la Communion traditionaliste, son fils aîné, Huges, qui se faisait appeler Carlos Hugo et allait épouser bientôt la princesse Irène des Pays-Bas, ne trouva rien de plus logique que de s'autoproclamer à son tour « prince des Asturies » en attendant de réclamer la couronne lorsque son père serait mort.

Tout cela semblait relever de la farce, mais n'en avait pas moins des incidences fâcheuses dans certains milieux fanatiquement traditionalistes et surtout parmi les pêcheurs en eaux troubles du régime franquiste toujours prêts à exploiter les divisions des monarchistes contre Don Juan. Ce dernier n'eut pas trop de mal à reprendre en main la situation. Il y fut aidé, immédiatement après la comédie de Montejurra, par la protestation véhémente qu'adressa au prince Xavier la Communion traditionaliste de Madrid. En décembre, le comte de Barcelone reçut le comte de Rodezno et quarante-trois chefs carlistes qui, une fois de plus, le reconnurent comme leur souverain légitime en vertu même de l'extinction de la lignée de Don Carlos.

Mais les carlistes ne donnaient rien sans rien. Leurs maquignonnages incessants depuis le début de la guerre civile avec Sanjurjo, avec Mola, avec Franco, étaient même devenus proverbiaux. Don Juan dut ainsi, pour sceller définitivement le « pacte dynastique », en dépit de l'opposition persistante de Don Javier et de Fal Conde, souscrire une fois encore aux exigences des anciens tenants de la monarchie antilibérale. Il s'en tirera sans trop de dommages en proclamant son adhésion au concept de « monarchie traditionnelle, catholique, sociale et représentative », formule qu'il reprendra en d'autres occasions – lors d'un pèlerinage traditionaliste à Lourdes, notamment – et qui, si elle ne le mettait pas en contradiction formelle avec ses manifestes résolument démocratiques de 1945 et 1947, ne l'en rapprochait pas moins dangereusement de l'idée de cette monarchie autoritaire issue du Mouvement national, telle que l'envisageait Franco.

En soi, ce nouvel acte d'allégeance de la majorité de la Communion traditionaliste au comte de Barcelone était positif et n'excédait pas en concessions ce qui avait été admis par Don Juan dès 1946. Ce n'était qu'une réédition des « Bases d'Estoril » rendue nécessaire par l'agitation dont se rendaient coupables les partisans des Bourbon-Parme. Mais il faut bien convenir que toute l'attitude du comte de Barcelone témoignait depuis 1951, et plus concrètement encore depuis l'entrevue de *Las Cabezas*, d'un souci évident de ménager le régime franquiste, quitte à en épouser formellement certains principes. Tout se passait comme si la présence à titre officiel de Juan Carlos en Espagne condamnait son père, au nom d'une certaine cohérence, à se rapprocher de plus en plus des thèses collaborationnistes développées par les « franco-monarchistes ».

Une autre crainte dut aussi pousser Don Juan à céder du terrain au franquisme. Son frère aîné Don Jaime, depuis mai 1954, revendiquait ses droits à la succession d'Alphonse XIII en arguant du fait que ses diverses renonciations ne pouvaient avoir d'effet puisque les Cortes n'avaient pu les enregistrer. Le duc de Ségovie et d'Anjou, toujours à court d'argent, était trop déprécié, physiquement et moralement, pour que ses prétentions pussent être prises au sérieux, mais ses deux fils, depuis 1952, avaient obtenu de faire leurs études en Espagne et l'aîné, Alphonse de Bourbon-Dampierre, de deux ans plus âgé que Juan Carlos, pouvait faire un prétendant très présentable selon la règle du jeu résolument ouverte de la loi de succession.

La chance voulait qu'à cette époque le futur duc de Cadix ait été plus soucieux d'obtenir que l'on dotât son père d'un conseil judiciaire plutôt que de faire valoir pour lui-même des droits à la couronne. Il ne s'en agissait pas moins de tout un système de chantage dans lequel le comte de Barcelone se trouvait pris malgré lui et qui bridait de plus en plus sa liberté d'action politique.

Les monarchistes se divisaient alors en plusieurs tendances. Les démocrates résolus d'Estoril avec Gil Robles et Sainz Rodriguez, les « collaborateurs » non moins résolus avec Danvila, le comte de Ruiseñada, Calvo Serer [4], Fernández de la Mora, regroupés autour de la revue *Reino* qui préconisait en fait une sorte de franquisme avec Don Juan, et ceux enfin qui occupaient en quelque sorte une position médiane mais plus proche de la collaboration que de l'idée de rupture démocratique, avec pour tête de file le poète, dramaturge, éditorialiste et académicien, Jose Maria Pemán, grand orateur et habile exégète de ces années baroques.

En 1957 surgira enfin au grand jour une quatrième force, celle de l'Union espagnole qui capte, dans le sillage de Joaquín Satrústegui, un riche armateur, les monarchistes réellement démocrates de l'intérieur. Le grand banquet de deux cents couverts, qui réunira en janvier 1959 les sympathisants de cette nouvelle association, dont le socialiste Enrique Tierno Galván, à l'hôtel *Memfis* de la capitale espagnole, demeurera dans les annales de l'histoire monarchiste telle qu'elle n'aurait jamais dû cesser de s'écrire, comme un moment de lumineuse rédemption, un hommage aussi au travail déjà accompli par les plus anciens conseillers politiques de Don Juan. Les orateurs qui s'étaient manifestés à la réunion du *Memfis* seront tous punis d'une amende considérable.

Sollicité par les milieux « franco-monarchistes » de désavouer les dirigeants de l'Union espagnole, Don Juan s'y refusera catégoriquement. Mais il est vrai que le comte de Barcelone a déjà plusieurs prises de position à se faire pardonner par les monarchistes libéraux. A commencer par une interview publiée par *ABC* le 24 juin 1955, où le comte de Barcelone s'identifiait avec le Mouvement national d'une manière qu'il eût jugée bien imprudente quelques années plus tôt. Bien que Don Juan ait partiellement et en privé démenti la

---

4. Rafael Calvo Serer, fondateur du journal *Madrid* deviendra par la suite un adversaire déterminé de Franco et membre en 1974 de la Junte démocratique.

forme des propos qu'on lui faisait tenir, Gil Robles en avait profité pour présenter sa démission du Conseil privé du roi :

« Les déclarations qu'a faites Votre Majesté, lui écrivit-il alors, signifient l'abandon des principes essentiels de la monarchie historique et héréditaire, ceux-là mêmes que vous avez défendus dans votre manifeste contre la loi de succession.

« Notre consternation est d'autant plus grande », concluait-il, au nom de ses amis engagés depuis plus de dix ans dans une politique d'entente avec la gauche républicaine et socialiste, « que ces déclarations semblent bien marquer un tournant politique; s'il en est ainsi, la loyauté nous oblige à dire à Votre Majesté qu'elle ne peut plus compter sur nous pour suivre une telle voie ».

Don Juan accusera le coup, mais sans en tenir grand compte, sa ligne de conduite étant de rester au-dessus des différentes factions monarchistes en se contentant, comme dans le cas de l'Union espagnole, de n'en désavouer aucune, à partir du moment où elle ne prétendait pas utiliser pour elle seule son crédit et sa pensée. Sa correspondance de l'été 1957 avec Franco – époque où le parti « collaborateur » tente de lui ménager une nouvelle entrevue avec le généralissime – témoigne, en tout cas, d'un souci manifeste de se dégager de tout ce qui a pu apparaître dans son attitude passée comme un rejet fondamental du régime franquiste :

« Je crois que la monarchie, écrit-il au chef de l'État dans un mémorandum du 25 juin 1957, doit voir le jour comme une évolution naturelle et logique du régime lui-même vers d'autres formes institutionnelles de l'État; d'un État fort et autoritaire qui sauvegarde les valeurs nationales et morales pour la défense desquelles s'est érigé le Mouvement national... Comme vous le voyez, je ne crois pas que vous puissiez vous montrer en disconformité fondamentale avec cette conception de l'État qui pourrait succéder au régime actuel. »

A quoi Franco répondait froidement le 4 septembre dans une « note-réponse » :

« Bien que l'intention soit bonne, les concepts exprimés dans ce mémorandum sont, sous bien des aspects, inadmissibles. Le royaume, la monarchie existent déjà dans la nation, bien qu'aucune dynastie ni aucune personne n'ait été encore désignée. Cela se fera conformément à la loi de succession. Il n'y a donc aucun lieu d'imaginer la monarchie comme " une évolution naturelle et logique du régime vers d'autres formes institutionelles de l'État ". En aucun cas il ne saurait être question de songer à " une conception de l'État qui pourrait succéder au régime actuel " [5]. »

Le Caudillo, Dieu merci, retenait le comte de Barcelone sur la pente glissante de la collaboration délibérée. Pemán fera au demeurant la même erreur d'appréciation dix-huit mois plus tard en soumettant à Carrero Blanco un discours qu'il devait prononcer à Estoril et qui se terminait par une véritable invocation à Franco pour qu'il se fît le restaurateur d'une monarchie continuatrice du régime franquiste.

« Tout cela est complètement hors du sujet », lui répondit brutalement l'éminence grise. « Don Juan n'a qu'à accepter la loi de succession telle qu'elle est. Si ce dernier résidait en Espagne, ajoutait l'amiral avec une cruelle ironie, je ne doute pas que de tous les Espagnols, il se montrerait le plus enthousiaste pour le Movimiento et qu'à l'instar de ses compatriotes, il ferait des vœux pour que Dieu concède au Caudillo la vie la plus longue possible en le considérant comme son propre père et en ne manifestant par conséquent aucune hâte à lui succéder!.. »

A ces humiliations s'ajoutaient pour le comte de Barcelone les critiques acerbes de ceux qui avaient été dix ans plus tôt ses compagnons de route. Le socialiste Indalecio Prieto se montrait le plus amer. Après la cérémonie d'adhésion des carlistes en décembre 1957, lui qui n'avait nullement réagi lors de la conclusion des précédentes « Bases d'Estoril » attaquait vertement Don Juan « pour avoir abjuré les principes constitutionnels, unique fondement de son illusoire héritage, au profit d'autres principes absolutistes qui ont précipité vers lui ces " requetes " aussi prompts à venir lui baiser la main qu'ils le seront demain à lui lécher les semelles ».

A la même époque Gregorio Marañon, déçu, écrivait de son côté à Prieto : « Toute l'attitude de Don Juan donne une impression d'indécision, de prudence excessive et pour tout dire de désarroi. Il a sans doute des excuses, ne sachant pas vraiment qui sont ses partisans ni ce qu'ils veulent au juste. Ajoutons qu'il peut y avoir, de sa part aussi, quelque inexpérience et une tendance naturelle aux définitions vagues. »

---

5. Pièces citées par P. Sainz Rodriguez, *Un royaume dans l'ombre.*

Un peu plus tard, en mai 1960, la revue *Ibérica,* éditée à New York sous le patronage de Salvador de Madariaga, se montrera encore plus sévère :

« Don Juan dit un jour aux uns que sa monarchie sera libérale et un autre jour aux autres, plus ou moins explicitement, qu'elle s'inscrira dans le Mouvement du général Franco. Il serait temps que les monarchistes perdent leurs illusions, Don Juan donnera de la bande jusqu'à la mort de Franco. En réalité il a reconnu la loi de succession. Ce qui l'intéresse ce n'est pas l'Espagne, c'est son gouvernement. Le futur roi est ainsi disposé à accepter la continuation du régime actuel; c'est clair comme de l'eau de roche. »

Pauvre Don Juan confronté à une problématique insoluble! Les monarchistes les plus nombreux, ceux qui pèsent en influence et en argent, ne veulent à aucun prix entendre parler de rupture avec le régime qui garantit leur prospérité tout en les étrillant parfois. Couper les ponts avec eux, rejoindre les rangs des exilés purs et durs, se réconcilier avec les socialistes? Mais quel rôle jouerait alors ce père désarmé qui a remis à l'Espagne de Franco son dépôt le plus sacré?

Lui-même va inventer une formule qui est aussi toute une conduite : « Je ne fais pas de politique, je fais de la dynastie. » Autrement dit : est bon, ou du moins est acceptable, tout ce qui ne compromet pas les intérêts de la famille.

Le temps viendra où le fils et le père pourront jouer double jeu, chacun occupant sa place sur l'échiquier des probabilités politiques, Don Juan marquant le flanc gauche et Juan Carlos contrôlant le flanc droit. Mais cette heure-là est encore loin d'être arrivée; elle ne sonnera que le jour où Juan Carlos aura été désigné par le dictateur pour prendre la place légitimement dévolue à son père. Alors Don Juan pourra reprendre sa liberté d'action et de nouveau apparaître comme le porte-étendard des libertés démocratiques. Mais au seuil de ces années soixante, il est à la fois trop tard et trop tôt pour adopter des positions tranchées. Entre les mains du Caudillo, son fils n'est encore qu'un gage sans titre précis, que Franco peut rejeter d'un jour à l'autre au profit de quelque cousin ou d'un simple régent, décision fatale qui écarterait la dynastie. Avec ses risques calculés, le « projet Juan Carlos » a au moins le mérite de garder la place. Mais il lie aussi le comte de Barcelone. Ce dernier est bien neutralisé. Sa seule issue est de coexister dans l'inaction en préservant au mieux sa dignité. Or cette dignité va être mise à rude épreuve en mars 1960 lors de la troisième entrevue qu'il va avoir avec Franco.

Second entretien à Las Cabezas

Juan Carlos ayant obtenu ses brevets d'officier dans les trois armes le 12 décembre 1959 à l'issue d'un dernier stage à l'Académie générale de Saragosse, le temps est venu de songer à ses études universitaires. Leur mise au point va se révéler d'autant plus compliquée que le plan déjà établi par le duc de la Torre et qui prévoyait l'installation du prince à Salamanque, ne fut pas accepté par Don Juan après avis défavorable de son Conseil privé.

Les arguments invoqués par ce conseil – milieu trop étroit, trop provincial, université historiquement prestigieuse mais en déclin – n'étaient pas absolument convaincants. Et pas davantage dans la perspective libérale du comte de Barcelone, le motif que ce dernier avança dans une lettre à Franco, selon lequel le recteur de cette université étant un disciple fervent du grand philosophe et écrivain catholique Miguel de Unamuno (dont certaines œuvres avaient été mises à l'index par le Vatican), « le climat qui régnait à Salamanque risquait de fausser la formation intellectuelle et chrétienne de son fils... »

Le plus probable est que Don Juan et les membres de son Conseil cédèrent à une réaction de type autoritaire contre le propre autoritarisme du duc précepteur qui ne voulait à aucun prix démordre d'un projet dans lequel il disait s'être beaucoup avancé.

Le général Martinez Campos en vint donc à donner brutalement sa démission. Cette décision entraîna une correspondance fournie entre le comte de Barcelone et le généralisme qui, au-delà de l'incident, remua une fois de plus les susceptibilités de l'un et de l'autre et leurs suspicions réciproques. Rien de plus intéressant au demeurant que ces échanges de lettres et de notes courtoises dans la forme, perfides et pleines de sous-entendus dans le fond et qui perpétuent un dialogue de sourds.

La volonté de mainmise du Caudillo sur le prince s'y dévoile plus crûment encore qu'en 1954. La formation de Juan Carlos relève de moins en moins « de la puissance paternelle », de plus en plus de la raison d'État dont il est le seul juge :

« Il ne s'agit pas en effet, souligne Franco, d'études abstraites destinées à l'initier à une carrière quelconque comme n'importe quel Espagnol, mais de le préparer à la haute mission à laquelle il peut être appelé, ce qui suppose que l'enseignement qui lui sera dispensé doit être envisagé d'un point de vue éminemment politique, celui-là même qui caractérise le Mouvement national.

« Or, ajoute-t-il, je ne puis vous cacher qu'à la lumière des relations que nous avons maintenues au cours de ces dernières années, j'ai pu mesurer l'esprit révisionniste qui anime certains groupes qui vous entourent et qui poursuivent encore la chimère d'imaginer possible l'instauration de quelque nouvelle légalité, mettant ainsi entre parenthèses ce qui existe actuellement. »

A quoi Don Juan, qui décidément à cette époque ne se sent pas en condition de disputer une partie de bras de fer avec le chef de l'État, répond sans excessive fierté :

« Je reconnais qu'il existe des monarchistes qui désirent un type de monarchie parlementaire, monarchie que depuis l'époque de la République, tous les monarchistes traditionalistes considèrent incompatible avec les nécessités de l'Espagne. Il est certain aussi qu'il existe des groupes qui accepteraient la monarchie comme un point de départ pour d'ultérieures évolutions. Mais il n'est pas moins vrai qu'il en est d'autres, tout aussi monarchistes, qui se proclament entièrement fidèles à l'esprit du 18 juillet et en pleine compénétration avec le Mouvement national. Pour ce qui me concerne, sans crainte de m'aliéner l'opinion des premiers, j'ai défini clairement quelle était ma position personnelle lorsqu'un important secteur du traditionalisme carliste est venu me demander une déclaration de principes afin de me reconnaître comme unique dépositaire de la légitimité dynastique. Ces principes que j'ai proclamés alors et auxquels j'ai donné un caractère définitif, non seulement ne sont pas incompatibles avec le Mouvement national, mais dans leur expression même s'y incorporent naturellement [6]. »

Le comte de Barcelone dans cette lettre du 19 février 1960 éprouvait également le besoin de revenir sur le passé, rappelant son engagement volontaire en 1936 et les arguments mêmes qu'avait

6. Cité par P. Sainz Rodriguez.

alors développés publiquement le Caudillo pour justifier son refus de l'incorporer dans une unité combattante : « Car si un jour, avait déclaré Franco, un roi devait revenir à la tête de l'État, ce ne pourrait être que comme pacificateur. Par conséquent, il ne serait pas souhaitable qu'il se comptât dans les rangs des vainqueurs. » De même, il éprouvait le besoin de justifier son manifeste de 1947 en le situant dans le contexte du moment, celui « où de très graves périls extérieurs réclamaient l'émergence d'une solution politique légitime pour contrer l'appui international dont bénéficiait la République en exil ».

« Depuis lors, ajoutait-il, je n'ai cessé de manifester mon respect de la réalité politique de l'Espagne en m'abstenant de toute activité politique concrète et en réitérant mon acceptation des principes de la monarchie catholique, traditionnelle, sociale et représentative, celle-là même que proclame également la loi sur les principes du Mouvement national du 17 mai 1958. »

A considérer les choses avec le recul du temps, un tel plaidoyer, peu sincère sans doute, trahissait surtout une volonté de jouer au plus malin avec un adversaire qui, lui, malheureusement, pouvait se permettre de camper sur des positions inébranlables en humiliant impunément son ennemi. Ce n'en était pas moins un inutile faux pas. « J'ai fait des erreurs sans doute », confiera Don Juan à Pedro Sainz Rodriguez, « mais je ne crois pas en avoir fait d'irréparables [7]. » Et il est vrai que l'image du comte de Barcelone restera associée sans altération grave à celle d'un prince réellement démocrate en dépit de ces compromissions tactiques de la fin des années cinquante. Mais c'est sans doute à Franco lui-même que Don Juan devra d'avoir gardé les mains si blanches. L'irréductible hostilité du dictateur à son égard, sa détermination surtout à garder le pouvoir jusqu'à sa mort et donc à dresser contre le comte de Barcelone un barrage infranchissable, priveront ce dernier de bien dangereuses tentations!

La conclusion de sa lettre à Franco était en tout cas de celles que le Caudillo ne pouvait admettre, pas davantage qu'il n'avait jamais admis l'appel que son royal correspondant lui avait adressé

7. *Un royaume dans l'ombre.* Et également conversation avec l'auteur.

dès 1951 sur le thème : « Arrangeons-nous ensemble pour le bien de l'Espagne ».

« Nous ne pouvons davantage exposer ce pays que nous aimons tous deux si passionnément, se risquait encore Don Juan, aux tourmentes d'une succession improvisée et fragile qui conduirait à une nouvelle république ou à celles d'une régence qui entraînerait de graves difficultés dont vous comme moi devons être conscients... Notre accord au sujet de l'éducation du prince devrait nous donner l'occasion de préparer sereinement l'avenir... »

Or de cela, évidemment, il ne pouvait être question. Jamais Franco ne considérerait le comte de Barcelone comme un partenaire. Jamais il n'accepterait de parler sérieusement de ces choses avec lui! L'entrevue du 29 mars 1960 fut ainsi la dernière à laquelle allait se résoudre l'homme du Pardo. Cette fois encore il avait besoin de s'assurer du maintien de la présence de Juan Carlos en Espagne. Il convenait donc de ménager encore un peu son père. Mais il était bien décidé à ne plus prendre trop de gants...

Elle eut lieu, comme en décembre 1954, en Estrémadure, à Las Cabezas. Le comte de Ruisenada était mort peu de temps auparavant et ce furent ses deux fils qui firent les honneurs de la maison. Franco en arrivant donna l'« abrazo » à Don Juan, mais tout dans son attitude, dans son équipage analogue à celui qu'il déplaçait dans ses fastueuses parties de chasse, avait pour but d'en imposer à son interlocuteur. Il se montra aussi plus pressé, plus désinvolte qu'il ne l'avait été cinq ans plus tôt. J.-M. Ramón de San Pedro ne peut, comme alors, se mettre à l'écoute de la conversation. Selon Sainz Rodriguez, le thème des études du prince une fois épuisé, elle se perdit, comme à l'accoutumée, dans le marais des digressions si chères au Caudillo quand il entendait parler pour ne rien dire. Après le déjeuner, Don Juan proposa au général un communiqué que ce dernier lut sans mot dire et mit dans sa poche. Puis Franco donna le signal du départ laissant le comte de Barcelone en compagnie du ministre de l'Éducation nationale, le phalangiste Jesús Rubio, pour que tous deux puissent régler, en quelque sorte, les questions d'intendance.

Le communiqué de Don Juan tel qu'il fut remis à Franco et publié par son secrétariat au Portugal déclarait textuellement :

« Le 29 mars 1960 SE le chef de l'État et SAR le comte de Barcelone se sont rencontrés, et au cours de cette entrevue qui s'est déroulée dans un climat de grande cordialité, les deux interlocuteurs ont pu constater leur accord sur des thèmes importants de la vie nationale.

« Parmi les sujets qui ont été examinés figure celui de la nouvelle et dernière étape des études de SAR le prince Don Juan Carlos et le plan détaillé de ces études, que le prince doit poursuivre dans notre pays en étroit et constant contact avec l'université espagnole.

« Devant les interprétations erronées auxquelles le séjour du prince en Espagne a donné lieu, spécialement à l'étranger, SE le chef de l'État et SAR le comte de Barcelone rappellent publiquement que ce séjour est dû à des raisons autant pédagogiques que de caractère national, car il importe que le prince Don Juan Carlos soit éduqué dans le cadre de sa patrie, ce qui ne préjuge pas de la question successorale ni de la transmission normale des obligations et des responsabilités dynastiques.

« L'entretien a fourni l'occasion de souligner que la cordialité et la bonne entente entre les deux personnalités sont précieuses pour l'avenir de l'Espagne, la consolidation des acquis de la paix et de l'œuvre qui ont déjà été réalisés. »

De retour au Portugal, Don Juan eut la désagréable surprise de constater que le texte officiel publié par le ministère de l'Information espagnol était sensiblement différent du sien. Qu'on y ait introduit le mot « Caudillo d'Espagne » pour désigner Franco, qu'on ait ajouté à la fin du texte ceux de Mouvement national pour préciser à qui se devaient ces fameux « acquis de paix », ou même que l'on ait supprimé la référence aux « deux personnalités » s'avérait seulement désagréable. Beaucoup plus grave, en revanche, était le rajout que l'on avait glissé à la fin du troisième paragraphe.

Le texte espagnol précisait en effet : « sans préjuger de la question successorale ni de la transmission normale des obligations et des responsabilités dynastiques *conformément à la loi de succession.* C'était exactement le contraire de ce que le comte de Barcelone avait voulu signifier; une manière, en outre, de lui faire avaliser une loi qu'il avait explicitement condamnée dans son manifeste de 1947! Car si le comte de Barcelone pouvait faire des concessions sur la forme plus ou moins démocratique du futur régime monarchique, ou admettre à la rigueur l'héritage du Mouvement national, il n'était évidemment pas concevable qu'il en fît expressément sur la transmission légitime des droits dynastiques, fondement même de l'institution dont il était dépositaire.

Cette altération était trop grave pour ne pas être l'œuvre du chef de l'État lui-même. Don Juan protesta auprès de lui dans une lettre du 11 avril, mais sans oser mettre son interlocuteur directement en cause. Franco reconnut dans sa réponse que ces « minuscules modifications » avaient été faites avec son consentement dans un but de clarification qui allait « tellement de soi » qu'il n'avait pas cru bon d'en avertir Estoril. Devant les monarchistes comme Pemán, qui s'étaient émus, eux aussi, de ce « tripatouillage », il en avait bien entendu rejeté la responsabilité sur le zèle de l'administration : « Enfin, Pemán, lui avait-il dit, avez-vous jamais vu plus bête qu'un censeur? »

Un prince à l'université

Conformément aux accords de *Las Cabezas* les études civiles de Juan Carlos furent confiées à une commission mixte composée d'éminents professeurs d'université désignés les uns par le comte de Barcelone, les autres par le chef de l'État. Pour exercer en son nom une des deux présidences de cette commission, Franco avait fait un choix involontairement judicieux en la personne de Torcuato Fernández Miranda, un subtil Asturien titulaire d'une chaire de droit public qui jouera un rôle très important dans une période clé de cette histoire, celle de la transition vers la démocratie, immédiatement après la mort de Franco. L'historien Jesús Pabón, le journaliste et latiniste Antonio Fontán, qui dirigera le journal *Madrid* et présidera le Sénat de la démocratie restaurée, le philosophe Julián Marias, continuateur de l'œuvre d'Ortega y Gasset, le directeur de l'Institut d'études politiques Garcia Valdecasas, tous fervents « donjuanistes », participeront activement à sa formation, si bien que, à de rares exceptions près, cette dernière sera essentiellement marquée par un esprit relativement libéral ou pour le moins résolument réformiste.

Franco avait offert comme résidence à Juan Carlos la *Casita de Arriba,* dépendance du palais de l'Escorial à une heure de route à peine de Madrid. Plusieurs de ses instructeurs militaires, Nicolás de Mondéjar et Emilio Garcia Conde notamment, faisaient partie de ce que l'on appelait maintenant la « Maison du prince » et le général Castañon était chargé spécialement d'assurer le contact entre cette dernière et le Pardo. Tout cela avait été mis en place très vite, avant même l'entrevue formelle de *Las Cabezas,* Franco insistant bien pour que son protégé, ses brevets d'officier une fois obtenus, entame dans la foulée ses études universitaires :

« Il ne conviendrait pas » écrivait-il à son père dès janvier 1969 avec un rien d'insidieuse condescendance « que le prince prolongeât trop ses vacances, perdant ainsi ses habitudes de travail. D'autant plus, si j'en crois ce que l'on m'en a dit, que ce dernier semblerait plus incliné aux travaux pratiques et aux sports qu'aux études proprement dites... »

Ainsi, tout en couvant celui dont il prétendait faire son successeur, le dictateur ne résistait pas à la tentation de l'abaisser un peu. Se survivre tout en demeurant irremplaçable aux yeux de ses contemporains comme de l'Histoire n'est qu'un vice du pouvoir; exacerbé quand ce pouvoir est absolu. Il est possible – et le roi, aujourd'hui, n'en écarte pas du tout l'hypothèse – que Franco ait ressenti, dans les dernières années de sa vie surtout, une certaine tendresse pour ce garçon qui aurait pu être le fils que la Providence lui avait refusé. Mais le fils ne pouvait être l'égal du père politique. Il devait rester très au-dessous de son image, compensant par son seul prestige dynastique l'immense distance qui le séparait du vainqueur de la Croisade, Caudillo par la grâce de Dieu!

La légende stupide qui empoisonnera les années muettes du prince d'Espagne et le fera apparaître au mieux comme un athlète sans cervelle, au pire comme un demi-idiot, alimentant par son seul silence ces « chistes » dont les Espagnols sont si friands, est déjà en germe dans cette flèche sournoise. Franco ne fera sans doute rien pour ridiculiser son héritier, mais il n'interviendra pas davantage pour rehausser sa figure. Tant mieux au demeurant! Par cette neutralité ambiguë, il rendra la tâche plus aisée au futur restaurateur de la démocratie.

Les études que Juan Carlos va poursuivre pendant deux ans, avant d'entreprendre des stages dans divers ministères et entreprises d'État, pas davantage que ses études militaires, ne pouvaient être celles d'un étudiant ordinaire. Elles pouvaient l'être d'autant moins que le monde universitaire espagnol était depuis quelques années soumis à une agitation constante dont il importait de préserver le prince.

Cette agitation n'est, au demeurant, que le signe le plus manifeste de l'ébullition politique qui commence à s'emparer d'une Espagne où l'inquiétude intellectuelle, favorisée par l'ouverture des frontières et un niveau de vie plus satisfaisant, prend le relais des rudes contingences matérielles du début des années cinquante.

Libéralisation? C'est beaucoup dire! Mais on ne gouverne pas un pays qui marche vers une certaine aisance comme un pays affamé. L'interdiction des partis politiques stimule une floraison d'associations, de clubs, d'organisations souterraines. La censure aiguillonne la contestation. Le carcan du régime apparaît de plus en plus archaïque et pesant, suscitant des attitudes de rébellion qui n'atteignent plus seulement certaines hautes sphères militaires et civiles, mais qui descendent maintenant dans la rue.

A l'université de Madrid, la mort du plus célèbre penseur espagnol contemporain, José Ortega y Gasset, donne en octobre 1955, le signal d'une série de manifestations contre la mainmise de la Phalange officielle sur le milieu universitaire. Ortega avait beau s'être enfermé dans sa tour d'ivoire, il n'en restait pas moins le symbole d'une pensée libérale qui s'était mise jadis avec Gregorio Maranon et bien d'autres intellectuels « au service de la République ». En février 1956, le secrétariat du Movimiento et ses antennes universitaires réagiront violemment afin de maintenir leur contrôle sur cette université de Madrid qui leur échappe de plus en plus, doyens et recteurs compris. Il y aura un mort par balle et de nombreux blessés.

Les phalangistes eux-mêmes sont divisés. Dionisio Ridruejo, poète et écrivain de talent, ancien compagnon de route de José Antonio, ancien collaborateur aussi de Ramón Serrano Suñer pendant la guerre civile a rameuté contre l'appareil du Movimiento tout un courant de pensée issu de vieille Phalange et qu'il entraîne vers un idéal de démocratie sociale avancée qui deviendra social-démocrate.

La Démocratie chrétienne s'est également reconstituée autour du professeur Manuel Gimenez Fernández, ancien ministre de la CEDA, le parti de Gil Robles et promoteur sous la République d'une réforme agraire qui avait fait de lui la bête noire des conservateurs.

Les socialistes ont leur association universitaire, l'ASU, et les communistes leur cellule tout aussi clandestine et non moins active avec Jorge Semprún, alias Federico Sánchez, et Enrique Múgiga, qui deviendra plus tard, en compagnie de Felipe González, un des dirigeants du PSOE.

Il suffit de se référer aux notes que transcrivit en octobre 1960 Pedro Sainz Rodriguez [8] pour se faire une idée des difficultés inévitables qui attendaient Juan Carlos dans ce milieu universitaire. Elles ne furent d'ailleurs pas le fait de la gauche, mais essentiellement des étudiants de l'extrême-droite carliste et, plus modérément, des « phalangistes officiels ». Voici ces éphémérides librement résumées :

Le 19 octobre, à 10 h 45, après que son assistance aux cours a été annoncée la veille par le doyen de la faculté de droit, le prince des Asturies accompagné du marquis de Mondejar et suivi par un fort contingent de policiers, pénètre dans le hall d'entrée où l'attendaient une douzaine de partisans de Don Javier qui le prennent à partie aux cris de « Vive le roi Javier »... « Va-t'en à Estoril! ». Les « Jeunesses monarchistes », dont le président est le futur journaliste Luis Maria Ansón, ont reçu des consignes de silence et se contentent d'accompagner le prince qui assiste à un séminaire avec trois auxiliaires et seulement quatre autres élèves. A sa sortie, la nouvelle de sa présence ayant couru les couloirs, quelque six cents étudiants sont venus en curieux. Le fait que Son Altesse Royale soit suivie de policiers en civil cause mauvaise impression et c'est dans un silence absolu que Juan Carlos traverse le vestibule. De nouveau un cri retentissant : « Viva el rey Javier!... A Estoril! »

Le mercredi 26 est de nouveau une journée désastreuse. Bien que les étudiants monarchistes aient demandé que le prince ne soit plus escorté de policiers, ces derniers le suivent encore dans une camionnette qui est aussitôt repérée. Nouvelle manifestation de l'extrême-droite carliste qui cherche la bagarre de manière à contraindre Juan Carlos à ne plus réapparaître.

Les membres de la Jeunesse monarchiste estiment cette fois que la coupe est pleine. Il faut que Juan Carlos puisse assister aux cours comme un étudiant parmi d'autres. Ils s'en prennent aux responsables de son éducation. Certains réclament le retour du duc de la Tore. Luis Maria Ansón prend alors contact avec les respon-

---

8. *Un royaume dans l'ombre.*

sables de l'Association socialiste universitaire et avec le chef de la cellule communiste de l'université, qui affirment leur neutralité dans cette affaire. Ils ne sont ni pour ni contre, et n'entendent pas bouger. A moins bien sûr qu'on ne leur propose une manifestation de dix mille étudiants contre Franco. Ce qui au demeurant n'a rien de si fantaisiste, une enquête réalisée fin 1955 par le professeur José Luis Pinillos révélant qu'à cette époque, pour les raisons les plus diverses, trois étudiants sur quatre manifestaient déjà une attitude hostile au régime.

Ansón contacte également le groupe qu'il estime le plus difficile, celui des Phalanges universitaires. Politiquement ils se disent « purs phalangistes » et sont par conséquent contre la Phalange officielle, celle du Movimiento. Leur chef, Alberto Martinez Lacaci, répond favorablement : son groupe qui compte quelque trois cents jeunes bien organisés, étudiants en droit à cinquante pour cent, n'est certes pas monarchiste et a jadis manifesté contre la présence du prince en Espagne, mais la plupart de ses membres sont indignés par l'attitude de ces carlistes et ils sont disposés à collaborer avec les Jeunesses monarchistes. Unis, partisans de Ridruejo et « donjuanistes » peuvent tenir la dragée haute aux carlistes qui ne sont guère nombreux et aux dociles suiveurs du syndicat étudiant officiel, le SEU.

La date du lundi 31 a été fixée comme celle de la contre-attaque en réponse à la provocation de soixante-dix carlistes qui ont encore manifesté le 29 dans les rues de Madrid, distribuant des tracts injurieux contre Don Juan. Le prince et son aide de camp, le commandant Garcia Conde, paraissent à ce moment totalement abandonnés, ne sachant vraiment que faire. Une délégation de professeurs et d'étudiants monarchistes va voir Juan Carlos à l'Escorial et ce dernier leur conseille calme et prudence. Un dispositif de deux cents jeunes monarchistes permet enfin à Juan Carlos d'assister au jour J au cours magistral, de rester une heure au bar et de ressortir comme il est entré, sans escorte et sans provoquer d'incidents. Pour plus de sécurité une garde de dix étudiants musclés assurera dorénavant et pendant toute l'année le libre accès à la faculté du prince des Asturies.

Ce tableau impressionniste reflète en fin de compte assez bien – encore que très partiellement – le climat du pays en 1960. Il a aussi le mérite de montrer que le sort du futur roi d'Espagne n'était pas en ce temps-là aussi enviable que pourraient le laisser supposer les égards officiels qui lui étaient consentis.

« J'ai connu alors, dira Juan Carlos, des moments franchements pénibles et je me suis trouvé confronté à des attitudes désagréables que j'ai ensuite appris à admettre puis à oublier. En définitive, ce fut une expérience très positive pour moi. Ces chocs, ces blessures d'amour-propre m'apparaissent comme un élément essentiel de mon éducation, beaucoup plus utiles à ma formation que bien des leçons théoriques.

« Je pus fréquenter à l'université des camarades très différents de ceux que j'avais jusque-là rencontrés; des professeurs eux aussi très différents, et c'était un monde de connaissances qui s'ouvrait à moi et qui en s'élargissant m'apparaissait sans fin. Mais je ressentais aussi, dans l'enrichissement de ces contacts humains, la tristesse de ne pouvoir suivre une carrière jusqu'à son terme. Je ne pouvais devenir ni avocat, ni économiste, ni ingénieur, puisque je devais être roi... »

L'homme qui parle ainsi ne pouvait évidemment faire sien l'incroyable discours que tenait Franco devant les premiers désordres universitaires autour de la tombe d'Ortega y Gasset :

« La jeunesse, avertissait-il, ne doit pas se laisser impressionner par ces résidus du libéralisme, ces sépulcres blanchis dont l'éclat peut, certes, séduire un temps mais qui, dès qu'on les approche, dégagent cette odeur fétide de la maçonnerie si caractéristique des époques les plus tristes de notre histoire... »

Et cependant, par un étrange paradoxe, cette dictature obtuse, répressive certes, n'en laissait pas moins se développer un climat de non-conformisme grandissant qui, tôt ou tard, aurait raison de ses fantasmes d'un autre âge. Intellectuellement, le régime ne s'avérera jamais aussi étouffant, par exemple, que celui de Salazar. Sans doute était-il impossible d'imposer au peuple espagnol et à ses élites nombreuses le même traitement que l'austère et dogmatique professeur portugais infligea à sa « bergerie » lusitanienne. Mais il y avait aussi autre chose chez Franco : un pragmatisme inné qui le portait à accompagner dans une certaine mesure le cours naturel des événements et l'évolution des mentalités pour mieux les contrôler. Ce qu'il ne pouvait briser, il finissait, tôt ou tard, par l'intégrer. Cette prudence instinctive le portera benoîtement jusqu'au tombeau, sans que l'on sache jamais s'il crut ou non que son régime lui survivrait.

A sa mort, l'Espagne respirera, mais sans pouvoir se plaindre d'avoir été réellement asphyxiée. Et lorsque des nostalgiques de son régime écriront sur les murs : « Avec Franco on vivait mieux », il se trouvera des intellectuels facétieux, assez reconnaissants du bon et stimulant combat qu'ils avaient dû mener contre lui pour rectifier de la sorte : « Contre Franco on vivait mieux. »

Une princesse grecque

Durant l'été 1961, Juan Carlos va en tout cas trouver un très sérieux dérivatif à l'asphyxie propre qui le menace, en décidant d'exister un peu plus par lui-même, en fondant un foyer.

Depuis la croisière de l'*Agamemnon,* il a eu maintes occasions de retrouver – en 1958 en Allemagne chez le duc de Wurtemberg, à Naples en 1960 au bal donné par les Serra di Cassano pour les Olympiades, en Angleterre, tout récemment, à l'occasion du mariage du duc de Kent – la fille aînée du roi Paul de Grèce et de la reine Frédérika. Ces derniers viennent de l'inviter à passer quelques jours avec ses parents dans leur résidence de Corfou. Les revues spécialisées du monde entier commencent à parler d'une éventuelle union entre ce prince au destin incertain et cette princesse orthodoxe que l'on a déjà fiancée sans aucun fondement au fils de Marina de Kent, précisément, ou au prince héritier Harald de Norvège.

Juan Carlos a maintenant vingt-trois ans et Sophie vingt-deux. Le descendant direct d'Henri IV et de Louis XIV peut certes épouser sans déchoir cette héritière de famille régnante qui compte parmi ses ancêtres paternels et maternels deux empereurs Hohenzollern, Frédéric III et Guillaume II, grand-père de Frédérika. Sophie mêle aussi au sang prussien du Kaiser celui de la reine Victoria d'Angleterre, si bien que les deux jeunes gens sont cousins éloignés, comme ils le sont l'un et l'autre de la reine Élisabeth II. Le roi Paul de Grèce appartient lui-même à la dynastie de Schleswig-Holstein qui règne sur le Danemark depuis le XVe siècle... et sur la Grèce depuis 1864.

Rien de moins paisible que l'histoire de cette famille. Qu'on en juge. Georges Ier, élu par l'Assemblée nationale, souverain d'une

Grèce indépendante depuis 1830 et qui a déjà fait l'expérience d'un roi bavarois, est assassiné à Salonique en 1913. Son fils Constantin Ier, qui tentait de préserver la neutralité de son pays et passait pour germanophile, est détrôné par les Alliés pendant la Première Guerre mondiale et exilé avec son fils aîné Georges. Son second fils Alexandre 1er est alors proclamé roi par le gouvernement Venizelos, mais il meurt en 1920, à vingt-sept ans, des suites d'une morsure de singe. Par référendum, le peuple grec exige alors le retour du roi légitime Constantin Ier qui s'installe de nouveau à Athènes avec son épouse prussienne et le prince Georges. Les revers de l'armée grecque devant les Turcs de Mustapha Kemal en Asie Mineure aboutissent à l'abdication de Constantin en faveur de Georges II. Quelques mois plus tard, en 1924, la République est proclamée.

Elle dure jusqu'en 1935, date à laquelle un nouveau référendum rétablit la monarchie à une majorité écrasante en faveur du même Georges II qui abandonne d'ailleurs l'année suivante le pouvoir entre les mains du dictateur Metaxas.

Après avoir résisté victorieusement à l'offensive italienne de 1940, la Grèce succombe à l'offensive allemande du printemps 1941. Le roi Georges, ainsi que son frère Paul et sa famille, doivent se replier successivement en Crète, au Caire, en Afrique du Sud puis enfin à Alexandrie.

En 1944, les Anglais libèrent la Grèce de l'occupation nazie, la guerre civile éclate, mais un troisième référendum rétablit la monarchie par 1 200 000 votes favorables contre 500 000. Georges II ne reviendra dans son pays que pour y mourir, le 1er avril 1947 et faute de descendants, c'est son frère qui lui succède.

Paul Ier et Frédérika ont alors trois enfants. Sophie, l'aînée, a eu le temps de naître en Grèce avant la guerre, Constantin n'avait que quelques mois lors de la fuite en Égypte, et Irène a vu le jour en Afrique australe. Ce sont, eux aussi, des enfants de l'exil.

La vie de la famille royale a été assez dure pendant son exode pour qu'elle s'en souvînt une fois les épreuves passées. L'état déplorable du pays après quatre ans d'occupation allemande et autant de combats fratricides, l'incitera à mener une existence simple dans la résidence champêtre de Tatoï, et à donner très vite aux deux princesses le sens de leurs obligations sociales.

« Sophie et Irène en grandissant prirent en charge une grande partie de mes obligations », écrit Frédérika dans ses mémoires. Elles parcoururent le pays de part en part, visitant les villages les plus isolés avec une parfaite conscience de leur devoir. Il ne s'agissait nullement de tâches protocolaires, mais d'un service civique qu'elles rendaient de tout leur cœur. Nos enfants apprirent ainsi depuis leur plus jeune âge à surmonter leurs faiblesses, ce qui ne s'obtient qu'à force de sacrifices. »

Après ses études secondaires qu'elle fit en Allemagne à Salem où le frère de la reine, le prince Georges de Hanovre, dirigeait le collège mixte Kurt Hahn, Sophie s'inscrivit à Athènes dans une école d'infirmière et se spécialisa peu à peu dans la rééducation des enfants anormaux. En même temps elle commençait à se passionner pour l'archéologie, et publiait en 1959 deux petits ouvrages sur ses recherches scientifiques. L'autre passion de sa vie, héritée de ses parents, est la musique classique. Aujourd'hui encore, il est rare qu'elle manque à Madrid un concert intéressant.

Encore qu'elle ait pâti de quelque injustice, la reine Frédérika n'a pas laissé à tous un excellent souvenir durant son règne, surtout après la mort du roi Paul en 1964. On lui reprocha d'exercer par autoritarisme et légèreté, une influence néfaste sur son fils et d'être par ses intrigues, responsable en grande partie de la chute de Constantin II en 1967. Le « Madame, retournez à vos cuisines! » que l'on attribue à l'ex-président Caramanlis – et que ce dernier ne dément pas vraiment – aura suffi à asseoir l'image d'une reine qui se mêlait trop souvent de ce qui ne la regardait pas. On se rapprochera peut-être mieux de la vérité en disant que son caractère entier et passionné la portait à des imprudences bien intentionnées. Ses longs séjours dans un « ashram » de l'Inde à la fin de son existence témoignent d'une exigence spirituelle et d'un goût de la contemplation qui n'étaient en définitive que l'autre versant d'une impérieuse ardeur de vivre.

Sophie, qui physiquement tient beaucoup de sa mère, avait hérité d'elle la vivacité d'esprit et l'énergie, mais le tout dans un tempérament plus mesuré – celui de son père – et surtout remarquablement discipliné et ordonné. Ces qualités, au demeurant, apparaîtront surtout lorsque ses devoirs de princesse et de reine d'Espagne la mettront réellement à l'épreuve. On s'apercevra alors du grand talent qu'elle manifeste à être toujours parfaitement à sa place, quitte à compenser par une certaine réserve, due aussi à un fond de timidité, la spontanéité bourbonienne et le caractère devenu très extraverti de son mari.

Jamais, en tout cas, on ne pourra dire d'elle qu'elle a exercé dans telle ou telle circonstance une influence politique déterminante sur le roi. Et pourtant personne ne doute que sa présence à ses côtés, ses conseils même lui aient été, dans les moments difficiles, extrêmement précieux. L'histoire si hasardeuse de sa famille, et plus encore la triste expérience de Constantin en 1967, avant sa déchéance définitive en 1973, ne pouvaient constituer pour elle de meilleure leçon. Leçon de prudence dont Juan Carlos fut le premier à profiter.

Lui et elle venaient des mêmes horizons précaires. Ils se montretont soucieux avant tout de consolider un bonheur familial et une fortune politique dont ils connaissent tout le prix. Comme Don Juan, ils feront eux aussi et avant tout « de la dynastie »... Mais il faudra auparavant – car l'un ne sera pas possible sans l'autre – que Juan Carlos se fasse résolument, au moment opportun, le protagoniste d'un grand changement historique.

Noces athéniennes

Les fiançailles furent annoncées le 13 septembre 1961 à Lausanne où se trouvèrent réunis, à l'occasion d'une foire consacrée cette année-là à la Grèce, les souverains hellènes ainsi que le comte et la comtesse de Barcelone. Le premier étranger à la famille à être averti de la nouvelle fut le général Franco, que Don Juan put atteindre par téléphone à bord de l'*Azor* dans les eaux de Galice. On ne lui avait pas demandé son avis, bien qu'après tout ce projet fût au moins autant une « affaire d'État » que l'orientation des études universitaires du prince. Il eut le « fair play » de remercier Don Juan de son attention et de le féliciter.

Le mariage fut fixé au 14 mai 1962 à Athènes après que Don Juan, Juan Carlos et l'ambassadeur d'Espagne auprès du Saint-Siège aient été reçus par Jean XXIII au Vatican pour aplanir les difficultés qui pouvaient naître d'une union entre un catholique et une orthodoxe. Ce fut facile : l'œcuménisme était de mode. Sophie était elle-même résolue à épouser la confession de son mari et qui sait? – de son futur peuple. Après cet univers de marchandage diplomatique qui n'avait cessé de peser sur la jeunesse de Juan

Carlos, enfin le sentiment de pouvoir disposer à son gré de lui-même! Enfin un champ libre d'entraves!...

Ces noces n'en furent pas moins, à leur manière, un événement politique. Et les plus zélés partisans de Don Juan, qui étaient en même temps les plus hostiles au régime franquiste, mirent tout en œuvre pour qu'il en fût ainsi.

Plusieurs jours avant le 14 mai, Athènes fut littéralement envahie par une vague de milliers de touristes espagnols. Outre les avions charters qui déchargeaient leur cargaison de visiteurs, deux paquebots de croisière, le *Ville de Madrid* et le *Cabo San-Roque* firent office de palaces flottants pour suppléer la capacité hôtelière de la capitale grecque. Franco, bon prince, envoya au Phalère le croiseur *Canarias* portant l'enseigne de l'amiral Abarzuza, ministre de la Marine, chargé de le représenter en qualité d'ambassadeur extraordinaire.

Le marquis Juan Ignacio Luca de Tena, président du groupe éditorial de l'*ABC*, procureur aux Cortes et membre du Conseil privé du comte de Barcelone, avait lui-même sollicité et obtenu le poste d'ambassadeur d'Espagne en Grèce pour mieux rehausser les nouvelles relations que les deux pays se devaient d'établir. Il ne se méfiait sans doute pas des chausse-trapes que les purs « donjuanistes » avaient tendues aux « franco-monarchistes » pour capter au bénéfice de leur cause le retentissement de cet événement politico-mondain.

Pedro Sainz Rodriguez raconte plaisamment comment le journaliste Victor Salmador, alors directeur de *El Dia* à Londres et plus tard chargé de l'édition internationale d'*ABC*, réussit la prouesse d'éditer et de distribuer chaque jour, avec la complicité d'Aristote Onassis et pendant toute la durée des cérémonies, un épais quotidien en castillan baptisé *Journal espagnol d'Athènes*, dont les « flans » avaient été préparés à l'avance, pour l'essentiel, en Argentine. Un grand nombre d'articles, d'éditoriaux, déjà censurés en Espagne ou qui n'auraient eu aucune chance d'y paraître, furent ainsi portés à la connaissance des Espagnols qui avaient fait le voyage, en même temps que la relation au jour le jour des péripéties du mariage princier.

Évidemment, le gouvernement espagnol demanda sa cessation immédiate, tandis que Luca de Tena, partagé entre sa double appartenance au Conseil privé du comte de Barcelone et à l'« establishment » franquiste, s'arrachait les cheveux. Caramanlis, qui était alors premier ministre, sut résister dignement aux revendications madrilènes. Salmador, grand orchestrateur de la campagne, eut tout de même pitié des affres par lesquelles passait l'ambassadeur en renonçant à faire placarder face à la cathédrale catholique un immense portrait du « roi » avec la légende : « Les Espagnols saluent le roi Don Juan à l'occasion du mariage de son fils le prince Juan Carlos. » En fin de compte, les visiteurs ibériques purent s'amuser une bonne semaine. Ils eurent l'impression de passer des vacances d'insolite liberté en participant à la fronde contre ce régime qui leur donnait – au moins à eux, qui n'étaient pas les plus mal nantis –, plus de sujets de moquerie que de souffrance.

La seule pénitence imposée aux nouveaux époux fut de devoir présider à deux longues cérémonies religieuses au lieu d'une seule. La première selon le rite catholique et la seconde selon le rituel orthodoxe. Les trajets du Palais royal aux basiliques se firent en carrosse, le prince héritier Constantin, en uniforme de hussard, chevauchant à la portière de sa sœur, habillée comme il se devait par Jean Dessès, couturier grec de Paris. Toutes les familles régnantes d'Europe étaient représentées, et même celles qui ne régnaient plus. Au milieu de toutes ces tenues d'apparat, le drap kaki de Juan Carlos jetait une note à la fois sobre et émouvante. Le sous-lieutenant qui se mariait n'était encore qu'une bien fragile promesse.

A la sortie de Saint Denys, l'église latine, les cent vingt officiers de marine du *Canarias* rendirent les honneurs avec drapeau et musique. La présence de la reine Victoria Eugenia autorisait qu'elle jouât la *Marcha real*. C'est aussi en marin que Don Juan était venu, amarrant le *Saltillo* tout près du croiseur. Il repartit en solitaire sur son voilier, après avoir humé tous les encens d'une royauté métaphorique qui, en dépit des apparences, peu à peu lui échappait. Sur la route du retour, il profita de l'autorisation – exceptionnelle – qui lui était donnée de faire relâche à Carthagène et sur la côte d'Almeria. L'actualité politique l'y rejoignit.

Le Congrès de Munich

Entre le 5 et le 8 juin s'était tenu à Munich un congrès du Mouvement Européen présidé par Maurice Faure où, pour la première fois, cent dix-huit personnalités espagnoles s'étaient réunies pour débattre en commun du destin de l'Espagne face au concert des nations libres de l'Europe. Le débat qu'elles espéraient vainement tenir secret avait été préparé de longue date par Salvador de Madariaga qui, en qualité de président de l'Internationale libérale et de dirigeant espagnol du Mouvement européen, l'avait organisé de concert avec le président de l'Internationale socialiste.

Le célèbre écrivain avait reçu en Espagne l'appui de l'Association espagnole de coopération européenne que patronnait Gil Robles. Il s'agissait de démontrer qu'il y avait une réponse sensée au slogan du régime « Franco ou le communisme » et que la solution au faux dilemme passait notamment par la Communauté européenne. Quatre-vingts Espagnols de l'intérieur, parmi lesquels Joaquin Satrústegui, Gil Robles, Dionisio Ridruejo, pour ne citer que les plus connus, avaient ainsi rejoint dans la capitale bavaroise leurs compatriotes appartenant aux secteurs les plus modérés de l'exil : Salvador de Madariaga lui-même, Rodolfo Llopis pour le PSOE, Javier de Landaburu pour le parti nationaliste basque, etc.

Le document final, fruit du travail de commissions mixtes, préconisait, comme il se doit, le rétablissement en Espagne d'institutions authentiquement représentatives et démocratiques, la reconnaissance de la personnalité des diverses communautés nationales, le libre exercice des droits politiques et syndicaux. Il exprimait aussi son espoir qu'une telle évolution « exempte de toute violence active ou passive avant, pendant ou après ce processus permît l'incorporation à l'Europe de l'Espagne qui en est une composante essentielle ».

Il faudra attendre 1985 pour que ce vœu se réalise pleinement, et c'est bien une raison supplémentaire pour saluer aujourd'hui comme il convient la lucidité et le courage de ces Espagnols de 1962 qui unissaient dans un même rêve de réconciliation et de progrès l'Europe et la démocratie.

A l'époque, devant tant d'audace, le régime parut réellement affolé. Des grèves d'une ampleur sans précédent sous le joug franquiste s'étaient déroulées au printemps et se poursuivaient dans les mines d'Asturies et au Pays basque. Le gouvernement, c'est-à-dire Franco, décida de suspendre certaines libertés reconnues par la loi et ne retint du Congrès de Munich que la collusion abominable entre anciens « vainqueurs » et anciens « vaincus » de la guerre civile. La presse phalangiste réclama la potence – ou peu s'en faut – pour les protagonistes de cette « conjuration contre la patrie ». Les « franco-monarchistes » du parti collaborateur, comme Gonzalo Fernández de la Mora, s'en prirent agressivement à Satrústegui et à ses amis de l'Union espagnole sur le thème : « Aucun pacte admissible avec les vaincus de la guerre civile. »

En attendant que les sanctions se missent à pleuvoir sur les participants au congrès (ils durent choisir entre l'exil et plusieurs mois de confinement dans l'île la plus lointaine des Canaries), José Maria Pemán, qui présidait depuis un an le Conseil privé du comte de Barcelone, alla aussitôt, en compagnie d'Alfonso Garcia Valdecasas, avertir Don Juan de la gravité des événements. Ils purent le joindre sur son yacht aux environs d'Algésiras et le persuadèrent de prendre aussitôt ses distances à l'égard de ce qui s'était passé et qui faisait décidément beaucoup trop de bruit.

Il en résulta un communiqué officiel du secrétariat politique du comte de Barcelone déclarant que ce dernier ne savait rien des réunions de Munich « où il n'était nullement représenté », et que « si parmi les assistants il se trouvait quelque membre de son Conseil privé, il s'en était par là même exclu ». José-Maria Gil Robles, qui était le seul visé, prit d'autant plus mal ce détestable désaveu qu'il avait eu bien soin avant de se rendre à Munich de renoncer à sa charge, afin précisément de ne pas compromettre le roi. Ce dernier, rentré à Estoril, fit de son mieux pour panser les plaies et réparer ce que ce communiqué avait eu d'excessif et de maladroit dans sa formulation.

Cette histoire prouvait au moins que le parti collaborateur maintenait toute son influence sur Don Juan. Pour être juste, note cependant Sainz Rodriguez, il semble que l'attitude d'une grande partie de la hiérarchie militaire contribua beaucoup à inquiéter les deux conseillers du comte de Barcelone et pesa sur la propre réaction de ce dernier. Gil Robles fit d'ailleurs la même référence aux militaires dans la lettre sévère qu'il écrivit à Don Juan : « Ainsi un quart de siècle après la fin de la guerre civile, VM a renoncé à toute politique autre que celle qui consiste à se jeter dans les bras de l'armée! Je dévorerai désormais ma tristesse en silence... »

L'affaire de Munich parut ainsi, dans un premier temps, porter un coup fatal à la cohésion déjà bien artificielle de l'opposition monarchiste. En fait, les réactions haineuses de la presse du « Movimiento » furent si exagérées, elles mêlèrent si bien dans une même opprobre le mariage de Juan Carlos et le Congrès du Mouvement européen, allant jusqu'à présenter « la farce de Munich comme la fille naturelle du scandale d'Athènes », que même les « franco-monarchistes » commencèrent à s'émouvoir. Ceux d'entre eux qui espéraient malgré tout une transformation du régime se rendirent compte que Franco ne jetterait aucun lest. Comme le déclarait un communiqué commun du parti socialiste et de UGT, « le régime franquiste avait vraiment jeté le masque ».

Dans son ensemble l'opposition démocratique ressortit de Munich plutôt renforcée. Le miracle fugitif de 1948 – cette fraternisation entre les « deux Espagnes » de 1936 – s'était reproduit et, cette fois, sous les yeux bien ouverts de l'Europe, loin de la « guerre froide », il n'était pas passé inaperçu.

Enfin, à l'intérieur même du système franquiste, un certain nombre de personnalités très conformistes dans leur attitude, mais qui ne se rattachaient ni à la Phalange ni à l'hétéroclite rassemblement donjuaniste, des gens qui misaient sur une évolution lente du régime, commençaient à préparer activement la montée en puissance d'une droite qu'ils voulaient moderne et « civilisée » [9] en utilisant habilement les ressorts que la dictature voulait bien leur abandonner. L'année charnière de Munich fut aussi celle de leur prise de conscience. A partir de là il convenait d'agir.

Par une heureuse coïncidence, c'était aussi l'année où Juan Carlos, marié et bientôt père de famille, entrait définitivement dans l'âge d'homme.

De cette conjoncture naquit, sous le patronage d'adeptes de l'Opus Dei, « l'opération prince d'Espagne », destinée à assurer la succession.

---

9. L'expression de « droite civilisée » fut, en Espagne, pour la première fois employée par J. M. de Areilza, qui mit effectivement tout son talent au service de cette conviction et de cet espoir.

DEUXIÈME PARTIE

LE PRINCE D'ESPAGNE

« Il n'est pas toujours si facile de jouer les idiots!... »

Don Juan Carlos, à l'auteur

CHAPITRE V

LA SUCCESSION

L'ombre d'un doute planait encore dans l'esprit de Franco lorsque, à la mi-temps de leur voyage de noces, Juan Carlos et Sophie, arrivant de Corfou puis de Rome où ils étaient allés se faire bénir par le pape, vinrent lui rendre visite au palais du Pardo. Les jeunes époux n'avaient pas encore fait choix de leur résidence. Le prince ne risquait-il pas maintenant de lui échapper?

Sans trop y croire sans doute, mais obéissant à une logique affective et politique qui lui faisait à la fois désirer la présence de son fils à ses côtés et trouver de plus en plus injuste et anormal d'être lui-même condamné à vivre à l'étranger tandis que celui qui n'était que son héritier jouissait en Espagne des privilèges dus à son rang dynastique, le comte de Barcelone s'était employé à leur trouver une villa proche de la sienne à Estoril. Franco, de son côté, avait devancé ce projet en faisant restaurer en toute hâte, après l'annonce des fiançailles (au point que Juan Carlos avait pu y camper dès novembre 1961), l'ancien rendez-vous de chasse royal de la Zarzuela ruiné par la guerre civile. Ce fut son cadeau de noces aux nouveaux mariés, lesquels, de toute manière, ne pouvaient envisager de gaieté de cœur de s'exiler volontairement au Portugal alors que leur avenir était manifestement à Madrid.

Sophie, qui parlait alors à peine l'espagnol, était d'autant plus pressée de se familiariser avec son nouveau pays, de s'y faire connaître et apprécier. La Zarzuela, résidence aimable et sans façons, toute proche de la capitale et pourtant si bien protégée des rumeurs de la ville au milieu de son immense parc où biches et faons s'ébattent en liberté parmi les boqueteaux de chênes verts, lui plut tout de suite. Cet ample et blond paysage frangé par les horizons bleutés de la sierra de Guadarrama évoquait irrésistiblement les fêtes champêtres des cartons de Goya. Elle eut le sentiment de se retrouver dans le cadre bucolique de Tatoï où elle avait passé une jeunesse heureuse loin de tout protocole.

Le 20 décembre 1963, naquit le premier enfant du couple. C'était une fille, qu'ils appelèrent Elena. Son baptême, une semaine plus tard, fournit à Don Juan l'occasion inespérée de pouvoir se rendre à Madrid, qu'il avait quitté pour n'y plus revenir en 1930 lorsqu'il était entré à l'Académie navale de San Fernando de Cadix. « Oh! n'exilons personne! Oh! l'exil est impie! », s'écriait Victor Hugo qui avait passé dix-huit années de proscription volontaire. Don Juan devra attendre quarante-cinq ans avant de pouvoir réaliser ce rêve si naturel qu'il passe inaperçu aux yeux du plus modeste citoyen : respirer librement l'air de son pays, le parcourir comme bon lui semble.

Outre les aller-retour Lisbonne-Cáceres pour rencontrer Franco à *Las Cabezas,* il n'avait posé le pied que deux fois sur la terre espagnole : la première en naviguant vers l'Angleterre, à Corcubión, un petit port de Galice, où le mauvais temps l'avait contraint de se réfugier et où il avait reçu un accueil mémorable de la population; la seconde, tout récemment, sur les côtes de Murcie et d'Andalousie en revenant d'Athènes. Mais là, Madrid enfin retrouvé... c'était tout autre chose!

« Aucune émotion comparable, confessera-t-il, à celle que j'ai ressentie au cœur même de ma patrie. Ma pensée s'est immédiatement portée vers le souvenir de mon père, vers ma mère aussi que la maladie retenait à Lausanne. J'ai revécu aussi les joies et les chagrins de mon enfance, et en tenant dans mes bras l'aînée de mes petits-enfants, j'ai remercié Dieu de m'avoir conservé et d'avoir conservé à ma famille, au milieu de tant d'années de douloureuse absence, la force de ne jamais oublier la responsabilité historique qui nous incombe dans un commun devoir d'union, de continuité et d'offrande de nos vies à Dieu et à l'Espagne. »

Premières ombres, premières pressions

Cette référence à l'union nécessaire de la famille n'était pas superflue. Dans une de ses conversations à bâtons rompus avec Sainz Rodriguez, le comte de Barcelone avoue en effet que certains problèmes avaient commencé à surgir entre son fils et lui, après son mariage et à propos de son style de vie.

« Il y eut à ce sujet, dit-il, des divergences fondamentales entre Franco et moi. J'étais partisan pour Juanito d'une vie plus austère et à notre charge financière tant que notre famille n'était pas en condition de servir l'État. Il est naturel que ce dernier rétribue la famille royale quand elle est en exercice; pas pour entretenir une figurine... Quant à la question que tu poses au sujet d'une relation différente entre père et fils, nous ne l'avons jamais posée dans ces termes de " nouvelle situation ". Car dans ce cas il n'y aurait eu de choix qu'entre l'acceptation et la rupture. »

Enjambant quelques années, le comte de Barcelone en vient là évidemment à la crise inévitable de l'année 1969, celle où Juan Carlos acceptera de devenir le successeur désigné de Franco, décision que son père – aussi disposé qu'il fût à un sacrifice personnel – ne pouvait formellement « accepter ». Mais on voit bien, à la façon dont le comte lie spontanément ce problème majeur à celui, somme toute mineur, de la résidence et du train de vie de son fils, que les rapports entre ces deux êtres si tendrement unis étaient entrés, dès les lendemains d'Athènes, dans une phase plus difficile et qui s'avérera même réellement douloureuse.

Sophie n'y était certes pour rien, mais le mariage avait changé le statut du prince bien davantage que toutes les décisions qui avaient pu être prises à son endroit entre Franco et son père. Célibataire, Juan Carlos n'était encore qu'un hôte de passage ou peu s'en faut; chef de famille installé dans le mobilier national, enracinant volontairement, en homme majeur, son foyer en Espagne, il devenait partie intégrante du pays.

De la même manière ce n'étaient plus de simples études que le fils de Don Juan poursuivait en Espagne, mais des stages qui le mettaient directement en contact avec les différents rouages de l'État et le plaçaient en état de connivence avec une administration dont il connaîtra bientôt tous les ressorts et même les secrets. Quant à la princesse, qui dès 1963 parle presque parfaitement le castillan, elle met une ardeur de catéchumène à s'intégrer parfaitement au milieu ambiant. Sa passion pour l'archéologie et l'art en général ne lui fait pas dédaigner les sciences sociales. Elle s'inscrit très vite comme étudiante à l'université autonome de Madrid et, même devenue reine, elle mettra encore son point d'honneur à achever les cours qu'elle avait peu auparavant commencés.

Le comte de Barcelone ne pouvait que se rendre à la raison. Tout cela était dans la logique de l'engrenage, quelque secrète et inavouable amertume qu'il pût en ressentir. Son fils, comme l'avait dit Franco, ne lui appartenait plus.

Un des premiers à le lui faire sentir, de manière à peine détournée, fut le futur grand maître de l'économie espagnole, Laureano López Rodó, lors d'un entretien qu'il eut avec Don Juan à Estoril le 11 septembre 1961. Ce n'était pas la première fois que cet intelligent et ambitieux professeur de droit administratif, intime collaborateur de Carrero Blanco depuis maintenant sept ans, rencontrait le comte de Barcelone [1]. Dès 1957, nommé chef du secrétariat général technique de la présidence du gouvernement, il s'était promis, nous dit-il dans son important ouvrage *La Longue Marche vers la monarchie,* « de contribuer à la construction d'un État social de droit et de lutter pour le rétablissement de la monarchie ». A l'automne de cette même année 1957, il avait lié connaissance avec l'exilé d'Estoril et avait tout mis en œuvre pour le convaincre que la seule façon de parvenir à un tel but était « que le chef de la dynastie proclame son adhésion aux idéaux du 18 juillet et sa volonté de poursuivre l'œuvre du régime ». Le professeur catalan de trente-sept ans avait dû se montrer assez persuasif puisque le comte de Barcelone, comme on l'a vu, multiplia en effet à cette époque, dans ses lettres à Franco comme dans ses déclarations, les signes d'une bienveillance inhabituelle envers le Mouvement national.

Le 11 septembre 1961, date de son second entretien, se trouvait être l'avant-veille du jour où, de Lausanne, Don Juan allait annoncer les fiançailles de son fils. L'ambassadeur d'Espagne à Lisbonne qui avait succédé à Nicolás Franco, Ibañez Martin, avait déjà, d'assez longue date, averti le Caudillo de ce projet de mariage. Il savait

1. Lopez Rodó était né en 1920 à Barcelone.

même où la bague de la fiancée avait été achetée et ce qu'elle avait coûté... Mais, reçu le matin même par le comte de Barcelone, l'ambassadeur n'avait obtenu de ce dernier qu'un démenti formel. Lopez Rodó assistait à Lisbonne à un Congrès de juristes et Don Juan avait manifesté le désir de le revoir en qualité de professeur de Juan Carlos. Il n'obtint pas davantage de confidences sur le prochain mariage de son élève, mais la conversation aidant, il en vint à faire au comte de Barcelone cette suggestion hardie :

« Admettons, lui dit-il, que cet heureux événement se produise maintenant ou plus tard. Voilà qui offre une bonne occasion de prendre l'initiative et d'obliger Franco à se définir sur la dynastie! La loi de succession stipule que les mariages royaux doivent être approuvés par les Cortes après que le Conseil du Royaume en a été informé. Donc, ne serait-il pas de bonne politique que le chef de la Maison royale écrive au généralissime pour lui demander si la loi est bien applicable à ce cas? Si le chef de l'État répond par l'affirmative c'est qu'il considère que Juan Carlos est bien l'héritier de la Couronne [2]... »

Don Juan, évidemment, ne pouvait entrer dans cette manœuvre qui revenait, ni plus ni moins, à lui faire admettre la légitimité de la loi de succession, comme Franco lui-même s'y était essayé dix-huit mois plus tôt après la seconde entrevue de *Las Cabezas.*

L'anecdote montre au moins quel était très clairement le but poursuivi par le groupe de pression dont l'influence était désormais dominante en Espagne. De même que Franco avait son « éminence grise » en la personne de l'amiral Carrero Blanco, de même Carrero Blanco avait son « père Joseph » en la personne de Lopez Rodó. Et ce dernier n'était, parmi tout un groupe assez bien structuré, que le personnage le plus influent, le mieux placé pour promouvoir la politique de ce groupe.

L'Opus Dei

Il serait tentant de qualifier un tel groupe de pression du nom de l'organisation religieuse à laquelle ses membres se trouvaient en majorité appartenir – l'Opus Dei puisqu'il faut la nommer – mais

2. *La Longue Marche vers la monarchie.*

ce serait tomber là dans un amalgame simplificateur contre lequel cet Institut séculier s'est toujours insurgé et qui, au demeurant, s'avère quelque peu abusif.

Si, en effet, Lopez Rodó et ses amis, anciens ou futurs ministres appartenant à l'Opus, peuvent être identifiés pleinement à une politique dont les deux pôles sont la modernisation économique du pays dans le cadre du franquisme et la promotion de Juan Carlos du vivant du dictateur, d'autres membres non moins influents de l'Œuvre, comme Rafael Calvo Serrer et Antonio Fontán, poursuivront à la tête du journal *Madrid* une politique d'opposition libérale au régime et militeront plus tard résolument pour une « rupture démocratique » avec ce dernier. D'autres affiliés de l'Opus, les plus nombreux sans doute, ne se mêleront, par ailleurs, aucunement de politique active, s'ingéniant, dans le meilleur des cas, à témoigner au sein de leur vie privée et professionnelle d'une foi militante mise en préceptes par Mgr Escrivá de Balaguer et, dans le pire, à utiliser la solidarité relative qui règne du haut en bas de la hiérarchie de l'Opus comme un tremplin pour leur réussite personnelle et celle de leurs affaires, fussent-elles parfois des escroqueries comme en 1969 le révélera le « scandale Matesa ».

C'est en 1947 avec l'installation définitive à Rome du père fondateur, auteur du fameux *Camino* [3] et l'approbation par Pie XII de la constitution « Provida Mater Ecclesia » créant les instituts séculiers, que l'Opus, le premier d'entre eux, avait vraiment fait sa percée internationale. Mais en Espagne, selon Antonio Fontán, ses adeptes représentaient déjà une part importante – sans doute 20 % – des catholiques actifs dans les universités. Un des objectifs primordiaux de Mgr Escrivá n'était-il pas « de diffuser dans toutes les classes de la société civile, et spécialement dans les milieux intellectuels, l'aspiration à la perfection évangélique au cœur même de ce monde » ?

Cette conquête avouée, bien que non exclusive, des couches influentes de la société et qui tendait à prendre la relève des jésuites dans la direction spirituelle des élites, trouvait fatalement un terrain propice dans le conservatisme encore vivace du catholicisme espa-

3. *Le chemin.* Mgr Escrivá mourut à Rome en 1975 à soixante-treize ans. L'Opus Dei avait été fondée en 1928. Elle fut érigée en prélature en 1982 et comptait en 1984 quelque 80 000 membres dans le monde.

gnol. Mais en même temps l'Opus Dei satisfaisait par sa casuistique une certaine appétence au modernisme de la nouvelle société espagnole. Réussir dans les affaires n'était plus un péché, gagner de l'argent, « arriver » n'était pas incompatible avec la vie chrétienne, et même bien au contraire si cette influence servait à convertir d'autres âmes par la voie de l'exemple.

Haut placé dans l'ordre hiérarchique de l'Œuvre, López Rodó avait fait vœu de célibat et de pauvreté. Il vivait en « résidence », mais jouait au tennis et dépensait ce qu'il fallait en déjeuners d'affaires. Gregorio López Bravo, ministre de l'Industrie, arborait un physique de séducteur et d'homme du monde accompli qui, en tout autre pays, eût mal cadré avec sa vocation de père de neuf enfants et de dévot exigeant...

L'Opus c'était le Christ présent sans complexe à la banque et dans les endroits à la mode. Considérée aujourd'hui comme éminemment conservatrice, voire proche de l'intégrisme, l'Œuvre apparut dans l'Espagne de l'après-guerre comme une société un peu inquiétante sans doute par le caractère mystérieux de son organisation, cette compénétration insaisissable entre le profane et le sacré, cet aspect de franc-maçonnerie pour tout dire, avec toute l'ambiguïté que supposait la progressive influence de ses membres sur tous les rouages de la société et de l'État... Mais, comme le dit fort bien l'historien du franquisme Ricardo de la Cierva, « tout en renforçant des conservatismes fondamentaux, elle donna vie à des courants rénovateurs, suscita de profonds dévouements et réussit à imprimer un sceau d'allègre réconciliation avec les valeurs positives du monde réel, à un catholicisme jusqu'alors majoritairement réactionnaire, confiné et bigot qui avait conforté ses positions sur les ruines de la guerre civile ».

En dépit des opinions souvent très divergentes des membres de l'Opus face à la conjoncture espagnole, il n'est évidemment pas totalement exclu que l'œuvre, en tant que telle, ait pu chercher à définir un projet de société politique pour l'Espagne. Mais il faut alors entendre le mot dans un sens assez large, ses adeptes gardant toute latitude de poursuivre le même but par des voies différentes.

A l'époque, on pouvait ainsi imaginer une répartition concertée des rôles impartis au groupe Calvo Serer-Fontán d'un côté et au groupe López Rodó-López Bravo de l'autre, l'objectif étant de parvenir à terme, soit à travers Juan Carlos, soit à travers Don

Juan, à une monarchie tempérée, garante des intérêts bien compris de l'Église.

C'est là, cependant, une hypothèse beaucoup plus difficile à vérifier que la tacite répartition des cartes que, dans la dynastie même, le père et le fils vont assumer, surtout à partir de 1969. Mais il suffit peut-être d'admettre qu'un tel raisonnement participait d'une sagesse implicite et nécessaire, pour qu'il devienne inutile de faire intervenir, dans un cas, la conclusion explicite de quelque « pacte secret de famille » et, dans l'autre, la présence bien romanesque, à la tête de l'Opus Dei, de quelque grand manipulateur tirant dans l'ombre les ficelles de la politique espagnole... Ajoutons enfin que, dans l'opération qui nous intéresse – celle de la conversion de Juan Carlos en successeur de Franco –, les agents actifs ne seront pas tous, tant s'en faut, des affidés de l'Œuvre.

Quoi qu'il en soit, les amis de López Rodó avaient réalisé leur percée gouvernementale en 1957, l'avaient confirmée en 1962, et leur ascension se faisait dans l'ombre de Carrero Blanco, qui avait depuis fort longtemps, comme nous l'avons déjà signalé, des idées bien précises sur ce que devait être la succession du Caudillo dans la continuité de son régime. Il n'y a certes pas toujours une totale identité de vues entre l'amiral et ses protégés. Alors que le fidèle Carrero ne concevra de succession effective qu'à la mort de son maître, López Rodó et ses amis auraient plutôt souhaité que Franco, de son vivant, renonçât au pouvoir. De toute manière, l'axe de leur politique est bien la même. Il s'agit de faire de Juan Carlos le successeur du Caudillo.

Régentialistes, hugotistes et dampierristes

Ce problème de la succession va désormais dominer toute la vie politique de l'Espagne.

En décembre 1961, alors qu'il entrait dans sa soixante-dixième année, Franco s'était sérieusement blessé au cours d'une partie de chasse. La culasse de son fusil avait explosé dans sa main gauche et, du coup, tout le monde s'était mis à imaginer ce qui aurait pu se passer si, au lieu de tirer un lièvre, le Caudillo avait visé une perdrix. Sans nul doute, c'est à la tête qu'il eût été atteint. En cas d'accident mortel, le conseil du royaume aurait-il, avec les Cortes, choisi un roi ou un régent? Les antimonarchistes avaient constitué spontanément un courant de pression « régentialiste », le plus propre à leurs yeux à perpétuer l'esprit du Movimiento et ils installèrent leurs ambitions autour du capitaine-général Muñoz-Grandes, l'ancien chef de la division « Azul ».

La nomination de ce dernier à la vice-présidence du gouvernement en 1962 donna une certaine crédibilité à l'hypothèse selon laquelle Franco pourrait préférer *post mortem* cette forme de survie. Mais dès que l'on évoquait l'éventualité de sa succession, le Caudillo penchait curieusement vers les candidats les plus jeunes... On pouvait ainsi se demander d'où venait la faveur de ce général chargé d'honneurs dont par ailleurs il se méfiait. On s'aperçut vite qu'il ne l'avait promu au plus haut poste que pour mieux tromper la galerie, phalangistes et monarchistes inclus. A Carrero Blanco qui en janvier 1966 attirera l'attention du chef de l'État sur l'ambition de Muñoz Grandes de devenir régent en cas de vacance de pouvoir, Franco répondra patelin : « Il est malade, je le sais, et il ne durera pas. »

De toute manière, Muñoz Grandes, qui devait effectivement mourir en 1970, allait être proprement évincé l'année suivante au profit de l'amiral qui accédera ainsi à la vice-présidence en septembre 1967. Entre-temps, López Rodó était devenu commissaire au plan de Développement en 1962 et ministre sans portefeuille attaché à la présidence en 1965.

Les « régentialistes » ou les « présidentialistes » n'étaient évidemment pas les seuls à s'opposer à la promotion de Juan Carlos. En avril 1964, le mariage à Rome d'Hugues – dit Carlos Hugo – de Bourbon-Parme avec la princesse Irène des Pays-Bas redonna quelque vigueur au parti carliste qui ne s'était rallié que partiellement au comte de Barcelone. Toute la famille de Don Javier – qui était de citoyenneté française – avait demandé à Franco que lui soit octroyée la nationalité espagnole. Les tergiversations polies du Caudillo ne l'avaient pas découragée et ses « supporters », parmi lesquels on comptait plusieurs procureurs aux Cortes, insistaient pour que cette qualité leur soit reconnue. Franco finit par la leur refuser tout net après un rapport négatif du ministère de la Justice, mais lui consentit le droit de résider en Espagne à la condition de s'abstenir de toute action politique.

Il en fallait davantage pour démoraliser Hugo qui, chaque année, à Montejurra, rassemblait ses ardents partisans encore nombreux en Navarre. Les « hugotistes », comme on les appelait, bénéficiaient pour leurs manifestations de l'appui tactique du secrétariat général du Movimiento et de son ministre de tutelle, le souriant et jovial José Solis. Ce dernier, tout en jouant sur de nombreux tableaux avec sa dextérité andalouse, mettait tout en œuvre pour barrer la route aux « juancarlistes ».

De la même manière, Solis et son appareil phalangiste appuyaient presque ouvertement les ambitions à peine voilées d'Alfonso de Bourbon-Dampierre. Le fils aîné du duc de Ségovie hésitait certes à disputer franchement à son cousin Juan Carlos ses droits dynastiques. Mais rien dans la loi de succession franquiste ne l'écartait *a priori* de la succession de Franco puisqu'il était « de souche royale ».

Les relations familiales entre les deux cousins étaient assez bonnes pour que, le 13 juin 1965, lorsque naquit la seconde fille de Juan Carlos et de Sophie, l'infante Cristina, on lui demandât d'être son parrain. Mais peu de temps après les choses se gâtèrent. Alfonso en effet donna le 27 décembre au journal *le Figaro* une interview au cours de laquelle, tout en se défendant d'être prétendant à la Couronne – « cette formule ne lui paraissant pas adaptée à la texture politique de notre époque » – il déclarait, qu'en vertu de la loi de succession, « son devoir était néanmoins de se tenir à la disposition du pays si, quelque jour, ce dernier voulait disposer de sa personne ».

Ce genre de propos ne pouvait que lui attirer la sympathie des phalangistes. Son « lobby » sera constitué par quelques personnages importants du régime, comme l'amiral Nieto Antúnez, très proche de Franco et lui-même « régent » potentiel après la disparition de Muñoz Grandes, Rodriguez de Valcárcel, futur président des Cortes et Solis lui-même qui, à chaque fois qu'Alfonso se déplacera en province, déploiera autant de zèle à semer sa route de fleurs qu'il en mettra à glisser des épines sous les pas de Juan Carlos.

Déjà les maires des villes et des villages ne savent plus à quels saints se vouer lorsque ces princes voyagent en Espagne. S'ils suivent les consignes du ministre du Movimiento en recevant trop bien Bourbon-Dampierre, ils se font taper sur les doigts par le ministre de l'Intérieur, le vieux général Camilo Alonso Vega. S'ils le boudent, c'est Solis qui les sanctionne. Et il en va exactement de même, mais à l'inverse, lors des déplacements de Juan Carlos, lesquels sont d'ailleurs plus nombreux et plus sujets à polémique, parce que aussi plus officiels.

« Les tomates, se souvient Juan Carlos, je les ai non seulement vues voler, mais je les ai parfois senties de tout près ! Un jour, l'une d'elles vint s'écraser sur mon pantalon. Un autre jour, guidé par une haute autorité locale, j'eus l'intuition qu'il y en avait encore dans l'air. Soudain je fis un pas en avant et deux en arrière, très vite, tandis que le projectile allait s'étaler sur l'uniforme blanc de mon accompagnateur...

– A la vérité, ajoutera Sophie, tout cela nous a été très profitable. L'inquiétant, n'est-ce pas, eût été que tout le monde nous accueillît à bras ouverts [4]. »

Sans être graves, ces incidents, toujours soigneusement orchestrés, reflétaient le climat de plus en plus malsain qui s'installait en Espagne, dans la perspective encore éloignée mais biologiquement inéluctable de la succession du Caudillo. Le jour où il disparaîtrait, la seule hypothèse que l'on pouvait à coup sûr écarter à cette époque était la restauration immédiate et pacifique d'un régime démocratique, que l'armée – la seule véritable force qui comptât en Espagne, après Franco – n'eût admis d'aucune façon. Le comte de Barcelone avait beau dire parfois qu'il serait à Madrid une heure après la mort du dictateur, le plus probable était que les militaires l'en auraient empêché.

Aux yeux des technocrates « modernistes » liés à l'Opus Dei, qui, après avoir mené à terme le « plan de Stabilisation » de 1959, pouvaient maintenant mettre en chantier sur des bases solides le « plan de Développement » de 1964, la plus mauvaise solution successorale était évidemment qu'un général-régent ou même un « président à la mexicaine » appuyé par un parti unique (comme semblait le suggérer Solis) permît au régime franquiste de se survivre « tel quel » à lui-même.

Les formes comptaient certes à leurs yeux davantage que le fond, et personne ne pouvait affirmer que les López Rodó, López Bravo, Ullastres, Navarro Rubio et autres planificateurs de l'économie espagnole fussent déjà de véritables démocrates. Mais tout poussait

---

4. Propos repris d'une interview du couple princier à une revue espagnole, cités dans *Todo un Rey* de P. Cernuda, J. Oneto, R. Pi et P. Ramirez.

cette équipe à mettre en harmonie l'évolution politique du pays avec la réforme économique et administrative qu'ils avaient entreprise et qui s'avérait un indéniable succès. Leur objectif avoué après des années d'autarcie étant « d'intégrer l'Espagne dans le monde florissant du capitalisme occidental avancé », selon la formule d'Alberto Ullastres [5], un libéralisme ne pouvait se passer durablement de l'autre, ou du moins de ses apparences, ou de sa promesse...

C'était l'époque où López Rodó affirmait aux journalistes étrangers que l'on pourrait commencer à parler démocratie lorsque le revenu par habitant aurait dépassé le seuil des 1 000 dollars. Le cap fut largement dépassé vers 1970, du vivant de Franco et bien avant l'avènement de la monarchie constitutionnelle. Mais c'est précisément, reconnaissons-le, parce que la nouvelle prospérité et la modification profonde qu'elle entraînait dans les comportements sociaux avaient déjà fait leur œuvre depuis plusieurs années que la transition démocratique pourra s'opérer pacifiquement en 1976 sous la conduite de Juan Carlos.

La double offensive

Au milieu des années soixante, ce dernier n'était toutefois que « le plus probable successeur de Franco », celui qui était apparu à ses côtés à la tribune du grand défilé militaire du 15 mai 1964 commémorant les « vingt-cinq années de paix » du régime, campagne fort bien orchestrée par le nouveau ministre de l'Information et du Tourisme, Manuel Fraga Iribarne, un professeur de droit constitutionnel de quarante-deux ans, Galicien comme Franco. Il était certain que le Caudillo écartait totalement de son héritage le prétendant carliste et qu'il n'irait pas spontanément chercher, à moins que Juan Carlos lui fît défaut, un autre prince dans la lignée d'Alphonse XIII. Bourbon-Dampierre représentait ainsi beaucoup plus un moyen de chantage sur l'hôte de la Zarzuela qu'une véritable solution. Mais Franco pouvait aussi ne désigner aucun successeur de son vivant. Or, si Juan Carlos n'était pas investi solennellement

---

5. Alberto Ullastres, ministre du Commerce, entama les premiers contacts avec le Marché Commun et occupa de 1965 à 1976 le poste d'ambassadeur auprès de la CEE, avec laquelle il signa l'accord préférentiel de 1970.

par le maître lui-même, seul capable de lui conférer une légitimité incontestable aux yeux de l'armée lorsqu'il laisserait le pouvoir vacant, les risques de chaos, ou pour le moins de confusion, n'étaient pas négligeables.

C'est en tout cas ce que López Rodó, avec l'appui de l'amiral, s'emploiera à démontrer au Caudillo pendant près de trois ans, distillant avec tact mais obstination les arguments les plus propres à le convaincre qu'il n'était pas immortel.

La première conversation importante qu'il eut à ce sujet avec Franco se déroula au Pardo le 9 février 1967. Ce jour-là, le souple et brillant ministre était décidé à prendre le taureau par les cornes. Il lui fallait imposer son projet de « loi organique de l'État » définissant les responsabilités futures du gouvernement, les exacts partages de pouvoir au sein de l'exécutif pour le jour où la magistrature suprême passerait en d'autres mains; en bref, donner une règle du jeu plus concrète et plus précise aux institutions. Il lui fallait aussi, dans la même logique, persuader Franco qu'il devait mettre un terme le plus tôt possible aux incertitudes et aux spéculations politiques découlant de la non-désignation d'un héritier.

Admettant qu'une période de rodage était effectivement utile de son vivant et que certaines candidatures comme celles d'Hugo de Bourbon-Parme étaient franchement inadmissibles, Franco en vint à parler de Don Juan « qui aurait déjà dû, selon lui, renoncer à ses droits en faveur de son fils » :

« Il est vrai, lui répondit en substance López Rodó, que Don Juan n'est pas un candidat à retenir. Mais il ne peut renoncer que si vous prenez l'initiative de désigner officiellement son fils comme successeur. Sinon, ce serait de sa part une initiative prématurée.

– Vous avez raison, convint Franco. Et c'est moi qui devrai le dire au comte de Barcelone. Il ne serait pas convenable en effet de mettre le fils en situation de se dresser contre son père. »

Au cours de cet entretien, le ministre avait fait un éloge des qualités du prince qui avait visiblement plu au Caudillo. Mais sans que ce dernier s'engageât davantage.

Un mois plus tard, le 5 mars, on remarqua l'absence de Juan Carlos à Estoril lors de la cérémonie que son père avait organisée pour le vingt-cinquième anniversaire de la mort d'Alphonse XIII. Le prince se contenta d'envoyer à *Villa Giralda*, un télégramme affectueux, alors que le propos du comte de Barcelone était de susciter à cette occasion, et en présence de nombreux monarchistes, un véritable « acte d'adhésion » à sa personne, auquel la présence de son fils eût donné une signification et un éclat tout particuliers. L'attitude du prince ne lui avait été dictée par personne. Juan Carlos ne voulait tout simplement pas tomber dans un piège qui lui liât les mains, ce piège fût-il tendu par son propre père et conformément à son droit dynastique le plus évident.

Indépendamment de la menace sournoise que faisait peser sur ce droit le rôle de plus en plus officiel dévolu en Espagne à Juan Carlos, l'attitude politique du comte de Barcelone à l'égard du régime franquiste s'était elle-même durcie depuis 1964. Avec quelque retard les retombées de l'affaire de Munich, suivies en avril 1963 par l'exécution à Madrid du leader communiste Julián Grimau, rassemblaient de nouveau autour de Don Juan une opposition à la fois conservatrice et démocratique qui, elle aussi, entendait préparer à sa façon la succession du Caudillo septuagénaire.

Tandis qu'à Madrid les technocrates du plan de Développement jouaient la carte de l'évolution lente et harmonieuse du franquisme, le nouvel état-major à Estoril misait sur l'impossible survie de ce régime et déterrait la hache de guerre enfouie depuis 1948 sous plusieurs strates de compromis plus ou moins sincères.

Le principal artisan de cette nouvelle offensive « donjuaniste » fut José-Maria de Areilza qui, après avoir donné sa démission d'ambassadeur à Paris, devint à cette époque chef du secrétariat politique du comte de Barcelone. Ce secrétariat politique, composé de quatorze personnes, était en quelque sorte au conseil privé très hétérogène de quatre-vingt-douze membres auquel Don Juan faisait appel selon ses besoins, ce qu'un organe exécutif est à un organe purement consultatif.

Le Conseil privé présidé par José-Maria Pemán puis un temps, par l'historien Jesús Pabón, mêlait en son sein des « sages » de toutes les tendances : franco-monarchistes tempérés comme Pemán ou Pabón, franco-monarchistes durs comme Fernando González de la Mora, traditionalistes ralliés, intégristes convertis à la démocratie comme Calvo Serer, en même temps que des « donjuanistes » de toujours ou des personnalités d'ancienne sensibilité républicaine comme le philosophe Julián Marías. C'était le réservoir de « sages » que le « roi » consultait soit individuellement, soit par groupe, mais qui n'eurent jamais sans doute l'occasion de se trouver réunis tous ensemble.

En revanche, à partir de 1966, Areilza va donner au secrétariat politique, en compagnie de Sainz Rodriguez et subsidiairement de Garcia Trevijano, futur avocat du journal *Madrid* lorsque le gouvernement l'interdira en 1970, une armature doctrinale et un allant que l'entourage politique du comte de Barcelone avait bien perdus depuis l'entrevue de l'*Azor* et l'effacement progressif de José-Maria Gil Robles.

Ancien maire de Bilbao, ancien ambassadeur en Argentine, aux États-Unis et en France en des époques cruciales pour l'Espagne, José-Maria de Areilza, comte de Motrico, apportait à la cause de Don Juan le prestige tout neuf d'un grand serviteur de son pays profondément déçu par l'incapacité du régime à épouser définitivement son siècle. Européen convaincu, la réaction franquiste au Congrès de Munich l'avait profondément troublé, et plus encore peut-être le fait de ne pas avoir été entendu lorsqu'il avait mis en garde Franco contre les conséquences psychologiques désastreuses qu'entraînerait à l'étranger l'exécution de Grimau. Sa culture internationale, son intelligence brillante et rapide – trop rapide parfois pour épouser les méandres sinueux de la politique espagnole – feront de ce diplomate de choc une figure de proue fort utile à Don Juan. Mais les réactions fougueuses d'Areilza ne faciliteront pas toujours les relations délicates entre le père et le fils.

Cela dit, n'était-il pas temps aussi que le comte de Barcelone se démarquât de nouveau franchement d'un régime dont il n'avait plus rien à attendre? La vocation de Don Juan, à l'heure où Franco se prépare à désigner Juan Carlos comme successeur et futur roi d'une monarchie issue de son régime, demeure plus que jamais la sauvegarde d'une autre image de la monarchie, à la fois démocratique et dynastique. Dans cette perspective, les intransigeances d'un Areilza, ses définitions claires arrivent au moment opportun même si sur le moment elles paraissent maladroites. Juan Carlos une fois au pouvoir leur devra au moins autant que ce qu'il doit à sa propre et tout aussi nécessaire flexibilité. Dorénavant, c'est au fils qu'il reviendra de sauver le trône et au père de sauver les principes.

Impatiences et scrupules de Juan Carlos

Le prince, en tout cas, n'entend pas rester si passif au milieu des intrigues dont il est le centre. Le 17 juin 1966, au cours d'une audience au Pardo, il interroge franchement le dictateur sur le véritable sens de la « loi organique » qui est en gestation. Il demande des précisions sur l'avenir du régime, le rôle qui sera dévolu au nouveau chef de l'État d'une part, au président de gouvernement de l'autre... Franco, amusé peut-être, lui donne quelques éclaircissements, par ailleurs inutiles car Juan Carlos sait tout par López Rodó, et lui déclare « qu'il est très satisfait de le voir s'intéresser par le détail à ces questions ».

« J'aimerais vous voir plus souvent, risque Juan Carlos.

– Nous resterons en contact, répond Franco.

Et, devançant la question indiscrète :

– Le moment venu je dirai quelle est la place réservée à chacun... Votre Altesse doit se montrer loyale et respecter son père. (Un soupir.) Malheureusement, ce dernier est bien mal entouré! Dommage, car mon intérêt n'est pas de lui voir perdre la face [6]... »

Dès cette époque, Juan Carlos est bien persuadé au fond de lui-même que López Rodó et ses amis, avec l'appui de Carrero Blanco, finiront par emporter la décision du généralissime de le nommer successeur. Ils en discutent ensemble, Don Laureano et lui, tête à tête sur la terrasse de l'appartement du maire de Barcelone, José-Maria de Porcioles, à l'occasion de la « Semaine navale » qui se déroule dans la capitale catalane au début de juillet. Thème de la conversation : comment accélérer le processus de la désignation?

L'idée de López Rodó est de tout mettre en œuvre pour amener Don Juan à renoncer de lui-même en faveur de son fils comme l'avait fait Alphonse XIII en sa faveur. Si Franco pouvait négocier avec le comte de Barcelone une sorte de « gentlemen agreement » sur cette base, ce serait évidemment la meilleure formule.

Mais déjà Juan Carlos mesure les immenses difficultés d'une telle entreprise.

6. Cité par López Rodó, *La longue marche vers la monarchie.*

« Et vous, Porcioles, quel conseil me donneriez-vous? demandera-t-il au maire.

– Mon Dieu, lui répondra ce dernier en prenant le temps de réfléchir, je n'ai jamais songé à rédiger une “ Lettre à un prince ” (allusion aux réflexions sur la future monarchie que venait de faire paraître sous ce titre Emilio Romero, directeur de *Pueblo*, le journal des syndicats officiels). Mais il me vient en mémoire cette parole de l'Évangile : “ Tu laisseras ton père et ta mère pour t'unir à ta femme. ” Alors, Altesse je crois bien que si un jour la patrie vous appelle, il ne vous faudra pas hésiter à quitter père et mère. »

Et, sombre, Juan Carlos répondit :

« C'est dur, Porcioles, très dur [7]!... »

Trois mois plus tôt, les Cortes avaient approuvé la loi sur la presse, œuvre de Manuel Fraga Iribarne, et qui pouvait apparaître comme un premier pas vers une suppression de la censure. En novembre fut votée la loi organique à laquelle s'était attelé López Rodó.

Sans véritable incidence sur le fonctionnement des pouvoirs tant que le Caudillo régnait, ce texte prévoyant la séparation entre les fonctions de chef de l'État et celles de président du gouvernement, limitant aussi à des fonctions intérimaires le rôle éventuel d'un régent, n'en donnait pas moins l'impression que le régime préparait habilement l'avenir tout en confirmant sa vocation monarchiste. Les « blancs » de la loi de succession de 1947 et ceux des « principes fondamentaux » de 1958 étaient ainsi comblés et les mécanismes de la succession clarifiés, tout en laissant la porte ouverte « à une évolution permanente du système ».

Franco n'hésita pas à présenter le projet comme « une ample démocratisation du processus politique ». Ajoutant même à Barcelone « que dans une société moderne il n'était pas possible d'en revenir à une conception absolutiste ou purement administrative de l'État sans tomber dans un inconcevable anachronisme historique ».

Il est vrai qu'un peu plus tard, s'adressant à Séville à des hiérarques du « Movimiento », il réaffirmera son veto catégorique à toute résurgence des partis politiques. Mais quoi! il en faut peu pour éclaircir l'horizon politique d'un pays qui commence rapidement à s'éveiller au mirage de la société de consommation avec un

7. Cité par López Rodó.

rythme de croissance du produit national brut de 7,5 % par an et un revenu par habitant qui, de 1963 à 1973, passera de 474 dollars à 1 840 dollars, tandis que la manne touristique qui atteindra trente millions de visiteurs en 1973, accroissait encore les perspectives prometteuses de la nouvelle économie espagnole!

A Estoril on considère surtout le divorce croissant entre cette société en plein éveil et l'archaïsme du système politique. Il est vrai que l'université n'a pas désarmé et que les masses ouvrières se montrent de plus en plus actives. Mais la tactique des syndicats clandestins, socialistes ou communistes, est d'infiltrer le syndicalisme officiel plutôt que de se dresser ouvertement contre lui. Et cela peut aller jusqu'au dialogue à peine camouflé, comme celui qu'ont entamé en 1965 au siège de l'Institut d'études sociales récemment créé, douze membres des syndicats verticaux et quatorze représentants de l'ancienne CNT anarcho-syndicaliste. Les failles du régime sont évidentes. Mais elles témoignent aussi de sa capacité de souplesse. Elles sont en fait ses soupapes de sécurité.

On conçoit donc qu'un observateur attentif, bien ancré dans le pays comme l'est Juan Carlos, puisse avoir un point de vue sinon contradictoire, du moins, assez différent de celui des exilés de *Villa Giralda.* Et c'est beaucoup moins affaire d'information que de sensibilité au milieu ambiant. Cette société espagnole de 1966, qui s'industrialise rapidement, développe son secteur tertiaire, multiplie ses équipements, dissipe les derniers spectres de 1936, n'est pas près de sonner spontanément l'hallali du franquisme. Elle accompagnera tout au plus et jusqu'à sa conclusion logique cette page de son histoire, en regardant vieillir l'homme qui l'a écrite ou qui, du moins, lui a donné son nom.

Car Franco lui aussi, insensiblement, se transforme aux yeux de ses compatriotes. L'image qu'ils se font de cet autocrate paternaliste, qui entre dans sa soixante-quinzième année, ne coïncide plus avec celle du général à l'arrogance replète qui symbolisait la victoire impitoyable, d'une moitié de l'Espagne sur l'autre moitié. Le temps a passé et Franco a duré. Il est devenu ce petit vieux que submergent souvent des bouffées d'émotion et de sensiblerie. Les anecdotes qui courent sur son compte ont presque toutes trait à sa longévité, ou plus encore à l'idée qu'il semble s'en faire. Elles amusent plus qu'elles n'agacent. Sur ce versant somme toute paisible et en tout cas prospère qui conduit inéluctablement vers sa disparition du monde des vivants, l'Histoire prend du recul et convertit inconsciemment le Caudillo, tour à tour craint et admiré pour son habileté et sa chance proverbiale, en mythe familier et presque inoffensif.

Le 4 septembre, Juan Carlos, qui vient de séjourner quinze jours au Danemark avant de passer ses vacances à Corfou, adresse à López Rodó une lettre d'impressions générales dont le ministre se fera un plaisir de donner lecture à Franco pour lui montrer les bonnes dispositions de son ancien élève :

« Alors qu'un Danois sur deux vient maintenant passer ses vacances en Espagne, écrit le prince, il est curieux d'observer combien ils manifestent encore d'aveuglement quand on leur parle OTAN et quand on leur raconte tout ce que nous sommes en train de faire chez nous pour le développement industriel et social. Ils nous prennent encore pour des rétrogrades et ouvrent des yeux de merlans pour demander si c'est bien vrai. Je leur dis de profiter au moins de leurs vacances pour observer attentivement ce qui se passe chez nous au lieu de nous critiquer. Comme tu le vois il n'y a jamais une minute à perdre ni une occasion à laisser passer pour mieux faire connaître l'Espagne, et travailler tous unis, et avec l'aide de Dieu, à la faire plus grande encore! »

C'est dans ce climat de relative euphorie que se déroule le 14 décembre 1966 le référendum qui doit sanctionner la « loi organique de l'État ». Fraga a mené une campagne habile, de style « jeune et moderne », qui ne cache pas l'objectif plébiscitaire de la consultation : « Voter *oui,* c'est voter pour Franco. » Les suffrages sont réellement secrets, mais la propagande pour le *non* n'a tout de même pas été autorisée... Qui d'ailleurs eût osé la financer? La veille, le vieux Caudillo a adressé au pays un message télévisé, lui aussi adroit dans sa simplicité et son apparente humilité :

« Je voudrais que vous méditiez sur notre passé et sur ce que nous sommes aujourd'hui devenus », déclare-t-il de cette voix adoucie qui commence à légèrement trembler. « Je n'ai, pour ma part, jamais été guidé par l'ambition du commandement. Très jeune j'ai dû assumer des responsabilités supérieures à mon âge et à mes fonctions. Comme tant d'autres Espagnols j'aurais aimé profiter d'une existence que le service de la patrie aura occupée tout entière. Voilà trente ans que je me trouve à la barre de l'État, écartant sans cesse les orages qui menacent la Nation, et malgré les fatigues vous me voyez encore fidèle au poste, prêt à vous consacrer ce qui me reste de vie. Est-ce trop exiger que de vous demander à mon tour ce ferme soutien aux lois qui, pour votre seul bénéfice et celui du pays, sont soumises à votre approbation? »

Les résultats officiels de la consultation donnèrent 89 % de votants, sur lesquels le *oui* l'emporta à 95 %. Il était bien évident qu'il y avait beaucoup plus de 10 % d'Espagnols résolument hostiles au régime. « Mais cette fois, note Ricardo de la Cierva, il fut plus difficile qu'en 1947 de faire la preuve des exagérations et des manipulations, qui eurent lieu sans aucun doute, mais se révélèrent aussi moins nécessaires que vingt ans auparavant [8]. »

Dans la foulée de ce « triomphe » malgré tout contestable, López Rodó adressa une longue note de synthèse à Carrero Blanco, le 9 janvier 1967, dans laquelle, méthodiquement, il faisait le point de la question successorale et insistait sur l'urgence de désigner le prince comme successeur, toute autre solution signifiant « perte de temps et risque de compromettre les garanties d'un avenir de paix ». Après avoir observé que le référendum était de nature à épargner à la monarchie les risques d'un plébiscite (inévitable dans la perspective « démocratique » que s'étaient fixée Alphonse XIII et Don Juan), le ministre affinait sa démonstration en développant les points suivants :

« Il existe maintenant assez d'indices pour assurer que Franco écarte Don Juan et pense au prince pour sa succession. La grande masse du pays, indifférente aux diverses solutions qui se présentent théoriquement, acceptera d'emblée celle que Franco lui proposera. Pour que le prince soit nommé successeur, il serait tout de même bon qu'il puisse être sûr du consentement de son père. Cela dit, les monarchistes qui ne veulent entendre parler que du comte de Barcelone courent le risque de se montrer plus « papistes que le pape » et de faire, aux dépens de la dynastie, le jeu d'autres formules successorales, une régence, par exemple, ou la voie Bourbon-Dampierre. On qualifie souvent de « baldouinistes » les monarchistes qui se replient sur le prince, faute d'une possible « solution Don Juan »,

8. Max Gallo, dans son *Histoire de l'Espagne franquiste* notera que le régime prouvait ainsi qu'il maintenait fermement son contrôle sur le pays et qu'il pouvait le conduire aux urnes « quand il le veut, comme il le veut ».

c'est oublier que ce fut précisément le rassemblement autour du roi Baudouin qui a sauvé la monarchie en Belgique! »

Mais Juan Carlos, qui revient d'Estoril, a trouvé son père de plus en plus hostile à un rapprochement avec le régime, au point qu'il a dû résister à des pressions tendant à lui faire quitter l'Espagne. Don Juan enverra néanmoins un télégramme de félicitations à Franco pour les résultats du référendum, mais sans référence au contenu de la loi qui en était l'enjeu.

Le baptême de Felipe

L'année 1967 passa ainsi sans autre événement notable que la promotion de l'amiral à la vice-présidence du gouvernement. Mais 1968, en revanche, va s'ouvrir, selon le mot de López Rodó, sur « une apothéose monarchiste comme Madrid n'en avait pas vu depuis quarante ans ».

Le 5 janvier de cette année, Juan Carlos a atteint l'âge de trente ans, requis pour occuper la charge de chef d'État selon la loi de succession et le 30 janvier est né son troisième enfant qui est aussi son premier fils, l'infant Felipe.

« Alors c'est vraiment un " machote " (un petit mâle)?..., demande Franco à Juan Carlos qui l'a appelé de l'hôpital où Sophie vient d'accoucher.

– Plutôt deux fois qu'une, mon général, comme son père... » plaisante le prince qui est manifestement au comble du bonheur [9].

La date du baptême a été fixée au 8 février. La reine Victoria doit être la marraine et Don Juan le parrain. Franco et Doña Carmen seront bien entendu présents à la cérémonie comme ils l'avaient été pour les baptêmes des deux infantes. Le protocole de l'événement est soigneusement mis au point entre le prince et le Caudillo, qui entend approuver lui-même tous les détails de la visite de la famille royale. La reine Victoria résidera au Palais de Liria chez le duc d'Albe qui est le chef de sa Maison. Le comte et la comtesse de Barcelone pourront descendre à la Zarzuela où a lieu la cérémonie religieuse, mais Don Juan tiendra ses audiences chez le duc d'Albuquerque, chef de la Maison royale. Juan Carlos suggère

9. Cité par López Rodó.

que le chef de l'État pourrait aller accueillir lui-même l'ancienne souveraine d'Espagne à l'aéroport de Barajas :

« Non, je ne peux compromettre l'État par ma présence, lui répond Franco.

– Ne vous êtes-vous pas déjà compromis avec la monarchie? s'inquiète le prince.

– Sans doute, mais il ne convient pas d'aller trop vite », élude Franco, qui promet d'aller saluer la veuve d'Alphonse XIII dès sa première visite à la Zarzuela.

Échange de bons procédés puisque Juan Carlos avait proposé de conduire lui-même sa grand-mère directement de l'aéroport au Pardo. Mais le prince se heurte à un mur lorsqu'il émet le souhait que le dictateur et son père puissent parler seul à seul : « Tout ce que j'avais à lui dire, je le lui ai dit », répliquera Franco.

Et Carrero Blanco, fidèle reflet de la pensée de son maître, fera clairement entendre à López Rodó qu'il n'y a plus rien à attendre d'une conversation avec Don Juan : « Nous ne sommes disposés à admettre aucune légitimité antérieure au 18 juillet 1936. Et pourquoi d'ailleurs devrait-on ménager une continuité dynastique qui s'est trouvée si souvent rompue en Espagne! »

Franco et le comte de Barcelone n'échangeront en effet que des propos de pure forme au cours de leurs brèves rencontres à la Zarzuela. En revanche, le Caudillo prétendra dix-huit mois plus tard, lors d'un conseil des ministres, que la reine Victoria, au cours de l'entretien qu'il eut avec elle, semblait vivement souhaiter que « la couronne échût à son petit-fils Juan Carlos ».

Mais ce que Franco n'avait pas prévu, ce fut la surprenante mobilisation qui s'était emparée de Madrid pour faire fête, la veille et le jour même du baptême, à la famille royale. Devant une foule considérable, débordante d'enthousiasme, on avait vu à Barajas la vieille reine faire la révérence à son fils venu l'attendre à sa descente d'avion, comme si Don Juan n'avait cessé de régner à Madrid, puis, tremblante d'émotion dans ses bras, se décharger du poids de trente-sept ans d'exil : « Regarde, regarde, Juanito, ils ne nous ont pas oubliés! »... Ces jours-là Juan Carlos et Sophie comptèrent peu au regard du passé revécu et de l'avenir réinventé en marge du franquisme. S'ils reçurent leur part d'hommages, elle fut inséparable d'une ferveur qui s'adressait essentiellement au chef de la Maison royale, à l'exilé d'Estoril et à cette très vieille dame qui avait régné si dignement sur une Espagne bien lointaine. C'était la Royauté elle-même que la foule acclamait, dans la continuité institutionnelle de sa très longue geste. Et cette irruption du passé reléguait soudain le faux-semblant franquiste au rang de pacotille pour nouveaux riches.

Ce peuple, que l'on disait indifférent à toute forme de gouvernement, pouvait se montrer ainsi bien plus attaché que le régime ne le proclamait au souvenir de cette monarchie parlementaire qui avait eu le bon goût de s'effacer en 1931 pour ne pas faire couler le sang espagnol. Il ne s'agissait bien sûr que d'un modeste échantillon de la population. Mais quelques dizaines de milliers de personnes, peut-être plus, s'étaient déplacées pour crier « Vive le roi Juan III », et la chaleur, la spontanéité de cet accueil impressionnèrent vivement les correspondants étrangers à Madrid. L'Espagne était capable de voter pour Franco, mais sans cesser de rêver à un autre avenir.

Le jour de l'arrivée de la reine Victoria, les magasins n'eurent pas le droit de fermer et la télévision consacra le minimum d'images et de commentaires à l'événement. A l'aéroport, le chef de l'État s'était fait représenter par le ministre de l'Air, le général Lacalle. Il manifesta de la mauvaise humeur en apprenant que quatre autres ministres, dont celui des Affaires étrangères, Fernando Maria de Castiella, s'étaient aussi rendus sans autorisation à Barajas. Le nombre de militaires, de fonctionnaires de haut rang, de banquiers, de chefs d'entreprise qui défilèrent chez Don Juan jusqu'au 11 février fut également impressionnant. Enfin, comme le souligna *ABC*, « la foule qui accueillit Victoria Eugenia et dont le comte de Barcelone a été l'étoile, l'idole, se composait pour plus de moitié de jeunes de moins de trente ans ».

Le temps des définitions

Peu de temps après cette remise des pendules à l'heure d'Estoril, Franco, le 20 février, éprouva le besoin de rédiger son testament. Un mois plus tard, le 27 mars, il déclarait à López Rodó, toujours plus insistant sur la nécessité de nommer Juan Carlos successeur : « Je ferai cette désignation, mais il faut trouver le moment psychologique... Mon choix est de toute façon très clair. » Cependant, rien de concret ne se dessinait et Juan Carlos trouvait sa situation de plus en plus embarrassante.

En juillet, lors de la Semaine navale de Santander il dut assister à une manifestation syndicalo-militaire organisée par l'amiral Nieto Antúnez à bord du croiseur *Canarias,* qui se termina, par des saluts fascistes aux accents du *Cara al sol,* l'hymne phalangiste. Dans les remous provoqués par la visite de sa grand-mère et de son père à Madrid, tous les clans opposés à la dynastie s'agitaient de plus belle.

« Comment en sortir? » demanda le prince à López Rodó qu'il avait attiré dans un restaurant tranquille de la côte, entre Santander et Santillana, pour dîner à l'abri des regards indiscrets et s'épancher tout à son aise. Juan Carlos revenait en effet d'Estoril où il avait fêté la « San Juan », la fête de son père et, de ce côté aussi, qui lui tenait tant à cœur, il avait senti peser sur lui une suspicion que l'indécision de Franco rendait insupportable, car au moins un choix officiel de ce dernier – choix apparemment inévitable en sa faveur – l'eût déchargé de cette injuste responsabilité morale.

« Gardez votre calme, conseilla le ministre, mais ne perdez aucune occasion d'amener Franco le plus vite possible là où, de toute manière, il est bien décidé d'aller... Seulement attention à la manière de vous y prendre! En Galice, – et vous savez combien il est de son pays! –, lorsque l'on veut faire entrer un cochon dans la porcherie, on vous dira qu'il ne faut pas le pousser au derrière, mais au contraire le tirer par la queue vers l'extérieur. Alors vous le voyez filer tout droit là où vous vouliez qu'il aille!... »

Rompu à la casuistique de l'Opus Dei, López Rodó appellera aussi cette longue bataille pour arracher au Caudillo un « oui » définitif : « l'opération saumon ». C'était une autre façon de rendre hommage au dictateur galicien. L'art de ferrer la proie, de la fatiguer patiemment avant de la tirer hors du torrent et de la jeter rompue dans l'épuisette, n'avait pas de secret pour l'excellent pêcheur qu'était le Généralissime. Il fallait donc agir de même à son endroit...

Bien qu'il semblât persuadé que Franco ne nommerait jamais un successeur de son vivant – et peut-être aussi pour écarter son fils de ce qu'il estimait être un piège – Don Juan écrivit le 12 octobre une longue lettre au prince. Elle ne fit qu'aggraver son malaise :

« Mon cher Juanito. Le temps passe et l'instant peut survenir où l'avenir de l'Espagne devra se définir non comme une thèse abstraite, mais comme une réalité vivante et concrète dans sa formule institutionnelle et dans les personnes qui devront l'incarner. Il serait impardonnable que, dans un tel moment, l'un et l'autre conscients de notre responsabilité et de notre devoir, toi et moi, ne soyons pas parvenus, d'un commun accord, à un concept définitif de ce qui doit être la meilleure solution pour l'Espagne dans cette conjoncture.

« Le fait que tu aies désormais trente ans accomplis ne saurait d'aucune manière, ajoutait-il, modifier ton attitude loyale et disciplinée, mais doit, bien au contraire, t'insuffler un surcroît de fermeté face à ceux qui voudraient te faire dévier de ton chemin. Étant mon représentant personnel et légitime, tu dois trouver dans cette rigueur une nouvelle façon d'établir le dialogue en intervenant dans les matières qui touchent à l'avenir espagnol de telle manière que ce dernier fasse toujours coïncider légitimité et légalité loin de toute confusion ou ambiguïté...

« Nous trahirions l'un et l'autre notre devoir si nous ne mettions pas tout en œuvre pour que cette synthèse politique trouve en nous la garantie vivante et humaine d'une étroite coopération entre père et fils. »

Et après lui avoir rappelé que « les valeurs de l'institution monarchique s'annulent d'elles-mêmes lorsque cesse de fonctionner l'automatisme dynastique », le comte de Barcelone, se défendant de douter « de l'affection du fils et de la loyauté du prince », n'en concluait pas moins :

« En ma qualité de chef de la dynastie espagnole, je me vois dans la grave obligation de te faire part de ces réflexions qui ne sont que le reflet de ce que me dictent mon devoir envers la nation et ma loyauté envers le peuple espagnol, dont, en dernier ressort, il nous faudra respecter la volonté. »

Telle que nous l'avons résumée, cette lettre qui sera publiée quelques mois plus tard par la presse espagnole, peut apparaître plus sèche, moins affectueuse, qu'elle ne l'était. La mise au point, l'avertissement, n'en étaient pas moins clairs et pressants.

Ce que Juan Carlos répondit à son père, en décembre, demeure du domaine réservé. Mais tout porte à penser qu'il développa la thèse suivante, qu'il reprendra plus tard et qui était somme toute logique : « Ma présence en Espagne résulte d'un accord entre toi et Franco.

Le passé aurait-il un sens si je refusais d'accepter la succession du chef de l'État le jour où l'on me le demanderait? »

Une réponse indirecte – mais de grand retentissement – aux arguments du comte de Barcelone allait être au demeurant fournie par Juan Carlos sous la forme d'une interview qu'il donna peu après au directeur de l'agence officielle espagnole EFE, Carlos Mendo. Elle fut publiée le 7 janvier 1969 par « Pueblo » et reprise par toute la presse. Après avoir répondu comme il convenait à la question liminaire du journaliste sur l'adaptation de la monarchie à « l'ère spatiale » (les astronautes américains venaient de faire le tour de la lune avant de s'y poser le 21 juillet suivant), le prince prenait position sur un point fondamental : oui, il considérait comme valides les lois fondamentales en vigueur. En tant qu'Espagnol il ne pouvait que respecter les lois et institutions de son pays.

« Mais Votre Altesse serait-elle disposée à accepter toutes les conséquences de l'application de ces lois si le moment venait où votre personne serait directement impliquée?

– J'ai dit à maintes reprises que le jour où j'ai prêté serment au drapeau, j'ai promis de m'engager de toutes mes forces au service de l'Espagne. Je remplirai cette promesse au poste qui sera le plus utile au pays, même si cela me coûte des sacrifices. S'il n'en était pas ainsi, je ne serais pas où je suis. J'en fais une question d'honneur.

– Mais en allant au fond des choses, considérez-vous comme un droit le fait que ces lois puissent vous favoriser?

– Je crois qu'à notre époque il vaut mieux parler de devoirs que de droits. Les situations personnelles ne doivent pas être considérées comme des privilèges mais bien comme des services à rendre. Je ne me pose donc pas la question sous cet angle. Je me trouve là où m'a placé un concours de circonstances, les unes d'origine historique, les autres dépendant de l'actualité et j'essaye de faire chaque jour ce qui peut me rendre le plus utile à l'avenir des Espagnols. (...) Envisager cette attitude comme le simple jeu d'un droit, voilà qui serait anachronique et bien peu réaliste!

– Mais ne pensez-vous pas que cette " monarchie des principes fondamentaux " imposera des sacrifices aux plus fidèles mainteneurs des principes dynastiques? Ne la percevront-ils pas comme une contradiction?

– Je ne le crois pas. N'oublions pas que la réinstauration du principe monarchique dans la vie espagnole s'est produite après une crise grave qui aurait pu en finir avec l'institution elle-même. La situation politique qui a rendu possible cette réinstauration du principe monarchique s'est faite aussi avec le concours de nombreux monarchistes et le sacrifice de plusieurs centaines de milliers de familles espagnoles. Il est donc logique que ces plus fidèles mainteneurs des principes dynastiques acceptent aussi quelques concessions pour voir réalisées leurs aspirations. S'ils sont réellement patriotes – et être monarchiste, c'est être patriote – ils verront, avant tout, le bien de l'Espagne. La satisfaction de voir revivre l'institution monarchique, ce n'est pas peu! Cela justifie à la fois de leur part gratitude et flexibilité. Aucune monarchie – l'histoire en est témoin – n'a été réinstaurée de manière rigide et sans consentir de sacrifices. »

« Le saumon est ferré... »

Habile discours, qui se voulait à mi-chemin des postulats de Franco et de ceux du comte de Barcelone! On y notera en particulier, et pour la première fois, l'emploi du mot « réinstauration » pour qualifier une monarchie que le premier entend purement et simplement « instaurer » sur le socle de son régime et dont le second, à travers la continuité qu'il incarne, demande la « restauration », même si dans son propos, de plus en plus démocratiquement exprimé, cette restauration doit être sanctionnée par le suffrage populaire.

Mais inévitablement les propos de Juan Carlos devaient être bien mieux reçus au Pardo qu'à Estoril.

« Le Prince s'exprime vraiment très bien... Qui lui aura tenu la main? demande Franco le lendemain à López Rodó.

– En tout cas, élude le ministre, le prince, avec ces déclarations, a brûlé ses vaisseaux... Il faut lui reconnaître un vrai statut si on ne veut pas le voir s'user dans une situation intenable... »

Et le 15 janvier au soir, Juan Carlos qui vient d'être reçu par le Caudillo est en droit de considérer qu'il a gagné son passeport pour la succession :

« Soyez parfaitement tranquille, Altesse, lui dit Franco, et ne vous laissez influencer en rien. Tout est fait.

– N'ayez crainte, avait répondu le prince en riant, j'ai beaucoup appris de votre esprit galicien!

– Très bien, Votre Altesse joue très bien son rôle! », avait ajouté Franco [10].

Et il fut décidé de laisser le cochon de Galice pour quelque temps en paix, en faisant confiance à sa laborieuse digestion. « C'est fou ce que cet homme peut être lent à accoucher! » dira de lui un jour Carrero Blanco...

Un signe, qui pouvait paraître prémonitoire de la prochaine désignation de Juan Carlos, avait été dans les derniers jours de 1968, l'expulsion d'Espagne de la famille de Bourbon-Parme, convaincue d'agitation politique. Fin janvier, de violents incidents universitaires à Barcelone (où l'on avait failli défenestrer le recteur) et à Madrid, provoquèrent le maintien, deux mois durant, de l'« état d'exception » sur tout le territoire national. Le 15 avril, la reine Victoria Eugenia mourut à Lausanne à quatre-vingt-un ans dans sa propriété de *Vieille Fontaine*. Trois jours de deuil national furent décrétés en Espagne, et Franco présida lui-même une cérémonie funèbre le 19 à Madrid. Il fallut attendre ainsi le mois de mai avant de pouvoir tirer de nouveau la queue de l'animal...

Deux personnages de première importance vont alors prendre le relais de López Rodó : Carrero Blanco lui-même et le ministre de l'Intérieur, Camilo Alonso Vega, le plus vieux compagnon d'armes de Franco et son compatriote du Ferrol [11]. Aux arguments déjà développés par le ministre du Plan pour une désignation rapide de Juan Carlos, l'amiral en ajoute par écrit un autre qui ne manque pas de poids :

« Nos ennemis spéculent de plus en plus sur ce qu'ils croient être l'absence d'avenir du régime. Tant à Washington qu'au Vatican, ils essayent de démontrer qu'il ne sert à rien de négocier avec un État dont le sort semble lié à une seule personne. Cette désignation serait donc le meilleur démenti à leur opposer, tout en en finissant une fois pour toutes avec les intrigues d'Estoril et celles du petit secteur carliste. Profitons donc du magnifique accueil qu'ont reçu les récentes déclarations du prince auprès du peuple espagnol. »

Quant au vétéran Alonso Vega, il va jeter dans la balance, à l'occasion de son quatre-vingtième anniversaire, le 29 mai, tout le

---

10. Cité par López Rodó.
11. Aîné de trois ans du Caudillo, ancien du Maroc, il fut le seul général avec Muñoz Grandes et Franco lui-même à accéder au rang de capitaine général. Il mourut en 1971.

poids sentimental d'une relation privilégiée avec le Caudillo, étayée par une fidélité à toute épreuve. C'est en quelque sorte le cri du cœur l'objurgation suprême d'un vieil homme qui n'attend plus ni avantages ni honneurs et qui, avant de solliciter la relève, peut tenir à son cadet un langage sans détours :

« Nous sommes de vieux légionnaires, lui dit-il, des " fils de la mort ", et nos vies sont entre les mains de Dieu qui peut nous appeler à tout moment. Toute l'œuvre magnifique que tu as réalisée, mon général, pourrait être anéantie si, lorsque s'achèvera ton commandement, les choses n'étaient pas suffisamment claires et si les Espagnols se divisaient de nouveau. Le prince est un garçon " épatant " qui a démontré toute sa prudence et sa sérénité. Il est parfaitement à sa place et il ouvrira au pays un horizon dégagé de toute incertitude. N'hésite plus : nomme-le! »

Ainsi parla le vieux général, et Franco, sans doute ému d'entendre évoquer sa propre fin par un camarade de combat encore plus âgé que lui, se décida enfin :

« C'est fait, dira Carrero le lendemain à López Rodó, il a accouché! »

Et López Rodó, toujours dans ce langage codé propre au sérail franquiste, alertera aussitôt son complice Federico Silva, ministre des Travaux publics et technocrate de filiation démocrate-chrétienne : « Cette fois, je crois que le saumon est ferré! » Ferré mais pas encore sorti de l'eau...

« Pendant près d'un mois, rapporte López Rodó, les tensions autour du thème successoral furent très fortes. De nombreuses pressions s'exercèrent sur Franco pour qu'il ne désigne pas son successeur. Les fidèles de Don Juan, les partisans d'une régence, les républicains camouflés, les zélateurs de Don Hugo : tous essayaient de retarder la décision du généralissime, qui en vint à dire à Carrero qu'il craignait " que ce geste n'apparût comme une désertion ". » Et l'amiral était d'autant plus préoccupé qu'il dénotait semaine après semaine « un certain déclin des facultés de son maître ».

Un discours du pape Paul VI exprimant son inquiétude sur l'avenir de l'Espagne, et qui fut très mal ressenti dans les milieux franquistes, aida Carrero à persuader une bonne fois le Caudillo de réagir, en présentant en la personne de son jeune successeur cette « promesse de progrès pacifique et de justice sociale » que le Saint-Père souhaitait à ce « noble pays ». « Sinon, avertit Carrero, c'est une encyclique qui nous menace, et ce sera beaucoup plus grave pour nous qu'une condamnation des Nations unies! »

Enfin, le 12 juillet, après deux mois d'attente pendant lesquels le Caudillo était resté sourd aux demandes d'audience de Juan Carlos, ce dernier fut reçu au Pardo et officiellement informé par Franco qu'il aurait à prêter serment devant les Cortes dans les dix jours qui suivraient. Le chef de l'État lui donna lecture de la lettre qu'il comptait envoyer au comte de Barcelone et, après une conversation que López Rodó qualifie de « cordiale et émouvante », scella cet entretien qui dura trois quarts d'heure par un affectueux et solennel « abrazo », le premier dont il gratifiait le prince.

Le malentendu

Bien que ses ennuis ne fissent que commencer, Juan Carlos se sentit infiniment soulagé. La décision qui venait d'être prise n'était-elle pas inévitable? Il l'attendait concrètement depuis la mi-juin, quand López Rodó, sur la foi d'Alonso Vega et de Carrero, lui avait communiqué que « la chose était faite ». Aussi dures qu'allaient être les explications avec son père, tout valait mieux que cette période d'incertitude, de non-définition, qui empoisonnait leurs relations. Franco n'avait décidé que ce qu'il voulait en fait depuis vingt ans, depuis qu'il l'avait attiré en Espagne. Le dictateur avait gagné contre Don Juan. Il allait assumer pleinement à présent la responsabilité de son choix, dégageant Juan Carlos de tout soupçon d'ambition mal placée et de manœuvre personnelle. On ne pourrait même plus dire que le prince était le jouet plus ou moins consentant d'une machination de coterie...

Si le comte de Barcelone avait eu la moindre chance d'être désigné à sa place, il ne pouvait faire le moindre doute qu'en fils respectueux, il se fût effacé. Mais il ne faisait aucun doute non plus que c'eût été une véritable catastrophe pour la monarchie, car les compromissions que peut accepter un prince héritier, le chef de la dynastie ne pouvait y consentir sans compromettre à jamais l'avenir de l'institution lorsque, inévitablement, un jour, l'Espagne rentrerait en démocratie. Cela aussi, Juan Carlos le pressentait, très clairement. Le sacrifice de son père était de laisser faire; le sien était de s'engager.

Attendre eût été, il est vrai, une autre solution. Ne rien faire en tout cas qui poussât Franco à le désigner comme successeur de son vivant. Mais c'était encourir un risque beaucoup plus grave : celui de voir un autre dictateur militaire succéder au Caudillo après sa mort ou un autre prince, comme Bourbon-Dampierre, subtiliser la couronne. Au demeurant, comment lui, Juan Carlos, pouvait-il empêcher l'inéluctable course à la succession? Quel argument pouvait-il opposer à ceux qui, comme López Rodó, entendaient accélérer la relève pour le bien du pays et la sauvegarde de la monarchie dans la seule perspective qui existât alors?

Se draper, comme le comte de Chambord, dans le drapeau de ses aïeux [12]? Juan Carlos sentait bien que ce n'était pas le rôle que l'histoire lui avait dévolu, et que si ce rôle était effectivement lui aussi nécessaire, c'était son père qui devait le tenir, dût-il se résigner – mais c'était alors loin d'être certain – à ne jamais régner.

Cette légitime perspective de double jeu était cependant plus facile à admettre pour Juan Carlos, qui en était l'actuel bénéficiaire, que pour son père, réduit à jouer les gardiens du temple face à une nouvelle dynamique monarchiste. Aussi intelligent et perspicace que fût Don Juan, une part de lui-même se hérissait contre l'injustice qui lui était faite, contre le redoutable engrenage dans lequel il s'était engagé depuis l'entrevue de l'Azor. Pendant quelque temps, il ne semblera voir, dans le dénouement de cette affaire si complexe, que le délit de lèse-majesté.

Ce délit, de toute manière, il n'était pas pensable qu'il ne le condamnât pas. Pour la cause de la monarchie démocratique, il était même indispensable qu'il le dénonçât. Mais on eut aimer, pour Juan Carlos, que ce ne fût là qu'attitude pour la galerie, masquant une compréhension presque cynique du jeu.

Or il n'est pas douteux qu'un malentendu réel s'installe à cette époque entre le père et le fils et que tous deux en souffrent sous les regards désolés du cercle intime de la famille. C'est le temps des sensibilités à vif, sans éclats, sans rupture, sans même mise en cause de l'affection réciproque, mais dans la sécheresse aussi des communiqués de presse et des dissensions étalées au grand jour.

---

12. Le petit-fils de Charles X, dernier représentant de la branche aînée des Bourbon, avait renoncé à faire l'union des monarchistes français (« légitimistes » et « orléanistes ») et perdu le trône en 1873 en exigeant de régner avec le drapeau blanc de ses ancêtres.

Lorsqu'en janvier Juan Carlos avait fait ses déclarations à l'agence EFE, le comte de Barcelone s'était contenté d'écrire une lettre, destinée à être rendue publique, à José-Maria Pemán en sa qualité de président du conseil privé. En termes diplomatiques, Don Juan rejetait la responsabilité des déclarations de son fils sur les « circonstances exceptionnelles qui entouraient sa présence en Espagne ». En d'autres termes les propos du prince n'étaient que le reflet des manœuvres d'un groupe de pression et ne pouvaient correspondre à sa pensée intime et profonde...

Puis il lui avait fallu se rendre à l'évidence lorsqu'en juin, Juan Carlos, averti par Lopez Rodó et Carrero que sa désignation était imminente, lui avait loyalement fait part à Estoril de la situation. Don Juan alors se refusait encore à croire que ce fût vrai. Ni lui, ni Areilza, ni Sainz Rodriguez ne pouvaient ou ne voulaient croire que le dictateur, tels qu'ils le connaissaient, nommerait un successeur de son vivant :

« Je parie 5 000 pesetas que tu ne seras jamais désigné! avait dit à son fils le comte de Barcelone. Ce ne sont que fausses promesses destinées à te compromettre.

– Et si je le suis? avait insisté le prince. Imagine un peu ma situation!... Je n'ai pas intrigué pour que cette désignation retombe sur moi. Ce n'est pas moi qui ai décidé d'aller vivre en Espagne, d'y être traité comme un prince héritier. Je suis le premier à estimer que c'est à toi qu'il revient de régner. Mais si la décision est prise qu'y pouvons-nous?...

– Tu peux beaucoup..., lui avait répondu Don Juan. Tu peux faire en sorte que rien ne se fasse, que tout soit ajourné...

– Mais cela ne tient pas à moi! avait répliqué le prince. Si tu m'empêchais d'accepter je n'aurais plus qu'à faire les valises, prendre Sophie et les enfants et m'en aller. Je ne pourrai pas rester un jour de plus à la Zarzuela si au moment décisif où l'on m'appellera je dois dire " non ". C'est pourquoi je te demande de réfléchir : si on me demande d'accepter, que feras-tu? Y a-t-il aussi une autre solution possible, différente de celle que Franco décidera? Es-tu capable, par tes seules forces, de rétablir la monarchie [13]? »

Mais Don Juan s'était refusé à dire ce qu'il ferait. Comme Hegel le remarquait, les dilemmes cornéliens – et c'en était un! – ne

13. Cité par López Rodó.

trouvent de solution que dans les synthèses transcendantales, et seul le temps peut un jour les résoudre. Juan Carlos dut ainsi dire « oui » à Franco sans connaître le véritable sentiment de son père. Eût-il dit « non » que ce dernier, au demeurant, lui en eût certainement voulu. Sinon sur le moment, du moins plus tard...

Bien conscient de l'impasse dans laquelle se trouvait Don Juan et des contradictions qui l'agitaient, le prince n'avait eu, en fait, aucune hésitation. Il se trouvait pour la première fois de sa vie dans une conjoncture qui l'obligeait à se dégager de toute autorisation paternelle et à choisir par lui-même ce qu'il estimait être la seule voie raisonnable. Il le fit sans remords, laissant son père aux siens. Mais le pas franchi, il fallait apaiser la rancune du comte de Barcelone, le convaincre une fois de plus. Il pouvait compter pour cela sur les bons offices de sa mère et de ses sœurs. Doña Maria était bien la première à se rendre compte que « Juanito » voyait juste.

Mère et fils avaient, au téléphone, leur langage ingénument codé. La décision de Franco, c'était « l'abcès qui devait percer » : « Où en est ce bouton?... », demandait Doña Maria.

Et lorsque, le 12 juillet, Don Juan Carlos lui annonça qu'il en était enfin débarrassé, elle lui dit son soulagement et déclara au marquis de Mondéjar lorsqu'il vint à l'Estoril : « Redites bien à mon fils que je suis très contente. Je veillerai ici à ce qu'on ne fasse pas trop de bêtises [14]. »

Le 16 juillet, le comte de Barcelone reçut deux lettres, l'une de Juan Carlos que lui remit en mains propres le même Mondéjar accouru spécialement de la Zarzuela, et l'autre de Franco acheminée par l'ambassadeur d'Espagne à Lisbonne, Giménez Arnau, qui arriva juste après l'autre.

Écartant le projet de lettre politique et solidement argumentée que lui avait soumis López Rodó, le prince avait décidé de suivre sa pente naturelle en disant à son père tout ce qu'il avait sur le cœur.

La lettre de Franco commençait par « Mon cher infant » et se

---

14. Felipe Gonzalez, évoquant avec J.L. de Vilallonga *(Les sabres, la couronne et la rose)* ces années où « donjuanistes » et « juancarlistes » étaient à couteaux tirés, risquant de brouiller le père et le fils, dira, avec beaucoup de bon sens, qu'il ne pouvait croire un seul instant à une querelle dynastique : « Dans ces cas-là, il y a toujours une mère qui s'interpose ! »

terminait par ces conseils hautains : « Suivez l'exemple d'Alphonse XIII et ne faites pas cas de l'opinion de certains de vos conseillers qui verront dans cette décision la frustration de vos espérances politiques. Je crois que c'est la meilleure solution pour l'Espagne et j'ai voulu vous le faire aussitôt savoir. »

Don Juan visiblement secoué s'abstint de lire et de commenter ces lettres devant leurs messagers, mais Giménez Arnau sentit de « mauvaises ondes planer sur Villa Giralda ».

Une soirée à la Granja

Le 17 juillet, les Cortes furent convoquées pour le 22, date à laquelle le Caudillo soumettrait à l'Assemblée le nom de son successeur. Le 18, comme tous les ans pour l'anniversaire du soulèvement nationaliste de 1936, les admirables jardins à la française du palais de La Granja offraient la fraîcheur de leurs ombrages et de leur altitude à tout ce que Madrid comptait de personnalités politiques et mondaines. Au dîner par petites tables devait succéder un concert symphonique. Au programme *La vie brève* de Manuel de Falla, hommage involontaire à la fugacité des événements.

Le prince et Sophie étaient restés chez eux. Ils évitaient généralement d'assister à cette commémoration politique dans le ravissant château montagnard où Don Juan était né. Mais ils avaient aussi une autre raison ce jour-là de ne pas se montrer. Tout le monde, en effet, attendait la déclaration que le comte de Barcelone devait faire sur le problème successoral et la désignation de son fils. Si le nom du prince n'était pas officiellement prononcé dans l'acte de convocation des Cortes, la nomination de Juan Carlos était, en effet, le secret de Polichinelle. Chacun savait qu'il prêterait serment dès le lendemain du vote de l'Assemblée.

Les conversations ne portaient que sur ce thème dans les allées en étoile toutes bruissantes de la rumeur des fontaines.

« Irez-vous le 23 aux Cortes? », demandait-on aux ambassadeurs étrangers. Et ceux-ci, perplexes, éludaient la réponse en attendant eux aussi la réaction d'Estoril.

L'orchestre attaquait le deuxième mouvement lorsqu'on appela Fraga Iribarne au téléphone pour lui lire le communiqué qui venait de « tomber ». Lorsque le ministre de l'Information revint s'asseoir auprès de López Rodó, il lui souffla à l'oreille de son ton brusque : « Inadmissible! C'est une attaque en règle contre les " lois fondamentales ". J'ai d'ailleurs transmis le texte au procureur du Tribunal suprême. Il y a délit aux termes de la Loi de Presse. Impubliable de toute manière! »

Lopez Rodó, qui devait passer la nuit à Ségovie chez un jeune gouverneur civil qui fera plus tard beaucoup parler de lui, Adolfo Suárez, envoya un de ses plus proches collaborateurs à la Zarzuela pour tranquilliser le prince et en savoir plus. Ce dernier, pieds nus, faisait les cent pas avec Sophie sur la terrasse devant la résidence. Selon son visiteur, il paraissait sincèrement affecté par les termes de la déclaration de son père.

Tout bien considéré pourtant, le texte produit à Estoril était relativement modéré :

« En 1947, rappelait Don Juan, lorsque fut rendue publique la soi-disant loi de succession, j'ai exprimé mes plus entières réserves sur des dispositions légales qui contrevenaient à la tradition historique de l'Espagne. Ces prévisions se trouvent confirmées vingt ans plus tard par l'annonce de la mise en application de cette loi. Pour mener à terme cette opération, on ne m'a pas davantage demandé mon avis qu'on n'a sollicité la volonté librement exprimée du peuple espagnol. Je suis donc en position de spectateur face à ces décisions et ne porte aucune responsabilité dans cette instauration. »

Et après avoir insisté sur l'indépendance de la Couronne, « pouvoir arbitral au-dessus des partis et des intérêts divers », la nécessité d'une « authentique représentation populaire et de garanties intégrales des libertés, afin que l'Espagne se mette à la parité politique de l'Europe occidentale dont elle fait partie intégrante », le comte de Barcelone concluait :

« Je n'ai jamais cherché à diviser les Espagnols. Je continue à croire nécessaire une pacifique évolution du système en vigueur vers l'ouverture et la cohabitation démocratique, unique moyen d'assurer un avenir stable à notre patrie, que je continuerai à servir comme un Espagnol parmi d'autres et à qui je souhaite de tout cœur un horizon de paix et de prospérité. »

Pour la doctrine, c'était effectivement le Don Juan de 1947 qui refaisait surface, avec tout ce que cela impliquait comme condamnation du régime franquiste. Mais il s'abstenait de toute véritable censure à l'égard de son fils. Il n'était pour rien dans le choix du successeur, un point c'est tout... En outre, et comme pour éviter tout affrontement éventuel entre le prince et lui, « simple spectateur », il annonçait le lendemain la dissolution de son secrétariat politique et de son conseil privé. Comme le dira López Rodó, empruntant une image propre à la tauromachie quand un matador prend sa retraite de l'arène : « c'était comme si Don Juan » se coupait la « coleta »... Juan Carlos n'en fut pas moins ébranlé par cette réaction. A Vicente Mortes, une des consciences de l'Opus Dei, il demanda deux jours plus tard :

« Écoute, depuis tout le temps que nous nous connaissons, m'as-tu entendu une seule fois dire quelque chose qui pouvait apparaître comme une déloyauté à l'égard de mon père ? »

Et comme Mortes le rassurait, il sortit très ému une lettre qu'il venait de recevoir de Doña Maria et qui, elle aussi, le rassurait :

« Ton père est si bon qu'il finira par comprendre, lui disait-elle. Et moi, comme Espagnole et comme mère, je suis fière de toi. »

Mortes lui demanda alors si la comtesse de Barcelone assisterait aux cérémonies de Madrid.

« Non, lui répondit le prince, sa place est à Estoril aux côtés de mon père. »

Et ses sœurs ? Margarita, l'aveugle, lui avait téléphoné pour lui dire :

« Sois tranquille Juanito, tu as ici tes alliées ! »

Quant à Pilar, que Don Juan aurait volontiers, jadis, destinée à Baudouin de Belgique, mais qui avait épousé trois ans plus tôt le fils du marquis de Deleitosa, Luis Gómez Acebo [15], Juan Carlos s'était refusé à la mettre dans l'embarras : « Il ne fallait pas forcer les choses... » Son cousin et ami d'enfance Carlos de Bourbon ayant lui-même refusé d'assister à la séance solennelle d'intronisation s'il n'avait pas la préséance sur Alfonso de Bourbon-Dampierre – ce qui lui fut refusé par le Protocole – l'assistance familiale sera ainsi réduite à sa plus simple expression.

15. Don Luis Gomez Acebo et Doña Pilar, sœur aînée de Juan Carlos, portent depuis 1967 le titre de duc et duchesse de Badajoz. A Margarita et à son futur époux le Dr Carlos Zurita, seront donnés ceux de duc et duchesse de Soria.

La désignation

Le 22 juillet, devant les Cortes réunies dans l'illustre édifice de la Carrera de San Jeronimo, gardé par deux lions de bronze la patte posée sur un boulet de canon, Franco d'une voix ténue, égrenant ses feuillets d'une main tremblante, prononça un long discours où il évoqua l'inéluctable échéance de sa « capitainerie » et présenta le prince comme l'homme le plus digne de lui succéder le jour venu à titre de roi dans la continuité du Mouvement national.

Puis l'on passa au vote de la loi portant désignation de Juan Carlos. De même que les « donjuanistes » du journal *Madrid* – Calvo Serer et Fontán – avaient tenté d'intervenir pour que le prince ne fût nommé qu'à titre de régent, les phalangistes et syndicalistes appuyés par Solis et l'amiral Nieto Antúnez s'étaient efforcés d'obtenir un vote secret.

Chaque procureur n'en fut pas moins tenu de se prononcer à haute voix devant le Caudillo à l'appel de son nom. Il y eut 491 approbations, 19 voix contre et 9 abstentions. Parmi les votes négatifs on compta celui du directeur de l'*ABC* Torcuato Luca de Tena, qui, non sans noblesse – et Juan Carlos l'en remerciera – avait tenu ainsi à marquer sa fidélité personnelle au comte de Barcelone tout en écrivant à ce dernier que son attachement à la cause monarchiste l'empêchait par ailleurs de prendre parti dans son journal contre la désignation de son fils, « car toute mésentente entre lui et le prince des Asturies serait un mal irréparable pour l'institution et pour l'Espagne ».

Le lendemain matin, à la Zarzuela, Juan Carlos signa en comité restreint et devant le ministre de la Justice faisant office de notaire principal du Royaume, l'acte d'acceptation, tandis que le petit infant Felipe jouait à ses pieds sur le tapis du salon.

L'après-midi, le prince, en uniforme de l'armée de terre, se rendit avec Franco aux Cortes pour la prestation solennelle de serment. Serment de loyauté à l'égard de la personne du chef de l'État et de fidélité envers les principes du Mouvement et les lois fondamentales.

Ses nerfs étaient mis à si rude épreuve qu'il demanda au

Caudillo, dans la voiture qui les amenait, l'autorisation de griller une cigarette. Sophie elle-même avouera qu'elle perdit deux kilos ce jour-là.

Le discours que prononça Juan Carlos et auquel Franco avait donné son agrément après quelques retouches (il lui demanda notamment, compte tenu des circonstances, de retirer une phrase où il rendait un hommage explicite au patriotisme de son père, phrase qui risquait, disait-il, de provoquer quelques murmures dans les rangs phalangistes et carlistes) était adroit et fut particulièrement bien accueilli.

Le futur roi, mettant l'accent sur sa propre jeunesse, faisait d'elle un gage de générosité et d'ouverture. Il ne manqua pas non plus de rappeler qu'il appartenait aussi par ligne directe à la Maison royale d'Espagne réunifiée dans ses deux branches dynastiques et qu'il entendait être « le digne continuateur de ceux qui l'avaient précédé ». « La monarchie, ajoutait-il, peut et doit être un instrument efficace de pouvoir si elle sait maintenir un juste et véritable équilibre des pouvoirs. »

Le comte de Barcelone, après son communiqué du 18 juillet, avait annoncé qu'il prenait le large à bord de son bateau pour une croisière en Méditerranée au cours de laquelle il s'abstiendrait de toucher le territoire espagnol.

Cet après-midi-là, en dépit de la distance qu'il entendait prendre avec « l'événement », il accosta dans un petit port de la côte portugaise, s'installa anonymement au comptoir d'un café et tendit son généreux profil bourbonien agrémenté d'une casquette de marin, vers le vieux poste de télévision qui retransmettait la cérémonie des Cortes.

Lorsque Juan Carlos eut achevé son discours, il hocha la tête et, les yeux brouillés par l'émotion, murmura pour lui-même : « Très bien lu, Juanito, très bien lu... »

Critiquait-il la leçon politique apprise et restituée? Admirait-il le ton décidé de son fils, sa fermeté d'âme dans une épreuve morale que tous deux partageaient? Entre fierté et amertume, il regardait passer l'Histoire qui s'écrirait sans lui, mais qui sans lui non plus n'aurait pu être ce qu'elle fut.

Comme Doña Maria l'avait prévu, le soir même il appela la Zarzuela pour embrasser le prince et le féliciter. Mais n'étant pas homme à transiger sur les principes, il n'oubliera pas de réclamer un peu plus tard à Juan Carlos la « plaque » de prince des Asturies qu'il tenait lui-même de son père [16].

A ses yeux, le prince d'Espagne par la grâce de Franco ne pouvait plus en disposer. Il faudra attendre huit ans pour qu'il la restitue à son fils et qu'elle revienne ainsi, sautant une génération (comme Juan Carlos venait de le faire), au petit garçon qui ce matin du 23 juillet jouait sur un tapis pendant que son papa, à contrecœur sans doute, mais par raison d'État, entrait officiellement dans le système qu'il détruirait plus tard.

16. Cité par Sainz Rodriguez, *Un Royaume dans l'ombre*, lors de ses conversations avec le comte de Barcelone.

CHAPITRE VI

L'HÉRITAGE

Soulagé par la bénédiction que lui avait donnée son père, à titre, il est vrai, strictement privé, Juan Carlos vécut, après sa désignation, quelques mois de réelle euphorie. Il était clair que Don Juan, sans rien céder de sa position doctrinale, ne lèverait pas l'étendard contre son fils. En dehors de toute considération sentimentale, c'eût été au demeurant une position absurde. Le prince était son seul héritier mâle. A qui d'autre le comte de Barcelone, alors âgé de cinquante-six ans, aurait-il transmis, le jour venu, ses droits dynastiques?

Dans ses conversations récentes avec Sainz Rodriguez, le « roi de l'ombre » reconnaîtra d'ailleurs qu'il n'y avait pratiquement pas d'autre possibilité pour Juan Carlos que d'accepter :

« J'ai toujours été persuadé qu'il dirait " oui " si l'offre que Franco lui faisait se concrétisait vraiment. Mon fils s'était rendu compte que je n'avais aucune chance d'être moi-même désigné, il a donc pensé que c'était la meilleure façon de sauver la monarchie.

– Crainte de la Régence? Crainte de voir nommé son cousin Alfonso à sa place?, interroge Sainz Rodriguez.

– Non, plutôt la peur de voir s'évanouir l'idée même de la monarchie... Entre Franco et moi, il n'y avait aucun accord possible. Rectifier mes positions, c'était me faire " hara-kiri "... Juan Carlos en revanche n'avait jamais fait aucune déclaration; il n'avait pas à modifier son attitude. Il pouvait accepter tacitement la succession... Sous bénéfice d'inventaire. Ce qui est certain, en tout cas, c'est qu'il ne pensa jamais qu'il perpétuerait le régime de Franco. »

« Malgré tout », ajoutera Don Juan, en se remémorant cette

période difficile qui s'ouvre en 1969, « ce ne furent pas des moments agréables. Au cours de la dernière étape, nous ne nous voyions plus guère qu'en famille. Le prince venait tous les étés passer quelques jours à Estoril. Mais on ne parlait plus politique.

– Et lorsqu'il prêta serment?

– Cela m'impressionna. Cela m'impressionna même désagréablement car c'était contraire à toute la politique que j'avais poursuivie. Mais en même temps je dus reconnaître qu'il s'en tirait parfaitement. Le ton sur lequel il prononça son discours montrait assez qu'il avait de l'étoffe. Objectivement il fut très bien [1]! »

Ce que le comte de Barcelone ignorait sans doute à l'époque, c'étaient les tourments qui avaient agité son fils avant de prêter ce serment de fidélité qu'il n'avait nulle intention de respecter lorsqu'il aurait les mains libres. De cela, Juan Carlos ne pouvait parler librement à son père. En revanche, il s'en était ouvert à l'un des hommes qu'il appréciait le plus, son ancien professeur de droit, Torcuato Fernández Miranda. Et ce dernier avait apaisé ses scrupules par un raisonnement juridique que l'éducation militaire du prince ne lui aurait pas spontanément dicté :

« Altesse, lui avait dit ce dernier, les lois vous obligent mais ne vous enchaînent pas. Toute loi porte en elle-même le principe de sa réforme. Il vous suffira de recourir à ce moyen juridique élémentaire qu'est, par exemple, le référendum et vous irez ainsi de la loi à la loi. Car rien n'est éternel, tout peut et doit être changé si c'est par les voies de la légalité [2]. »

Ayant ainsi découvert ce que l'Académie de Saragosse ne lui avait pas enseigné, Juan Carlos était entré aux Cortes d'un cœur soulagé et d'un pas assuré. C'était sa première leçon de haute politique.

Ce titre de « prince d'Espagne » que lui conférait la loi franquiste, López Rodó nous dit que ce fut lui-même qui, en définitive le choisit. Celui de « prince des Asturies », qui était réellement le sien, l'eût mis en porte à faux avec son père, et d'ailleurs Franco n'en voulait pas en raison même de son caractère strictement dynastique.

1. *Un Royaume dans l'ombre,* de P. Sainz Rodriguez.
2. Cité par López Rodó.

« Prince d'Espagne », cela ne signifiait rien mais s'accordait, non sans panache, à la solitude qui lui était impartie. Son père et Franco le faisaient maître de ses œuvres; ce titre à assumer, c'était une manière de relever le défi. Il s'y emploiera avec mérite pendant plus de six ans, apprenant à durer en évitant de se compromettre, autant qu'il le pouvait, dans le crépuscule parfois dramatique d'une fin de règne qui n'en finira pas.

Le scandale « Matesa » et le procès de Burgos

Trois mois après la cérémonie des Cortes, le 29 octobre 1969, les hommes qui avaient assuré sa promotion investirent le gouvernement avec une audace telle que l'on put parler dans certains milieux de cabinet homogène inspiré par l'Opus Dei. Les amis de López Rodó sous le patronage de Carrero, achevaient leur percée commencée en 1957. Le secrétariat général du Movimiento fut arraché à José Solis et son empire démembré. A la tête de ce secrétariat, avec rang de ministre, fut nommé Torcuato Fernandez Miranda qui n'était rien moins que phalangiste convaincu et qui s'empressa de prohiber dans son entourage tous les signes extérieurs copiés du fascisme : chemise bleue et salut à la romaine. L'amiral Nieto Antúnez fut évincé du ministère de la Marine. Alfredo Sánchez Bella, ambassadeur en Italie et dont le frère était un religieux, conseiller influent de l'Œuvre, remplaça Fraga à l'Information. Treize nouveaux ministres, dont Vicente Mortes, faisaient leur entrée au gouvernement, dont la plupart étaient membres ou avaient partie liée avec l'Opus. Castiella lui-même, auquel on reprochait en sous-main, sa politique trop antibritannique (à propos de Gibraltar) et ses réticences à l'égard des États-Unis (à propos des bases américaines) fut remplacé par López Bravo.

Ce raz de marée de la nouvelle vague technocléricale avait cependant toutes les caractéristiques d'une fuite en avant. Le départ de Fraga notamment et le passage de López Bravo de l'Industrie aux Affaires étrangères revêtaient une signification toute particulière. Le premier n'avait rien fait pour étouffer le scandale qui venait d'éclabousser les ministères économiques détenus par des fidèles de l'Opus et le second, précisément, avait besoin de changer de secteur pour éviter d'être atteint, comme trois de ses collègues de l'ancien gouvernement qui avaient dû être sacrifiés parmi lesquels le ministre du Commerce, Garcia Moncó, et le gouverneur de la Banque d'Espagne, Navarro Rubio, tous deux membres « numéraires » de l'Œuvre.

Cette « affaire Matesa », qui venait d'éclater au cours de l'été 1969, n'était qu'une des escroqueries aux dépens de l'État que facilitent si souvent les régimes autoritaires et autarciques. Son artisan, Juan Vila Reyes, le P-DG de l'entreprise Matesa, était un habile capitaine d'industrie qui avait réussi à se faire délivrer des subventions considérables pour des exportations fictives de métiers à tisser. Les détournements de fonds publics portaient sur près d'un milliard de francs de l'époque et le plus choquant était que loin d'être stoppé par deux rapports très alarmants des douanes remontant à 1967, le trafic s'était poursuivi comme si de rien n'était. Vila Reyes venait même de recevoir à Barcelone au cours de cet été 1969, la médaille d'« exportateur exemplaire ». Et c'était précisément pendant cette période où Matesa était suspectée d'activités délictuelles que la société avait reçu l'essentiel de ses crédits!

Vila Reyes ne faisait guère que courtiser les ministres en place qui se trouvaient être des technocrates de coloration Opus. Fraga lui-même, mal informé, s'était fait le panégyriste de l'industriel, avant de se convertir en accusateur. Le vrai responsable de cette fraude monumentale était en fait le régime qui, à l'abri de tout contrôle démocratique, pouvait, plus aisément qu'un autre, susciter et couvrir de telles entreprises de corruption.

Le gouvernement de l'automne 1969 avait été conçu pour endiguer le scandale. Il ne réussira guère qu'à l'amplifier en cristallisant contre lui toutes les forces hostiles non seulement à l'Opus Dei mais aussi à l'idée d'« ouverture » et au concept de néo-capitalisme libéral plus ou moins incarnés par López Rodó et ses amis.

Un autre événement, de portée internationale celui-ci, va d'ailleurs contribuer à attiser la guerre civile au sein de l'« establishment » franquiste. Il s'agit du procès de Burgos qui, en décembre 1970, replace inopportunément l'Espagne au premier plan d'une actualité, dont on avait presque oublié depuis l'exécution en 1964 de Julián Grimau, qu'elle pouvait être encore tragique.

Pour l'immense majorité des Espagnols, le phénomène terroriste de l'ETA fut une véritable surprise lorsqu'il commença de se manifester à la fin des années soixante. Il était pourtant le fruit d'une lente maturation des éléments les plus jeunes et les plus radicaux du nationalisme basque, frustrés par l'apparente passivité du Parti nationaliste basque (le PNV chrétien et conservateur), face à la dictature franquiste.

En 1952, ces éléments jeunes avaient créé le mouvement Ekin (Agir), première révolte des « fils » contre les « pères ». En 1959 naquit l'ETA (Euzkadi et Liberté) résultat d'une rupture, à cette époque plus stratégique qu'idéologique, avec le nationalisme basque qui remontait, dans son expression politique et culturelle, à la fin du XIXe siècle.

Le premier attentat d'ETA – contre un train – fut perpétré en juillet 1961. En 1962, la première assemblée de l'organisation révélait déjà des affinités évidentes entre l'ETA et les divers mouvements de libération du Tiers Monde comme le castrisme et le FLN algérien.

Cette tendance révolutionnaire ne fit que s'accentuer au cours des années suivantes et ses adeptes se mirent à utiliser de propos délibéré la tactique éprouvée des réactions en chaîne. A l'action terroriste devait répondre une réaction policière, aveugle de préférence, laquelle entraînait à son tour une action de plus grande envergure menée par un nombre croissant de militants.

L'ETA, comme tout mouvement imprégné d'idéologie marxiste-léniniste, avait beau se diviser en plusieurs tendances rivales, telle la scission qui eut lieu lors de sa sixième assemblée entre une fraction « militaire » et une autre « politico-militaire », elle n'en gagnait pas moins du terrain d'année en année. Les franquistes voyaient en elle la préfiguration de ce qui risquait de se produire dans toute l'Espagne si le régime lâchait un tant soit peu de lest, et les antifranquistes avaient tendance à ne voir dans le phénomène qu'un produit de la brutale répression de ce même régime et qui disparaîtrait avec la cause du mal. Les uns et les autres étaient évidemment dans l'erreur.

En 1968, l'ETA avait déjà commis trois meurtres, dont celui du chef de la police de Saint-Sébastien. Globalement, elle obtenait peu à peu ce qu'elle voulait : un déchaînement répressif dont toute la population basque en tant que telle devait se sentir victime et la naissance d'un véritable syndrome d'oppression coloniale en Euzkadi.

Il manquait cependant à l'ETA l'aura tragique qui convertirait ses militants en héros de la résistance à la dictature et attirerait sur elle l'attention du monde entier. Ce cadeau lui fut paradoxalement offert en décembre 1970 par le régime sans que l'on ait pu déterminer, dans le jeu compliqué des responsabilités judicaires et des luttes de clans qui se livraient au sein du sérail franquiste entre militaires, phalangistes, « opusdéistes » et simples opportunistes, quels étaient les véritables artisans de cette maladresse.

Ce procès de Burgos, corsé par l'enlèvement puis la libération du consul allemand à Saint-Sébastien, dramatisé par la confirmation de six peines de mort entre Noël et le jour de l'an, fut en tout cas, et universellement, beaucoup plus celui du franquisme finissant que celui du terrorisme basque. La grâce finale accordée par Franco le 30 décembre ne réussit pas à dissiper tout à fait le spectre de ces poteaux d'exécution dressés sur fond de neige auxquels les six condamnés jusqu'au dernier moment semblaient être promis. Il n'en avait pas fallu davantage pour redonner vie à la légende noire de l'Espagne et aux fantômes de la guerre civile.

Le nouveau gouvernement « technocratique » tira non sans raison la leçon de l'événement. A travers le procès de Burgos c'était lui-même que certains milieux « ultra » avaient cherché à compromettre et à abattre. Le ferme plaidoyer de Carrero en faveur des grâces avait évité le pire. Mais dans la foule qui avait été rameutée le 17 décembre sur la place d'Orient pour apporter son soutien à Franco contre « la conspiration internationale », les slogans hostiles à l'Opus avaient fleuri comme des colchiques vénéneuses : « Franco oui... Opus non! » ou encore, plus plaisamment : « De l'Opus délivrez-nous Seigneur! »

C'était, il est vrai, l'époque où un metteur en scène d'avant-garde, A. Marsillach, montant le Tartuffe de Molière, lui faisait jouer au violoncelle un certain « *Opus 69* »...

Juan Carlos, ce jour-là, avait été littéralement requis de rejoindre le Caudillo et son épouse sur le balcon du Palais royal. Les photos le montrent au second plan du groupe cherchant à se dissimuler derrière le petit vieillard en chapeau mou que l'on acclame, l'air atterré par ce déferlement des forces du passé, tandis que Carmen Franco et d'autres officiels saluent, le bras tendu, comme au bon vieux temps.

Le prince voulut lui aussi prendre l'initiative d'une requête en faveur de la clémence, mais on lui fit savoir qu'elle était irrecevable, le droit de grâce ne se partageant pas. Au même moment d'ailleurs, des capitaines en colère lui demandaient, au nom de la solidarité d'armes, de plaider auprès du Caudillo la fermeté dans l'affaire de Burgos et le renvoi du gouvernement. La sagesse lui imposait de se retirer sur l'Aventin avant même d'avoir fait ses preuves. S'il avait songé, dans les premiers mois de sa désignation, à jouer dans la politique de son pays un rôle autre que figuratif, la tournure que prenaient les événements l'incitait plus que jamais à faire le mort!

Les années muettes

Il n'avait d'ailleurs rompu le silence de manière significative qu'une seule fois jusqu'à présent : au bénéfice de Richard Eder du *New York Times.* Des déclarations du prince reproduites le 4 février 1970 dans l'*International Herald Tribune* et très prudemment enrobées par les commentaires du journaliste, il résultait, aux dires de ce dernier, que Juan Carlos était beaucoup mieux informé de ce qui se passait qu'on ne pouvait le croire et surtout beaucoup plus déterminé à peser sur l'évolution post-franquiste, mais qu'il ne savait pas encore très bien jusqu'où il pouvait aller et comment il pourrait s'y prendre.

D'autre part, commentait Eder, le prince ne se sentait pas vraiment libre de ses mouvements, et Franco, à tout moment, pouvait révoquer le choix qu'il avait fait. L'essentiel du message était, en fait, contenu dans le titre de l'article : « Juan Carlos promet un régime démocratique », ainsi que dans son sous-titre : « Je suis l'héritier de Franco mais je suis aussi l'héritier de l'Espagne. »

Un an plus tard, en juin 1971 revenant d'un voyage officiel aux États-Unis où il avait été reçu par Nixon avec les honneurs réservés à un chef d'État, Juan Carlos apprit que Franco, déjà fâcheusement impressionné par cet article, était furieux de certains propos trop progressistes qu'il avait tenus outre-Atlantique. Il s'empressa donc de prendre les devants à la première occasion en traduisant lui-même devant le Caudillo ce qui avait été réellement publié en anglais dans le *Washington Post* notamment.

« N'oubliez pas, coupa brusquement Franco, qu'il y a des choses que vous pouvez et même que vous devez dire à l'étranger et d'autres que vous ne pouvez pas dire en Espagne. Il se peut fort bien que ce que vous dites hors d'Espagne ne soit pas du tout bon à diffuser ici, et de la même manière, il vaut parfois mieux que ce que vous dites ici ne traverse pas les frontières. »

Ces propos sibyllins laissaient le prince devant ses responsabilités tout en lui donnant à entendre qu'il était surveillé. Loin de vouloir lui dicter sa conduite, le dictateur vieilli, mi-paternel mi-espion, observait en silence le comportement de son héritier, quitte à lui donner de temps à autre et, toujours à la manière galicienne, une leçon de politique à double entente.

« Je ne veux pas être le mentor du prince », avait-il dit à Carrero pour que ce lui soit répété. Et lorsque dans les premiers temps Juan Carlos avait demandé au Caudillo s'il pouvait, s'il devait assister au Conseil des ministres, Franco lui avait répondu qu'il le pouvait s'il le voulait, mais en faisant en sorte de l'en décourager. « Pourquoi voudriez-vous que je vous donne des conseils, lui dira-t-il un jour, puisque de toute manière vous ne pourrez pas gouverner comme moi ! »

Cela pouvait vouloir dire : vous ne serez pas en condition de gouverner comme je l'ai fait. Cela pouvait vouloir dire aussi : il ne faudra surtout pas que vous cherchiez à gouverner comme moi. Et même aussi : Vous serez l'homme d'une autre époque qui exigera une autre forme de gouvernement [3]...

Tout ce dont le prince pouvait se plaindre était en fait de ne jamais très bien savoir à quoi s'en tenir. Ce qui en soi, et compte tenu des circonstances, n'était pas de si mauvaise pédagogie. Ne l'informant de rien, le Caudillo évitait aussi, sciemment peut-être, de le compromettre. Depuis le 23 juillet 1969, ils se voyaient tous les lundis après-midi une petite heure au Pardo. Et après, chacun chez soi... « Il y a des choses que je ne puis faire, lui avait dit aussi Franco. Au moins, vous, voyagez ! »

Là encore, dans cette perspective d'apprentissage solitaire, ce n'était pas une mauvaise recette. Juan Carlos, au cours de ces années muettes, voyagera beaucoup en Espagne et hors d'Espagne, et il retirera le plus grand profit de ces déplacements. Lorsqu'il accédera enfin au pouvoir, Antonio Fontán pourra dire qu'il n'a

---

3. C'est l'interprétation la plus vraisemblable au demeurant si l'on en croit le roi lui-même qui, se référant à ses conversations avec Franco, nous déclarait en novembre 1985 :« Franco me disait : Je ne peux tout de même pas faire le contraire de ce que j'ai toujours fait ! »

jamais rencontré d'Espagnol qui connaisse aussi bien que le roi son pays et ses compatriotes. Travail méthodique et en profondeur, qui a commencé au demeurant bien avant le 23 juillet 1969. Une des chances de Juan Carlos est d'être servi par une mémoire exceptionnelle. Ce don, allié à son aisance naturelle dans les contacts humains dès qu'il ne se sent pas sous surveillance politique, lui permettra d'engranger une masse d'informations précieuses et de connaître parfaitement les ressorts intimes du pays.

« Le nombre d'Espagnols que le nouveau souverain connaît par leur nom est réellement impressionnant », précisera l'ancien professeur du prince et directeur du journal *Madrid*. « Il a pu s'entretenir avec des milliers de gens de toute condition, de toute profession, en assimilant parfaitement tout ce qu'il apprenait. Ce fut là sa meilleure université. Une grande école de vie qu'il sut compléter, avec une vision très claire de l'avenir et de ce que serait son destin historique, par ses contacts personnels avec l'Espagne semi-clandestine [4]. »

Ses nombreux voyages à l'étranger lui en apprendront encore davantage. Déjà il s'est rendu officiellement en Iran et aux États-Unis. En 1972, ce sera le Japon, l'Éthiopie, la République fédérale d'Allemagne. En 1973, la France de Georges Pompidou. En 1974, l'Arabie Saoudite, les Philippines, l'Union indienne. Sans compter les déplacements tout aussi nombreux motivés par des cérémonies privées dans les cours d'Europe, des manœuvres militaires, des anniversaires fastueux comme celui de Persépolis en 1971. De ces contacts avec les grands dirigeants de la planète il a retenu toutes les recettes de séduction qu'un chef d'État moderne se doit de connaître et appris à répondre à toutes les questions que les représentants des démocraties occidentales se posent sur l'avenir de l'Espagne. Le monde, c'est un peu sa famille. Pour lui, la reine d'Angleterre, c'est Lilibeth, et rien de ce qui est « européen » ne peut lui être étranger. Tout un univers, en vérité, le sépare de ce Caudillo qui n'est sorti d'Espagne que pour aller saluer Mussolini, Hitler et Salazar. Le représente-t-il même au cours de ces voyages? Franco n'en demande pas tant. Ses hôtes, souvent sceptiques sur ses chances de régner, voient beaucoup moins en lui le successeur, l'héritier désigné, que la promesse d'une autre Espagne.

---

4. *Histoire de la transition*, publiée en fascicules par le quotidien *Diario 16*.

Mais toutes ces expériences accumulées ne peuvent suffire à asseoir encore la personnalité du prince aux yeux de l'opinion publique. Ses voyages sont des succès; ils ne sont pas révélateurs d'évidences. Peu doué pour la parole, et le sachant, ses discours passent mal. Il leur manque cette chaleur de ton, cette conviction, qui pourraient au moins suppléer leur excessive prudence. Aussi sympathique qu'apparaisse le couple princier, l'image de Juan Carlos ne coïncide pas d'emblée avec celle d'un futur chef d'État, et encore moins avec celle qu'il réussira plus tard à imposer. C'est une image terne, un peu compassée, dépourvue de fantaisie, celle d'un homme que l'on pourrait croire étranger à toute imagination créative. Mais c'est sans doute aussi son masque du moment.

En réalité, sauf dans les pires circonstances, les cérémonies franquistes, par exemple, le prince n'est jamais aussi emprunté en public que certains veulent bien le dire. La surprise qu'éprouvent les quelques privilégiés qui entrent pour la première fois dans son intimité n'en est que plus heureuse lorsqu'ils découvrent la liberté de langage, la gaieté, l'astuce et le sens de l'humour du véritable personnage. Encore, parfois, ne se disent-ils pas toujours convaincus, tentés qu'ils sont d'attribuer ce décalage entre l'homme public et l'homme privé à quelque ingénuité de son caractère. Autre masque...

Car même dans ces instants de détente, la confiance du prince ne peut être totale. Sachant que le premier crime qu'on lui imputera est de jouer double jeu, il ne doit paraître ni trop malin ni trop habile. Il suffira donc qu'on ne le croie pas aussi sot que la rumeur publique, savamment entretenue par la presse phalangiste, le laisse entendre. Dans cette frange de pâleur calculée, à peine acceptable pour son amour-propre, il pourra dissimuler sa pensée aux uns sans leur mentir outrageusement, et faire passer aux autres des messages sans qu'ils puissent se targuer imprudemment de connaître les desseins d'un nouveau Machiavel... Car c'est bien là qu'est le piège le plus dangereux. Un clin d'œil de trop et tout peut s'écrouler! Bien souvent au cours de ces années, Juan Carlos se demandera avec Sophie s'ils verront l'un et l'autre la fin des travaux qu'ils ont entrepris à la Zarzuela. L'exercice de funambulisme du prince d'Espagne ne fait d'ailleurs que commencer. Il lui faudra déployer, pour le mener à bon terme, une vigilance à toute épreuve et une volonté de fer dans le mutisme de commande et l'inaction forcée.

Le « Bunker » du Pardo

L'issue heureuse de l'affaire de Burgos avait démontré que Franco demeurait ce qu'il avait été dans bien des circonstances : « le grand modérateur du franquisme », selon le mot d'Areilza. Lui seul, en tout cas, pouvait imposer cette grâce générale des condamnés. Certains avaient été sanctionnés pourtant d'une double peine de mort par les juges militaires.

Le trente-cinquième anniversaire de son accession au pouvoir, en octobre 1971, se déroula sous un slogan triomphaliste qui sonnait comme un défi : « Esta vez porque si! » Ce qui pouvait se traduire : « Cette fois-ci, sans raison particulière, pour la beauté du geste! » Le Caudillo en profita pour passer l'éponge sur l'affaire Matesa, ce qui confirma le crédit de l'équipe gouvernementale d'octobre 1969, que l'on s'attendait à voir sombrer dans les remous de l'« après Burgos ».

« Tant que Dieu me gardera vie et lucidité, avait confirmé Franco, je resterai au timon de l'État. » Ce n'était effectivement pas, à ses yeux, le moment de passer la main. Le monde ouvrier de plus en plus noyauté par les syndicats clandestins venait de déclencher une série de grèves de grande ampleur – dont celle de la SEAT à Barcelone qui avait été particulièrement dure – et l'Église d'Espagne conduite par Mgr Enrique y Tarancón, président de la Conférence épiscopale et bientôt archevêque de Madrid, venait de passer très majoritairement dans l'opposition déclarée. En septembre, l'assemblée des évêques et des prêtres réunie dans la capitale avait notamment exprimé « la profonde contrition d'un clergé qui n'avait pas su se faire l'artisan de la réconciliation après la guerre civile ».

Le régime gardait encore une évidente faculté de résistance, mais le costume était usé jusqu'à la trame. Trop étroit, ses coutures craquaient. La rude étoffe militaire l'empêchait de céder; son tailleur cependant n'était plus en mesure de consolider les pièces.

Il l'était d'autant moins que ceux qui malmenaient le plus cette vêture défraîchie appartenaient maintenant à sa plus proche famille. Sous prétexte de sauver le franquisme, Doña Carmen, sa fille, son gendre et toute la petite cour du Pardo faisaient cause commune avec les « ultras » du régime pour torpiller l'amiral, le gouvernement

« Opus » le prince d'Espagne et, d'une manière générale, tout ce qui pouvait représenter, dans le cadre même du régime, un facteur de dangereuse évolution.

Lorsque le sort des condamnés de Burgos se débattait, le marquis de Villaverde s'était fait si violemment, devant Carrero, l'avocat des « capitaines » qui exigeaient l'application de la sentence, allant jusqu'à traiter le vice-président de « traître », que ce dernier avait dû le mettre à la porte de son cabinet. « Eh bien quoi, vous avez le bras ankylosé? » déclarait de son côté le Dr Vicente Gil, médecin personnel du chef de l'État, aux ministres qui se refusaient à faire le salut fasciste sur le balcon du Palais d'Orient...

C'étaient des temps de grande exaltation. Dix-huit mois plus tard, les haines étaient toujours aussi vives. L'hypothèse d'un coup d'État ultra mené par les généraux de la vieille garde phalangiste avec l'appui des formations paramilitaires du notaire Blas Piñar, fondateur de Fuerza nueva et inspirateur des Guerilleros du Christ-Roi, n'était pas tout à fait absurde. Le Caudillo entré en 1972 dans sa quatre-vingtième année serait-il même en état de s'opposer à une telle folie?

Dans l'entourage de López Ródo, les consignes circulaient : ne rien faire qui pût provoquer une réaction d'extrême-droite, les évêques, les ouvriers et les étudiants se chargeant déjà bien assez imprudemment de jouer les boutefeux.

De ces années que l'on appela aussi celles du « prépostfranquisme », ou celles du « postfranquisme sous Franco », tant la figure de ce dernier commençait de s'éloigner, naquit la remise à la mode de l'expression « bunker » pour désigner le clan composé de l'entourage familial du dictateur et du cercle militaire et politique jouissant de la confiance de ce clan. Parmi ces fidèles qui se signalent davantage, en général, par leur agitation que par leur capacité de réflexion, se détache au moins une « tête pensante », ingrate mais discrète, qui a aussi la réputation d'un homme à poigne, détenteur de nombreux dossiers de police : l'ancien chef de la Sûreté et maire de Madrid, Carlos Arias Navarro.

Une nouvelle dynastie : les « Bourbon-Franco »

C'est dans cette atmosphère de fin de partie, autour d'un vieillard de plus en plus sensible aux pressions du clan familial, que se prépara le mariage de la petite-fille du Caudillo, Maria del Carmen Martinez Bordiú, aînée des enfants du marquis et de la marquise de Villaverde, avec Alfonso de Bourbon-Dampierre qui avait été nommé peu de temps auparavant ambassadeur d'Espagne en Suède.

Cette union, entre un Bourbon et une Franco, si elle ne résista guère au temps [5] éclata à l'époque comme une bombe dans le fragile échafaudage de la succession. Le chef de l'État avait eu beau affirmer le 22 juillet 1969 devant les Cortes que désormais « tout était bien et solidement arrimé », il était pour le moins justifié de s'interroger sur les intentions politiques cachées de ce mariage. En admettant même que Franco n'ait pas l'intention de revenir sur le choix de son successeur, l'ambitieuse Doña Carmen et le sémillant marquis n'étaient-ils pas bien placés pour faire son siège et l'amener à rectifier son choix? Asseoir sa petite-fille sur le trône d'Espagne, était-ce si inconcevable alors que le futur époux de celle-ci, n'eussent été l'infirmité de Don Jaime, son père, et la renonciation qu'il avait faite de ses droits dynastiques, aurait dû être l'héritier de la couronne!

Dans une perspective strictement politique, Bourbon-Dampierre jouissait en outre de la confiance des milieux phalangistes. Enfin, chacun savait que Franco avait ses faiblesses. S'il n'avait pas fondé sa propre dynastie par crainte du ridicule et respect de la tradition historique, l'idée l'en avait au moins effleuré. Son souci de se perpétuer était même tel que, privé de descendance mâle, il avait fait changer l'état civil de l'aîné de ses petits-fils. Ce dernier ne s'appelait plus Francisco Martinez Bordiú, mais Francisco Franco, tout simplement.

La menace était d'autant plus fondée qu'Alfonso, quelques jours avant son mariage, allait faire une démarche auprès du ministère de la Justice pour déclarer qu'il n'acceptait pas la renonciation de son père et que, s'il souscrivait à la désignation de son cousin comme successeur de Franco à titre de roi, « s'agissant, disait-il, d'un acte légal dont la dérogation serait trop compliquée », il ne reconnaissait Juan Carlos, en fait, qu'à ce titre, comme l'homme qui avait juré fidélité aux principes du Movimiento. En outre, avouait-il avec une amère et naïve franchise, il se considérait lésé de n'avoir rien obtenu

5. Maria del Carmen Martinez Bordiú se remariera plus tard avec l'antiquaire parisien Jean-Marie Rossi.

en échange de sa prestation de témoin à l'acte d'acceptation de la succession par son cousin, lors de la courte cérémonie qui avait eu lieu au palais de la Zarzuela...

Sous ses dehors de beau ténébreux, plus agile, semblait-il, à se mouvoir dans le monde politique que le prince d'Espagne, Alfonso de Bourbon-Dampierre était en fait un homme assez malheureux, secrètement blessé par l'infortune de son père, le divorce difficile de ses parents et les innombrables querelles d'argent qui avaient découlé de cette situation. Son ambition, par ailleurs fort mal assumée, sera bien davantage le fruit d'une frustration compréhensible que d'une âme intrigante. Lorsque les malheurs l'accableront et parmi eux le pire de tous – la mort d'un de ses deux petits garçons en 1984 dans un accident de voiture occasionné par lui – Juan Carlos et Sophie sauront lui apporter tout le réconfort d'une réelle affection oublieuse du passé. Mais, en attendant, le futur roi devra mener un combat éprouvant, pour éviter que la percée de son cousin au cœur du sérail franquiste ne se transforme en véritable danger pour la dynastie comme pour l'avenir de la démocratie.

Lorsque le 8 mars 1972 fut célébré en grande pompe dans la chapelle du Pardo le mariage qui pouvait donner assise à l'hypothétique lignée royale des Bourbon-Franco, toute une série d'escarmouches apparemment futiles ou mesquines mais de forte résonance politique, avait déjà opposé les deux cousins et leurs alliés naturels. Juan Carlos avait obtenu que l'union d'Alfonso ne donnât pas lieu à « agrément » de la part du conseil du Royaume et des Cortes, ce qui eût été lui reconnaître une éventuelle vocation au trône. Puis la bataille s'était centrée autour de la prétention d'Alfonso à user du titre de « prince de Bourbon ». Don Juan, accourant au secours de son fils, avait écrit au ministre de la Justice pour spécifier que ce titre de prince ne pouvait être utilisé que par la lignée titulaire des droits dynastiques.

« Mais alors, demanda Franco, on veut ôter à Alfonso un titre qu'il arborait déjà !

– Il l'utilisait parce qu'il ne l'avait pas demandé, répliqua le ministre de la Justice. Mais maintenant qu'il en réclame l'usage, il faut bien qu'on le lui refuse ! »

Accueilli à Madrid par une forte délégation des sourds-muets d'Espagne, brandissant des pancartes en signe de bienvenue au plus illustre d'entre eux, Don Jaime se considérait au moins comme le chef de la Maison de Bourbon. En cette qualité il avait remis en main propre au Caudillo un collier de la Toison d'Or. Franco allait-il le porter le jour des noces? Nouveau suspense! Le dictateur évita cette dérision, mais l'affaire, si l'on peut dire, n'avait pas manqué de faire « jaser »... et même de préoccuper sérieusement Juan Carlos et son père.

Les faire-part n'en attribuèrent pas moins le titre de « Son Altesse Royale le prince... » à Don Alfonso de Bourbon-Dampierre. Mais on remarqua que Franco ne figurait pas alors comme puissance annonçante et invitante. En revanche, les invitations à la réception étaient faites au nom du chef de l'État sans préciser de quelle « cérémonie nuptiale » il s'agissait. Subtilités du protocole!

Un peu plus tard, López Rodó eut l'occasion de se rendre à Stockholm où il trouva Alfonso passablement amer :

« Je n'ai que deux loyautés, lui affirma l'ambassadeur d'Espagne, la première envers le Caudillo, la seconde envers Don Juan Carlos. Si un autre prétendant devait surgir, je me jetterais dans l'arène. Et si mon cousin ne respectait pas les principes qu'il a juré de respecter, je cesserais aussi de le reconnaître. Par ailleurs mon père est bien le chef de la Maison de Bourbon. Sa renonciation pour ses héritiers n'est pas valide. Quand d'ailleurs il y souscrivit je n'étais pas né. Son mariage ne fut pas davantage " morganatique " puisqu'il reçut le consentement d'Alphonse XIII. Le jour où mon père ne sera plus là, personne ne pourra s'opposer à ce que je devienne à mon tour le chef de la Maison de Bourbon, ce qui n'empêche nullement que la couronne revienne à d'autres membres de la famille. »

Alfonso et sa ravissante épouse n'en acceptèrent pas moins le titre de duc et duchesse de Cadix qui appartenait à la Maison royale et que leur octroya Franco sur proposition de Juan Carlos et avec l'agrément de son père. Mais l'insistance du Caudillo à conférer à son petit-gendre le titre de « prince de Bourbon » avait été particulièrement tenace en dépit des bons arguments soulevés par le prince d'Espagne pour lui faire admettre que ce titre soulèverait fatalement une grande confusion dans l'opinion publique en accréditant une sorte de « guerre des deux princes ». Carrero appuya fortement ce point de vue, mais déclara à López Rodó en sortant de l'audience : « Je vois déjà le moment où il faudra que je défende le Caudillo contre lui-même. »

Si le clan du Pardo n'avait pas eu gain de cause dans cette affaire, tout danger n'était pas cependant écarté. Alfonso avait obtenu de rester à Madrid, rien moins que « pour faciliter les contacts entre le Caudillo et le prince d'Espagne ». En cas de disparition de Juan Carlos il pouvait toujours être substitué à lui comme héritier du trône. La loi franquiste en effet n'assurait nullement, tant que le successeur n'était pas investi du pouvoir royal, la passation automatique de ses droits dynastiques à son propre héritier. L'infant Felipe, qui, en janvier 1973, venait d'avoir cinq ans, n'était donc qu'un dauphin des plus hypothétiques. Son père ne réussit pas à convaincre Franco de lui reconnaître le titre de prince des Asturies. Sophie elle-même ne pouvait être régente, la loi précisant que ce rôle ne pouvait être dévolu qu'à un mâle.

Dans ce climat d'incertitudes, la riposte des « juancarlistes » fut la préparation d'un gouvernement susceptible d'assumer au mieux la transition vers le postfranquisme. Les facultés physiques et intellectuelles de Franco déclinaient rapidement. Le Caudillo n'ouvrait pratiquement plus la bouche au Conseil des ministres et s'y endormait le plus souvent. La maladie de Parkinson faisait de lui une momie tremblante. Il fallait agir avant qu'il ne fût complètement « chambré » par la « camarilla » familiale. Le gouvernement de 1969, d'autre part, était trop usé par les contrecoups du procès de Burgos et par le scandale Matesa; il s'était fait trop d'ennemis pour résister à la crise que provoquerait la mort du dictateur. Un des grands soucis de Juan Carlos et de ceux qui l'appuyaient était de ne pas avoir à procéder à une refonte gouvernementale dans cette dangereuse et inévitable période d'interrègne. Il fallait donc que le changement intervînt du vivant de Franco.

En mai 1973 les tensions entre ultras et gouvernementaux se répercutaient jusque dans la police, occasionnant à Madrid des troubles inquiétants. Le 6 juin, après plus d'un an de gestation laborieuse, Carrero reçut enfin le feu vert de Franco pour constituer un gouvernement dont l'amiral allait, pour la première fois, assumer la présidence pleine et entière comme l'avaient prévu sept ans plus tôt les dispositions de la loi organique de l'État sur la séparation des pouvoirs exécutifs. L'amiral alla aussitôt en informer Juan Carlos qui, d'après López Rodó, se déclara en plein accord avec le choix des ministres.

Ce nouveau gouvernement ne prétendait pourtant pas être un

vrai gouvernement d'ouverture, celui dont eût rêvé le prince. Ce dernier était d'ailleurs bien conscient qu'il fallait, dans un premier temps, composer avec toutes les tendances du régime. D'un geste qui lui est resté familier, Juan Carlos avait fait devant le ministre du Plan et le vice-président, le mouvement de resserrer les deux mains l'une sur l'autre avant de les ouvrir largement vers un avenir prometteur. Loin d'avoir été tenu à l'écart de ce profond remaniement, il considérait presque que le nouveau cabinet aurait dû s'appeler « gouvernement de la Zarzuela ». Mais il y avait là, tout de même, quelque ingénuité, car une pièce essentielle de ce cabinet, rajoutée par Franco, risquait d'en faire tout autant un « gouvernement du clan du Pardo ».

Dans l'ensemble on avait voulu donner l'impression d'une présence beaucoup plus discrète des technocrates de l'Opus. López Bravo, Mortes, Sánchez Bella quittaient le gouvernement. López Rodó abandonnait le Plan et les coulisses de la présidence pour prendre en charge les Affaires Étrangères. Mais ce maquillage destiné à préserver l'essentiel du pouvoir entre les mains des « juancarlistes » était hypothéqué par la seule désignation qu'au dernier moment Franco avait imposée à Carrero : Arias Navarro serait ministre de l'Intérieur. Et ce choix répondait déjà aux vœux pressants du « bunker ».

L'assassinat de Carrero Blanco

Mais l'amiral n'était pas président du gouvernement à part entière depuis beaucoup plus de six mois qu'il passait de vie à trépas, le 20 décembre à Madrid, dans le plus spectaculaire attentat dont un homme d'État fut jamais victime.

Ce jour-là, Luis Carrero venait d'assister, comme chaque matin, à la messe de 9 heures dans l'église des jésuites de la rue Serrano, lorsque sa Dodge noire, conduite par le chauffeur Pérez Mogena, fut par une impulsion d'une force prodigieuse, arrachée à l'asphalte de la rue voisine, la « calle » Claudio Coello. Le nuage de fumée et de poussière était d'une telle densité que les policiers de la voiture d'escorte crurent à quelque explosion de gaz et ne songèrent même pas à regarder en l'air, tout occupés qu'ils étaient à ne pas perdre le contact avec le président, qu'ils allèrent chercher jusqu'à son domicile. S'ils avaient levé les yeux, ils auraient pu voir la corniche légèrement écornée d'un très haut mur de brique appartenant précisément au couvent des jésuites. C'est ce mur que le lourd véhicule de l'amiral avait franchi dans une aérienne parabole avant d'aller s'écraser sur une terrasse intérieure. On retira trois corps de la carcasse de la Dodge. Celui de Carrero Blanco était pratiquement intact. La mort avait été instantanée.

Quelques instants après l'explosion, une SEAT 124 postée non loin de là recueillait deux employés, en combinaison bleue de la Compagnie hydroélectrique, qui se dirigeaient vers elle sans trop se presser. Les hommes se changèrent à l'intérieur de la voiture, sautèrent dans une autre automobile et s'enfuirent vers le Portugal. Ils appartenaient au commando « Txikia » de l'ETA et venaient de mener à bien une opération méticuleusement préparée depuis un an, la fameuse « opéracíon Ogro ».

C'est en décembre 1972 que les terroristes basques avaient envoyé dans la capitale leurs premiers agents chargés de surveiller les habitudes de l'amiral. Elles étaient d'une très propice régularité. Tous les matins, celui qu'ils avaient baptisé l'« Ogre » à cause sans doute de sa tête de bouledogue maussade hérissée d'épais sourcils à la Brejnev, quittait son domicile de la calle Hermanos Becquer à 8 h 55, allait entendre la messe chez les jésuites ses voisins, et se rendait ensuite à la présidence au n° 3 de la « Castellana », les Champs-Élysées madrilènes. Tous ces trajets étaient très courts, l'itinéraire ne variait pratiquement jamais et la seule protection de Carrero, outre le policier qui prenait place à côté de son chauffeur, était une voiture d'escorte qui véhiculait un des deux inspecteurs attachés en permanence à sa protection et deux autres agents.

Compte tenu du fait qu'il n'y avait, à proprement parler, aucun dispositif de sécurité autre que cette escorte pour protéger le chef du gouvernement, il semblait assez facile soit de l'abattre d'une rafale de mitraillette, soit de l'enlever avant, pendant ou après ses dévotions. L'ETA choisit néanmoins la forme d'attentat la plus sophistiquée. Ses hommes louèrent un studio et sa cave, destinée en principe à servir d'atelier à un sculpteur, sur l'itinéraire obligé de l'amiral, creusèrent en une semaine un tunnel de six mètres en « T » sous la chaussée de la rue « Claudio Coello », bourrèrent d'explosif l'excavation et, déguisés en électriciens chargés d'opérer un raccordement urgent entre le 19 et le 20 décembre, déroulèrent à la vue et au nez des voisins les deux cents mètres de cordon qui leur permettraient de commander l'explosion à distance. Pour être certains que la Dodge passerait exactement au-dessus de la charge, ils avaient en outre garé un véhicule de telle sorte que le chauffeur serait contraint de passer par la chicane fatale.

Le lendemain, une foule de curieux tentait encore d'approcher l'énorme cratère qu'avait creusé l'explosion et le féroce humour madrilène se demandait ce qui avait bien pu pousser ce marin, ancien spécialiste des submersibles, à finir sa carrière dans l'aéronavale.

Franco n'était pas en état d'accompagner son plus fidèle et plus ancien collaborateur au cimetière. Ce fut Juan Carlos qui suivit la prolonge d'artillerie drapée aux couleurs nationales et jeta sur le cercueil la première pelletée de terre. En dépit du froid intense, près de cent mille personnes s'étaient groupées sur le parcours du convoi mortuaire avec le sentiment qu'ils assistaient là à la répétition générale d'honneurs funèbres encore plus impressionnants et qui ne tarderaient guère.

Le 23, le Caudillo présida la cérémonie religieuse à San Francisco El Grande et pleura sans vergogne en présentant ses condoléances à la veuve de son vieil ami. Mais six jours plus tard, prononçant devant les caméras de télévision son traditionnel message de fin d'année, il eut cette phrase bien étrange pour un hommage posthume : « C'est une vertu de l'homme politique que de savoir convertir les maux en choses bénéfiques. Car comme le dit l'adage populaire : il n'y a pas de mal dont il ne sorte un bien. » (« No hay mal que por bien no venga. »)

Quel « bien » pouvait donc engendrer le « criminel attentat » qu'il venait de dénoncer dans ce discours? Le gâtisme exaspéré par l'émotion, suffisait-il à justifier un tel mauvais goût? Le chef de l'État ne reprenait-il pas à son compte, sans en mesurer la portée, une réflexion que lui avait soufflée son entourage familial? Et si tel était le cas ne pouvait-on en déduire que le « bunker » était bien soulagé de la disparition de Carrero? Que peut-être même...

L'ETA était pourtant bien l'auteur matériel de l'assassinat. Mais il était inévitable que l'on se posât des questions. La veuve de l'amiral s'en posa elle aussi. Quelques mois plus tard, elle déclarait à un journaliste que l'attentat était décidément « trop parfait » et s'étonnait que l'on n'ait pas pris des mesures pour contrôler aussitôt les routes, les frontières, les aéroports.

On pouvait admettre que les terroristes basques n'aient pas voulu prendre des risques personnels en tirant sur le président, bien que cela eût été relativement facile. Mais ces câbles déroulés à la barbe des voisins en plein centre de Madrid, ce tunnel creusé à quelques centaines de mètres du siège de l'ambassade des États-Unis, cette cave même si bien placée et qui s'était trouvée si aisément disponible [6]?... La veille du crime, Kissinger était en visite à Madrid. Il avait eu un entretien avec Carrero, avait logé à l'ambassade. C'est dire que les abords de cette dernière avaient fait l'objet d'une surveillance toute particulière. Tout cela n'aurait peut-être pas suffi à faire naître la suspicion s'il n'y avait eu l'insolite petite phrase de Franco et si surtout le successeur de Carrero à la présidence du gouvernement n'allait être celui dont dépendait précisément sa protection, le ministre de l'Intérieur Arias Navarro [7]. »

Dernier gouvernement et première maladie de Franco

L'homme qui aurait dû normalement être nommé à ces fonctions était Torcuato Fernández Miranda. En qualité de vice-président de l'amiral, l'ancien professeur et confident de Juan Carlos avait su assumer avec beaucoup d'autorité et de doigté la crise ouverte par l'attentat du 20 décembre. Il avait su à la fois calmer les « ultras » qui, lors des obsèques de Carrero, exigeaient les pleins pouvoirs au général Iniesta, le directeur de la Garde civile, un « dur », du vieux carré des militaires phalangistes, et prendre des contacts utiles par divers canaux avec l'opposition de gauche (y compris le Parti communiste) pour s'assurer que cette dernière ne ferait pas inconsidérément le jeu du « bunker » en troublant l'ordre public.

Mais Fernández Miranda, pour cette raison supplémentaire peut-être, était rejeté à la fois par les activistes du franquisme et par

---

6. Felipe González et Santiago Carrillo semblent aussi accréditer la thèse selon laquelle on aurait « laissé faire l'ETA », mais personne n'a pu encore apporter la preuve d'un complot politique ni en désigner les hypothétiques responsables.

7. Dans son livre publié en Espagne *Les sabres, la couronne et la rose,* José Luis de Vilallonga révèle que, sollicité d'écrire le scénario d'un film sur l'« Opération Ogro », il fut convoqué par Michel Poniatowski, alors ministre français de l'Intérieur, qui l'en dissuada fortement sans lui donner de raisons.

Franco lui-même. Le Caudillo avait déjà porté son choix sur l'amiral Nieto Antúnez lorsqu'une petite révolution de Palais menée par Doñ Carmen, les Villaverde, le Dr Vicente Gil, sans doute également Rodriguez de Valcárcel, le président des Cortes, et José Antonio Girón, l'ancien ministre phalangiste du Travail, lui arracha la nomination de Carlos Arias, qui jouissait de l'entière confiance de la famille. A soixante-quinze ans, ce petit homme sec aux grandes oreilles et aux yeux durs de sapajou, inquiet, parvenait ainsi aux commandes du gouvernement dans une conjoncture qui pouvait l'amener à prendre celles de l'État.

La situation s'annonçait des plus néfastes pour le prince d'Espagne. Elle s'avéra moins catastrophique qu'il ne pouvait le craindre. L'ancien ministre de l'Intérieur arrivait, certes, précédé d'une légende noire de « super-flic » d'Espagne, de procureur impitoyable dans les pires années de la guerre civile. Son dévouement aveugle à la camarilla du Pardo pouvait faire craindre le pire dans les manœuvres successorales.

Mais le temps n'était déjà plus où les exploiteurs du Temple pouvaient se permettre n'importe quoi. Arias n'était pas sot. Il n'était pas non plus un grand caractère, et encore moins un homme d'envergure. Sa médiocrité facilitera en fin de compte le passage du cap difficile de l'immédiat après-franquisme à la pré-démocratie. Paradoxalement, ce passage eût été certainement beaucoup plus difficile à réaliser si Carrero Blanco n'avait pas disparu de la scène, car l'amiral représentait la continuité franquiste dans ce qu'elle avait sans doute de moins obtus, mais aussi de plus profondément fidèle et, partant, de plus tenace.

Le gouvernement Arias, constitué en janvier 1974, consacra essentiellement la liquidation du précédent, sauf pour ce qui concernait les affaires économiques. López Rodó en particulier fut écarté et nommé ambassadeur à Vienne. Pour le reste, il n'apparaissait pas, non plus, comme un gouvernement ultra. Le nouveau ministre de l'Information, Pio Cabanillas, s'attacha même à lui donner très vite une image relativement libérale. Comme il arrive souvent, ce cabinet porté par un souffle réactionnaire entendait prouver qu'il était plus progressiste que son prédécesseur, ce qui prouvait bien que le vent soufflait malgré tout vers l'ouverture politique quels que fussent les circonstances et le choix des hommes.

Le programme Arias du 12 février incluait notamment la reconnaissance du statut des associations politiques, ces succédanés des partis prohibés, et dont on discutait depuis sept ans déjà. Les réformes dans l'ensemble n'étaient que faux-semblants, mais donnaient au moins l'impression que quelque chose bougeait, même si cela se résumait à un peu plus de licence sexuelle dans la presse hebdomadaire espagnole.

Le 2 mars cependant, l'exécution par « garrot-vil » de Salvador Puig Antich, un étudiant catalan du Mouvement de libération ibérique, convaincu du meurtre d'un policier, ainsi que celle d'un autre condamné, dressa une fois de plus l'opinion internationale contre le régime. Et le 25 avril, surtout, la « révolution des œillets » au Portugal apparut comme une préfiguration de ce qui pourrait se passer en Espagne.

Il était certes bien peu vraisemblable que les tensions qui montaient alors entre le Maroc et l'Espagne à propos du Sahara pussent entraîner une situation intérieure comparable à celle qu'avait engendrée une guerre coloniale épuisante dans le pays voisin, et les militaires espagnols n'étaient nullement dans les conditions psychologiques des Portugais. Mais l'opinion ne retenait que la similitude des situations politiques : ces dictatures finissantes et qui tardaient tant à mourir. Que l'armée portugaise se fut faite protagoniste de la révolution donnait ici à réfléchir. Lorsque quelques mois plus tard une douzaine d'officiers espagnols créèrent l'Union militaire démocratique, ils furent bientôt jugés, condamnés et expulsés de l'armée, ce qui ne plaida pas davantage pour le succès de l'ouverture dans « l'esprit du 12 février ».

Le secteur le plus dur du franquisme – celui représenté par le vétéran José Antonio Giron, Blas Piñar, Rodriguez de Valcárcel – était déjà en guerre ouverte avec le gouvernement Arias lorsque Franco fut admis pour la première fois à l'hôpital madrilène qui portait alors son nom. C'était le 9 juillet. Une phlébite s'était déclarée à la jambe droite. Bien qu'il ait refusé les commodités de l'ambulance pour entrer à pied dans le service où il devait être soigné, le Caudillo, fort impressionné par cette première maladie grave de son existence, n'en déclara pas moins que c'était « le commencement de la fin » et demanda à Arias et à Valcárcel de préparer le décret de transmission des pouvoirs à Juan Carlos.

La loi organique stipulait en effet qu'en cas de maladie notamment, l'héritier de la couronne assumerait provisoirement les fonctions de chef de l'État, et une loi postérieure de 1971 précisait, s'il en était besoin, que le bénéficiaire de cette mesure était le prince d'Espagne, Don Juan Carlos de Borbón y Borbón. Ce dernier cependant n'avait aucune envie de se voir attribuer des pouvoirs intérimaires. « Toute mon attitude dans la conjoncture actuelle, avait-il confié peu de temps auparavant à López Rodó, est de sourire, de rester au-dessus de la mêlée, et de faire preuve de vigilance. ».

Si le Caudillo voulait se retirer de son vivant, il n'y voyait – d'ailleurs bien à tort – que des avantages. Mais alors que ce soit pour de bon, et que, lui Juan Carlos, fût certain d'avoir les mains libres définitivement.

Lorsque le lendemain on apporta le décret à Franco, Juan Carlos s'empressa donc de lui demander de ne pas le signer :

« Mon général, lui dit-il, vous avez vos pleines facultés mentales et je ne voudrais pour rien au monde donner l'impression que je suis pressé. Lorsque viendra le moment, j'espère vous succéder en qualité de roi, et que vous soyez là pour y assister [8]. »

La crainte de tomber dans les pièges d'un intérim compromettant, de risquer son crédit personnel dans une « présidence » sans doute transitoire lui masquait à dire vrai des dangers plus certains : celui, par exemple, de n'être pas investi des pouvoirs de chef d'État au moment de la mort du Caudillo. Pour éviter la mise en application du décret, il alla même jusqu'à inspirer un article de *Pueblo* hostile à la transmission de la charge. Mais en fin de compte il n'eut pas le choix.

Le 19 juillet dans la matinée, le Caudillo eut deux fortes hémorragies dues aux complications gastriques de sa thrombose. On crut que c'était effectivement la fin et Juan Carlos dut accepter ce qu'il s'obstinait à considérer comme un cadeau empoisonné.

Son premier acte fut de signer une déclaration conjointe hispano-américaine que Nixon paraphait simultanément à Washington. La veille, il avait dû présider au palais de la Granja la traditionnelle « garden-party » commémorant le soulèvement nationaliste.

Le comte de Barcelone apprit l'aggravation de l'état de Franco en Andalousie, à Sanlúcar de Barrameda où il faisait escale avant de poursuivre une croisière en Méditerranée sur son nouveau bateau

8. Cité par López Rodó.

le *Giralda.* Il s'entretint longuement au téléphone avec son fils et rentra précipitamment à Estoril dans l'attente des événements.

Le nouveau chef d'État se fit d'autant plus discret que l'état de santé du Caudillo allait s'améliorant. Le 30 juillet, ce dernier put regagner le Pardo et, le 17 août, partir en convalescence pour le *Pazo de Meiras* sa résidence d'été en Galice. Le prince de son côté alla passer ses vacances à Majorque et ne les interrompit que pour présider le 30 août un Conseil des ministres au *Pazo* comme le lui avait suggéré Franco.

Le 1er septembre Juan Carlos était de retour à Palma, et Arias dans sa villégiature des Asturies lorsque l'un et l'autre reçurent de Franco un appel qui ressemblait à une bonne farce. Ils n'en crurent pas leurs oreilles. Le Caudillo qu'ils venaient de quitter, et qui ne leur avait strictement rien dit de ses intentions l'avant-veille, leur annonçait qu'il était définitivement guéri et qu'il réassumait ses fonctions! C'était là un bien étrange comportement, et qui ne pouvait s'expliquer que par une nouvelle intrigue de palais.

Le 31, alors que tout le monde avait quitté le *Pazo,* Cristobal Villaverde, qui avait pris, en sa qualité de chirurgien, un grand ascendant sur son beau-père, s'était avisé de réunir au chevet de l'illustre patient un conseil de médecins de son choix parmi lesquels ne figurait aucun de ceux qui l'avaient assisté à l'hôpital ni même le Dr Gil avec qui il avait eu « des mots » et qu'il avait renvoyé sans autre forme de procès. Ces médecins avaient conclu que la thrombophlébite étant cliniquement guérie, le malade pouvait reprendre ses habitudes. La marquise de Villaverde, plus soucieuse apparemment de ménager la santé de son père, avait tenté de s'opposer aux projets de son mari. Mais ce dernier, qui était en contact étroit avec José Antonio Giron, s'érigeait de plus en plus en défenseur des intérêts bien compris de la famille.

L'intérêt de la famille, vu par Cristobal Martinez Bordiú, était d'éviter que Franco, pourtant au bout de ses forces, cédât définitivement le pouvoir à Juan Carlos, créant ainsi prématurément une situation irréversible. Sans doute entendait-il préserver jusqu'au bout les chances de son propre gendre, le duc de Cadix, qui pouvait fort bien être le bénéficiaire d'une conjuration ultra.

La prudence le poussait certes aussi à ménager le prince d'Espagne, multipliant à son endroit les bonnes paroles, allant même jusqu'à lui dire que les intérêts de la famille Franco et les siens coïncidaient entièrement « parce qu'ils étaient tous sur le même bateau »... Mais qui pouvait se tromper à ces vulgarités? Plus tard le Caudillo, mort ou mourant, jetterait l'éponge, plus le clan du Pardo disposerait de temps pour intriguer ou préparer ses bagages. Juan Carlos confiera ainsi à López Rodó :

« La famille Franco paraît très préoccupée. Ils craignent qu'à la disparition du généralissime il leur arrive des ennuis, qu'ils soient obligés de quitter l'Espagne. Ils voient en moi leur planche de salut... »

En attendant, rien n'était moins bienveillant pour le prince que la manœuvre à laquelle s'était livrée Villaverde le 31 août. Un homme aussi bien informé que l'était Joaquin Bardavio, ancien chef des services d'Information de la présidence du gouvernement et auteur d'excellents ouvrages sur cette époque, affirme même que la véritable raison de l'empressement de Franco à réassumer le pouvoir dans des circonstances aussi brutales qu'incorrectes, était due au fait que ce dernier avait été informé, via Villaverde, de la conversation téléphonique que Juan Carlos avait eue avec son père au moment de la passation des pouvoirs et que le Caudillo, opportunément remonté par son gendre, avait mesuré la menace que faisait peser sur son régime cette complicité inaltérable entre le comte de Barcelone et son fils.

Le prince se rendit sûrement compte que son téléphone avait été mis sur table d'écoute, car désormais il équipera son poste de la Zarzuela d'un appareil sophistiqué décomposant la voix sur le fil et ne la restituant qu'à l'audition [9]. Ce gadget lui sera particulièrement précieux un an plus tard pendant les heures décisives de l'agonie du généralissime, et même bien avant, car les contacts de Juan Carlos avec l'opposition vont désormais se multiplier en prévision de l'inéluctable, au même rythme que les manœuvres du « bunker ».

Débandade gouvernementale et organisation de l'opposition

La « reprise en main » des rênes du pouvoir par Franco ne pouvait qu'aggraver l'atmosphère de débandade qui régnait désormais dans

9. Il peut sembler curieux que Juan Carlos ne se soit pas méfié plus tôt des écoutes téléphoniques. Mais l'anecdote du « secraphone » est attestée par Bardavio et par d'autres témoignages.

ce pays soumis à toutes les tentations de l'après-franquisme. L'action terroriste se manifesta de plus belle le 13 septembre avec l'attentat particulièrement meurtrier – douze morts, quatre-vingts blessés – de la *Cafeteria Rolando* à la Puerta del Sol. Diverses organisations pouvaient en être l'auteur : le FRAP marxiste-léniniste (Front révolutionnaire antifasciste), le GARI d'inspiration anarchiste, les Basques. On sut assez vite qu'il s'agissait une fois de plus de l'ETA. Cette dernière, avec la complicité de certains intellectuels madrilènes engagés, comme Eva Forest, la femme de l'auteur dramatique Alfonso Sastre, avait voulu faire sauter l'immeuble voisin de la Direction générale de la Sûreté et s'y était pour une fois si mal prise qu'elle avait provoqué cette hécatombe d'innocents.

En octobre, le ministre de l'Information, Pio Cabanillas, dut quitter le gouvernement, et son départ entraîna la démission du vice-président et responsable des secteurs économiques, Antonio Barrera, suivi d'une foule d'autres personnalités à divers échelons de responsabilité. Les libéraux déçus fuyaient le navire en perdition sans pour autant que les ultras cessent de lui donner l'assaut au nom « des idéaux bafoués de 1936 ». A leurs yeux, Arias le « dur » était devenu la « motte de beurre », cible des attaques furieuses de Girón, de Blas Piñar et de l'éternel quarteron de généraux phalangistes qui avaient par ailleurs obtenu le limogeage de leur collègue libéral Diez Alegria, chef d'état-major de l'armée.

A l'intérieur du pays, les hommes qui avaient quelque sens de la responsabilité qui bientôt leur incomberait dans une société démocratique, se réunissaient en petit comité pour discuter de l'avenir. Ainsi fleurissaient des groupes de pensée dont les cogitations malheureusement ne pouvaient et pour cause – se traduire en termes d'action politique réelle. L'un de ces groupes qui se réunissait chez Joaquin Garrigues, le gendre d'Areilza et qui se définira lui-même par le nom de son lieu de rencontre comme celui de l'« esprit d'Aravaca » nous donne, par la voix d'un de ses organisateurs, José Mario Armero, avocat et président de l'agence « Europa-Press », la coloration des espoirs et des incertitudes qui prévalaient dans ces milieux au début de l'été 1974 :

« La question était évidemment celle que tous les Espagnols se posaient... Après Franco quoi?... Et les réponses étaient alors les plus diverses. Certains disaient : “ Franco a reçu le pouvoir des militaires et les militaires récupéreront et exerceront ce pouvoir après lui. » D'autres affirmaient qu'un gouvernement provisoire serait formé qui conduirait le pays à des élections et à une étape constituante. Pour certains, le conflit était inévitable. Toutes les réponses étaient en fait soumises à la contingence du moment vécu. Mais je crois que personne parmi nous ne se serait risqué à prévoir ce qui allait se passer et notamment qu'un jeune roi, conscient de son rôle historique et de l'héritage reçu de ses aînés, serait le protagoniste d'une histoire exemplaire, celle de la récupération par le peuple de sa souveraineté nationale. Il était alors, en effet, très difficile d'imaginer que la volonté de Franco ne prévaudrait pas au-delà de sa mort. Penser le contraire paraissait même une prétention incroyable, tant nous étions encore obnubilés par cet homme dont la pensée se nourrissait d'un mépris total envers la capacité des Espagnols à vivre la démocratie. Il faut reconnaître aussi que, contrairement à ceux qui imaginaient que le franquisme céderait à l'usure et aux coups de l'opposition démocratique, seule la mort du dictateur put réellement frayer la voie de la démocratie [10]. »

A l'extérieur, néanmoins, les choses allaient très vite bouger. Le 30 juillet s'était constituée à Paris une Junte démocratique qui réussit le tour de force de regrouper autour de Santiago Carrillo, leader du Parti communiste espagnol, les personnalités les plus disparates qui allaient de Rafael Calvo Serer – membre éminent de l'Opus Dei et ancien intégriste du Franquisme converti à la démocratie donjuaniste – à Carlos Hugo de Bourbon-Parme, en passant par le Parti socialiste populaire du Pr. Tierno Galván, qui entendait se situer à l'aile gauche des socialistes.

Tout folklorique qu'apparût ce rassemblement, la présence de Carrillo lui donnait une certaine densité. Les communistes disposaient d'un solide appareil syndical en Espagne à travers les Commissions ouvrières et leur avenir paraissait alors plus certain que celui du PSOE.

Ce dernier ne manqua cependant pas de réagir. Octobre 1974 fut pour lui un mois décisif : celui du Congrès de Suresnes, dans la banlieue parisienne, où les socialistes de l'intérieur – Felipe

---

10. *Histoire de la transition.* Plus explicite, José Mario Armero nous déclarera : « Parmi les vingt ou vingt-cinq personnes qui étaient là aucune ne mentionnait alors Juan Carlos comme une solution crédible. »

González alias « Isidoro », Alfonso Guerra, Enrique Múgica, Nicolas Redondo, secrétaire général de l'UGT – prirent définitivement le pas sur les exilés de Toulouse et l'ex-premier secrétaire Rodolfo Llopis visiblement « déconnectés » de la réalité espagnole. Avec Felipe González aux commandes, le Parti socialiste entra non pas dans une phase résolument anticommuniste – il l'était déjà sous Llopis –, mais dans une problématique beaucoup plus réaliste qui allait le conduire peu à peu vers des horizons sociaux-démocrates conformes aux modèles européens des pays les plus avancés.

Le nouveau PSOE n'entendait surtout pas rallier une « junte » dominée par le PCE. Il regroupera autour de lui dans une « Plate-forme de convergence », à partir de juin 1975, divers mouvements modérés comme la Gauche démocratique de l'ancien ministre franquiste de l'Éducation, Joaquin Ruiz Gimenez, les sociaux-démocrates de l'ancien phalangiste Dionisio Ridruejo et quelques autres petites formations régionalistes ou dissidentes du Parti communiste.

Hormis l'hypothèque communiste qui plane sur la « junte », les objectifs de l'une et l'autre formation ne sont pas radicalement différents. « Junte » et « plate-forme » n'envisagent théoriquement l'après-franquisme que sous le jour d'une « rupture démocratique » plus ou moins brutale. Elles signeront des accords mutuels avant la mort du dictateur et fusionneront en mars 1976 dans une conjoncture déjà assez différente de celle qu'elles avaient initialement prévue : la « rupture en douceur » menée par Juan Carlos.

Contacts du Prince et propos de Don Juan

En 1974, les contacts du prince avec l'opposition démocratique ne pouvaient s'établir que dans la clandestinité ou, du moins, avec une grande discrétion. Les personnes qui furent chargées de les faciliter devaient agir de telle sorte que le cercle officiel de sa Maison – le marquis de Mondéjar, Alfonso Armada et les autres – n'en eussent pas connaissance. A la Zarzuela même, Juan Carlos put compter sur deux collaborateurs entreprenants : Jacobo Cano, qui mourut prématurément dans un accident de voiture [11], et José

11. Accident suspect aux yeux de nombreux Espagnols. Sa voiture heurta un camion militaire qui roulait à vide dans les allées du parc de la Zarzuela.

Joaquin Puig de la Bellacasa [12], qui lui succéda dans la confiance du prince pour les missions délicates.

Il arriva à l'un et à l'autre d'amener au palais des visiteurs *incognito,* et même, assure-t-on, parfois dans le coffre de leur voiture. C'est Puig de la Bellacasa qui mit le prince en contact avec Jordi Pujol, le leader de l'opposition catalane et futur président de la Generalitat, ainsi qu'avec plusieurs dirigeants du Parti socialiste. Felipe Gonzáles cependant ne connaîtra Juan Carlos que couronné en dépit du désir de ce dernier de lier connaissance avec « Isidoro ». L'étoile montante du PSOE se considérait alors comme un bon républicain et il était certes bien loin d'imaginer qu'il deviendrait un jour le chef du gouvernement de celui qui n'était à ses yeux que le « successeur de Franco ».

Parmi les amis personnels du Prince, celui qui joua alors le rôle politique le plus important fut sans conteste le propre neveu du Caudillo, le fils de Nicolás Franco, l'ancien ambassadeur d'Espagne à Lisbonne. Nicolás Franco y Pascual del Pobil, homme de tempérament libéral et de contacts aisés, se proposa au printemps 1974 de réaliser pour le compte du prince une enquête sur l'attitude des divers secteurs de l'opinion face à la monarchie. Le nom qu'il portait pouvant éveiller la suspicion des milieux de gauche, il utilisa les bons offices de José Mario Armero qui lui ménagea des entretiens approfondis avec Felipe Gonzalez et Enrique Tierno Galván.

La mission d'enquête de Nicolás restait habilement dans le flou. Il n'était pas dit clairement que le prince en était le commanditaire, mais ses interlocuteurs comprenaient parfaitement que ce sondage lui était destiné. Pour atteindre Santiago Carrillo, entreprise encore plus délicate, Armero et Nicolás Franco durent se déplacer en août 1974 à Paris. Le leader du PCE, qui avait pour la circonstance écourté ses vacances en Italie, fut un peu surpris de trouver au rendez-vous fixé au restaurant *Le Vert Galant,* un proche parent du dictateur. Le déjeuner ne s'en passa pas moins agréablement. Carrillo, qui un mois plus tôt, lors de la constitution de la « Junte démocratique », avait fait dire au comte de Barcelone que son parti accepterait un gouvernement provisoire sous sa régence, réaffirma devant les envoyés de Juan Carlos sa neutralité devant le problème

12. Entré à la Zarzuela, en 1974, Puig fut ultérieurement écarté par décision personnelle du général Armada.

monarchique. Selon le témoignage de Joaquin Bardavío [13], il déclara que le contenant lui importait pour l'avenir beaucoup moins que le contenu, réclama la liberté syndicale et une certaine tolérance pour le PCE, sans pour autant exiger sa légalisation, dès la mort de Franco. Il manifesta en outre son désir de pouvoir s'entretenir directement avec le prince et également avec certains militaires, tout en faisant valoir à ses interlocuteurs la solide implantation de ses militants en Espagne.

Les résultats de l'enquête, complétée par des notes d'Armero, furent remis à Juan Carlos sous le sceau du plus rigoureux secret. Les services d'information du gouvernement eurent cependant connaissance du déjeuner du *Vert Galant* et Nicolás fut soumis à un interrogatoire à son domicile. Il se contenta de nier et l'affaire en resta là. Il fallait bien que le nom de Franco servît à quelque chose.

Tandis que le prince se préparait à maîtriser l'inévitable bouleversement de l'après-franquisme, son père, de l'extérieur, s'employait à rassembler discrètement autour de la monarchie démocratique qu'il représentait les forces vives de l'opposition, sans vouloir apparaître pour autant comme le pôle d'une coalition, encore moins comme le chef d'un parti. Le 14 juin 1975, le comte de Barcelone, qui avait quelques mois plus tôt, dans *ABC*, mis en garde les Espagnols contre la fausse libéralisation que représentait l'octroi du statut des « associations politiques » enfin approuvé à la fin de l'année précédente, prononça, au cours d'un banquet monarchiste à Estoril, une profession de foi qui avait toutes les allures d'un nouveau manifeste.

Saluant la fin prochaine, comme au Portugal, d'une étape de « pouvoir personnel absolu », il affirmait catégoriquement que « rien de ce qui avait été prévu officiellement pour garantir la continuité du régime ne pouvait servir le changement démocratique requis par l'intérêt de la nation et réclamé par le peuple espagnol ». « Dépositaire de ce trésor politique séculaire qu'est la monarchie espagnole, je ne me suis, rappelait-il, jamais soumis à ce pouvoir personnel si abusivement exercé. »

Et après avoir souligné que toutes les tentatives de dialogue avec le régime avaient échoué, il invitait ses auditeurs à considérer « la

---

13. *Histoire de la transition.*

monarchie historique comme le suprême instrument dont disposent les Espagnols pour en finir avec la guerre civile ».

A propos de la succession, il ne pouvait que répéter ce qu'il avait déjà dit dans son communiqué du 19 juillet 1969 : l'opération s'était faite « sans son consentement et sans prendre en compte la volonté librement exprimée du peuple espagnol ». Son jugement sur ce point ne pouvait changer. « Mais pour des raisons personnelles, et pour tout dire humaines, on comprendrait qu'il ne se montre pas plus explicite. »

« Je ne suis le chef d'aucune conspiration. Je ne suis le concurrent de personne. Je ne suis " prétendant " à rien... Mais il se trouve que je suis le titulaire de devoirs et de droits imprescriptibles auxquels je ne puis renoncer..., ajoutait-il, avant de conclure par ce credo :

« Je conçois la monarchie comme la sauvegarde des droits de l'homme et des libertés politiques et sociales fondamentales; comme un instrument de concorde entre les Espagnols et comme le véhicule naturel de notre pleine intégration dans la Communauté européenne. Mais je crois aussi que l'initiative en faveur de la restauration monarchique ne m'appartient pas et que c'est à vous, les Espagnols, aux institutions permanentes de la nation ou au peuple dans son ensemble lorsqu'il pourra s'exprimer, qu'incombe une telle initiative. Soyez certains que si cela se produit je n'hésiterai pas un moment à me mettre au service de notre patrie. »

Juan Carlos ne fut sans doute pas très heureux de voir son père, une fois de plus, rappeler la non-validité démocratique de son investiture. Mais on était là au plan des principes, et aussi douloureux que cela lui parût, il fallait bien aussi que son père et lui mènent leur chemin séparément pour concourir avec réalisme à l'objectif final qu'ils s'étaient l'un et l'autre fixé : dynastie et démocratie.

La réaction de Franco au discours de Don Juan ne se fit pas attendre. Cinq jours plus tard, l'ambassadeur d'Espagne à Lisbonne, Antonio Poch, communiquait à ce dernier que l'accès du territoire espagnol lui était dorénavant rigoureusement interdit. Le Pardo n'avait même pas pris la peine d'en avertir Juan Carlos, qui apprit la mesure dont son père était frappé par le gouverneur civil des Baléares.

Dernier sursaut du franquisme et dernier intérim de Juan Carlos

L'été 1975 passa sans événements notables, puis l'automne amena une brusque accélération de l'histoire. Le 27 septembre trois militants du FRAP et deux de l'ETA, condamnés à la peine capitale par des tribunaux militaires pour assassinat ou complicité d'assassinat contre des membres des forces de l'ordre, furent passés par les armes à Burgos, Barcelone et Madrid. En dépit des innombrables appels à la clémence qui lui étaient parvenus, du pape Paul VI au prince d'Espagne, en passant par la plupart des responsables politiques occidentaux, le Caudillo n'avait pas cédé [14]. Et ses ministres de 1975, réunis trois heures et demie en conseil, n'avaient pas été à même, comme ceux de 1970, de lui faire entendre raison. Franco pensait qu'en graciant six autres condamnés à mort il faisait preuve d'assez de mansuétude. Personne dans le gouvernement n'avait maintenant assez de poids ou d'audace, pour le convaincre de l'inanité politique de ces exécutions.

Le régime pouvait, certes, paraître mieux fondé à faire preuve de sévérité que lors du procès du Burgos, car le terrorisme de l'ETA depuis cinq ans – et plus récemment celui du FRAP – avait progressé d'une manière réellement spectaculaire. Mais dans ce climat de fin de règne, ce n'était pas la « raison d'État » qui pouvait faire valoir ses droits; c'était la « déraison d'État » qui serait immanquablement évoquée. A son crépuscule, Franco ne pouvait plus rien se permettre. Le caractère dictatorial de son pouvoir lui sautait à la face. Il rendait intolérable aux yeux de l'opinion internationale cette répression, sans doute barbare, mais que les « crimes des autres » lui auraient peut-être fait pardonner si elle n'avait été le symbole final, tragique et dérisoire de quarante ans d'autocratie.

L'indignation soulevée dans le monde par ces cinq exécutions fut considérable. Quinze pays rappelèrent temporairement leurs ambassadeurs et des manifestations se déroulèrent un peu partout, souvent

14. Juan Carlos se rendit spécialement à La Corogne pour demander à Franco de gracier les condamnés. « Il aura bien du mal, déclara à J.-M. Armero le comte de Barcelone. Depuis quelque temps, il n'est plus si bien avec le Caudillo! »

violentes. A Lisbonne, l'ambassade d'Espagne fut entièrement saccagée.

A Madrid se déroula, selon la tradition, une manifestation « grandiose » et bien agencée de soutien au régime. Elle eut lieu le 1er octobre sur l'inévitable et vaste scène de la place d'Orient et fut la réplique exacte de celle qui avait eu lieu à l'issue du procès de Burgos. Comme cinq ans plus tôt, le prince d'Espagne, pâle et crispé, dut assister, au balcon du Palais royal à cette ultime et pathétique apparition du Caudillo devant les foules.

Quinze jours plus tard, Franco affaibli par une grippe et de plus en plus atteint par la maladie de Parkinson, fut victime d'un infarctus que le premier communiqué médical, publié seulement le 22 octobre dans la presse, qualifiera pudiquement d'« insuffisance coronarienne ». Jusqu'à la fin d'octobre, en dépit d'hémorragies répétées, de violentes crises d'extrasystoles, il se refusera énergiquement à cesser toute activité. Le 30, après avoir reçu l'aveu de son nouveau médecin personnel, le Dr Pozuelo, que son état était réellement très grave, il décida de faire appliquer, comme en juillet 1974, « l'article 11 de la loi organique », qui faisait de nouveau du prince d'Espagne un chef d'État intérimaire. Mais il faudra attendre le 7 novembre pour qu'on le transporte enfin à l'hôpital de *La Paz*. Sous le contrôle d'une vingtaine de sommités médicales il avait dû subir, le 3, une intervention d'extrême urgence dans une salle d'opération improvisée du Pardo.

Pas davantage que pendant l'été 1974, Juan Carlos n'avait eu le choix des responsabilités qu'il endossait. Lorsqu'il les assuma cette fois-ci, il savait cependant que ce ne serait plus pour rentrer dans le rang, même si une brève solution de continuité dans ses pouvoirs était prévue entre la mort du dictateur et sa proclamation comme roi d'Espagne. Au cours de l'été 1974, le prince avait pu agir avec une prudence extrême et une désinvolture calculée. Le 31 octobre 1975 la situation extérieure exigeait au contraire que le chef de l'État prît des décisions urgentes et même spectaculaires.

Depuis plusieurs mois, le conflit allait s'aggravant entre le Maroc et l'Espagne au sujet du Sahara occidental. Une sentence de la Cour de La Haye préconisait l'autodétermination des populations sous contrôle espagnol, et le gouvernement de Madrid était partagé entre deux « lobbies », l'un inclinant vers les thèses algériennes qui seront celles du Polisario, et l'autre favorable à une entente avec

Rabat sous le patronage de Kissinger. L'armée espagnole du Sahara, commandée par le général Gómez de Salázar, un homme énergique et pondéré, qui présidera plus tard le procès des militaires factieux du 23 février 1981, avait parfaitement compris la nécessité de la décolonisation. Encore fallait-il que sa mission fût clairement définie face aux harcèlements marocains et que son retrait se fît dans la dignité.

Lorsque, le 18 octobre, le roi Hassan annonça à Marrakech la fameuse « Marche verte » à laquelle devaient participer 300 000 civils désarmés, il est presque certain qu'il ne connaissait pas l'aggravation de l'état de santé de Franco. Mais il savait que de toute manière le moment de forcer la main de Madrid et de récupérer le Sahara espagnol était venu. L'Espagne ne pouvait à l'évidence risquer à la fois un conflit colonial – fût-ce dans un « baroud d'honneur » – et enterrer pacifiquement son dictateur.

Convaincu lui aussi qu'il fallait agir vite, le gouvernement Arias avait dépêché le 2 novembre José Solis auprès d'Hassan II. Juan Carlos prit immédiatement, sans en référer à personne, l'initiative qui correspondait à ses fonctions de chef suprême des Forces armées. Il alla passer une journée à El Aïun pour apporter aux troupes son soutien moral et s'assurer de leur discipline. Il fallait à tout prix éviter un affrontement stupide à la frontière. Lorsqu'il revint le soir à la Zarzuela, il déclara aux ministres qu'il avait convoqués de ne pas s'étonner si Hassan II téléphonait pendant la réunion. « Je sais, leur dit-il, que le roi du Maroc apprécie les capitaines qui se mettent à la tête de leur armée au moment du danger. » Et, en effet, Hassan appela Juan Carlos pour le féliciter d'homme à homme.

Le 9 novembre, le souverain alaouite mettait fin à la « Marche verte » et le 12 s'ouvraient à Madrid les négociations hispano-marocaines qui, avec le concours de la Mauritanie, réglèrent trois jours plus tard le sort du Sahara. Pour Rabat, les ennuis commençaient, mais une sérieuse épine venait d'être retirée du pied espagnol.

Agonie, mort et destin posthume de Francisco Franco

Franco mourut le 20 novembre, à 4 h 20 du matin et, de l'aveu même du Dr Pozuelo, son agonie avait été atroce.

« Comme il en coûte de mourir! » avait-il dit à son médecin

traitant, un jour qu'étant encore au Pardo, ce dernier avait dû plonger la main dans sa gorge pour extirper un caillot de sang qui l'étouffait.

Pendant près d'un mois, l'Espagne avait vécu suspendue à des bulletins de santé dont le langage étranger au commun des mortels et procédant souvent d'une véritable volonté de désinformation faisait l'objet dans la presse d'innombrables gloses tout aussi hermétiques.

Villaverde se voulait le maître d'œuvre de l'équipe médicale et interférait dans toutes les décisions sans pour autant signer les diagnostics collégiaux. Il avait ses praticiens à lui et le plus clair de sa tactique était de prolonger au maximum la vie de son beau-père, fût-ce au prix d'une souffrance devenue inutile. Certains médecins le lui reprochèrent et les affrontements furent parfois violents au chevet du mourant.

Aussi difficile et délicat qu'il soit de porter un jugement en pareille matière, il faut reconnaître que la politique n'était peut-être pas étrangère à cet acharnement médical. Franco devait mourir, certes, mais si l'on avait pu le maintenir en vie au-delà du 26 novembre la marge de manœuvre des occupants du « Bunker », à défaut de la postérité du franquisme, en eût peut-être été changée.

Pourquoi cette date? Parce que le 26 expirait le mandat de Rodriguez de Valcárcel à la présidence des Cortes et du Conseil du royaume. Le Caudillo encore vivant aurait pu, supposait-on, exiger le renouvellement de son mandat, ce qui assurait le réduit franquiste d'un point d'appui considérable dans la période décisive de la succession. Valcárcel, supposait-on encore, eût été un autre Carrero Blanco, phalangiste de surcroît, et capable de bloquer le système, de peser sur la nomination du chef de gouvernement de par ses fonctions mêmes, et d'empêcher Juan Carlos de pratiquer la politique dont, à juste titre, on le suspectait.

Mais c'était vraiment trop demander au Caudillo que de participer à cette impitoyable course contre la montre. La famille se débrouillerait sans lui... Le 26 novembre, Franco reposait depuis trois jours déjà dans la crypte du Valle de los Caídos, et Valcárcel, dont le dernier acte officiel, le samedi 22, a été de recueillir le serment de Juan Carlos et de le proclamer roi d'Espagne dans l'enceinte des Cortes, devra céder la place à Torcuato Fernández Miranda, l'homme du prince, celui dont le dictateur ne voulait pas.

Cinquante-quatre heures séparent la mort du Caudillo de l'intronisation solennelle du roi. Un formidable dispositif d'alerte – l'opération Lucero – avait été de longue date prévu pour prévenir des troubles éventuels. Son déclenchement, le 20 novembre à l'aube, s'avéra inutile. Un calme absolu ne cessa de régner dans le pays. En ce sens, mais en ce sens seulement, Franco en désignant son successeur le 22 juillet 1969 avait eu raison de proclamer que « tout était bien et solidement arrimé » (« atado y bien atado »).

Interrogeant plus tard une cinquantaine de personnalités espagnoles des horizons les plus divers sur ce qu'avait été leur réaction en apprenant la fameuse « fin du processus biologique », un hebdomadaire madrilène recueillit des réponses évidemment nuancées en fonction de leurs engagements respectifs. Quelques-unes déclarèrent qu'elles avaient « sablé le champagne », d'autres qu'elles avaient prié pour le repos de l'âme du défunt. Le professeur Tierno Galván avait abandonné son domicile pour un abri clandestin. Santiago Carrillo, disait-il, se préparait déjà à quitter Paris pour revenir en Espagne... Mais la plupart firent état d'un curieux climat d'atonie générale, matérialisé par le spectacle des rues vides et silencieuses. Sur ce vide et ce silence planait certes une inquiétude diffuse. Qui pouvait dire vraiment ce qui allait se passer? Une journaliste française déambulant dans ce Madrid désert avec Fernando Claudín, alors l'un des dirigeants du Parti communiste, s'étonnait de ne pas assister à des manifestations de liesse populaire... Elle dut être encore plus surprise de voir tant d'Espagnols, qui sans doute n'étaient pas tous franquistes, faire religieusement la queue devant le Palais d'Orient, où le cadavre embaumé du dictateur fut bientôt exposé, spectacle qui rappelait à Claudín la mort de Staline.

Ce fut la gravité qui domina ces heures. Une gravité faite d'incertitudes et aussi d'une certaine absence, comme si le temps restait suspendu pour regarder passer un moment de l'histoire.

« Moi aussi, dira la grande comédienne Nuria Espert, j'avais imaginé que le jour de la mort de Franco serait un jour de joie. Il ne le fut en rien... Ce fut comme une journée de bilan, une de ces journées où l'on ne peut faire autrement que de regarder en arrière, et ce qui dominait c'était un sentiment de vide [15]. »

Le manteau de la Vierge du Pilar étendu sur son lit d'hôpital,

---

15. *Histoire de la transition.*

Franco avait quitté ce monde dans sa quatre-vingt-troisième année sans que son pouvoir, pendant près de quatre décennies, ait été sérieusement menacé par ses compatriotes. Ces derniers n'auraient pas le mauvais goût de déboulonner si vite ses statues. Pour le reste, c'était maintenant l'affaire de Dieu. Le bras de sainte Thérèse qui, dans son reliquaire, l'avait accompagné au milieu de toutes les grandes occasions de son existence, reposait à son chevet. Peut-être le guidait-il avec compassion dans son dernier voyage.

Les sentiments de Juan Carlos, lorsqu'il conduisit son cercueil vers la gigantesque basilique que le vainqueur de la « croisade » avait fait creuser dans la sierra de Guadarrama, étaient bien ceux de la grande majorité du peuple espagnol. Qu'on le voulût ou non, le destin de cet homme s'était confondu trop longtemps avec celui de la nation pour que celle-ci pût en renier l'empreinte.

Avant que la lourde dalle de granit portant la simple inscription « Francisco Franco » ne se referme sur son tombeau, voilà peut-être les paroles muettes que le jeune roi au garde-à-vous fut tenté d'adresser en guise d'adieu au généralissime :

« Voyez, Excellence, tout a été fait selon votre volonté. Vous entendiez mourir “ les bottes aux pieds ”; vous pouvez donc partir heureux! Certains disent que vous avez aimé en moi le fils que vous n'avez pas eu. C'est peut-être vrai... Je vous sais gré de ce que, par votre exemple, vous m'avez appris d'habileté politique. Je vous remercie surtout de ne pas avoir pesé sur ma conscience plus que je n'aurais pu le supporter.

« Le serment que j'ai dû prêter hier d'être un roi fidèle aux lois fondamentales de votre régime, vous saviez sans doute, au fond de vous-même, que je ne le tiendrais pas. Car demain doit être fait d'autre chose. Et cette chose ne m'appartient pas. Je rendrai donc au peuple espagnol la souveraineté qui est sienne, et c'est lui qui dictera la loi. Là est l'exigence suprême, le sens même de mon engagement. Mais nous le ferons dans le respect de ce qui a été, sans heurts ni rupture violente, si toutefois ceux qui se réclament si fort de vous veulent bien me laisser faire...

« Je vous remercie aussi, Excellence, de ne pas m'avoir cédé la couronne de votre vivant. Fortuitement, il m'était arrivé de caresser cette idée imprudente. Qu'aurais-je été de plus qu'un roi sous tutelle? Vous êtes mort, je suis libre. Les choses sont nettes. Je vais m'efforcer maintenant de devenir ce que vous n'avez pu ni voulu être : le réconciliateur de tous les Espagnols. Dormez en paix, mon général, dans cette crypte que vous avez vouée à vos morts de la guerre civile. C'est la guerre civile elle-même que, demain, j'enterrerai [16]. »

16. Le roi ayant bien voulu souscrire à cette méditation imaginaire que lui prête l'auteur – qui lui en soumit le texte en novembre 1985 – le lecteur voudra bien considérer que c'est effectivement ce que pouvait penser très exactement Juan Carlos sur la tombe de Franco.

TROISIÈME PARTIE

LE ROI

« J'ai toujours essayé d'être moi-même et de me comporter en homme d'honneur. C'est donc ainsi, tout simplement que j'aimerais que l'on se souvînt de moi, et que l'on puisse dire aussi que je fus un roi qui essaya de remplir son devoir. »

Juan Carlos I

« Être roi, pour moi, c'est faire exactement la même chose que ce qu'a fait et continue de faire mon père. »

Felipe, prince des Asturies

CHAPITRE VII

LA LIQUIDATION DE LA DICTATURE

Le jeudi 27 novembre 1975, la place d'Orient, qui, moins de deux mois plus tôt, avait été le théâtre de la dernière apparition en public du Caudillo après l'exécution de cinq militants de l'ETA et du FRAP, s'était remplie d'une foule allègre réclamant la présence du roi et de la reine au balcon du Palais royal. « Que salgan!... que salgan!... »

Il est 1 heure de l'après-midi lorsque Juan Carlos et Sophie, interrompant la réception qu'ils offrent dans les salons assez poussiéreux du château en prélude à un déjeuner qui réunira cent quarante invités, apparaissent devant la vaste conque bruissante au cœur du vieux Madrid.

Comme dans ces montages cinématographiques qui font alterner documents d'archives et images d'aujourd'hui, tout un passé en noir et blanc s'efface brusquement pour laisser le champ libre aux couleurs de la vie. Aucune ombre ne pèse désormais sur l'avènement du roi. Le voici seul maître de ses œuvres futures, libre enfin, imagine-t-on, de montrer ce dont il est capable, tel que l'action, si longtemps attendue, pourra le révéler à lui-même et aux autres.

Un peu avant dix heures, la famille royale a quitté la Zarzuela pour entendre la messe solennelle du Saint-Esprit à la basilique de Los Jerónimos en présence des représentants de soixante-dix nations. Cette fois, ce ne sont plus Augusto Pinochet et Imelda Marcos qui sont les vedettes du jour, mais le président de la République française, Valéry Giscard d'Estaing, Walter Scheel, le président de la République fédérale d'Allemagne et le prince Philip d'Edinburgh, représentant la Couronne britannique.

Le dictateur chilien, qui avait pourtant bien l'intention de rester à Madrid ce jour-là, n'est même pas invité. Le chef de l'État français en a fait une condition expresse de sa propre présence dans la capitale espagnole. Il a aussi demandé, pour prix de sa caution, que le roi lui réserve une marque d'attention toute spéciale. C'est ainsi que « VGE » fut convié, seul, à partager le petit déjeuner de Juan Carlos avant la cérémonie religieuse...

Quarante ans de dictature semblent ainsi avoir basculé dans le caveau du Valle de los Caídos en même temps que le cadavre de Franco.

Brusque accélération de l'Histoire qui résume toutes les promesses du règne. Un règne qui débute vraiment ce matin-là, avec son cortège de rois mages venus des divers horizons de la démocratie, son allégresse populaire, son défilé militaire, le sourire de la reine en mantille noire sur sa robe vert céladon et la bénédiction militante de l'Église d'Espagne contenue dans l'homélie très remarquée du cardinal Enrique y Tarancón, archevêque de Madrid-Alcalà :

« Vous prenez en main les rênes de l'État qu'a abandonnées une figure exceptionnelle et déjà historique », a déclaré ce dernier sous les voûtes de San Jeronino-el-Réal. « L'Église ne réclame aucun privilège pour elle mais la reconnaissance de cette liberté qu'elle proclame pour tous. Devenez, Sire, le roi de tous les Espagnols! »

Une exhortation qui allait droit au cœur de Juan Carlos car elle répondait comme un écho aux propres paroles qu'avait prononcées cinq jours plus tôt le jeune souverain lors de sa proclamation devant l'assemblée des Cortes franquistes : « Aujourd'hui commence une nouvelle étape de l'histoire d'Espagne. »

Réforme ou rupture, problématique d'une transition

Et c'est bien en effet une nouvelle ère qui commence. Mais en cette journée du 27 novembre, nul ne sait encore comment le roi s'y prendra pour lever l'hypothèque du passé et cristalliser autour de la couronne le processus du changement. Les pouvoirs de fait, militaires et civils, laisseront-ils si aisément désarmer le vieux vaisseau franquiste? L'opposition regroupée autour de la Junte démocratique et de la Plate-forme de convergence sera-t-elle assez patiente pour ne pas exiger une rupture immédiate avec le passé?

Le temps va être le facteur primordial de la réussite dans cette époque de prétransition politique. Il faut que les choses bougent assez vite pour ne pas désespérer les démocrates. Mais elles ne peuvent, non plus, bouger trop vite sans encourir des risques graves d'involution brutale, irréparable pour l'avenir. Si, en outre, la réconciliation des Espagnols est bien l'objectif suprême que s'est fixé le roi, chacune des deux Espagnes devra parcourir vers l'autre un bout de chemin qui conduit à la rédemption finale dans l'oubli définitif de la guerre civile. C'est cette maîtrise de la durée psychologique qui va constituer le principal souci de Juan Carlos. Elle sera aussi la clé de son succès.

Dans la conjoncture particulière que connaît l'Espagne de 1975, des éléments positifs vont l'y aider puissamment. Le testament de Franco dont Carlos Arias Navarro, les larmes aux yeux, a donné lecture aux Espagnols quelques heures après la mort du dictateur, encourage certes ces derniers « à ne pas baisser la garde devant les ennemis de l'Espagne et de la civilisation chrétienne », mais il leur demande aussi « d'entourer de la même affection et la même loyauté dont il était l'objet, le futur roi d'Espagne, Juan Carlos de Borbón ». Le flanc « ultra » est ainsi momentanément couvert. La légitimité franquiste fait partie de l'héritage de Juan Carlos et ce n'est pas, en ces heures délicates, un atout négligeable.

Les franquistes ne sont plus, eux-mêmes, ce qu'ils étaient. Les plus lucides d'entre eux ressentent maintenant la nécessité de s'adapter aux nouveaux espaces de liberté que réclame le pays s'ils veulent perpétuer un tant soit peu leur pouvoir et leur influence. Arias Navarro en a été le premier conscient. Son programme inspiré par « l'esprit rénovateur du 12 février », celui d'une « démocratie à l'espagnole », répondait déjà à cette exigence tactique. La disparition du Caudillo, alpha et oméga du système autocratique et corporatiste, condamne ces franquistes, si soucieux de survivre, à des combats d'arrière-garde, maquillés au goût du jour et donc porteurs de concessions.

Sur l'autre rive, celle de l'opposition déclarée au régime, on se rend bien compte aussi que la dictature, dans sa dernière décennie, a déjà ouvert la voie à sa propre substitution. Les socialistes de l'intérieur qui, avec Felipe González, ont évincé de la direction du PSOE les « exilés de Toulouse » au Congrès de Suresnes de 1974, savent parfaitement que la société espagnole, au cours de ces dix ans, a fait un bond considérable; que la croissance économique, l'ascension définitive de la classe moyenne, l'immigration urbaine, la généralisation des études universitaires et les relations de plus en plus étroites entre l'Espagne et le monde extérieur sont aussi, qu'on le veuille ou non, le fruit de ces années fertiles vécues sous la coupe franquiste [1].

Les communistes eux-mêmes ont frayé avec les syndicats verticaux, participant à ce même bouillon de culture qui mijotait, somme toute, dans la marmite du régime. Peut-on imposer la liquidation brutale de ce dernier à un pays qui s'est déjà habitué à l'idée d'une transition pacifique? Et, au demeurant, par quels moyens cette opposition désarmée, morcelée, clandestine, dicterait-elle sa volonté à un appareil d'État encore solide et disposant de puissants instruments de répression militaire et policière?

Les facteurs logiques d'une convergence paradoxale, à plus ou moins long terme, sont ainsi réunis entre ce franquisme désorienté et cette opposition prudente. Le premier accepte la réforme d'un régime auquel il ne croit déjà plus. La seconde veut une « rupture nette avec le passé », mais écarte toute idée de révolution. En assez peu de temps, selon la formule du socialiste Raul Morodó, « la réforme deviendra rupture et la rupture, réforme » [2].

Là résidera l'originalité – et l'aspect éminemment positif – de la transition politique espagnole, ce passage en douceur d'un système autoritaire à une société démocratique. La rupture va s'avérer on ne peut plus catégorique, mais tout entière contenue dans le produit final, au terme d'un processus réformiste qui aura toujours cheminé, comme Torcuato Fernández Miranda l'avait prédit à Juan Carlos « de la loi à la loi ». Il s'agira en fait, résume Alfonso Guerra, le numéro deux du Parti socialiste ouvrier espagnol, d'une « rupture pactisée ». Rupture négociée avec les éléments réformateurs du propre franquisme, sous l'égide d'un roi qui, profitant des pouvoirs hérités de Franco et avant de rentrer dans le rang constitutionnel, se fera « le moteur du changement » [3].

---

1. En 1975, le revenu *per capita* en Espagne atteignait 2 486 dollars et 75 % de la population vivait dans des villes de plus de 100 000 habitants. 40 % des familles espagnoles disposaient d'une automobile.
2. *La Transition politique*, prologue d'Alfonso Guerra.
3. L'expression est de José-Maria de Areilza. Elle sera très largement reprise par la suite pour qualifier l'action du roi.

Mais, en cette fin d'automne 1975, l'histoire de cette transition modèle est encore tout entière à écrire. Les six premiers mois vont être dominés par la forte résistance du « bunker » franquiste à toute évolution décisive vers la démocratie et par les tensions inquiétantes que provoque cette résistance au sein de forces sociales et politiques bien décidées, pour leur part, à aller de l'avant. C'est la dernière étape du franquisme autant, si ce n'est plus, que la première étape de la transition. Jusqu'en juin 1976, le chef du gouvernement désigné par le Caudillo en janvier 1974 ne demeure-t-il pas aux leviers de commande? Juan Carlos lui-même évitera de s'engager sur le devant de la scène, laissant Arias Navarro épuiser les dernières forces d'un postfranquisme réformateur malgré lui et condamné à l'impuissance.

La première bataille

Le roi avait bien caressé l'espoir de se débarrasser tout de suite de Carlos Arias, mais ce dernier n'avait aucune intention d'offrir sa démission au nouveau chef de l'État. Désigné pour cinq ans selon la loi franquiste, le successeur de Carrero Blanco ne voyait pas de raisons de céder la place avant janvier 1979.

De son côté, Juan Carlos n'était pas prêt à ouvrir son règne sur une épreuve de force. Il estimait à juste titre que, dans la perspective des réformes structurelles qui devraient être mises en œuvre, le poste le plus important à pourvoir était celui du président des Cortes et du Conseil du Royaume. Pour remplacer Rodriguez de Valcárcel, il lui fallait un homme sûr qui ne bloquerait pas le système.

Son premier combat fut donc de faire élire son ancien professeur Torcuato Fernández Miranda, en dépit du peu de sympathie que cet universitaire distant et solitaire inspirait à l'Assemblée franquiste. Or, pour arriver à ses fins, le roi avait besoin de l'appui d'Arias Navarro. Ce dernier comprit fort bien le marché et s'employa à donner satisfaction au souverain dès le lendemain des festivités du 27 novembre. Pour la forme, Juan Carlos n'en exigea pas moins que le président du gouvernement présente sa démission, ce qu'il fit de mauvais gré le 4 décembre, bien qu'il eût l'assurance qu'il serait reconduit.

Tout le jeu d'Arias Navarro était de présenter la démission de son cabinet comme une simple formalité, une marque d'attention due à un chef d'État purement décoratif. Il dut déchanter deux jours plus tard en se heurtant à un roi qui entendait imprimer sa marque au gouvernement. Le mouvement ministériel devrait être aussi complet que possible.

Arias dut ainsi sacrifier plusieurs de ses amis et accepter la nomination de personnalités identifiées à des courants nettement rénovateurs. Manuel Fraga fut ainsi nommé à l'Intérieur [4] et Antonio Garrigues, un libéral, à la Justice. Solis dut abandonner le secrétariat général du Movimiento au jeune et maniable Adolfo Suárez et se contenter du ministère du Travail. Alfonso Osorio, un autre libéral de filiation démocrate-chrétienne, allait « marquer » Arias dans son entourage le plus proche, comme ministre attaché à la Présidence. Le plus dur pour Arias fut sans doute d'accepter la présence aux Affaires étrangères de José-Maria de Areilza, l'homme du comte de Barcelone. Pour la vitrine internationale du premier gouvernement de la monarchie c'était là une pièce maîtresse.

Isolé dans son propre cabinet, fiché d'un vice-président, Manuel Fraga, plus prestigieux et plus compétent que lui-même, l'ami de la famille Franco, trop heureux de se maintenir au pouvoir, ne se rendit pas compte qu'il était déjà prisonnier de son gouvernement. Juan Carlos, comme le dira Joaquin Bardavío, venait de gagner la première bataille de son règne.

Entre-temps, le roi avait aussi remporté la victoire qui lui tenait très certainement le plus à cœur. Victoire familiale celle-là et qui, pour prévisible qu'elle fût, ne lui en était pas moins d'un incomparable réconfort.

Don Juan qui, immédiatement après la mort de Franco, avait publié à Paris un communiqué dans lequel il rappelait une fois de plus ses devoirs dynastiques et la nécessité d'établir une véritable démocratie pluraliste sous l'égide de la monarchie, venait de rassurer pleinement son fils sur la nature de ses intentions. Il était prêt à l'appuyer de toute la force de sa légitimité historique et de son crédit démocratique [5]. S'il ne faisait pas publiquement et immédiatement abdication de cette légitimité, c'était uniquement affaire de

---

4. Né en 1922, l'ancien ministre de l'Information et du Tourisme des années 1962-1969 avait été ambassadeur à Londres de 1973 à 1975.

5. « Il faut, à fond, appuyer le Prince », déclara en particulier Don Juan à José Luis de Vilallonga, venu le sonder sur ses intentions de la part de la Junte démocratique peu avant la mort de Franco.

prudence et d'efficacité politique. Mais Juan Carlos devait savoir que, le jour venu, son père s'effacerait sans aucune réserve. Tel était le message très clair que le comte de Barcelone transmit à son fils avant qu'il ne prît les premières décisions importantes de son règne. Cette fois, le « pacte de famille », implicite jusque-là, était vraiment conclu. Le reste ne serait qu'une simple formalité scellant à son tour l'avènement de la démocratie.

« Ce fut, nous dit Antonio Fontán, alors conseiller privé de Don Juan, une décision aussi rapide et courageuse qu'elle était généreuse. Elle fut de même aussi discrète qu'efficace [6]. »

Juan Carlos aurait peut-être préféré que son père abdiquât ouvertement en sa faveur dès le 27 novembre. Mais il lui fallait bien reconnaître que c'eût été sans doute une grave erreur politique. Il était alors trop tôt pour qu'éclatât au grand jour l'accord des deux Bourbon. Leur complicité étalée serait devenue collusion aux yeux des franquistes civils et militaires. Une renonciation précipitée du comte de Barcelone eût, de même, ouvert la voie à une opposition démocratique républicaine. C'était risquer de perdre sur les deux tableaux. Ni Juan Carlos ni son père ne pouvaient, chacun de leur côté, dégarnir le flanc dont ils avaient la garde. L'un et l'autre restaient, pour quelque temps encore, condamnés à l'ambiguïté. Le roi préserverait le temps qu'il fallait son héritage franquiste et le comte de Barcelone demeurerait l'ultime recours démocratique en cas d'échec de son fils.

Dans son message du 21 novembre, Don Juan était d'ailleurs allé aussi loin qu'il le pouvait dans le langage codé en déclarant que les objectifs qu'il assignait à la monarchie en sa qualité de chef de la Maison royale étaient « ceux-là mêmes qui devaient être primordiaux, pour son fils et héritier ». Le comte de Barcelone se faisait dès lors, et en attendant d'être plus explicite, le garant des intentions démocratiques de Juan Carlos et, en cas de besoin, son guide sur ce chemin encore si périlleux.

Les pouvoirs que la loi franquiste accordait au roi permettaient à Juan Carlos de devenir à trente-sept ans, le véritable chef de l'exécutif espagnol. Selon la loi organique de l'État, le monarque ne se contentait pas de régner; il gouvernait réellement. Les Cortes n'étant qu'un simple organe de participation à la fonction législative,

---

6. *Histoire de la transition.*

le monarque seul incarnait la souveraineté nationale et la représentation suprême de la nation. La monarchie était tempérée en ce sens que le chef de l'État ne pouvait prendre certaines décisions, comme la désignation ou la révocation du chef du gouvernement, qu'avec l'accord du Conseil du Royaume. De même, toute décision prise par le roi devait être contresignée par le chef du gouvernement ou par le ministre compétent. Cette disposition limitative obligeait en fait les deux têtes de l'exécutif à une parfaite entente. Mais le roi pouvait convoquer et présider le Conseil des ministres, s'il le voulait, de la manière la plus active et non en simple arbitre. Il pouvait, sur avis d'une commission, faire adopter des décrets-lois et, de toute manière, s'opposer efficacement au vote d'une loi en la renvoyant devant les Cortes. Enfin, il exerçait le commandement suprême des Forces armées.

Ayant, dès le départ, la ferme volonté de mettre fin le plus tôt possible à ce type de monarchie autoritaire en restituant au peuple le principe même de la souveraineté, Juan Carlos n'avait pas l'intention d'user au jour le jour de ses prérogatives. Conscient en outre que l'objectif d'Arias Navarro restait fondamentalement différent du sien, il n'avait aucun intérêt à cautionner une politique qui n'était pas la sienne en apparaissant, *a fortiori* dans cette première phase, comme l'axe de tout le mécanisme étatique.

Puisque tout le système établi par la foi franquiste repose sur une parfaite harmonie entre le chef de l'État et le chef du gouvernement, il convient d'attendre patiemment l'heure où le second pourra devenir vraiment l'homme lige du premier et bien décidé à appliquer la politique du roi. En attendant, il faut déjà préparer la succession d'Arias Navarro en mettant en place l'instrument qui lui permettra de se débarrasser de lui au moment opportun sans provoquer une dangereuse réaction du « bunker ».

On comprend mieux dès lors pourquoi Juan Carlos s'est avant tout employé à contrôler le Conseil du Royaume en plaçant à sa tête un de ses hommes. C'est le Conseil du Royaume en effet qui donnerait son aval à la substitution du chef du gouvernement et proposerait au chef de l'État la liste de trois noms parmi lesquels ce dernier choisirait le nouveau président du gouvernement.

Torcuato Fernández Miranda occupait déjà le poste clé. Il lui revenait maintenant de conférer à ce Conseil du Royaume un rôle de rouage permanent du mécanisme étatique, rôle qu'il n'avait pas sous Franco. Plus serait banalisée l'action de ce Conseil, moins son intervention revêtirait d'intensité dramatique lorsqu'il conviendrait de mettre fin aux fonctions du chef du gouvernement et de lui désigner un successeur.

Les seize membres du Conseil ne se réunissaient jusqu'alors que dans les grandes occasions. Torcuato Fernández Miranda institua des séances régulières tous les quinze jours. Ainsi Arias Navarro pourrait être mis en disponibilité sans qu'une réunion exceptionnelle du Conseil, avec tout ce que l'annonce de cette réunion entraînait jadis de spéculations, donnât à une telle décision l'allure d'un mini coup d'État.

Car c'était bien une épreuve de force qui était à craindre entre le roi et cet homme qui se prenait pour l'épigone du dictateur.

La cohabitation entre le roi et Arias Navarro s'annonçait d'autant plus difficile que les deux hommes avaient déjà eu l'occasion de s'affronter durement avant la mort du Caudillo. Lors de la dernière maladie de Franco, Juan Carlos avait pris sur lui d'envoyer à Paris auprès de son père le général Manuel Diez Alegria afin que ce dernier, au nom de l'armée, convainquît le comte de Barcelone, si besoin en était, de ne pas rendre à son fils la tâche trop difficile par des déclarations fracassantes, lorsque s'ouvrirait l'inéluctable succession.

Chef de l'État par intérim, le prince d'Espagne avait décidé de cette mission après avoir consulté les plus hauts chefs militaires, mais sans en parler à Arias Navarro. Piqué au vif, persuadé de surcroît – et non sans raison – que Juan Carlos chercherait à le remplacer dès qu'il aurait les mains libres, le président du gouvernement avait, le 12 novembre, présenté brutalement sa démission au prince en sachant pertinemment que ce dernier ne pouvait se permettre le luxe d'une crise alors que Franco était moribond.

Démonté par cette estocade traîtresse, Juan Carlos avait dit sans aucun ménagement à Arias Navarro ce qu'il pensait de son attitude au cours d'une confrontation dramatique au palais de la Zarzuela [7]. Puis quarante-huit heures plus tard, le Prince avait dû dépêcher le fidèle Mondéjar auprès d'Arias pour le persuader de revenir sur sa

7. Le roi confiera à José Oneto, directeur de la revue *Cambio*, que des larmes d'impuissance lui avaient sauté aux yeux lorsque Arias Navarro lui annonça sa décision irrévocable d'ouvrir, par son départ, une crise en pleine agonie de Franco.

décision, ce à quoi le président du gouvernement avait finalement consenti avec le sentiment d'avoir bien fait sentir à ce « blanc-bec » qui réellement commandait... Tel était le climat qui présidait aux relations entre le roi et son chef du gouvernement.

Déjà Juan Carlos avait repris l'initiative en imposant à Arias un nouveau cabinet et en mettant en place le mécanisme de sa future liquidation. Mais ni au plan politique ni au plan des rapports de force personnels, la Couronne n'avait encore assez de poids pour se risquer à une plus décisive bataille frontale.

L'impossible réforme Arias-Fraga

Tandis que le roi s'employait à convaincre ses partenaires européens, que la reconduction de Carlos Arias à la tête du gouvernement ne signifiait nullement une volonté de perpétuer le franquisme, ce dernier inaugurait son nouveau mandat le 13 décembre par un discours devant les Cortes où, tout en annonçant le début d'une nouvelle étape de réformes, il insistait lourdement sur la volonté gouvernementale « de poursuivre l'œuvre gigantesque de Francisco Franco ». Dans cette allocution le roi n'était cité qu'une fois et le Caudillo à trois reprises.

Un mois et demi plus tard, le 28 janvier, le ton d'Arias n'avait guère changé. Présentant son programme de gouvernement devant ces mêmes Cortes, il déclarait aux « procureurs », dont le mandat avait été prolongé jusqu'en juin 1977, que « leur revenait la tâche d'actualiser lois et institutions comme Franco l'aurait souhaité ».

Le train de réformes annoncé n'était pourtant pas en lui-même négligeable puisqu'il prévoyait, entre autres, l'élection d'une Assemblée au suffrage universel doublée d'un Sénat corporatiste, une modification des articles du Code pénal ouvrant la porte à des associations politiques reconnues qui deviendraient fatalement des « partis », un statut juridique pour les régions et la célébration d'un référendum constitutionnel pour entériner la réforme politique.

Dans une interview à la revue américaine *Newsweek,* Arias avait d'ailleurs explicité sa pensée quelques jours plus tôt dans des termes qui pouvaient logiquement donner satisfaction à l'opinion publique internationale. Refusant l'étiquette d'« homme de droite » il se qualifiait lui-même de « conservateur classique ouvert à toutes les doctrines, à l'exclusion du communisme, et désireux d'établir un système de coexistence politique en Espagne qui, partant de la réalité présente, respectât les libertés reconnues dans d'autres pays démocratiques ». Il annonçait en outre la réalisation d'élections locales et régionales avant la fin de l'année, puis, en 1977, la participation de quatre ou cinq partis politiques à des élections au niveau national.

Malheureusement, le chef du gouvernement oubliait très vite ce langage relativement libéral et à usage externe que Fraga lui soufflait, pour sacrifier devant ses compatriotes à la pire rhétorique franquiste. Quelle crédibilité démocratique pouvait présenter une réforme politique « que Franco eût lui-même approuvée »?

« Le président », note Areilza dans son journal au soir de ce 28 janvier, « reçut l'ovation finale des Cortes parce qu'il avait parlé en réalité comme un homme du " bunker ". C'est un politicien franquiste obsédé par l'idée que Franco le regarde, le surveille, le méprise, le menace. Il pense aux funérailles du Caudillo, aux Forces armées, aux " services spéciaux " et autres rouages secrets. La pensée que toute l'Europe puisse être à son écoute ne lui traverse même pas l'esprit [8]!... »

Pour être juste, il convient néanmoins de reconnaître qu'il n'était pas si aisé de convaincre ces Cortes franquistes de la nécessité d'une réforme qui aboutirait fatalement à leur abolition. D'une manière ou d'une autre il fallait demander aux hommes du système de consentir des sacrifices qui pouvaient aller jusqu'à l'acceptation du suicide. Arias pensait, comme les moins obtus d'entre eux, que certaines choses devaient changer pour que tout demeurât comme avant. C'était une manière d'adhérer à la philosophie contenue dans *le Guépard,* le roman de Lampedusa. Manuel Fraga allait un peu plus loin en estimant que les choses devaient effectivement et profondément changer, mais dans une perspective autoritaire, conforme à son propre tempérament, de telle sorte que la charte démocratique réservée aux Espagnols aurait toujours été à la fois limitée et octroyée. Dès le 29 janvier, tous les observateurs clairvoyants vouaient à l'échec cette réforme placée sous le signe d'une ambiguïté fondamentale et conduite par un homme pour qui Franco était une sorte de Dieu toujours vivant.

---

8. *Journal d'un ministre de la monarchie.*

La réforme en question fut confiée à une commission mixte composée de neuf membres du gouvernement et de neuf membres du Conseil national du Movimiento, ce haut cénacle du franquisme. La présence à la tête de ce même Movimiento d'un homme aussi décidé que l'était le jeune Adolfo Suárez à servir la politique de Torcuato Fernández Miranda et de Juan Carlos lui-même ne suffisait pas à effacer la contradiction majeure qui résultait du fait que l'on entendait discuter de l'avenir des institutions démocratiques avec ceux-là mêmes qui y étaient par définition le plus viscéralement hostiles.

Lorsque la commission se réunit pour la première fois le 11 février, Arias en profita une fois de plus pour faire l'éloge du Caudillo et des « principes du 18 juillet » afin de se concilier les bonnes grâces du « bunker ». Et comme le conseil n'avait aucune intention de se faire « hara-kiri », les discussions en étaient encore au point mort à la fin du mois de mars.

L'attitude des conseillers nationaux s'était avérée d'obstruction systématique et José Antonio Giron dans un discours retentissant avait annoncé, le 22, qu'il ne participerait plus aux travaux de la commission. Un mois plus tard, le projet visant à instituer un système bicaméral était totalement dénaturé par un préambule si restrictif dans ses intentions qu'il fermait pratiquement la porte à une évolution significative. « Au moins, déclarera Areilza, avions-nous la confirmation que toute tentative visant à rendre compatible le régime autoritaire et organique hérité de Franco avec l'ouverture vers la démocratie était désormais vaine. »

A cette occasion, le ministre des Affaires étrangères, plus réceptif qu'aucun autre aux répercussions internationales de cette politique, avait eu le mérite de parler clair devant ses collègues du gouvernement :

« Ni l'Europe communautaire ni l'opposition espagnole, leur dit-il, n'accepteront ces formules équivoques tout juste bonnes à ne pas froisser l'intransigeance des “ ultras ”. La recherche d'un consensus ne peut se faire avec l'extrême-droite autoritaire, mais bien avec la gauche socialiste et communiste ainsi qu'avec les nationalismes basques et catalans, si l'on veut véritablement transcender la dialectique des deux Espagnes et nous acheminer vers une monarchie démocratique et parlementaire. »

La gauche rentre en scène

C'était très exactement ce que pensait le roi. Son impatience était d'autant plus légitime que la gauche précisément ne se laissait pas oublier.

Le Parti communiste, notamment, qui à travers les commissions ouvrières avait conquis tout récemment encore de nombreuses bastides syndicales, s'était lancé en janvier dans une offensive en règle contre le gouvernement Arias, obligeant ce dernier à mettre sous contrôle militaire les services publics affectés par les grèves. Les revendications étaient théoriquement salariales, mais s'accompagnaient de manifestations dont la finalité était évidemment politique. Santiago Carrillo lui-même portant perruque et lunettes noires était rentré clandestinement en Espagne au début du mois de février dans la Mercedes de son ami Teodulfo Lagunero et présidait à cette épreuve de force destinée à accréditer la capacité mobilisatrice de son parti, voire à la surévaluer afin de prendre date pour de prochaines échéances.

Si le mouvement qui intéressa plus de deux cent mille travailleurs rien qu'à Madrid, du 10 au 19 janvier [9], était loin d'être entièrement sous la coupe du PCE, les communistes en étaient apparemment les agents les plus actifs. En même temps, les autonomistes catalans, chauffés à blanc par les récitals de Raimón et de Luis Llach, provoquaient de grandes concentrations de foule à Barcelone, et l'ETA, après une trêve assez longue, reprenait activement sa campagne terroriste.

Face à cette agitation sans précédent du vivant de Franco le gouvernement ne savait comment réagir. L'absence même de toute législation codifiant démocratiquement les droits de réunion et de manifestation paralysait son action. Le système de répression franquiste devenait inopérant devant cette fringale de liberté qui anticipait la réforme elle-même, multipliant les congrès constitutifs de partis politiques avant même qu'ils ne soient autorisés et reconnus,

9. On recensait en outre, fin février, des mouvements de grève dans 2 377 entreprises de vingt provinces espagnoles.

jetant les manifestants dans les rues et les mettant aux prises avec une police dont les consignes répressives demeuraient inchangées.

Là était d'ailleurs le péril le plus grave. Avec ces forces de l'ordre habituées depuis toujours à confondre manifestation et subversion, incapables de s'adapter au nouveau climat qui s'emparait spontanément du pays, saisies elles-mêmes d'une peur panique devant des débordements qu'on ne lui avait jamais appris à maîtriser avec calme et doigté, tout incident pouvait tourner au drame. La vieille règle du jeu était périmée et il n'en existait pas encore de nouvelle. L'Espagne vivait un moment réellement dangereux.

On s'en aperçut plus encore le 3 mars, lorsque quatre ouvriers furent tués par balle à Vitoria à la suite d'un affrontement entre la « Policia armada » et des travailleurs qui entamaient leur cinquante-quatrième journée de grève. Un arrêt général du travail fut aussitôt décrété dans l'ensemble du pays basque. Dans toute l'Espagne l'émotion et l'indignation furent d'autant plus intenses que deux autres victimes en Biscaye et à Tarragone vinrent s'ajouter les jours suivants à la liste des morts.

Le ministre de l'Intérieur, Fraga, était en voyage en Allemagne lorsque se déroulèrent ces tragiques événements. Celui qui dut prendre la situation en main fut Adolfo Suárez, le ministre du Movimiento. Il sut rétablir la situation avec un esprit de décision et de modération qui ne passa pas inaperçu de Juan Carlos. Mais la leçon de cette cruelle expérience fut tirée sans complaisance par un éditorial de la revue *Cambio 16 :*

« La stratégie du gouvernement actuel a totalement échoué et doit être au plus vite remplacée par une autre... Tant que l'opposition sera reléguée dans des ghettos extérieurs, tant que ce gouvernement intérimaire se condamnera lui-même à la paralysie comme s'il avait tout le temps devant lui, tant que les autorités s'imagineront que l'on peut maintenir indéfiniment l'ordre public sans dictature ni démocratie en abandonnant la responsabilité aux seuls soins de la police, la crise sera sans fin et ses conséquences seront imprévisibles... »

Le roi était si conscient de la gravité de ce problème qu'avant même le choc de Vitoria il avait décidé de reprendre en main une situation compromise par l'inertie politique du gouvernement Arias-Fraga. Présidant tout à fait exceptionnellement le Conseil du Royaume dans une de ses nouvelles sessions bimensuelles, il avait rappelé sans ambages dès le 2 mars que c'était à lui qu'incombait la décision finale dans les affaires les plus importantes comme dans toutes celles qui exigeraient des solutions d'urgence. « La volonté du roi, avait-il affirmé, ne pourrait être d'aucune manière supplantée ou dénaturée. » S'il le fallait, il convoquerait à référendum « pour mener à bien et courageusement les profondes réformes que le pays nécessitait ».

Arias n'avait pas paru s'émouvoir de cette menace de coup d'État légal et répétait à qui voulait l'entendre ce qu'il avait un jour déclaré à Adolfo Suárez :

« Pour moi, le roi c'est comme les gosses, je ne les supporte plus au bout de dix minutes! »

Il avait tort de prendre à la légère l'avertissement du souverain : la première torpille royale, note Bardavío, venait d'atteindre de plein fouet sa ligne de flottaison.

Mais, en même temps, il fallait aussi colmater les brèches que le gouvernement avait ouvertes dans ce navire à la dérive qu'était l'Espagne du « changement ». Les avaries étaient considérables après les événements de Vitoria. Ces derniers précipitèrent, le 26 mars, la fusion de la Junte démocratique de Carrillo et de Tierno Galván, et la Plate-forme de convergence dominée par le PSOE. Cette union de l'opposition clandestine qui prit le nom de Coordinatrice démocratique, mais que les Espagnols appelèrent plus familièrement « Platajunta [10] » avait une signification très claire : socialistes, démocrates-chrétiens, sociaux-démocrates, syndicalistes de tout bord manifestaient leur solidarité avec le Parti communiste et étaient prêts à se battre pour sa légalisation au même titre que la leur. Toute la gauche modérée et même le centre-droit militeraient désormais pour que soit reconnu au PCE le droit à l'existence. Or c'était là, précisément, la pierre d'achoppement qui bloquait l'essentiel de la réforme politique.

Fraga, dont les velléités réformistes, pour sincères qu'elles fussent, ne résistaient guère à un caractère emporté et génétiquement rebelle au dialogue démocratique, voulut relever le défi en incarcérant plusieurs dirigeants de la « Platajunta », dont le leader des commissions ouvrières, Marcelino Camacho, qui était sorti de prison au lendemain de l'avènement de Juan Carlos. L'argument qu'il donna

10. Par contraction des mots « plate-forme » et « junte ».

à son collègue Areilza, qui tentait de le raisonner, fut que l'armée n'acceptait la réforme politique que dans la mesure où l'ordre public était fermement rétabli et à la condition que le Parti communiste soit maintenu délibérément hors la loi. Il fallait donc frapper ce dernier pour négocier la réforme avec les militaires.

Le ministre des Affaires étrangères en retira l'impression que ce que Fraga entendait négocier avec l'armée et les ultras, c'était bien plutôt leur appui à sa propre candidature à la succession d'Arias Navarro... De toute manière, une telle attitude enfonçait, un peu plus encore, la réforme dans son impasse. A force de crier que « la rue était à lui » (c'est-à-dire à « sa » police) et que les détenus étaient « ses » prisonniers, le « taureau de Galice », tête pensante du gouvernement, avait en quelques mois cessé d'être le chantre du « changement » pour devenir, selon l'expression de Raymond Carr, la « bête noire » de l'opposition.

Arias et Fraga ne semblaient s'inquiéter que des manifestations rageuses du « bunker » qui, à travers le néo-fasciste Blas Piñar, José Antonio Giron et le groupe qui réunissait d'autres franquistes durs comme Fernández de la Mora, Rodriguez de Valcárcel ou Fernández Cuesta, ne voulait entendre parler d'aucun autre régime que celui du « 18 juillet 1936 ». A suivre cette pente, on n'arriverait évidemment à rien. Le roi commençait à craindre sérieusement un réflexe de désespoir de l'opposition démocratique et du Parti communiste.

Diplomatie secrète et offensive de Juan Carlos

Décidé à agir en marge du gouvernement, il résolut de prendre indirectement contact avec Santiago Carrillo.

Lorsqu'il avait été invité aux fêtes du millénaire de Persépolis organisées en 1971 par le Shah d'Iran, Juan Carlos s'était lié passagèrement avec son voisin de tente, le président roumain Ceaucescu, qui semblait manifester beaucoup d'enthousiasme pour la personnalité du prince d'Espagne. Dans le cadre de la diplomatie secrète et solitaire à laquelle il devait se résoudre, le roi pensa que Ceaucescu pourrait l'aider à convaincre son ami Carrillo que tout n'était pas perdu.

C'est ainsi que, dans le courant du mois de mars, un des amis d'enfance les plus chers de Juan Carlos, Manuel Prado, celui-là même qui avait déjà été chargé de mission à Washington auprès de Kissinger et à Paris quelques jours avant la mort de Franco, pour confirmer les intentions démocratiques du futur roi et décider Valéry Giscard d'Estaing à se rendre à Madrid pour l'avènement du souverain, prit par des voies détournées l'avion pour Bucarest.

Le dictateur roumain devait comprendre mieux qu'un autre, sans doute, combien il est difficile d'établir la démocratie dans un pays voué pendant trente-huit ans au culte de la personnalité... Il promit à son interlocuteur d'inciter le chef du PCE à la patience. Le Parti communiste, avait affirmé Manuel Prado, serait légalisé un jour, mais cela tarderait peut-être encore. Le roi ne pouvait risquer un coup d'État militaire et l'avenir même de la démocratie sur ce simple problème...

Peu après, Carrillo fut appelé d'Espagne par Ceaucescu. Il déclara par la suite qu'il n'avait pas accepté le marché. En fait, la démarche du roi l'avait impressionné. Le caractère précautionneux de son initiative lui faisait comprendre à la fois toutes les difficultés de l'entreprise et la sincérité du propos de Juan Carlos. Ne pouvant prendre le risque d'un contact plus direct avec celui qui symbolisait pour les franquistes « l'anti-Espagne », le roi montrait par ce détour compliqué tout le prix qu'il attachait en réalité à la légalisation du Parti communiste.

Pendant ce temps, le comte de Barcelone s'employait, lui aussi efficacement, à plaider la cause de son fils auprès des socialistes et notamment d'Enrique Tierno Galván, l'allié de Carrillo, persuadant le « Vieux Professeur » comme on appelait déjà le futur maire de Madrid, que « seule la monarchie détenait la clé de la démocratie ».

En avril, le roi reçut à la Zarzuela les leaders les plus représentatifs de la social-démocratie et de la démocratie-chrétienne, dont José-Maria Gil Robles, ce que se gardait bien de faire le chef du gouvernement. Ses visites en Catalogne, en Andalousie et aux Asturies, entre février et mai lui permirent également de rompre le protocole et de parler à cœur ouvert un langage résolument différent de celui d'Arias et de Fraga. Mais le coup de boutoir décisif fut donné le 26 avril lorsque parut dans le magazine *Newsweek,* sous la plume d'Arnaud de Borchgrave qui avait en janvier interviewé Arias, un article retentissant, en direct de la Zarzuela.

A défaut de pouvoir citer expressément le roi, Borchgrave se faisait l'écho de la « profonde préoccupation de ce dernier devant les résistances de la droite à accepter le changement politique ». Juan Carlos, disait-il, a fait tout son possible pour convaincre Arias, mais il se trouve devant un homme qui lui répond. « Très bien Majesté » et ne fait rien ou tout le contraire de ce qu'on lui demande... Le gouvernement se trouve ainsi répudié à la fois par la gauche et les ultras. Quant aux modérés de l'opposition, cette politique ne leur a pas permis d'autre choix que de s'allier avec les communistes. « De l'aveu du roi, affirmait Borchgrave, l'expérience Arias est un désastre total *(unmitigated desaster)* et le chef du gouvernement s'est converti en porte-drapeau du bunker. »

Sur ordre de Carlos Arias, si directement attaqué, le ministre de l'Information, Martín Gamero, démentit jusqu'à la matérialité de l'audience accordée au journaliste belgo-américain. Mais la Zarzuela garda un silence significatif qui apparut à tous comme un démenti cinglant à ce démenti honteux.

Deux jours après cette bombe politique, le 28 avril, Arias Navarro prononça un discours radio télévisé dans lequel il citait à sept reprises le nom de Franco et reprenait tous les poncifs de la propagande du précédent régime. Le plan de réformes qu'il annonçait n'ajoutait rien à ce qui avait déjà été programmé dans le vague quatre mois plus tôt. Le Sénat serait corporatif et le Congrès des députés, bien qu'élu au suffrage universel, refléterait, comme au bon vieux temps, la « représentation familiale ». Une fois de plus, le président du gouvernement agissait exactement comme si l'opposition démocratique n'existait pas. Dans cette allocution parsemée de références à la trahison, à la subversion et au communisme international, il attaquait durement le congrès de l'UGT socialiste que Fraga venait pourtant d'autoriser quelques jours plus tôt et qui pour la première fois depuis la guerre civile avait pu se tenir à Madrid.

L'Espagne réelle, celle de la rue, avait en quelques mois changé complètement de visage mais Arias ne la voyait pas. De son regard fixe et têtu, il continuait de scruter obstinément la petite flamme sacrée et désormais indifférente du Pardo.

Le mois de mai apporta encore une note dramatique au confus paysage politique. Comme à Vitoria, Manuel Fraga, encore absent d'Espagne, allait faire les frais des bavures inquiétantes de « sa » police. Les incidents eurent pour théâtre la colline de Montejurra en Navarre où chaque année les carlistes célébraient une de leurs anciennes victoires contre les « libéraux ». Mais cette fois, les « traditionalistes » se battirent entre eux, partagés qu'ils étaient entre adeptes de Carlos Hugo, devenu socialiste autogestionnaire, membre de la Junte démocratique, et ceux de son jeune frère Sixte acquis à l'extrême-droite militante. Des partisans du cadet des Bourbon-Parme, appuyés par des néo-fascistes italiens et des activistes de « Fuerza nueva », le mouvement de Blas Piñar, ouvrirent le feu le 9 mai sur les fidèles de Carlos Hugo aux cris de « Montejurra rouge, non! » et « Vive le Christ-Roi! » Il en résulta deux morts sous l'œil curieusement impavide de la Garde civile. Plus grave, les « hugotistes » accusèrent le ministère de l'Intérieur d'avoir sciemment encouragé et armé les agresseurs. Certains partisans de Sixte avouèrent même que le gouvernement les avait indirectement aidés à monter leur opération. Au moins pouvait-on tirer de l'affaire quelque suspicion de complicité entre certains éléments de la police et les activistes d'extrême-droite. Ce climat ténébreux et malsain ajouta au discrédit du tandem Arias-Fraga empêtré de plus belle dans son impossible réforme.

Les contradictions de cette politique atteindront leur zénith au début du mois de juin lorsque, sous l'impulsion courageuse d'Adolfo Suárez, les Cortes voteront le projet de loi sur les associations politiques autorisant les partis, mais – comble d'absurdité! – refuseront d'abroger les articles du Code pénal qui considéraient comme délictuelle la constitution de ces mêmes partis. Ce blocage de la réforme n'était pas encore concrétisé, mais il était pour le moins prévisible lorsque Juan Carlos entreprit aux États-Unis une visite officielle qui allait faire date dans l'histoire encore non écrite de la jeune démocratie espagnole.

Un roi à Washington

Bien préparé par Areilza, et tout autant par le fameux article de *Newsweek* qui avait causé, outre-Atlantique également, une certaine sensation, le séjour du roi et de la reine à Washington fut un succès total qui donna des ailes à Juan Carlos. Le point culminant fut le discours qu'il prononça le 2 juin devant le Congrès. C'était la première fois dans l'histoire qu'un souverain espagnol prenait la parole dans l'enceinte du Capitole et ce qu'il avait à dire s'adressait non seulement à la plus grande démocratie du monde mais tout autant au peuple d'Espagne, qui comprit parfaitement le message.

L'avertissement que lui avait donné Franco quelques années plus tôt à l'issue d'un autre voyage aux États-Unis dut, sans nul doute, lui revenir en mémoire. Y avait-il encore des choses qu'il pouvait dire à l'étranger et qu'il ne pouvait pas exprimer publiquement en Espagne? L'occasion était donnée au jeune roi de faire entendre clairement sa conception de la démocratie, et il n'aurait pas besoin cette fois de s'en justifier. Ses paroles voleraient directement jusqu'à Madrid, amplifiées par l'écho de la solennité et confortées par l'approbation enthousiaste, des représentants d'une nation qui, plus que toute autre, était à même de décerner des brevets de crédibilité politique.

Résumant une situation qu'il connaissait bien, Areilza écrira à propos de ce voyage :

« Il fallait à cette monarchie instaurée sept mois plus tôt et alors que l'ambiguïté du processus démocratique oscillait encore entre le continuisme, la réforme et la rupture totale avec le passé, un appui spectaculaire et bien visible. Lorsque je disais, au cours de mes voyages en Europe, ma certitude que l'Espagne s'acheminait vers la démocratie pluraliste avec des partis politiques, des libertés civiques entières et le suffrage universel, je sentais des réticences sceptiques à Londres, à La Haye, à Copenhague. On m'écoutait avec bienveillance à Bruxelles, à Paris, Dublin et Rome. On manifestait un enthousiasme coopératif à Bonn et à Luxembourg. Encore fallait-il que le roi, moteur du changement, fît réellement irruption sur la scène internationale... La monarchie, à l'issue de ce voyage, franchit un pas décisif vers la forme institutionnelle définitive que le peuple sanctionnerait par son vote : celle d'un régime constitutionnel, démocratique et parlementaire comme toutes les monarchies qui subsistent en Europe occidentale [11]. »

Mais la page d'histoire restait tout entière à écrire lorsque Juan Carlos, ce 2 juin, déclara devant les représentants du peuple américain qu'« aucun obstacle ne s'opposerait en Espagne à l'émergence d'une société chaque fois plus prospère, plus juste et plus authentiquement libre, que la démocratie serait aussi pleine et entière que

---

11. *Histoire de la transition.*

dans les autres pays d'Occident et que la couronne garantirait l'accès naturel et ordonné au pouvoir des diverses options gouvernementales en fonction du choix populaire librement exprimé ».

S'ils saluèrent avec chaleur cette profession de foi, les hôtes américains du roi ne s'en montrèrent pas moins soucieux de l'avenir espagnol. La démocratie, très bien! Encore ne fallait-il pas que le processus du changement mît en péril la stabilité de la zone stratégique. Pendant trente ans, les États-Unis avaient eu avec Franco un allié à toute épreuve. Une forte poussée de la gauche ne risquerait-elle pas de compromettre le dispositif de sécurité de l'Occident dans la région névralgique du détroit de Gibraltar? La crainte de l'inconnu tempérait visiblement le prosélytisme démocratique du « phare du monde libre ».

C'est ce qui résultait notamment d'une longue conversation qu'Areilza eut avec Kissinger, alors secrétaire d'État du président Gerald Ford.

– Les Européens, soutenait « cher Henry », se perdent en querelles intestines et succombent à l'inefficacité parlementaire de principes démocratiques défendus à outrance. Ne tombez pas dans ce mimétisme!... Nous ne dirons rien si vous décidez de légaliser le parti communiste. Mais nous ne vous ferons certainement pas grief d'attendre encore quelques années. D'ailleurs ce serait plus commode pour vous...

– Pour nous? s'interrogea ironiquement Areilza dans son Journal.

– N'allez pas non plus à des élections avant que le gouvernement dispose d'un parti à lui et qui soit sûr de les gagner, conseillait également Kissinger.

Dans sa conversation avec Borchgrave, le roi avait abordé ce problème de la légalisation du Parti communiste espagnol et déclaré qu'il ne s'y opposerait pas « dès que la nation se serait constituée en ferme structure démocratique ». Juan Carlos venait d'avoir l'occasion d'en reparler avec le président Ford et son secrétaire d'État. Aucun Espagnol sensé ne pouvait en effet imaginer qu'un réel changement pourrait s'opérer si l'on continuait à marginaliser le parti de Carrillo une fois reconnue officiellement l'existence des autres formations politiques. Même pas Fraga qui, le 19 juin, se prononcera lui aussi dans le même sens dans une interview accordée en Espagne à Cyrus Sulzberger du *New York Times*.

Ce qu'Areilza, en revanche, n'apprit que plus tard, c'est que le roi au cours de cette visite avait mis ses interlocuteurs américains dans le secret de la décision qu'il avait prise de mettre fin dès son retour à l'expérience Arias Navarro. Leur révéla-t-il le nom de celui qu'il avait choisi d'un commun accord avec Torcuato Fernández Miranda, pour mener à bien la véritable transition vers la démocratie? C'est plus douteux, car ce choix d'Adolfo Suárez ne semblait pas encore être définitif dans l'esprit de Juan Carlos, s'il l'était certainement dans celui du président des Cortes et du Conseil du Royaume. De toute manière, le ministre des Affaires étrangères espagnol ne pouvait être dans la confidence, puisqu'il se voyait déjà lui-même investi de la future présidence du gouvernement.

Cette visite du roi à l'occasion du bicentenaire de l'Indépendance des États-Unis permit en tout cas de cristalliser une résolution déjà bien arrêtée, probablement depuis le mois de mai. Il s'agissait moins pour le roi de quérir à Washington le « feu vert » pour une opération difficile, que de tirer de l'événement lui-même, le surcroît de prestige qui la faciliterait.

En Europe, et notamment à Paris où ce « premier voyage » du roi à l'étranger fut ressenti avec quelque amertume et où l'on rappelait volontiers que les États-Unis n'avaient envoyé à Madrid que leur vice-président, Nelson Rockefeller, pour l'avènement de Juan Carlos, alors que Valéry Giscard d'Estaing s'était déplacé en personne, on ne fut pas loin de penser que la nomination de Suárez après la démission d'Arias était le résultat d'une « opération américaine » pour contrôler, voire freiner, la réforme politique. Un des premiers soins du nouveau chef du gouvernement sera ainsi de faire une visite éclair au premier ministre français, Jacques Chirac, pour lui faire entendre qu'il n'en était rien et que le passé phalangiste du nouveau président espagnol ne signifiait en rien un processus d'involution ou même de stagnation sous le signe d'une inféodation aux préoccupations purement stratégiques de Kissinger.

La démission forcée d'Arias Navarro

Lorsque le roi rentra à Madrid le 6 juin, le plus difficile restait encore à faire. Le blocage de la réforme par les Cortes et par le Conseil national du Movimiento semblait conforter Arias, bien qu'il fît mine de regretter leur attitude. Les déclarations de Manuel

Fraga à Sulzberger sur le Parti communiste ébranlèrent cependant, un peu plus encore, la cohésion du gouvernement. Le ministre de l'Intérieur, pourtant bien atteint par les événements de Vitoria et de Montejurra, se « plaçait » lui aussi pour la succession.

Areilza ou Fraga : telle semblait être l'alternative la plus probable en cas de démission du président du gouvernement. Mais comment provoquer le départ d'Arias sans entraîner une réaction dangereuse des franquistes solidement installés dans tous les rouages civils et militaires de l'État? Le nom d'Areilza surtout résonnait comme une provocation aux oreilles du « bunker ». Le changement de cap ne pouvait s'opérer que par un subterfuge. Il fallait qu'il y eût une « journée des dupes », ce à quoi s'employait depuis longtemps, avec une maestria discrète, Torcuato Fernández Miranda.

Arias Navarro, par bonheur, était presque aussi discrédité aux yeux des ultras qu'à ceux de l'opposition démocratique. Son autorité personnelle était pratiquement nulle et il n'était homme ni de grande ambition personnelle ni de grand caractère. Politiquement, il était mort avec Franco et le comprenait en son for intérieur.

Aujourd'hui encore, de son propre aveu, il arrive au roi de céder à un cauchemar rétrospectif en imaginant ce qui se serait passé si au lieu de Carlos Arias il avait dû affronter le défunt amiral Carrero Blanco [12]. Toute l'histoire de la transition eût été alors à réinventer et il est bien probable qu'elle ne se serait pas écrite aussi pacifiquement!

Au comte de Barcelone qui le pressait depuis le printemps d'en finir au plus vite avec ce pâle suppôt du franquisme, Juan Carlos avait répliqué d'un air entendu qu'il se donnait jusqu'à l'été. La date du 1er juillet était déjà programmée entre le président des Cortes et lui. C'était en effet celle prévue pour une de ces convocations désormais routinières du Conseil du Royaume qu'avait instituées Fernández Miranda. Dans la même journée, le roi demanderait sa démission à Arias, et le Conseil du Royaume serait appelé à l'approuver, sans créer d'inutiles remous.

Ce jeudi-là, Juan Carlos recevait dans la matinée au Palais royal,

12. *Conversation avec l'auteur.* Il est cependant probable, et c'est aussi l'avis de Fraga, que l'amiral n'aurait pu s'opposer longtemps à la ferme détermination du roi et à la volonté de changement que souhaitait le pays.

les lettres de créances de nouveaux ambassadeurs, lorsqu'à l'issue de la cérémonie il prit à part Areilza et lui dit sans préambule :

« Les choses ne peuvent plus durer, sinon nous allons à la catastrophe. J'avais à prendre une décision difficile et je l'ai prise. Je vais la mettre à exécution sur-le-champ en prenant tout le monde par surprise. Tu es averti. Tais-toi et attends! »

A 13 h 15, en effet, le roi, encore vêtu de son uniforme de gala, recevait Arias dans ce même palais d'Orient. Le président, qui avait été convoqué la veille au soir par un membre du cabinet royal, n'avait pas attaché une particulière importance à cette audience pensant que l'entretien, vu les circonstances, porterait sur un problème de politique extérieure. Dès les premières minutes, il comprit néanmoins ce qui se passait. Il eut la fierté, nous dit Joaquin Bardavío, d'abréger les explications en déclarant à son royal interlocuteur qu'il entendait ses raisons et qu'il ne ferait pas obstacle à la décision qu'il avait prise.

Vingt-cinq minutes plus tard, il quittait le bureau qui avait été celui d'Alphonse XIII sans s'être tout à fait remis du choc imprévisible auquel il venait d'être soumis. Le 25 juin encore, n'avait-il pas tracé devant Fernández Miranda des plans d'avenir comme s'il avait – contre tout bon sens au demeurant – deux ans pour le moins devant lui? Après avoir déjeuné au restaurant *Jockey* avec deux de ses fidèles qu'il mit aussitôt au courant de sa démission, il se rendit chez lui pour avertir sa femme puis se fit conduire au Valle de los Caídos sur la tombe du Caudillo pour dialoguer avec un passé auquel il n'avait cessé, non sans une certaine noblesse, de se montrer fidèle.

« C'était, dira Areilza en guise d'oraison funèbre, un homme énigmatique, auquel le hasard avait conféré une responsabilité historique sans commune mesure avec sa personnalité. Ses capacités de gouvernant étaient des plus douteuses. Il connaissait mal les problèmes politiques et sociaux du pays, son expérience étant essentiellement répressive. En matière internationale son indifférence et son ignorance dépassaient toutes les bornes. Il se bornait, lorsqu'un problème de cet ordre lui était soumis, à sortir d'un dossier une feuille préparée par les " services " et qui faisait généralement référence à quelque épisode minuscule, presque toujours de type personnel et d'origine policière. Mais personne ne pouvait mettre en doute son patriotisme, l'honnêteté de ses intentions, son ardeur au travail et la transparence de sa vie privée. »

Le soir même de ce 1er juillet le dernier chef de gouvernement choisi par Franco convoquait sous le portrait géant de son grand homme, son ultime Conseil des ministres pour prendre congé de son cabinet. Il donnait l'« abrazo » à quelques-uns de ses collaborateurs, mais ne put cacher sa rancœur à Areilza et à Fraga qu'il tenait pour les deux principaux responsables de son limogeage. Au demeurant, il se trompait un peu plus qu'à moitié. Les seuls vrais artisans de sa chute étaient le roi lui-même et le non moins énigmatique mais fort intelligent Fernández Miranda.

« Adolfo, que fais-tu aujourd'hui? »

Le plus gros obstacle était levé. Restait à organiser la journée des dupes qui consistait essentiellement à amener le Conseil du Royaume, ce conservatoire du franquisme, à inclure dans sa « terna » – cette liste de trois noms « présidentiables » qui serait soumise au roi pour qu'il en choisît un – la ou les personnalités susceptibles de conduire efficacement le changement radical auquel ils répugnaient.

Depuis de longs mois, Torcuato Fernández Miranda passait au crible les prétendants. Manuel Fraga, l'homme de la « réforme octroyée », était inacceptable par l'opposition démocratique, qu'il s'agissait de rallier. José Maria de Areilza, en revanche, était inacceptable par les franquistes. Les hommes politiques dont, en dehors des deux premiers, le nom revenait le plus souvent représentaient chacun les vieux courants de l'ancien régime dont il s'agissait précisément de se débarrasser. Silva Muñoz, c'était la famille « démo-chrétienne » d'obédience jésuite compromise avec la dictature. López Bravo, la famille « technocratique » liée à l'Opus Dei et tout aussi usée par le long exercice d'un pouvoir arrogant.

Pour conduire en première ligne cette révolution douce et négociée avec la gauche que souhaitait Juan Carlos, il fallait un homme nouveau, docile, ambitieux, résolu à faire table rase du passé quel que fût le sien propre. Deux noms alors se détachaient : celui d'Alfonso Osorio, cinquante-deux ans, ministre de la Présidence, libéral de filiation démocrate-chrétienne qui avait été choisi par le roi et par Fernández Miranda pour isoler Arias, et celui d'Adolfo

Suárez, fonctionnaire phalangiste mais placé par Fernández Miranda à la tête du Movimiento, comme lui-même l'avait été quelques années plus tôt, pour démanteler en fait le vieil appareil franquiste.

De même qu'il existait, en dépit de leurs divergences, un tandem d'ambition Fraga-Areilza, il se trouvait, beaucoup mieux soudé, un autre tandem plus jeune constitué par le couple Suárez-Osorio. Ces deux « jeunes loups », élevés dans le sérail mais tout prêts à jeter une bonne fois aux orties les défroques du passé pour épouser pleinement la modernité démocratique, s'étaient promis de ne pas entrer en rivalité. Si l'un d'eux devenait président, l'autre serait son vice-président.

Le choix définitif se porta sur Suárez qui avait, le 9 juin, devant les Cortes, défendu avec acharnement et brio la réforme des associations politiques et manipulé autant qu'il l'avait pu le Conseil national du Movimiento à travers la commission mixte. A ses mérites d'entraîneur d'hommes, à ses atouts de séduction personnelle, d'autorité naturelle et d'intelligente soumission au plan tracé par Fernández Miranda, s'en ajoutait un autre : Suárez n'était lié à aucun lobby économique ou financier, comme l'était Osorio.

Se doutait-il de ses chances? A quelques signes de faveur, de fortuite connivence, il les voyait poindre de plus en plus clairement depuis le retour du roi des États-Unis. Le 9 juin, tandis qu'il bataillait devant les Cortes, le roi avait profité d'une pause lors des manœuvres militaires auxquelles il assistait dans la région de Burgos pour décrocher un téléphone et l'encourager chaleureusement dans son combat.

Et ce geste lui avait rappelé un autre clin d'œil royal. Quelque temps plus tôt, il s'était retrouvé aux côtés de Juan Carlos au stade de Chamartin lors d'un match de football au cours duquel l'équipe de Saragosse – dont la direction avait été récemment confiée à un homme nouveau et dynamique – venait de se surpasser face au « Real » de Madrid, toujours dirigé par le vétéran Santiago Bernabeu : « Regarde bien, Adolfo, ce que peuvent faire de jeunes présidents », lui avait fait remarquer, comme en passant, le souverain.

Ce n'était pas assez pour qu'il se crût sûr de son étoile, mais suffisant pour qu'il demeurât en célibataire à son domicile madrilène pendant les deux jours où se réunit le conclave du Conseil du

Royaume. « Il y a des trèfles à quatre feuilles! » lui avait de son côté glissé Fernández Miranda.

Le 2 juillet, les « ternas » avaient commencé à filtrer des portes closes du salon des Cortes où se réunissaient les seize conseillers du Royaume répartis en trois tendances : phalangistes, technocrates et démocrates-chrétiens conservateurs. Habilement, Torcuato Fernández Miranda, leur président, les avait laissés entièrement libres de procéder eux-mêmes à l'« écrémage » sur une liste largement ouverte de trente-deux noms, selon la méthode du Prix Goncourt. Il évitait ainsi à son poulain, qui n'était pas en vedette, une élimination rapide. Considéré comme un « outsider » tout juste bon à compléter la « terna » d'un vrai candidat, Suárez se retrouva finalement de toutes.

Le samedi 3 juillet, l'agence officielle CIFRA lança son tiercé gagnant : Areilza, López Bravo, Suárez. Tous les journalistes s'agglutinèrent autour de la maison du ministre des Affaires étrangères qui, presque certain de son succès, attendait fébrilement l'appel téléphonique de la Zarzuela entouré de ses meilleurs amis. Presque immédiatement le pronostic fut démenti et l'on connut le vrai trio gagnant : Federico Silva, pour les démocrates-chrétiens, Gregorio López Bravo pour le groupe des technocrates et Adolfo Suárez pour les phalangistes. Simultanément et à la surprise générale, on apprit que Suárez venait d'être appelé par le roi.

Il était 5 heures de l'après-midi et Juan Carlos était en possession de la liste définitive depuis midi lorsque le téléphone avait sonné au 53 de la calle San Martin de Porres, chez le ministre du Movimiento dans le quartier résidentiel de Puerta de Hierro, tout proche du Pardo et de la résidence royale. Amparo, l'épouse de Suárez, et ses enfants étaient chez des amis à Avila la ville natale d'Adolfo. Au bout du fil c'était le roi :

« Que fais-tu cet après-midi?

– Rien, sire, je triais quelques papiers à la maison...

– Dans ce cas, pourquoi ne viendrais-tu pas un moment prendre un verre à la Zarzuela et parler un peu? »

Encore inquiet, Suárez prit le volant d'une petite SEAT et arriva quelques minutes plus tard au Palais où il croisa Fernández Miranda qui sortait du bureau du souverain, où on le fit entrer aussitôt :

« Adolfo, lui dit Juan Carlos, je voudrais que tu me fasses une faveur.

– Sire...

– Je voudrais que tu sois président du gouvernement. »

C'est ainsi qu'à quarante-trois ans, ce « jeune premier » de la scène politique au masque volontaire, au sourire charmeur et conquérant, à l'œil égyptien filtrant un regard loyal et pénétrant, devint l'homme lige du roi, son cadet de cinq ans. L'un et l'autre appartenaient à cette même génération d'Espagnols aux yeux de qui la guerre civile était une histoire d'ancêtres et pour lesquels le franquisme n'avait jamais été un choix, mais une réalité imposée et, partant, contournable.

Né dans une famille pauvre, à Cebreros, non loin des austères remparts de la froide cité de sainte Thérèse, Suárez avait gravi sans états d'âme tous les échelons de cette hiérarchie du Movimiento confondue avec la fonction publique de son pays. Son vrai maître avait été au demeurant un phalangiste réformateur et libéral, Herrero Tejedor, disparu accidentellement quelques années plus tôt. De gouverneur civil de la Province de Ségovie, il était devenu directeur de la Radio télévision, où il avait eu plusieurs fois l'occasion de côtoyer le prince d'Espagne. Le patronage amical de Torcuato Fernández Miranda avait assuré le reste de sa carrière. Le *Cara al Sol* et la chemise bleue n'étaient plus pour lui que souvenirs du passé. Même pas, comme pour Ridruejo qui venait lui aussi de disparaître, le credo vibrant d'une jeunesse réellement engagée.

Et pourtant, cette même chemise bleue allait quelque temps encore lui coller à la peau. Au Conseil du Royaume, les phalangistes avaient voté pour lui, à défaut de Rodriguez de Valcárcel gravement malade. Aux yeux de l'opinion publique, la coloration de ses origines comptait davantage que l'ardeur démocratique avec laquelle il venait trois semaines plus tôt de défendre la réforme aux Cortes. Au lieu d'Areilza l'homme de la « droite civilisée », le libéral, le roi avait choisi un « phalangiste »...

Trois semaines pour convaincre

« Quelle erreur! Quelle immense erreur!... » s'exclamait le 8 juillet dans un éditorial du nouveau quotidien *El Pais,* l'historien Ricardo de La Cierva, lui aussi pourtant ancien fonctionnaire franquiste. Un des plus proches amis d'enfance du roi n'avait même pas attendu cette date pour lui exprimer sa profonde déception en lui jetant sans ménagement : « Tu viens de balancer la monarchie par la fenêtre. »

« Donne-moi trois semaines pour te prouver que tu as tort! », lui avait répliqué Juan Carlos. Mais aussi sûr de son choix qu'il pouvait l'être, le roi ne subissait pas de tels assauts sans trouble ni angoisse [13]. Et si vraiment ces apparences trompeuses dont était victime son poulain jetaient bas l'opération avant qu'elle pût prendre corps? Il fallait que Suárez agît très vite pour rassurer et le centre et la gauche. Au coup d'État légal qu'il venait de réaliser en défenestrant Arias devait succéder dans l'immédiate foulée une réussite spectaculaire. Non plus seulement une accélération décisive de la réforme, mais une révolution des mœurs politiques. Jamais plus terrible pari n'avait reposé sur les épaules d'un seul homme et, après tout, sans expérience politique. Si Suárez dérapait, le trône lui-même risquait de basculer.

Or tout commence très mal. Le 5 juillet, on sait déjà que ni Fraga ni Areilza n'acceptent de participer à un gouvernement Suárez. Passe encore pour Fraga dont le retrait ne sera pas si mal vu de l'opposition démocratique, mais la défection hautaine d'Areilza a une tout autre portée : « Qu'on ne compte pas sur moi pour entrer dans le cabinet de ce gamin », déclara d'emblée au comte de Barcelone le ministre des Affaires étrangères. « Allons, José-Maria, ce sont là des susceptibilités de diva! lui répondit Don Juan. Pour un vrai monarchiste, le service de la Couronne doit passer avant tout! »

Areilza avait certes des raisons plus sérieuses de refuser de participer à une expérience qu'il considérait, ainsi que la plupart des libéraux, comme un pas de clerc sans lendemain. Mais lorsque, mesurant les conséquences fâcheuses de son attitude, il tenta de revenir sur sa décision, il était trop tard. Le temps pressant, Suárez avait déjà fait appel à un jeune diplomate, sous-secrétaire d'État au ministère, Marcelino Oreja, qui n'avait pas le prestige politique et international d'Areilza, mais qui se révélera avec modestie et courage un remarquable serviteur de la monarchie.

13. Devant l'incompréhension générale que suscita sa décision, Juan Carlos, de son propre aveu, passa de très mauvais moments : « Je ne savais pas, dira-t-il, que l'on pût souffrir autant! »

Le nouveau chef du gouvernement avait malheureusement peu d'amis politiques possédant la carrure suffisante pour faire des ministres. Ce fut Osorio, promu vice-président, qui les lui fournit en grande partie. Les portefeuilles militaires n'allaient pas changer de main : il semblait inutile de susciter des inquiétudes du côté de l'armée. En revanche, tous les nouveaux titulaires civils étaient des hommes jeunes, venant généralement, comme Osorio, des rangs de la démocratie-chrétienne marquée par la collaboration, mais tout prêts à faire alliance avec leurs frères séparés de l'opposition, ceux qui suivaient Gil Robles ou Joaquin Ruiz Gimenez.

Osorio, Oreja, Landelino Lavilla, nouveau ministre de la Justice, faisaient en outre partie du groupe des « Tacite » qui depuis 1974, dans le quotidien catholique *Ya,* prônait, sous ce sage pseudonyme, l'avènement graduel de la démocratie à partir du système politique en vigueur. D'autres ministres procédaient comme Suárez du réformisme phalangiste. C'était notamment le cas de Rodolfo Martin Villa, à qui incombait la lourde tâche de remplacer Fraga à l'Intérieur.

Presque tous étant des inconnus – ou peu s'en fallait – l'impact du gouvernement Suárez sur l'opinion publique nationale et internationale était quasi nul. Mais Suárez savait qu'il pouvait compter sur une équipe homogène partageant la même vision du futur que lui-même et décidée à la réaliser par les mêmes moyens expéditifs. Quant à l'image si négative que sa propre nomination avait projetée sur le panorama du « changement », il s'emploierait seul à la redresser au plus vite par les paroles et par les actes.

Le gouvernement n'était pas encore constitué que Suárez faisait ses premières déclarations à la télévision le jour même où *El Pais* – mal inspiré pour ses débuts – lançait une violente attaque contre lui l'accusant d'être à la fois le jouet des milieux financiers les plus réactionnaires et le véhicule d'un retour délibéré à la politique de Carrero Blanco.

Grande première dans l'histoire des médias espagnols, il parla non plus derrière son bureau présidentiel en lisant un papier comme Arias Navarro et ses prédécesseurs, mais assis chez lui sur un sofa comme pour une conversation « au coin du feu ». La véritable nouveauté ressortait néanmoins de son discours même, qui fut net et précis, exactement dans la ligne qu'avait inaugurée le roi devant le Congrès de Washington.

Le jeu politique sera ouvert à tous, annonça-t-il d'emblée. Quant à l'objectif ultime et très concret, il sera le suivant : « les futurs gouvernements du pays devront procéder de la libre volonté de la majorité du peuple espagnol ».

« En attendant, ajouta-t-il, tout ce qui apparaît simplement " normal " au niveau de la rue devra être élevé par voie légale au même seuil de normalité... La Couronne entend expressément bâtir une démocratie moderne où liberté, justice, participation, paix et culture soient le fruit de l'effort de tous au bénéfice de tous. »

Dix jours plus tard, le 16 juillet, répondant aux vœux qu'avait exprimés le roi en présidant le premier Conseil des ministres du gouvernement, Suárez faisait connaître, comme tout gouvernement réellement démocratique, une « déclaration d'intentions » dans laquelle il exprimait clairement sa conviction que la souveraineté réside dans le peuple, qu'il s'agissait d'aboutir à une authentique réconciliation nationale et à un véritable pluralisme par la voie du plus large consensus populaire. Un référendum sanctionnerait la réforme constitutionnelle et les élections générales auraient lieu avant le 30 juin 1977. Les textes légaux, adaptés désormais à la réalité et garantissant le plein exercice des libertés publiques, seraient cautionnés par une justice indépendante. Si l'unité du pays était enfin qualifiée d'indissoluble, pour la première fois depuis la guerre civile, un gouvernement reconnaissait le « fait régional » et la diversité des peuples composant l'Espagne, bientôt appelée par ailleurs à entrer dans le Marché commun européen.

Cette fois, l'opposition démocratique commença à réviser son jugement. Lopez Salinas, un dirigeant du Parti communiste, reconnut même que c'était là, depuis quarante ans, la première déclaration réellement positive d'un gouvernement issu du franquisme. Les actes allaient suivre les promesses.

Le 30 juillet, au Conseil des ministres qui se tint à La Corogne, toujours sous la présidence du roi, fut adoptée par décret-loi une première amnistie pour tous les délits politiques n'ayant pas mis en danger la vie ou l'intégrité des personnes. La mesure, encore limitée et appliquée lentement par la magistrature, intéressait quelque quatre cents détenus. Elle devra être élargie en mars puis en octobre 1977 par une loi beaucoup plus générale. Mais déjà l'évidence d'un changement total de climat politique s'imposait. Les officiers qui avaient appartenu à l'Union militaire démocratique furent relâchés. Des communistes qui avaient vu s'écouler vingt-cinq ans de leur vie en prison comme Luis Lucio Lobato, d'autres qui passaient leur temps à en sortir pour y entrer de nouveau, comme Simón Sanchez Montero, furent libérés et tinrent aussitôt une conférence de presse qui authentifiait en quelque sorte leur qualité de « leaders du parti » devant l'opinion publique. Aux yeux de la loi, le PCE, comme encore tous les autres partis, demeurait illégal, mais dans la réalité il commençait à faire partie du paysage quotidien.

L'état-major de la Zarzuela

Dès les premiers jours d'août, Juan Carlos pouvait rappeler à son si pessimiste ami que le choix qu'il avait fait de ce jeune « phalangiste » n'était pas si mal venu. En l'espace de trois semaines, l'image d'Adolfo Suárez avait changé du tout au tout. Pris de court, les hommes du « bunker » en étaient réduits à grincer des dents. Depuis le 10 juillet, on avait plus avancé sur le chemin de la transition démocratique qu'au cours des sept mois qui avaient séparé l'avènement du roi de la chute d'Arias Navarro.

L'impact était encore essentiellement psychologique, mais c'est bien par là qu'il fallait commencer. L'opération « changement » était entre les mains de trois hommes qui se réunissaient en permanence pour la mener à son terme : le roi, Suárez et Torcuato Fernández Miranda.

La répartition des rôles était en parfaite conformité avec leurs fonctions et leur tempérament propre. Torcuato Fernández Miranda n'avait à aucun moment voulu être chef du gouvernement, sachant qu'il serait plus utile là où il était, à la présidence des Cortes [14]. Son caractère secret, son ancienneté, faisaient de lui l'indispensable personnage de l'ombre qui achèverait la mutation juridique des institutions en conduisant l'Assemblée franquiste à son autodestruction. Il serait l'artisan – et combien habile ! – du changement en douceur, « de la loi à la loi », le chirurgien minutieux qui trancherait dans le vif en évitant les soubresauts intempestifs du vieux corps condamné.

---

14. Le roi le lui avait pourtant proposé dès son avènement, fin novembre 1975.

A Adolfo Suárez revenait la triple tâche de l'anesthésiste, du séducteur et du « fonceur ». Devant les franquistes, et pour décolorée qu'elle fût, il agiterait discrètement sa chemise bleue, les convainquant, pour gagner le temps nécessaire, que son passé restait pour eux garant d'une fidélité qui éviterait le pire. Avec l'opposition, il jouerait de son âge, de sa parfaite identité de vues avec le roi, de son indéniable volonté de dialogue dans un climat d'ouverture et de confiance qu'on ne pouvait imaginer au temps où Fraga se chargeait de ce genre de contacts. Dans le trio, il était le « bulldozer » de charme. Et aucun des dirigeants de l'opposition qui commençaient à l'approcher ne pouvait douter en ressortant d'un de ses entretiens « secrets » menés « à tu et à toi », sans le moindre complexe, que cet homme si moderne pût avoir une autre ambition que celle de devenir l'accoucheur d'une nouvelle démocratie.

Quant au roi, il était à la fois le garant et l'animateur de l'opération. Sa vocation n'était pas de se situer en première ligne. Destiné à devenir monarque constitutionnel dans une démocratie parlementaire, il entendait garder tout le recul nécessaire à la pérennité de la Couronne. Chaque dimanche soir, cependant, il était l'âme d'une conférence à trois qui se prolongeait souvent tard dans la nuit et où l'on faisait le point précis de la situation. Entre le juriste et l'homme de terrain, il stimulait et arbitrait. Dans les moments difficiles, il n'hésitera pas à coiffer un casque de motard et à enfourcher incognito un puissant engin à deux roues pour aller soutenir son « avant-centre » à la présidence du gouvernement ou à son domicile particulier.

L'Espagne d'alors fut marquée par cette intimité chaleureuse et informelle entre deux hommes qu'unissaient l'euphorie de l'action et la certitude d'œuvrer conformément à la volonté de leurs concitoyens et au bien du pays, dans une parfaite et par ailleurs évidente identité de vues.

Des « dialogues » de Suárez au « Hara-kiri » des Cortes

Dans le plan de bataille adopté, la priorité des priorités était, avant tout bouleversement des institutions, d'établir les conditions de ce dialogue sincère et confiant avec l'opposition.

Dès le mois de juillet, Suárez reçut dans son bureau de la

présidence les principaux leaders des divers courants politiques tolérés avant d'être officiellement reconnus. De Gil Robles à Ruiz Gimenez pour la démocratie-chrétienne de gauche, du social-démocrate Garcia Lopez au catalan Jordi Pujol, l'Espagne du changement sans rupture trouvait enfin un interlocuteur ouvert et amical en la personne du jeune président. Mais c'étaient là les contacts les plus faciles et les représentants de ces partis en gestation ne pouvaient guère se prévaloir – catalans exceptés – d'une grande audience populaire. Le contre-pouvoir était ailleurs, au sein de la coordinatrice démocratique cette « Platajunta » qui regroupait socialistes, communistes et organisations syndicales.

Depuis la mort de Franco, en dépit des grèves de janvier 1976, des événements de Vitoria, de l'apparente radicalisation qu'avait constituée la fusion de la Junte et de la Plate-forme au mois de mars, cette opposition avait fait preuve en réalité d'une grande sagesse. Elle « attendait pour voir » et la relative brièveté du second mandat d'Arias ne lui avait pas laissé le temps de se durcir dans une stratégie du « tout ou rien ». Sa force principale résidait dans l'appui moral qui lui était consenti par les pays démocratiques. Mais cet appui était également limité par le crédit que ces mêmes pays accordaient au roi. Toute attitude maximaliste, tout comportement d'excessive impatience risquaient d'être interprétés, à la lumière des souvenirs de la guerre civile, comme un manque de maturité de sa part. Il était établi que Juan Carlos ne pouvait réaliser du jour au lendemain ce qu'il souhaitait, ne fût-ce qu'en raison des préventions de l'armée.

En outre, tout échec de la réforme imputé à l'intransigeance de l'opposition risquait de paralyser durablement un processus de démocratisation qui, malgré tout, était en marche. La coordinatrice n'avait aucun intérêt à se laisser marginaliser dès lors qu'elle n'avait pas épuisé toutes ses chances de participer à ce processus. Comme le résument fort bien Raymond Carr et Pablo Fusi dans leur ouvrage *L'Espagne de la dictature à la démocratie,* « la réforme, sous Arias, pouvait paraître presque irréalisable; la rupture était impossible ». L'opposition de gauche, en tout cas, n'était pas en situation de pouvoir l'imposer au pays. Il lui fallait donc se résoudre à la pactiser, ce qui de surcroît était la seule garantie d'un avenir pacifique.

A partir de juillet 1976, tous les espoirs étaient permis. Lors de son Congrès à Rome à la fin de ce mois, le Parti communiste espagnol, par la voix de Carrillo et en présence de la mythique « Pasionaria », admit que « l'opposition devait discuter en toute responsabilité avec l'actuel gouvernement des conditions d'une transformation démocratique ». Mais si dialogue il y avait, les communistes devraient se présenter en tant que tels.

Le 7 août, la « Platajunta » parla clairement de la nécessité d'une « rupture négociée ».

Trois jours plus tard, Adolfo Suárez rencontrait secrètement au domicile de son ministre de l'Agriculture, Fernando Abril Martorell, le premier secrétaire du Parti socialiste, Felipe González, et le dialogue très positif entre ce président quadragénaire et ce leader de trente-trois ans ne cessa dès lors de se poursuivre à intervalles réguliers. Tierno Galván, le président des « socialistes populaires », reçu à son tour par Suárez le 4 septembre, fut lui aussi conquis : « Non seulement, écrira-t-il, je me retrouvais devant une intelligence vive et rapide mais aussi devant une personne qui me parut fondamentalement bonne. »

Un mois après son accession à la présidence, Suárez avait eu, il est vrai, le geste de restituer leurs chaires aux professeurs d'université chassés par Franco et Tierno avait été un des premiers bénéficiaires de cette mesure.

Mais préparer les voies d'un pacte avec l'opposition était une chose, disposer de l'instrument légal qui permettrait à cette opposition de devenir un partenaire officiellement reconnu en était une autre. Comment changer de régime sans s'écarter des voies juridiques en vigueur? Comment convaincre le corps législatif franquiste de voter sa propre condamnation à mort et, de préférence, sans qu'il s'en aperçût?

Le 10 septembre, le gouvernement approuva un nouveau projet de loi de réforme politique préparé par Torcuato Fernández Miranda et que défendit brillamment Suárez dans un discours télévisé. Cette fois, les deux assemblées prévues seraient élues au suffrage universel direct. Les élections auraient toujours lieu avant juin 1977. Il était officiellement stipulé dans l'article premier que « le fondement de la démocratie espagnole était la suprématie de la loi, expression de la volonté souveraine du peuple », notion évidemment totalement étrangère à la philosophie de l'État franquiste.

D'emblée, un incident permit de tester la capacité de résistance du « bunker » à cette évolution-révolution. Le général Santiago, vice-président du gouvernement et ministre de la Défense, prit prétexte de la réforme syndicale en cours de discussion pour mettre son veto à toute future légalisation des syndicats clandestins et se trouva contraint de donner sa démission sans que les remous provoqués par son attitude dépassent un petit groupe de généraux ultras. Il fut immédiatement remplacé par un libéral, le lieutenant-général Gutierrez Mellado, et l'affaire fut tenue pour réglée. Le gouvernement pouvait aller de l'avant.

Le Conseil national du Movimiento se montra lui aussi très peu combatif. Devant le train d'enfer mené par Suárez, face à ce raz de marée de nouveautés incroyables qui bousculait leur univers avec l'appui manifeste de l'opinion publique, les franquistes se sentirent à la fois dépassés et paralysés. Les associations politiques – à défaut des « partis » – ayant au moins droit de cité pour peu qu'elles acceptent de demander une autorisation légale, parurent à ceux qui étaient le moins fossilisés le seul recours pour faire entendre leur voix. Beaucoup s'inscrivirent à l'Alliance populaire que venait de fonder Fraga pour capter leurs suffrages. Mais c'était déjà là une manière d'entrer en démocratie.

Pour amener les Cortes à voter cette loi sans trop d'entraves, Torcuato Fernández Miranda s'était gardé de l'assortir de dispositions expressément dérogatoires des anciens textes franquistes, ce qui ne les annulerait pas moins, ou d'un préambule claironnant. Avec beaucoup d'adresse il réussit aussi à faire admettre une procédure d'urgence simplifiée pour sa discussion et son approbation. La réforme fut ainsi portée telle quelle à l'assemblée plénière des Cortes et débattue en trois sessions seulement – les 16, 17 et 18 novembre – sans que les procureurs aient en définitive d'autre choix que celui de la voter en bloc ou de la rejeter de même, responsabilité qu'ils n'osèrent pas prendre. Le vote eut lieu par prononciation individuelle suivant l'ordre alphabétique et il n'y eut que 59 suffrages négatifs sur 438 votants. La dynamique du changement avait tout emporté. La prochaine assemblée serait démocratique et constituante.

La fin d'une époque

Le spectaculaire « hara-kiri » des Cortes corporatistes fut sanctionné le 15 décembre par un référendum national où les « non » ne dépassèrent pas 2,6 %. La participation fut de 77,4 %. Là encore le gouvernement s'était ingénié à utiliser la tradition du franquisme pour mieux célébrer son éclatement. A aucun moment il n'avait violé la législation en vigueur. Tout s'était accompli sous l'empire et à partir des lois existantes. Le contrôle de la situation avait été parfait.

Il était de bonne guerre que l'opposition déclarée, celle de la « Platajunta », prônât l'abstention pour cette consultation. Socialistes – et plus encore communistes – estimaient ne pouvoir donner leur aval à une opération dont le signe formel était simplement réformiste et qui ne les reconnaissait pas encore comme partenaires véritables. Mais ce n'était qu'une question de principe. Ce fut aussi, en fin de compte, une erreur. Les résultats du référendum prouvaient que les Espagnols, débarrassés de toute crainte, approuvaient massivement la procédure douce mise en œuvre par le gouvernement pour les conduire à la démocratie. Il eût été vraiment inutile d'encourir des risques graves en mettant la charrue avant les bœufs. Et chacun savait bien que partis et syndicats seraient légalisés au plus tôt, bien qu'un doute subsistât toujours sur le sort réservé au Parti communiste, ce cauchemar de l'armée.

A la fin du mois d'octobre, tous les partis regroupés dans la coordinatrice démocratique avaient constitué à Madrid une sorte de « Super-Platajunta », la Plate-forme d'organisation démocratique (POD) qui se résolut à négocier officiellement avec le gouvernement à travers une commission de neuf membres où se retrouvèrent Felipe González, le communiste Sanchez Montero, Tierno Galván, le social-démocrate Fernández Ordoñez, le libéral Satrústegui, le démocrate-chrétien Antón Cañellas ainsi que Jordi Pujol pour les Catalans, Jauregui pour les Basques et un Galicien, Paz Andrade. Le 23 décembre put commencer avec Suárez le dialogue à visage découvert.

Entre-temps, le Parti socialiste ouvrier espagnol avait pu tenir entre le 5 et le 8 décembre son vingt-septième Congrès, le premier qui ait pu se réunir à Madrid depuis... 1932. Willy Brandt, Olof Palme, Pietro Nenni, Michael Foot étaient là. Ce fut encore un congrès de combat avec discours maximalistes, drapeaux rouges, poings tendus et *Internationale*. On y vit aussi ressurgir un moment le tricolore républicain. Mais la résolution finale n'était nullement de rupture. Elle préconisait un « compromis constitutionnel » avec le gouvernement.

Trois jours plus tard, Santiago Carrillo, décidé à sortir de l'ombre, tint à Madrid une conférence de presse, d'un ton très modéré d'ailleurs, dans laquelle il exprimait son souhait de rencontrer le roi, qu'il reconnaissait comme chef de l'État. Les consignes de tolérance n'étant pas encore les mêmes pour tous les partis, le gouvernement se vit dans la nécessité de faire arrêter pour quelques jours le leader communiste. Devant les policiers qui l'appréhendèrent, Carrillo arracha sa perruque de pseudo-clandestin en leur disant qu'il n'en aurait plus besoin... « Effectivement, don Santiago, lui déclara le commissaire chargé de l'incarcérer à la prison de Carabanchel, vous venez de légaliser votre situation en Espagne! » Les tragédies de jadis cédaient la place à l'opérette.

Ainsi vivait le pays, un an après la mort de Franco. On eût dit qu'un demi-siècle pour le moins s'était écoulé depuis cet événement considérable mais qui n'avait tenu qu'à la nature prévisible des choses. En six mois, le premier véritable gouvernement de Juan Carlos avait procédé à une fulgurante liquidation du régime, consentie par ses victimes, imposée et dirigée d'en haut par le pouvoir politique. L'avenir appartenait maintenant aux Espagnols eux-mêmes.

Il dépendrait d'eux que la seconde phase de la transition, celle où tous auraient enfin la parole, où tous devraient construire et faire vivre leur démocratie, soit un succès ou un échec. La réussite initiale du roi et de Suárez, le capital de confiance et d'estime qu'ils s'étaient gagné au cours de cette période où ils étaient seuls à pouvoir agir, restaient les meilleurs gages de ce succès final; celui du consensus de toute une nation enfin réconciliée autour d'institutions stables et d'une couronne indiscutée.

CHAPITRE VIII

LA DÉMOCRATIE

Les acquis de la fin de l'année 1976 rendaient définitivement caduque la dialectique « réforme » – rupture telle qu'elle se posait à la mort de Franco. La réforme était telle qu'elle devenait rupture décisive avec le passé, ce qui ne laissait pas d'autre choix à l'opposition démocratique que de prendre acte honnêtement de cette révolution dans la légalité.

Mais ce bouleversement institutionnel et psychologique, mené au pas de charge par un gouvernement de hussards sous la bannière d'un roi de trente-huit ans, ne pouvait prendre en compte toutes les pesanteurs sociologiques et politiques d'un pays qui sortait à peine d'autant d'années de dictature. A mener avec une si belle audace, et par surprise, tant d'assauts victorieux, Suárez, installé désormais au palais de la Moncloa, nouveau siège de la présidence, risquait d'imaginer que tout désormais se plierait à son allant et à sa volonté. Les événements de janvier 1977 se chargèrent de le ramener à une vision plus réaliste de la situation. La dernière semaine de ce mois-là vit ressurgir dans le ciel serein de la transition démocratique les vieux spectres de l'Espagne extrémiste de 1936.

La semaine sanglante de janvier 1977

L'extrême-gauche avait donné le coup d'envoi en enlevant, quatre jours avant le référendum du 15 décembre, le président du Conseil d'État, Antonio Maria de Oriol, membre d'une puissante famille de banquiers et d'industriels. Les ravisseurs, qui entendaient ainsi protester contre « la farce électorale », appartenaient aux « Groupes de résistance antifascistes du 1er octobre », organisation née après l'exécution des cinq militants du FRAP et de l'ETA en septembre 1975 et se réclamant de l'idéologie révolutionnaire marxiste-léniniste. Un nouveau sigle – le GRAPO – faisait ainsi son entrée dans le paysage de l'Espagne souterraine, et le groupe semblait bien décidé à demeurer dans cette clandestinité, contrairement au Parti communiste de Carrillo, qui mettait tout en œuvre pour en sortir. Ses jeunes membres se révélèrent être des anciens du FRAP ou du PCE qui avaient effectivement payé de leur personne contre la dictature. Certains se réclamaient aussi d'un « Parti communiste reconstitué ».

Le 24 janvier, alors que la police recherchait sans succès Oriol, les GRAPO procédèrent à un autre enlèvement sur la personne du général Villaescusa, président du Conseil supérieur de justice militaire. Ils menaçaient d'exécuter leurs deux otages si une quinzaine de leurs militants encore détenus n'étaient pas libérés et acheminés vers l'Algérie. Leur combat se centrait, disaient-ils, sur l'obtention d'une amnistie totale pour tous les prisonniers politiques que n'avait pas atteints la mesure partielle du 30 juillet 1976.

Les deux hautes personnalités seront finalement libérées par une opération de police le 11 février sans que les GRAPO aient obtenu satisfaction. Le gouvernement, qui ne savait pas très bien au départ à qui il avait affaire, fut surtout soulagé de constater que l'organisation n'avait pas de ramifications réellement importantes. Il ne s'agissait que d'un groupuscule terroriste, dangereux certes – quatre policiers tombèrent sous ses balles le 28 janvier – mais vraisemblablement condamné au ghetto politique.

Beaucoup plus inquiétante apparut en revanche l'irruption parallèle d'un terrorisme d'extrême-droite d'une violence extrême. Le 23 janvier, un étudiant en sociologie de l'université de Madrid qui manifestait pour l'amnistie avait été tué par un « pistolero » argentin. Le lendemain, jour de l'enlèvement du général Villaescusa, une étudiante fut – mais, elle, fortuitement –, victime d'une bombe fumigène lancée par la police et ce même soir du 24 janvier se déroula, au cœur de la capitale, le plus sauvage attentat auquel on ait assisté en Espagne depuis la guerre civile.

Cinq avocats spécialisés dans le droit du travail et qui avaient pour clients les Commissions ouvrières et le PCE furent abattus de sang-froid dans leur cabinet de la rue d'Atocha à dix heures et demie du soir par un commando de tueurs liés à Fuerza Nueva et à d'autres mouvements néo-fascistes. Ce massacre, qui dépassait de bien loin en horreur l'attentat spectaculaire dont avait été victime l'amiral Carrero Blanco, avait été décidé dans le bureau d'un membre important des « syndicats verticaux », Francisco Albaladejo en représailles contre une grève des transports urbains déclenchée par les Commissions. Le responsable communiste de cette grève, Joaquin Navarro, qui aurait dû se trouver sur les lieux de l'attentat, échappa à la tuerie et quatre autres avocats survécurent à leurs blessures.

Cette « Saint Valentin » madrilène plongea l'Espagne dans un sentiment d'horreur et de peur indicibles. Dans quels abîmes de haine les vaincus de 1976, entraînés par le fanatisme de quelques-uns, ne risquaient-ils pas de faire sombrer le pays? Là encore, l'ampleur de la menace était difficilement mesurable. Sous le choc de l'émotion, on put croire que cette semaine tragique du 23 au 29 janvier sonnait le glas d'une démocratie non encore enfantée. Elle semblait être la réplique insensée de ces autres terribles journées madrilènes de juillet 1936 qui, d'assassinat en assassinat, avaient été le détonateur de la guerre civile.

Elles n'en étaient heureusement que la caricature. La société espagnole ne pouvait plus alimenter une telle spirale de violence. Cette résurgence hideuse du passé provoqua une répulsion générale. Les obsèques des victimes de la rue d'Atocha, suivies par une foule impressionnante, furent l'occasion pour le Parti communiste de montrer la discipline dont il pouvait faire preuve. A la palme du martyre il ajouta un brevet de comportement démocratique qui le démarquait radicalement des agissements de l'extrême-gauche révolutionnaire.

Dans une juste estimation des marginalités dangereuses, on pouvait faire ainsi la part des choses. Les GRAPO avaient toutes chances de demeurer un groupe isolé. C'était une ETA sans support régional ni idéal nationaliste, nourrie de sa seule idéologie révolutionnaire dans une société qui rejetait globalement ce genre d'aventure. L'extrême-droite en revanche représentait une plus sérieuse menace dans la mesure où elle était encore enracinée solidement dans les rouages de l'État.

Lorsqu'eut lieu le procès des tueurs d'Atocha, on s'aperçut que plusieurs policiers qui avaient participé à leur arrestation s'étaient refusés à ce que leur nom figurât dans le palmarès de félicitations établi par la Direction générale de la Sécurité. On sut aussi qu'un des condamnés avait bénéficié par voie judiciaire d'une permission de vacances pendant la Semaine sainte, ce qui lui avait permis de trouver refuge dans le Chili du général Pinochet. Le vrai péril était là : dans cette complicité latente entre une extrême-droite meurtrière et les sympathies dont elle bénéficiait au cœur même de l'« establishment », dans l'administration, la police, l'armée.

Cela dit, le vent tournait déjà. Il érodait les certitudes des moins convaincus tout en exaspérant les nerfs des plus fanatiques. Ces kystes enracinés dans le corps social ne seront extirpés définitivement que plusieurs années plus tard, après les événements de février 1981.

« Samedi saint rouge »

Le 29 janvier, Adolfo Suárez était apparu sur les écrans de télévision pour déclarer énergiquement que la vague terroriste n'affecterait en rien le processus de réformes approuvé par le référendum du 15 décembre. L'opposition démocratique, plus consciente du danger que faisait toujours peser la droite franquiste, ne pouvait qu'y coopérer. Elle négocia avec le gouvernement au cours du premier trimestre de 1977 l'élargissement du champ de l'amnistie, la légalisation définitive des partis politiques, la loi électorale qui régirait les prochaines élections ainsi que le démantèlement des derniers vestiges du franquisme : Movimiento et syndicats verticaux. Les tribunaux d'ordre public, un autre symbole de l'ancien régime, avaient été supprimés dès le 4 janvier.

Le matin du 8 avril qui était le Vendredi saint, les Madrilènes qui passaient devant le 44 de la rue d'Alcalà – un immeuble appartenant à la famille de la reine Fabiola de Belgique et qui, depuis quarante ans, était le siège du secrétariat général du Movimiento – eurent la surprise de constater que la façade de l'édifice ne s'ornait plus de l'emblème géant qui l'avait ornée pendant de si longues années. Le joug et les flèches qui s'étalaient, tel un crabe rouge sur trois étages, avaient été discrètement et très officiellement arrachés pendant la nuit. Seules quelques traces noires témoignaient de leur ancienne présence.

Le lendemain, ils apprirent une nouvelle qui les stupéfia : le Parti communiste était légalisé. La plupart des ministres furent aussi surpris que leurs concitoyens. Profitant des vacances pascales, Suárez venait de lâcher cette bombe politique qui faisait voler en éclats le dernier tabou de l'ancien régime.

Les circonstances et péripéties qui entourèrent cette si importante décision et que Joaquin Bardavío a racontées par le détail dans un ouvrage intitulé *Samedi saint rouge* méritent qu'on s'y arrête un peu. Elles illustrent en effet parfaitement ce climat d'aventure policière qui imprégnait, en ces années de transition, la conduite des affaires politiques. Secret, audace, rapidité... Suárez, avec le seul appui du roi, conduisait le char de l'État sur des routes glissantes comme un bolide de « série noire ».

Le 30 décembre, après une semaine passée en prison, Santiago Carrillo avait été libéré sous caution, ce qui faisait de lui non plus un clandestin dans son propre pays mais un simple inculpé, ouvertement courtisé par une bonne partie de la classe politique et discrètement protégé par la police. La tuerie d'Atocha, la puissante manifestation de masse qui avait suivi, auréolaient son parti d'un prestige nouveau où entraient à la fois sympathie et considération pour l'ordre parfait que le PCE avait su faire régner dans ses rangs.

Le patient travail du leader communiste pour se faire admettre comme un partenaire responsable et modéré sur l'échiquier politique de la nouvelle démocratie commençait à porter ses fruits. L'homme au postiche que l'on rencontrait souvent dans les bons restaurants madrilènes en compagnie des plus honorables représentants de la société postfranquiste, ne faisait plus peur à personne dans cette capitale où quarante ans plus tôt, alors jeune commissaire chargé de l'ordre public pendant la guerre civile, il avait pourtant exercé des fonctions redoutables.

Le 11 février, lendemain du jour où le Parti socialiste ouvrier espagnol avait déposé sans encombre ses statuts à un guichet du ministère de l'Intérieur, le PCE avait lui aussi introduit sa demande de légalisation. Après avoir consulté le gouvernement, Martin Villa avait passé le dossier au Tribunal suprême qui, dans ce cas spécial, devait examiner si, conformément au droit pénal, la demande était recevable.

A cette époque, rien n'était moins certain que Carrillo obtînt gain de cause. De nombreux ministres craignaient une réaction de l'armée et Osorio, en particulier, insistait sur la nécessité de retarder cette légalisation au lendemain des futures élections. Le roi et Suárez hésitaient sur le parti à prendre tout en étant parfaitement conscients du caractère inéluctable de la légalisation à un moment ou à un autre. Aller aux urnes avec un Parti communiste non reconnu présentait cependant de graves inconvénients. Le PCE n'accepterait pas de se présenter sous un déguisement. Pouvait-on marginaliser dix pour cent supposés du corps électoral espagnol sans jeter le discrédit sur le scrutin du mois de juin?

Ni Suárez ni Juan Carlos n'avaient encore pris le risque de rencontrer secrètement Carrillo. Mais le chef du gouvernement avait depuis longtemps chargé José Mario Armero de maintenir le contact avec le leader communiste qui, lui-même, avait délégué auprès d'Armero un homme de confiance du Comité central, Jaime Ballesteros. Le leader du PCE entretenait d'autre part de bonnes relations, toutes récentes au demeurant, avec le chef du cabinet technique du président, Carmen Diez de Rivera, une jeune femme aussi avisée que séduisante dont les sympathies déclarées allaient au PSP du Pr Tierno Galván.

Carmen Diez de Rivera en franc-tireuse et José Mario Armero en véritable chargé de mission insistaient chacun de leur côté pour qu'un contact personnel, une discussion d'homme à homme, pût avoir lieu entre Carrillo et Suárez. Ce dernier finit par se laisser convaincre, encouragé par Juan Carlos et en dépit des objections de Torcuato Fernández Miranda qui alla jusqu'à se proposer lui-même comme interlocuteur du leader communiste, quelque part à l'étranger, afin que le président ne se compromît pas en personne dans l'aventure. C'était mal connaître Adolfo Suárez qui ne voulait à aucun prix que l'affaire lui échappât. A lui les risques, à lui la gloire!

C'est ainsi que, le 27 février, une entrevue ultra-secrète fut organisée par Armero, dans sa maison d'été de Pozuelo, entre l'ancien phalangiste de quarante-quatre ans et le vétéran communiste du siège de Madrid. En cette époque de l'année, le quartier de grande banlieue résidentielle où se situe la résidence des Armero était pratiquement désert et le maître des lieux avait pris soin d'envoyer son ménage de gardiens en vacances pour écarter jusqu'au plus inoffensif témoin. Ana, l'épouse d'Armero, alla chercher Carrillo chez lui dans sa voiture personnelle, fit maints détours pour être certaine de n'être pas suivie et dut même se fâcher lorsqu'elle s'aperçut que le fils de Carrillo, Jorge, redoutant que son père ne tombe dans quelque traquenard, persistait à prendre en chasse son véhicule. Lorsqu'ils arrivèrent vers quatre heures de l'après-midi à la villa *Santa Ana,* un beau chalet moderne entouré d'un court de tennis, d'une piscine et de vastes pelouses où l'avocat madrilène, grand amoureux des « gens du voyage », exhibe sa collection de wagons anciens et de roulottes de cirque, le président était déjà là en compagnie d'Armero. La conversation allait durer jusqu'à onze heures du soir.

Ni Suárez ni Carrillo n'étaient hommes à s'encombrer de préjugés et encore moins à s'embarrasser de réticences verbales :

« Allons-nous parler politique avec majuscule ou avec minuscule? demanda le secrétaire général en rentrant aussitôt dans le vif.

– Il ne manquerait plus que cela... Avec majuscule bien sûr! » répondit Suárez que la situation devait exciter au plus haut point.

Alors Carrillo parla, exposant avec une clarté toute cartésienne, de sa voix rauque et goguenarde, les innombrables motifs qui, en toute sereine raison, militaient pour la reconnaissance immédiate de son parti.

C'étaient là des arguments que le chef du gouvernement avait eu tout le temps de soupeser dans l'intimité de son cabinet et dans ses longues conversations avec le roi. Carrillo se faisait sans doute des illusions en avançant que la non-reconnaissance du PCE risquait de bloquer la participation des socialistes aux élections. Felipe González ne poussait pas en effet la solidarité jusque-là et les partis de centre-gauche encore moins. Mais il était exact que le PCE, comme l'affirmait Carrillo, était, par ses appuis extérieurs, en mesure de transformer en « scandale international » les premières élections démocratiques du pays depuis 1936. Vrai en tout cas qu'il pouvait créer un climat désastreux pour la crédibilité du scrutin.

Le chantage était nuancé. Il était aussi de bonne guerre. Carrillo jouait franc-jeu. On pouvait donc sans doute le créditer de la même sincérité lorsqu'il affirmait que son parti, une fois légalisé, respecterait scrupuleusement la loi, qu'il accepterait la monarchie constitutionnelle et le drapeau bicolore, qu'il ne reviendrait pas sur le passé et participerait loyalement à la réconciliation nationale dans l'affermissement de la démocratie, ne pouvant plus douter que c'était bien là le vœu non moins sincère du roi et du gouvernement.

« Qu'avez-vous donc à craindre de nous si nous agissons à visage découvert?, ajoutait Carrillo. Imaginez-vous que nous soyons en mesure de conquérir une majorité au Parlement? Il nous faudra travailler dur pour élargir nos bases et nous resterons longtemps un parti minoritaire. Vous avez tout intérêt à accepter une " opération vérité " qui montrera clairement quelle est notre audience, alors qu'en nous maintenant dans la clandestinité vous ne faites que hausser notre prestige... »

Suárez avait moins besoin d'être convaincu que de ressentir l'exact degré de responsabilité et de pragmatisme du personnage quasi légendaire qu'il avait en face de lui sur les canapés blancs de « Pepe » Armero. Il insista surtout sur la difficulté actuelle de trouver un support juridique à la reconnaissance du PCE, et ils se quittèrent chaleureusement comme des hommes d'accord sur l'essentiel et que ne séparent plus que des problèmes mineurs de procédure.

Le secret de l'entrevue fut bien gardé. Seuls le roi et le directeur général de la Sûreté, Mariano Nicolás, étaient au courant de l'entrevue. Le président du gouvernement en fit le soir même un compte rendu détaillé à Juan Carlos et se contenta d'en avertir le lendemain Torcuato Fernández Miranda dans un bref aparté, pendant une cérémonie qui avait lieu à l'Escorial pour le trente-sixième anniversaire de la mort d'Alphonse XIII. Les circonstances le dispensaient ainsi de s'étendre sur le sujet.

Depuis qu'il s'était installé à la Moncloa, après le référendum sur la réforme politique, Suárez marquait d'ailleurs une certaine distance envers son ancien mentor. On avait trop dit qu'il était sa créature et sans doute en effet lui devait-il trop. Le temps des plans de bataille en commun dans la chaleur des dîners dominicaux de la Zarzuela était révolu. Le nouvel État s'organisait peu à peu avec ses compétences mieux séparées, et le jeune président entendait préserver son territoire.

Les 2 et 3 mars se tint à Madrid le sommet eurocommuniste qui conféra à Carrillo un surcroît de prestige. Enrico Berlinguer et Georges Marchais apportaient à leur collègue espagnol et à son parti hors la loi le soutien moral des « camarades latins » plus ou moins en froid avec Moscou. Interdire cette réunion, retenir les deux célèbres visiteurs à l'aéroport, c'était, pour le gouvernement, s'attirer bien inutilement les critiques de l'opinion internationale. La marge de manœuvre à l'égard du PCE était devenue quasi nulle.

C'est certainement à cette époque que Suárez fut définitivement convaincu que l'on ne pouvait plus retarder sa légalisation. La trêve pascale aiderait à faire passer la pilule.

Le Lundi saint, Suárez exposa clairement la situation aux quatre membres les plus importants de son cabinet : les deux vice-présidents Alfonso Osorio et le général Gutierrez Mellado, le ministre de la Justice Landelino Lavilla et celui de l'Intérieur Rodolfo Martin Villa. La plupart des autres membres du gouvernement avaient déjà quitté Madrid. Ils apprendraient la nouvelle dans leur villégiature.

En une courte semaine, il fallait cependant contourner l'obstacle juridique né de la décision initiale prise par le pouvoir de s'en remettre à la justice. Le Tribunal suprême venait de se déclarer incompétent. Il convenait dès lors de trouver un autre support juridique pour étayer la décision de reconnaissance. De bons experts découvrirent que le Parquet général était habilité à donner son *nihil obstat* pénal. Mais c'était désormais une course contre la montre si l'on voulait que cette si explosive nouvelle, propre à amener à ébullition états-majors, casernes et officines ultra, tombe au creux des vacances, le samedi ou le dimanche de Pâques.

Elle fut gagnée de haute lutte le samedi 9 avril. Contre tous les usages, les plus hauts représentants du ministère public se réunirent ce matin-là pour en débattre et permettre au procureur du Royaume de constater que rien ne vérifiait le caractère illicite du parti de Santiago Carrillo. Vers 20 heures, le même jour, l'information tombait : le PCE était inscrit au registre des partis.

Le secret avait été une fois encore si bien gardé que Santiago Carrillo s'était envolé avec sa femme deux jours plus tôt pour Cannes afin de se reposer chez son riche ami Teodulfo Lagunero. Il ne put revenir à Madrid, faute de place dans les avions, que le lundi suivant, via Paris.

Le gouvernement avait essayé en vain de le dissuader de débarquer à Barajas, mettant même à sa disposition des billets de « première » pour Barcelone. Il s'y refusa tout net. Il entendait rentrer par la grande porte, bien que les pires rumeurs aient commencé à circuler sur l'agitation qui régnait dans la capitale. On parlait même de la chute de Suárez. A l'aéroport de Madrid une jeep de la Sûreté le prit en charge. L'atmosphère restait tendue, mais il était clair que la nouvelle avait été bien accueillie par la grande majorité de l'opinion publique. Les communistes manifestèrent leur joie sans tapage excessif. Dans l'avion, Carrillo avait confié à Lagunero qu'il était résolument hostile à tout triomphalisme :

« Je suis un homme politique responsable. Toute précipitation, toute erreur de calcul serait interprétée comme une provocation, que le peuple espagnol, la classe ouvrière, la démocratie en général risqueraient de payer très cher... »

Il tiendra si bien parole que son parti deviendra effectivement un élément essentiel du consensus politique et social de la nation dans les mois et les années qui vont suivre. Le PCE n'y gagnera sans doute pas en force électorale tout le fruit qu'il pouvait espérer de ses longs et durs combats dans la clandestinité, mais la démocratie espagnole ne serait sans doute pas aujourd'hui ce qu'elle est si Carrillo n'avait su faire passer les intérêts supérieurs de son pays avant ceux, indiscernables au demeurant, de sa formation politique.

Les membres du gouvernement qui n'étaient pas dans la confidence accusèrent le coup parfois avec mauvaise humeur. Adolfo Suárez en avait pris son parti. Porter une telle décision en Conseil des ministres c'était faire de la reconnaissance du PCE un débat national avec tous les risques que cela comportait. Le roi lui-même en était parfaitement conscient. Son rôle, comme celui de Gutierrez Mellado, était de faire admettre aux militaires le caractère inévitable de cette nouvelle révolution qui bouleversait, plus qu'aucune autre, tout ce qu'on leur avait appris depuis quarante ans.

Sur le coup, leurs réactions furent moins brutales qu'on ne pouvait le craindre. Un seul ministre militaire donna sa démission le 11 avril, celui de la Marine, l'amiral Pita da Veiga. Ce fut une surprise car cet officier n'était pas des plus excités. On supposa donc qu'il avait d'autres raisons. Il fut remplacé, non sans mal, quelques jours plus tard. Le Conseil supérieur de l'armée, pour sa part, fit état publiquement « de la réprobation générale que cette décision avait provoquée dans toutes les unités de l'armée, tout en prenant acte avec discipline du fait consommé ».

Le 14 avril, une première réunion officielle du Comité central du Parti communiste contribua à apaiser les esprits : Carrillo, avec son bureau, apparut, sur une tribune rouge encadrée de drapeaux sang et or et déclara accepter sans réticence la monarchie comme régime constitutionnel.

Il était évident que l'aval de Juan Carlos avait été déterminant dans toute cette affaire. La légalisation du PCE n'était concevable que sous l'autorité du souverain. Seule la présence du paratonnerre royal autorisait la superbe intrépidité d'Adolfo Suárez. Outre le prestige qu'il tirait de l'institution historique elle-même et, dans l'armée, de son héritage franquiste, Juan Carlos pouvait s'adresser aux militaires comme l'un des leurs. Ses audiences du lundi réservées aux généraux lui permettaient de maintenir un contact constant avec le commandement; ses rapports informels avec les nombreux officiers qui avaient été ses camarades dans les académies des trois armes, le mettaient plus utilement encore à l'écoute des capitaines et des commandants. Et ces derniers, à leur tour, savaient répercuter avec sympathie les messages explicites ou implicites que leur délivrait sur le ton de la familière confidence le « SAR » devenu roi.

Toutes ces précautions étaient à même de désamorcer les colères immédiates. Elles ne pouvaient cependant éviter que se forment dans les secteurs de l'armée les plus hostiles à l'aggiornamento, ces abcès de fixation dont nous avons parlé et qui ne se débrideraient qu'à retardement sous le coup d'un autre choc violent.

Le fameux *Samedi saint rouge* restera en travers de la gorge de nombre d'officiers qui attendront simplement le moment propice pour se venger du « traître Bourbon » et plus encore d'Adolfo Suárez.

Même les moins durs parmi les militaires se souvenaient, en effet, des assurances que ce dernier avait données, le 8 septembre 1976, aux ministres des trois armes, aux lieutenants généraux commandant les régions et aux plus importants chefs d'unités, lors d'une réunion qui s'était tenue à la présidence du gouvernement. Il y avait été question de l'impossibilité de perpétuer le franquisme sans Franco et de la nécessité de préparer la réconciliation nationale par la reconnaissance des partis politiques. Tous ces chefs militaires avaient donné leur agrément à ce programme, à la condition que la frontière de la tolérance s'arrêtât au Parti communiste. Or il semble bien que Suárez ait été devant eux catégorique : le PCE demeurerait hors jeu. Le président avait donc manqué à la parole donnée :

« C'est qu'à cette époque », nous dit Joaquin Bardavío, en créditant Suárez d'une absolue sincérité, « le président ne pouvait prévoir que la démocratisation qu'il envisageait devrait inclure inévitablement les communistes. La politique évoluait beaucoup trop rapidement pour qu'il pût tracer des plans à long terme. Il était alors fidèle à ses idées. Très vite, il devrait en changer pour demeurer fidèle à la réalité. »

C'est exactement la même évolution éminemment réaliste, qu'avait suivie depuis lors le parti de Santiago Carrillo.

La renonciation dynastique de Don Juan

Le 29 avril, les centrales syndicales furent à leur tour légalisées. La campagne électorale allait pouvoir s'ouvrir le 22 mai sans qu'aucune ombre vînt ternir la transparence de cette compétition démocratique. L'Espagne était désormais en bonne voie. Le comte de Barcelone pouvait remplir la promesse qu'il avait faite à son fils, quelques jours après la mort de Franco, de remettre officiellement entre ses mains l'héritage dynastique.

La cérémonie eut lieu le 14 mai en fin de matinée au palais de la Zarzuela et revêtit un caractère strictement familial. Un seul ministre était présent, celui de la Justice qui officiait comme notaire général du Royaume.

A la vérité, Don Juan envisageait de renoncer plus tôt à ses droits et de le faire aussi avec plus de solennité. Ce fut, selon son propre témoignage recueilli par Pedro Sainz Rodriguez [1], Torcuato Fernández Miranda qui aurait mis des obstacles à son abdication, dans le temps et selon les formes politiques qu'eût souhaités le comte de Barcelone.

« Le président des Cortes et du Conseil du Royaume » déclara le père du roi à son ancien conseiller d'Estoril, « était horrifié à l'idée que ma renonciation pût être interprétée comme un désaveu de la construction juridique qui avait été élaborée. Lui et son entourage s'accrochaient à la légalité en vigueur et ma renonciation, selon eux, revenait à dire que ce qu'ils avaient fait n'était pas légal. Cette renonciation, ils voulaient en quelque sorte la mettre entre parenthèses. Le matin même de la cérémonie, nous dûmes discuter encore de certains paragraphes de mon discours. Il y eut même un moment où je dus insister : " Non, cela je ne l'enlèverai pas... " Juanito m'appuya en tout. Mais ils avaient été jusqu'à me demander auparavant d'abdiquer par simple lettre, comme on prend congé

---

1. *Un royaume dans l'ombre.*

d'un parent. Je dus exiger que l'acte se fît au palais et devant les caméras de télévision. Mais ce ne fut même pas au Palais royal de Madrid, où se font d'ordinaire ces choses-là... »

Propos désenchantés dont on peut d'autant moins suspecter l'authenticité qu'ils résultent de conversations à bâtons rompus entre deux amis de longue date. Mais qui aussi reflètent peut-être la propre amertume des fidèles de Don Juan devant le cours d'une histoire qu'ils n'avaient pas su prévoir. Pour eux il n'y avait qu'une monarchie, celle du fils d'Alphonse XIII, celle d'Estoril. Ils pouvaient rendre grâce à la Providence qui avait rendu au pays la Couronne, tout en regrettant secrètement encore que ses voies n'aient pas coïncidé avec les leurs. Efface-t-on si vite trente-six ans de combat et d'exil? Un père en est capable. Mais les autres?...

Justifiant implicitement l'attitude de Juan Carlos qui, après tout, aurait pu exiger que le comte de Barcelone reçût, à titre rétroactif, tous les honneurs royaux au moment même où il s'en dépouillait, Antonio Fontán, qui lui aussi fut conseiller de Don Juan mais sans jamais cesser de militer en Espagne, insiste beaucoup sur le fait que déjà le jeune roi se considérait comme « investi » par son père des droits et des devoirs de la Couronne depuis le 28 novembre 1975, date à laquelle il aurait reçu l'émissaire de Don Juan venu lui apporter non seulement la promesse de son abdication mais le dépôt même de la souveraineté. En langage clair, et pour qui sait lire entre les lignes, cela signifie que Juan Carlos n'entendait pas non plus entrer dans le jeu du parti « donjuaniste » et de ses trop étroites conceptions de la légitimité. En un sens, lui non plus ne voulait pas faire litière de son autre légitimité qui était certes moins la légitimité précaire et contestable qu'il tenait de Franco que celle dont une histoire nouvelle l'avait oint.

Et, de la part du roi, il n'y avait sûrement pas d'orgueil, encore moins d'ingratitude à l'égard de son père, mais bien du sens politique. Ceux qui l'avaient soutenu et aidé, comme Fernández Miranda, ne pouvaient d'autre part apparaître *a posteriori* comme les manipulateurs d'un « montage » juridique tout juste bon à jeter aux orties lorsque Don Juan, au jour de son choix, aurait décidé de s'effacer devant son fils. Ce dernier restait ainsi fidèle à la définition qu'il avait donnée de son règne futur lorsqu'il n'était encore que prince d'Espagne. La monarchie ne serait ni instaurée ni restaurée, elle serait réinstaurée. Un « acte familial » devait suffire à consacrer cette légitimité dynastique.

Dans sa sobriété voulue, la cérémonie de la Zarzuela fut réellement émouvante. Après avoir rappelé le sens de la continuité dynastique et le long combat qu'il avait mené pour que la monarchie, pouvoir arbitral au-dessus des partis et des classes sociales, soit un véritable état de droit respectueux de la volonté populaire, Don Juan en remettant à Juan Carlos, « le legs historique qu'il tenait de son père et en offrant à sa patrie la renonciation de tous ses droits et privilèges », déclara qu'il entendait conserver pour lui-même le titre de comte de Barcelone. Puis se cadrant militairement devant son fils et après avoir incliné profondément la tête, il reprit les propres mots qu'Alphonse XIII, après sa propre renonciation lui avait adressés sur son lit de mort : « Majesté : au-dessus de tout, l'Espagne ! »

Don Juan avait fait allusion à « la monarchie instaurée et consolidée en la personne de son fils et héritier ». Juan Carlos, non moins chaviré, mit l'accent sur les épreuves que l'un et l'autre avaient dû accepter. Il évoqua la dure séparation du foyer familial dans son enfance, première leçon qu'il reçut de son père pour le service du pays et exalta le désintéressement et l'abnégation que représentait cet ultime sacrifice consenti au peuple espagnol.

En s'adressant à lui, Juan Carlos l'avait appelé Sire (Señor), dernier hommage à celui qui désormais n'avait plus droit à ce titre dont toute une génération de monarchistes l'avait pourtant honoré. La raison d'État, plus puissante que celle du cœur, faisait maintenant de ce « souverain de l'ombre » un prince dont la seule gloire était de demeurer envers et contre tout, « le père du roi ».

A défaut de ce statut royal qui eût effacé trop ouvertement, et au profit des seuls intérêts dynastiques, une longue période de l'histoire d'Espagne où républicains et franquistes avaient eu leur part, Juan Carlos conférera un an plus tard à son père la haute dignité d'amiral de la Flotte. C'est dans cet uniforme de marin qui lui fut toujours si cher que le comte de Barcelone conduira à l'Escorial le 19 janvier 1980 les restes d'Alphonse XIII ramenés solennellement de Rome trente-neuf ans après sa mort.

Souverain régnant, le père de Don Juan repose depuis lors dans le panthéon des rois d'Espagne. Faute de pouvoir y dormir lui-même un jour, le comte de Barcelone a déjà fait savoir qu'il souhaitait être enterré au monastère de Poblet, l'un des deux hauts lieux de cette Catalogne qu'il avait voulu honorer aux heures sombres de la répression franquiste en associant son nom à celui de sa capitale.

Ainsi s'achevait, le 14 mai 1977, la trajectoire politique d'un homme dont la contribution à l'histoire, telle qu'elle se déroulait si heureusement en ce printemps électoral, avait été considérable. La Couronne ne pouvait être restaurée par lui; mais sans lui, sans l'opiniâtre combat qu'il avait mené dans l'exil pour qu'elle restât contre la dictature, un symbole des libertés retrouvées, la monarchie n'eût certainement pas été acceptée de si bon cœur par tant d'anciens républicains et de jeunes démocrates.

Don Juan, sans nul doute, eût aimé que passât sur ce renoncement qui couronnait toute une vie de lutte et lui donnait son sens un souffle plus épique. Dans les eaux gouvernementales, il ressentit « un froid glacial ». Et pourtant, comme il le confia à Sainz Rodriguez c'étaient, ce jour-là, « quarante ans d'Histoire qui basculaient devant ses yeux »...

L'affection de son fils n'était pas en cause. Juan Carlos admirait et adorait son père. Leur relation intime, qui avait si bien résisté aux heures difficiles de 1969, ne pouvait en souffrir. Ce jour-là aussi le roi comprit, douloureusement, que la raison d'État ne lui permettait pas de rendre à celui qu'il aimait tant tout le tribut de reconnaissance que ses sentiments lui dictaient.

Avec une dignité exemplaire, le comte de Barcelone allait désormais partager sa vie entre sa villa d'Estoril, son bateau et la nouvelle maison assez modeste, mais entourée d'un beau jardin qu'il occupe, presque toute l'année, dans le quartier madrilène de Puerta de Hierro. Il participe à toutes les réunions familiales mais pratiquement à aucune cérémonie officielle : le protocole, comme il le dit plaisamment, ne saurait d'ailleurs où le placer...

« Je me suis fait depuis longtemps un devoir de respecter le onzième commandement, ajoute-t-il aussi. Vous ne le connaissez pas? C'est celui qui dit : “ Tu ne gêneras pas! ” [2]... »

2. Conversation avec l'auteur.

La relève des générations

Don Juan, au demeurant, ne fut pas le seul protagoniste de cette longue aventure à glisser dans l'oubli. En ce printemps si chargé de prémices, dans la bousculade d'événements qui bouleversaient de fond en comble le paysage espagnol, le neuf chassait l'ancien avec un incroyable et parfois impitoyable entrain.

Le pouvoir était entre les mains des hommes de la génération du roi, et tous ceux que marquait le passé, quels que fussent leur talent et leur contribution au processus du changement, s'en trouvaient subitement démodés.

A droite, seul Fraga semblait encore avoir un avenir, mais au prix de cristalliser autour de sa personne toutes les nostalgies, voire les colères rentrées du « franquisme sociologique », comme on appelait alors cet électorat qui se fût bien passé d'élections. Sa puissante stature suffisait à remplir cet espace d'où se trouvèrent chassés les hommes en demi-teinte, comme López Rodó, López Bravo ou Silva Muñoz, qui avaient si longtemps occupé les coulisses feutrées de la dictature.

A gauche il ne pouvait y avoir – par définition – que des figures nouvelles, quel que fût leur âge. Mais c'était bien Felipe González, et non Tierno Galván, qui tenait la vedette.

Au centre enfin, Gil Robles et Joaquín Ruiz Gimenez se montrèrent impuissants à reconstituer le courant démocrate-chrétien qu'ils avaient incarné, le premier avant guerre avec le CEDA, le second dans une opposition tempérée à la dictature [3]. Areilza lui-même dut assister à la ruine de ses efforts pour regrouper dans une vaste coalition libéraux, sociaux-démocrates et démocrates-chrétiens. Alors qu'ils étaient sur le point d'aboutir, Adolfo Suárez décida en effet de sauter dans l'arène et de confisquer à son profit ces bataillons centristes.

L'avenir montrera que le jeune président avait sans doute tort de vouloir fonder, à partir du pouvoir et dans une perspective

3. José-Maria Gil Robles, seul grand protagoniste de la politique espagnole d'avant-guerre à avoir survécu, mourut à Madrid le 14 septembre 1980 à l'âge de quatre-vingt-deux ans. Joaquín Ruiz Gimenez, qui avait été ministre de l'Éducation nationale en 1951, a été désigné « défenseur du peuple » en 1982.

purement électorale, c'est-à-dire sur des bases nécessairement artificielles, un parti du gouvernement qui, dès 1980, allait se déliter aussi rapidement qu'il s'était construit. Mais pour trois ans au moins le calcul était bon. Les jeunes loups du « réalisme politique » ne pouvaient se soustraire à l'attraction de ce gagneur de quarante-cinq ans qui, à tous, promettait le triomphe.

Le raz de marée de la jeunesse ne pouvait épargner Torcuato Fernández Miranda. Cet homme orgueilleux et discret qui avait été le grand architecte de la transition sentait avec déplaisir qu'il faisait de l'ombre à Suárez. N'ayant eu d'autre ambition que de bien servir son pays dans le temps limité où ses compétences juridiques et son talent manœuvrier étaient indispensables, il décida de se démettre de ses hautes fonctions le 1er juin, avant même que les Cortes ne procèdent à leur dissolution.

En agissant ainsi, il signifiait qu'il ne briguerait ni la présidence de la nouvelle Assemblée ni celle du Conseil du Royaume, et libérait le roi d'une dette de reconnaissance qui lui eût sans doute politiquement pesé. Certains crurent qu'il se mettait ainsi « en réserve de la monarchie » si Suárez perdait les élections. L'honnête et logique calcul qui consistait à laisser la place, après le 15 juin, à un homme démocratiquement élu sans que Juan Carlos se crût obligé de le reconduire pour seul prix de ses mérites, suffit sans doute à expliquer son attitude.

Le roi, de son côté, avait appris à ne pas faire de sentiment dans une matière aussi impitoyable et rigoureuse que celle qui régissait l'intérêt de l'État. Il en avait administré la preuve lorsque Torcuato Fernández Miranda s'était interposé entre son père et lui dans l'affaire de la renonciation et du statut du comte de Barcelone. Il sut gré au même Fernández Miranda de s'effacer à son tour pour ne le pas gêner. Juan Carlos le fit duc et lui remit la Toison d'Or. Ce grand serviteur sortait ainsi de la scène par la grande porte, mais tout aussi inexorablement que tant d'autres que les vents du printemps démocratique allaient balayer. Il mourut trois ans plus tard et, selon Bardavio, presque dans la gêne. Ses obsèques se déroulèrent au Palais royal, mais Suárez, qui lui devait tant, ne s'y présenta pas [4].

---

4. J. Bardavio, in *Histoire de la transition.*

Premières élections démocratiques

Les élections du 15 juin 1977 – les premières libres et démocratiques qui se déroulaient depuis la victoire si cher payée du Front populaire en février 1936 – furent le révélateur d'une Espagne modérée où deux grands partis se taillaient la part du lion. L'Union du centre démocrate, conduite par Suárez, avec près de 35 % des suffrages, remportait 165 sièges au Congrès des députés et 106 au Sénat. Le Parti socialiste ouvrier espagnol de Felipe González représentait un peu plus de 29 % des électeurs et faisait entrer, par ce système de proportionnelle corrigée, 118 députés et 48 sénateurs dans cet ensemble parlementaire de deux Chambres, qui composait désormais les Cortes.

Le Parti communiste recueillait 9 % des voix et disposerait de 20 sièges au Congrès. Un peu plus que l'Alliance populaire de Fraga, dont l'audience dépassait de peu 8 % des suffrages et ne compterait que 16 députés. Quant à l'ancien « bunker » il n'avait pas réussi à faire élire un seul représentant.

Le franquisme était bien mort. Toutes les conditions d'une possible et future alternance semblaient déjà remplies entre un centre-droit gouvernemental légèrement majoritaire par rapport à l'ensemble des socialistes : PSOE et « Sociaux populaires » de Tierno Galván (qui recueillaient pour leur part un peu plus de 4 % des voix).

Les partis « nationalistes » catalans et basque se répartissaient une vingtaine de sièges au centre politique de l'hémicycle du Congrès. Enfin, conformément à la loi de réforme politique de décembre 1976, quarante et un sénateurs – le cinquième de la Haute Chambre – devaient être désignés directement par le roi.

Ce fut l'occasion pour Juan Carlos de manifester son ouverture d'esprit et son souci d'honorer quelques-uns des plus brillants intellectuels du pays. Entrèrent ainsi au Sénat, pour cette législature constituante qui s'achèverait en février 1979, des écrivains comme le romancier Camilo José Cela, le philosophe Julian Marias, disciple d'Ortega y Gasset, de nombreux maîtres de l'université, au côté de quelques très rares amis personnels de Juan Carlos, tels Manuel Prado et Jaime Carvajal.

Parmi les politiques, Torcuato Fernández Miranda, Rodolfo Martin Villa, Marcelino Oreja, Landelino Lavilla appelé à la présidence des nouvelles Cortes, firent aussi partie de cette promotion que Juan Carlos avait tenu à distinguer et dont il se garda bien de faire « un groupe de pression ».

La désignation royale la plus remarquée fut, à coup sûr, celle de l'ancien ministre des Affaires étrangères de la République qu'avait été Justino de Azcárate. Après trente-huit ans passés en Amérique, il venait à peine de rentrer en Espagne lorsqu'il apprit, à sa stupéfaction, qu'il était pressenti par le roi :

« Mais, Majesté, je suis un vieux républicain. J'étais en exil, lui dit-il, lorsqu'il fut reçu à la Zarzuela.

– C'est bien la raison pour laquelle je me permets de vous demander de bien vouloir accepter », lui répondit Juan Carlos.

Le retour de Tarradellas

La vie politique de l'Espagne était alors faite de ce genre de miracles que le roi orchestrait dans un élan naturel de noblesse et avec un sens aigu de la diplomatie conquérante. La nomination d'Azcárate était un geste; le retour de Tarradellas à la tête de la Généralité de Catalogne fut une spectaculaire contribution à la réconciliation définitive de tous les Espagnols.

Le 29 juin, un homme de haute et massive stature portant majestueusement ses soixante-dix-huit ans, pénétrait à son tour dans le cabinet de Juan Carlos. Arrivé l'avant-veille de Paris dans l'avion personnel de l'industriel basque Olarra en compagnie du journaliste Carlos Sentis, député centriste de Barcelone, et de Manuel Ortinez, un banquier catalan, ancien directeur de l'Institut des monnaies étrangères, Josep Tarradellas remettait lui aussi pour la première fois le pied sur le sol espagnol après trente-huit ans d'exil.

A la fin de la guerre civile, il était le chef de l'exécutif catalan, le second du président Luys Companys que le gouvernement de Vichy livra à Franco et qui fut fusillé dans les fossés de la citadelle de Montjuich. Sauvé lui-même de l'extradition grâce à l'intervention auprès de Pétain de Mgr Rémond, évêque de Nice, Tarradellas avait été élu en 1954 à Mexico, par une assemblée fantôme, président de la défunte « Généralitat » de Catalogne et vivait très modestement depuis de nombreuses années à Saint-Martin-le-Beau, un petit village de Touraine où il s'apprêtait à finir ses jours « sans avoir jamais cédé aux illusions des exilés professionnels mais sans rien vouloir concéder non plus à un régime, quel qu'il fût, qui ne reconnaîtrait pas en lui le symbole vivant et légitime de l'autonomie catalane [5] ».

Rien ne semblait plus nécessaire au roi que « la reconnaissance au sein de l'unité du Royaume et de l'État, des particularités régionales comme expression de la diversité des peuples qui constituent la réalité sacrée de l'Espagne ». Ces paroles qu'il avait prononcées le 22 novembre 1975 dans son premier discours du trône et qui avaient été accueillies dans un silence glacial par les Cortes franquistes étaient à ses yeux l'expression d'une des missions essentielles de la Couronne. Quatre décennies de centralisme intolérant n'avaient fait qu'exacerber les sentiments irrédentistes de la Catalogne et du Pays basque. Le fondement même de l'institution monarchique résidait dans son principe fédérateur. Quel service plus éminent pouvait-elle rendre au pays, sinon de s'affirmer comme le symbole transcendant de son unité dans le respect des multiples et diverses richesses qui composaient le corps de la nation? Il fallait qu'un Catalan, un Basque, un Galicien pussent se sentir enfin entièrement eux-mêmes sans avoir à renier leur commune appartenance à l'Espagne. La Couronne trouvait là une de ses suprêmes justifications.

Lors de son Congrès de 1976, le Parti socialiste avait pris des positions très avancées – qu'il ne maintiendra d'ailleurs pas – en préconisant un État fédéral. L'UCD était plus réticente, la droite néo-franquiste totalement hostile à ce qui pouvait apparaître comme un démembrement du pays, menace qui était pour l'armée une véritable obsession.

Le 11 septembre 1976, « La Diada », la fête nationale catalane, avait pu être célébrée pour la première fois à Sant-Boi-del-Llobregat après quarante ans d'interdiction, et il était clair que la ferveur patriotique qui avait animé cette grande manifestation organisée par le « Consell » de forces politiques de Catalunya, organisme regroupant alors la majorité des partis d'opposition de la région, ne se satisferait pas des seules avancées de la démocratie pour l'en-

5. Conversations avec l'auteur.

semble de l'Espagne. La Catalogne réclamait, pour le moins, le retour au statut d'autonomie de 1932 et Tarradellas en était effectivement la représentation symbolique.

Manuel Ortinez avait été le premier à attirer l'attention de son ami Alfonso Osorio sur les possibilités d'une entente rapide entre le président de la Généralité et le gouvernement : « Je veux te parler, avait-il dit au vice-président de la Catalogne et du roi. » C'était poser le problème dans ce qu'il avait d'essentiel : la Catalogne, jadis si ardemment républicaine, reconnaîtrait la monarchie et la monarchie reconnaîtrait la Généralitat. Ainsi serait scellée la réconciliation historique des Castillans et des Catalans sous le manteau protecteur de leur commun souverain.

A moitié convaincu par Osorio, Adolfo Suárez avait envoyé à Saint-Martin-le-Beau le commandant Casinello, chef des services d'Information militaire de la Présidence, pour sonder le vieil homme à la veille du référendum sur la réforme politique.

Tarradellas ne s'était certes pas engagé à faire campagne pour le « oui » en Catalogne, mais il était prêt à manifester son allégeance au roi, son respect de l'armée et sa reconnaissance de l'unité de l'Espagne. Sa seule exigence était de revenir comme président de la Généralité avant même que les Cortes furent amenées à se prononcer sur l'étendue et les structures de la future autonomie. Il la transmit telle quelle aux délégués des formations catalanes qu'il rencontra à Perpignan et ne se départit pas de cette attitude « gaullienne » que nourrissait une très vive admiration pour le fondateur de la Ve République.

Suárez aurait pu utiliser plus utilement la carte Tarradellas en l'abattant avant les élections du 15 juin. Son parti fut en effet le grand perdant du scrutin en Catalogne non seulement au bénéfice des partis nationalistes mais aussi de la gauche socialiste et communiste. A peine avait-il ébauché son nouveau gouvernement, formé exclusivement avec des hommes de l'UCD, qu'il acceptait de recevoir Tarradellas le 27 juin à la Moncloa.

« Deux heures de conversation courtoise mais tendue, racontera l'exilé de Saint-Martin-le-Beau. Nous n'étions en fait d'accord sur rien. Je devais voir Don Juan Carlos le lendemain. Entretien ajourné. J'ai pensé sincèrement que c'était la fin, qu'il n'y avait plus rien à espérer. Et puis, tout s'est dénoué le 29 à la Zarzuela. Le roi m'a longuement et attentivement écouté, puis m'a encouragé à poursuivre mon voyage à Barcelone. Je lui répétai ce que j'avais toujours dit : pas avant qu'un décret-loi ne me reconnaisse comme président de la Généralité. Trois jours plus tard j'étais de nouveau en Touraine, mais cette fois je savais que je pouvais préparer mes bagages de retour [6]. »

Que s'était-il passé? En sortant de la Moncloa, Tarradellas avait eu la sagesse, ou l'astuce, de ne rien laisser paraître de sa déception devant les journalistes qui l'interrogeaient. Ses déclarations pleines d'optimisme mirent Suárez en porte à faux. Elles le convainquirent que, contrairement à ses préjugés, ce vieillard dont Osorio et Ortinez lui vantaient les mérites, avait une véritable stature politique, même si, en son for intérieur, il eût préféré négocier la Généralité avec Jordi Pujol, un homme de sa génération.

L'audience du roi avait bien failli ne pas avoir lieu à la requête expresse du capitaine général de Catalogne, Coloma Gallegos, qui s'indignait que le souverain pût recevoir « ce rouge du camp vaincu ». Juan Carlos sut passer outre. Après avoir reçu Tarradellas, il se sentit plus à l'aise encore pour plaider la cause de son interlocuteur auprès du chef du gouvernement. Vingt-quatre heures plus tard, Tarradellas revoyait Suárez et l'accord de principe était conclu.

C'est ainsi que le 23 octobre, à la suite d'ultimes négociations qui avaient abouti à la reconnaissance de la Généralité et d'une autonomie provisoire pour la Catalogne, Josep Tarradellas passa directement de sa cuisine tourangelle aux arcatures flamboyantes du Palau de San Jaume, l'un des plus beaux fleurons du somptueux quartier gothique de la Cité comtale.

« Ja soc aqui! » (Je suis là!), lança-t-il à la foule venue l'acclamer en compagnie de Suárez. Il était là, et n'entendait pas, en effet, se faire déborder par les ultra-nationalistes catalans qui voulaient tout et tout de suite.

« L'autonomie sera ce que nous pourrons en faire nous-mêmes, déclarait-il quelque temps après son arrivée. Nous avons tout à apprendre en matière de gouvernement alors que l'État espagnol gouverne depuis des siècles. La seule voie à suivre est celle de la collaboration et du dépassement de nos anciennes querelles. »

« La monarchie est aujourd'hui la grande chance de la Catalogne, ajoutait-il aussi. A tel point, confessait-il mi-plaisant mi-sérieux, que

6. Conversations avec l'auteur.

si j'apprenais qu'un malheur est arrivé au roi, je reprendrais aussitôt le chemin de Saint-Martin-le-Beau!... »

Autoritaire et plein de prudence, Tarradellas sut jouer, lui aussi d'emblée, la carte de la réconciliation nationale. Un de ses premiers soins sera d'aller déposer à Montjuich deux couronnes de fleurs, l'une sur la tombe de Companys, l'autre au pied du monument des officiers nationalistes fusillés sous « son gouvernement » après l'échec du soulèvement de juillet 1936 à Barcelone. Coloma Gallegos lui-même qui avait refusé d'assister à son intronisation, dut s'incliner devant l'audacieuse noblesse du nouveau président et s'en fit presque un ami.

Une autre anecdote reflète peut-être mieux encore le climat chevaleresque que l'exemple venu de la Zarzuela et admirablement compris par le peuple espagnol, insufflait alors dans la sensibilité nationale.

On avait averti le président de la Généralité, avant qu'il ne rentre à Barcelone, que la première personne à le recevoir à la descente d'avion, le chef du protocole du Palais San Jaume, ne serait autre que le fils d'un certain capitaine Lizcano de La Rosa, gloire de l'armée d'Afrique, exécuté pour rébellion quarante ans plus tôt en vertu d'un décret signé Tarradellas. Comment sortir de cette situation cornélienne sinon en invitant en France Fernando Lizcano de La Rosa pour une explication entre « caballeros »? C'est ce que sut faire l'ancien chef de l'exécutif catalan.

« Quoi qu'il m'en coutât, déclara à son retour le fils de la victime, je dis au Président qu'il avait fait son devoir comme mon père avait fait le sien. » Et Fernando Lizcano accepta de demeurer au service de ce nouveau patron que le boomerang de l'Histoire ramenait dans son pays sur les ailes non plus de la revanche, mais du pardon mutuel et de l'oubli nécessaire.

Mauvais départ pour les Basques

A quoi tiennent cependant les choses? Ce que la Catalogne réussit si bien, grâce à une opération d'État négociée au sommet et rapidement menée, le Pays basque – cet autre casse-tête historique du pouvoir central – allait le rater pour des raisons aussi accidentelles que profondes.

Les raisons profondes tenaient sans doute à une différence de mentalité. La Catalogne est méditerranéenne, commerçante, pragmatique. Sa démarche naturelle, autant que sa mémoire collective, intègre la souplesse. Le Pays basque, selon la formule d'Areilza, est « pyrénéen et absolutiste ».

Paradoxe historique, la classe dirigeante basque s'est toujours beaucoup mieux intégrée que la catalane au pouvoir centralisateur de Madrid, au point d'ailleurs de le coloniser très largement depuis un siècle par la voie de la banque et de la grande industrie. Les Catalans restaient chez eux et, de Barcelone, traitaient de puissance à puissance avec la capitale qui longtemps pour eux était restée un village. L'osmose semblait en revanche complète entre Bilbao et la capitale. La mer de Madrid était le Cantabrique, les grandes alliances de familles, entre Castille et Biscaye. Les guerres carlistes elles-mêmes n'avaient eu que très accessoirement pour objet la défense des « fueros » traditionnels des provinces basques; leur but fondamental était d'arracher le pouvoir central aux libéraux pour rétablir une dynastie traditionaliste se réclamant du droit divin [7].

Banquiers et industriels de Bilbao en symbiose avec Madrid ne pouvaient être les moteurs de cet irrédentisme basque qui s'était malgré tout forgé dans les guerres civiles du XIXe siècle. Comme en Catalogne, la résurgence du nationalisme à la fin du siècle dernier était l'œuvre d'une minorité intellectuelle, en particulier de Sabino Arana, le grand rénovateur de la langue basque. Mais à la différence de ce qui s'était passé à l'est des Pyrénées, les racines de ce nationalisme ne plongeaient pas dans toutes les couches de la société. Elles demeurèrent essentiellement rurales, on pourrait dire prolétariennes, si bien que ce nationalisme basque, contrairement au catalan, finira par épouser assez naturellement dans son expression extrême – celle de l'ETA – les contours de la lutte des classes au sens marxiste du terme.

Bien entendu, à travers le Parti nationaliste basque (PNV), le séparatisme restait aussi l'expression des classes moyennes politiquement modérées et fortement marquées par la tradition catholique. Mais Franco avait donné à la nouvelle génération l'occasion de franchir le pas. Son radicalisme cimenté dans la contestation

7. Cultivant ce paradoxe jusqu'au bout, le sociologue Amando de Miguel prétend même que les Basques représentent ce qu'il y a de plus espagnol en Espagne.

des grandes familles « collaboratrices » et la lutte contre la dictature était à la fois indépendantiste et révolutionnaire.

« Le drame des Basques, confiera un jour Tarradellas, c'est que Rome n'est jamais arrivée jusqu'à eux!... »

A cette clé qui relève de l'idiosyncrasie des peuples, il faut tout de même en ajouter une autre pour expliquer l'échec du gouvernement dans ses relations avec les Basques. Madrid ne sut pas toujours agir avec la célérité voulue. En dépit des négociations secrètes qu'il menait avec l'ETA, le gouvernement laissa s'exacerber la campagne « pour l'amnistie » qui mobilisait la population basque avant d'y répondre brusquement, et sans contrepartie, par la libération et l'extradition des trente-quatre derniers détenus de l'ETA à la veille des élections de juin 1977, ce qui donnait l'impression d'une amnistie tardivement arrachée à un pouvoir démocratique faible. Mais Suárez, surtout, ne trouva pas en la personne de celui qui aurait pu être le Tarradellas d'Euzkadi, Jésus-Maria de Leizaola, président du gouvernement basque en exil, l'interlocuteur disposé à négocier rapidement et au sommet la pré-autonomie. Son propre parti, le PNV, jaloux de son autorité, était d'ailleurs résolu à l'en empêcher. Il ne pouvait y avoir de « de Gaulle basque ».

L'action terroriste de l'ETA ne favorisait certes pas un règlement semblable à celui qui avait prévalu en Catalogne. L'armée, en particulier, n'entendait pas céder sur le principe du retour préalable à l'ordre. Or, fin juin 1977, en dépit des mesures d'apaisement que venait de prendre le gouvernement, l'ETA n'hésitait pas à exécuter un de ses otages, l'ancien maire de Bilbao, Javier de Ybarra.

Adolfo Suárez, qui avait déjà tardé, plus qu'il n'aurait dû probablement, à régler le problème catalan, résista plus encore à chercher les voies d'une négociation avec le Parti nationaliste. Sa sensibilité de castillan d'Avila ne faisait sans doute pas de lui un homme naturellement réceptif aux revendications périphériques. L'intellectualisme du « Lendakari » Leizaola, sa personnalité à la fois secrète et entière, aux frontières du mysticisme et à l'opposé du pragmatisme politique d'un Tarradellas, constituait, après celui dressé par le PNV, un autre obstacle au dialogue constructif. Le roi lui-même, qui devait tenir compte de l'état d'esprit des militaires, ne put trouver le climat propice à une véritable entente.

Sur le terrain même, le cycle infernal terrorisme-répression occultait le climat de réconciliation nationale, si visible dans tout le reste de l'Espagne. Contre toute raison il semblait que rien n'eût changé depuis la mort de Franco et l'avènement à Madrid d'un régime démocratique. Sans la bénédiction du « Lendakari », avec un PNV incapable de renier ouvertement ses fils de l'ETA, dans un climat de méfiance réciproque et de « non-dit » masquant les objectifs ultimes du Parti nationaliste, fut néanmoins institué le 4 janvier 1978 le Conseil général du Pays basque, pendant de la Généralitat de Catalogne. L'autonomie basque était elle aussi en marche, mais privée de cet élan initial qui assurera le succès pacifique de l'autonomie catalane.

L'autonomie pour tous

En outre et comme pour « noyer le poisson », dissiper les craintes que faisait naître la dérive acceptée des deux régions historiquement irrédentistes – la Catalogne et le Pays basque – le gouvernement décida de mettre toutes les provinces d'Espagne au même régime. C'était la stratégie du « café para todos », le même café pour tous... La Galice qui avait connu, elle aussi, l'ébauche d'un statut autonome en 1936, fut la troisième servie. Un décret du 16 mars 1978 la dota de sa « Xunta ».

Pour le reste, il fallut procéder à des découpages, parfois moins évidents, et susciter des appétits autonomistes qui n'étaient pas toujours évidents et qui, en tout cas ne s'étaient jamais manifestés dans le passé. Chaque région devrait négocier son statut particulier avec le pouvoir central dans le cadre du Parlement. Un ministère spécialement chargé de cette réforme décentralisatrice fut créé dès juillet 1977 par le nouveau gouvernement Suárez. Son titulaire, Manuel Clavero, put mettre ainsi successivement en place d'avril à octobre 1978 dix autres régimes de « pré-autonomie » approuvés les uns après les autres par les Cortes.

L'Aragon, les Canaries, Valence, l'Andalousie, les Baléares, les Asturies, l'Estrémadure, les deux Castilles – la Vieille avec l'ancien royaume de Léon et la nouvelle avec la Manche – la Navarre enfin, dont le Pays basque demandait qu'elle lui soit rattachée et dont le sort devait être en principe réglé par référendum, firent ressurgir leurs vieux symboles et parfois les inventèrent.

Postérieurement, d'autres minirégions se détachèrent de leur première matrice, comme La Rioja et la Cantabrie (Santander), Murcie et la communauté de Madrid. Si bien que l'Espagne d'aujourd'hui compte dix-sept régions autonomes, dont trois seulement répondent à une véritable tradition d'irrédentisme historique.

Ce « libre-service » sera évidemment très critiqué, à commencer par ceux – Catalans et Basques – qui le considérèrent d'emblée comme une *capitis deminutio* de leurs propres droits, injure à leurs légitimes revendications, même si chacun restait juge de doser « son café » comme il l'entendait, ce qui s'avéra la règle pratique.

Il est vrai aussi que cette décentralisation généralisée coûte cher. Mais en dépit de son caractère artificiel, rien n'est moins certain que la voie suivie par le gouvernement et avalisée par la Constitution de 1978 ait été une erreur. Il faudra de longues années avant que l'on puisse juger de ses résultats au plan économique et social.

On peut se demander surtout si l'Espagne serait politiquement mieux gouvernable aujourd'hui dans le cas où seuls la Catalogne et le Pays basque – la Galice éventuellement – seraient devenues les composantes d'une sorte de régime fédéral dans lequel les autres provinces d'Espagne auraient fait figure de grand magma centralisé sous l'autorité castillane. La réponse est probablement négative. Le système n'est pas encore définitivement rodé. Sa mise en œuvre n'a pas échappé à certains aspects folkloriques. Mais il est probable qu'il a canalisé – et très démocratiquement – d'autres appétits irrédentistes qui n'auraient pas manqué de se manifester d'une manière moins ordonnée et moins contrôlable. Toutes les Espagne ont désormais voix au chapitre, et la Couronne est leur lien naturel.

Les pactes de la Moncloa

Entre-temps, la réconciliation nationale avait trouvé un autre terrain d'entente dans le domaine économique et social quelque peu abandonné au profit des urgences politiques. Les divers accords, scellés le 27 octobre 1977 entre tous les partis et connus sous le nom de « pactes de la Moncloa », permirent au gouvernement de mener une action efficace sans avoir à affronter constamment la surenchère des syndicats et des formations de l'opposition.

Pour enrayer l'inflation qui avait atteint 30 % dans l'année, remédier au déficit commercial, lutter contre la montée du chômage, cette plaie vive et durable du pays, un plan rigoureux d'austérité était nécessaire. Suárez sut convaincre Felipe González et Santiago Carrillo que ce redressement, qui imposait des sacrifices sévères à toute la société espagnole, devait être lui aussi l'expression d'une volonté commune de tous les partenaires politiques et sociaux. Socialistes et communistes acceptèrent de souscrire à ce plan global qui supposait gel des salaires, restrictions de crédit, réduction des dépenses publiques et sérieuse réforme fiscale. En même temps, le pacte englobait une série de réformes destinées à moderniser la société espagnole et qui, après la dépénalisation de l'adultère et celle de l'usage des moyens contraceptifs, aboutiront ultérieurement à la légalisation du divorce. L'« agiornamento » libéral dans tous les domaines, y compris celui des juridictions, de la réglementation des droits de réunion et de manifestation, de l'organisation des forces d'ordre public, compensait ainsi les rigueurs du plan économique, accepté par la gauche.

A droite, Fraga souscrivit au pacte économique mais refusera finalement le pacte « politique ». A gauche, Carrillo se révéla le plus ardent « supporter » de cette négociation extra-parlementaire, forçant en fait, par son attitude, la main des socialistes. Sans doute le leader du PCE voyait-il dans la négociation de la Moncloa l'ébauche d'un possible gouvernement d'Union nationale. Sa volonté de faire apparaître le Parti communiste comme une force d'ordre plaçant les intérêts supérieurs du pays au-dessus de toute revendication de classe se trouvait dès lors confirmée.

La démission, en mars 1978, de celui qui avait été le principal concepteur du pacte, le vice-président pour les Affaires économiques, Fuentes Quintana, fut interprétée comme un léger virage du gouvernement Suárez. Du « centre-gauche », il semblait passer au « centre-droit ». Le remaniement ne suffit cependant pas à remettre en cause le grand accord national. Bien plus qu'une simple entente sur des points précis, les pactes de la Moncloa, signés dans la plus grande solennité, se révéleront comme une véritable manière non conflictuelle, de concevoir le jeu politique dans cette délicate période constituante. En amont ils se présentaient comme l'héritage d'une transition qui avait obéi aux mêmes règles de tolérance et de saine cohabitation entre toutes les forces du spectre démocratique. En aval, ils renforceront dans la classe politique la conviction que toute décision importante concernant l'avenir du pays peut et doit être réglée par un consensus général recherché de préférence entre états-majors des grands partis.

Cette habitude des pactes entre gouvernement et opposition ou, pour le moins, de discussions fructueuses entre les principaux leaders, marquera la vie politique du pays jusqu'à nos jours. La terreur sacrée des affrontements inutiles, l'obsession d'en finir une bonne fois avec la « légende noire » de l'Espagne, de tourner résolument le dos à une histoire pleine de bruits et de fureur dominent encore le paysage espagnol. La démocratie ibérique devait sa modération à l'accouchement à haut risque qui lui avait donné vie.

La Constitution de 1978

Consensus : le mot est désormais passé dans le langage courant. Il va être le sésame de cet autre enfantement qu'est la Constitution. Au point qu'on appellera cette dernière tout naturellement « La Consentida », la bien et justement « consentie ».

Ce fut un texte long, très détaillé, dont l'élaboration lente fut la parfaite illustration de cet esprit de compromis.

D'août à décembre 1977, la commission constitutionnelle qui, en étroite liaison avec le ministre de la Justice Landelino Lavilla, grand coordinateur du projet, regroupait trois centristes, le socialiste Gregorio Peces-Barba – l'un des avocats du procès de Burgos – Manuel Fraga pour l'Alliance populaire, Miguel Roca pour les nationalistes catalans (et en représentation également du PNV) enfin le communiste Jordi Solé Tura, cette commission parvint, non sans difficultés, à bâtir un avant-projet dans lequel les naturels sujets de tension entre droite et gauche trouvèrent un début de solution.

Les préjugés républicains du Parti socialiste, les conceptions antagoniques en matière de religion et d'enseignement, les innombrables difficultés que souleva le problème des autonomies, en particulier avec la minorité basque, ralentirent le processus de négociation et laissèrent à des lois ultérieures le soin de résoudre plus d'une question. Mais la volonté d'entente, le désir de se rassembler sur l'essentiel étaient bien là.

C'est au cours de déjeuners et de dîners amicaux, de réunions chez les uns ou les autres que nombre de problèmes trouvèrent une réponse satisfaisante au sein des commissions. Rien souvent ne cimente mieux les accords que les circonstances dans lesquelles ils sont conclus. Pour la première fois dans l'histoire d'Espagne, la Constitution promettait d'être réellement une charte de concorde qu'aucun parti frustré ne serait tenté de remettre en question en accédant au pouvoir. Elle répondait à la qualité première que Maurice Duverger, dans une conférence prononcée en novembre 1977 à Madrid, assignait à une loi fondamentale : celle de ne donner pleinement satisfaction à aucune des formations politiques, sans pour autant leur déplaire entièrement.

Politiquement traditionnelle, socialement progressiste, très avancée surtout au regard des autres constitutions européennes sur le plan des libertés régionales, elle instituait une monarchie parlementaire où le roi était défini comme « le chef de l'État, symbole de son unité et de sa permanence, arbitre et modérateur du bon fonctionnement des institutions, assumant la haute représentation de l'État dans les relations internationales et avec les " nations " de sa communauté historique ».

Sa personne étant inviolable, il n'était pas non plus soumis à responsabilité. Tous ses actes devraient donc être contresignés par le gouvernement, responsable devant le Congrès. Il lui revenait de sanctionner les lois, mais sans pouvoir s'y opposer; de proposer le nom du président du gouvernement, mais après avoir consulté les groupes parlementaires, et sous réserve que ce dernier obtienne la confiance des députés. S'il dissout les Chambres, convoque à référendum, préside même un Conseil des ministres, c'est toujours à la demande du chef du gouvernement ou à défaut du président du Parlement.

Il était dit, sans autre restriction, qu'« il exerce le commandement suprême des Forces armées ». Mais contrairement à ce que l'on pouvait imaginer lors des premières discussions du projet constitutionnel son rôle était ni plus ni moins celui d'un souverain britannique ou scandinave, régnant mais ne gouvernant pas.

La succession du monarque se ferait selon le droit héréditaire, les mâles ayant priorité sur les femmes. L'infant Felipe, intronisé prince des Asturies en janvier 1976, serait ainsi le légitime héritier de son père et devrait prêter serment devant les Cortes en tant que tel en janvier 1986 lorsqu'il aurait atteint ses dix-huit ans, âge de la nouvelle majorité légale pour tous les Espagnols.

Depuis son avènement, Juan Carlos s'était préparé à exercer

ces fonctions représentatives et symboliques qui tranchaient considérablement avec les pouvoirs réels qu'il avait hérités du franquisme. Il avait assumé à plein ses responsabilités de chef d'État d'un régime encore autoritaire lorsqu'il s'était agi de mener à bien la transition démocratique; une page, maintenant, était tournée. Pour mieux préparer la lecture de la suivante il s'était d'ailleurs effacé autant qu'il le pouvait et plus encore depuis les élections de juin 1977, devant le président du gouvernement, émanation de la volonté populaire. Il était temps pour lui, comme l'avait dit jadis le comte de Barcelone, de « faire de la dynastie » et de laisser la politique aux politiciens.

Faire de la dynastie s'avérait au demeurant un élément fondamental de la stabilité politique dans un pays en construction permanente, où tant de choses dépendaient encore du pouvoir cristallisateur de la Couronne. Tout au long des quinze mois pendant lesquels fut élaborée et négociée la Constitution, on ne vit pas une seule fois Juan Carlos peser sur les travaux des parlementaires, *a fortiori* pour tenter d'étendre ses attributions. Sereinement il avait fait sien l'avertissement lancé par un éminent juriste espagnol à ceux qui souhaitaient pour lui un rôle plus politique : « Les personnes bien intentionnées qui seraient tentées de fortifier les pouvoirs du roi sont les pires ennemis de la consolidation future de la monarchie. »

Cette monarchie, après tout, était, en tant qu'institution, bien fragile encore. Elle ne devait son prestige qu'au parcours sans faute du roi et à la dette de reconnaissance personnelle dont les Espagnols lui étaient très consciemment redevables. En 1978, il en fallait cependant plus pour que la gauche abdiquât tout sentiment républicain. Seuls le temps et des événements exceptionnels permettront à l'Espagne d'écarter définitivement du champ de ses controverses latentes la question de son régime.

Le dernier soupir des républicains

Fidèle aux engagements qu'il avait pris lors de sa légalisation, le Parti communiste n'avait pas soulevé d'objection à la forme monarchique de l'État.

« Le roi est là », avait déclaré d'emblée Jordi Solé Tura devant la commission constitutionnelle. « Il ne s'agit que de réduire les pouvoirs qu'il tient du précédent régime. »

Gregorio Peces Barba avait en revanche affirmé le caractère républicain du PSOE et demandé qu'il ne soit pas fait mention de la forme monarchique de l'État dans les premiers articles de la Constitution.

« Les socialistes, déclara-t-il, manifesteront leurs convictions par un vote particulier, mais de telle manière que si les Cortes n'admettaient pas leur thèse, ce vote ne puisse être interprété comme un rejet de la Constitution. »

Il admettait ainsi que « si le roi devait appeler un jour un socialiste à former le gouvernement, ce dernier n'aurait pas plus à se rétracter que le souverain ne devrait se faire violence pour remplir sa mission constitutionnelle ».

Cette position de principe était une concession aux militants historiques du parti bien davantage qu'à son électorat. Les premiers meetings du PSOE en Espagne, comme ceux de l'exil à Toulouse, s'étaient encore déroulés sous le signe nostalgique du tricolore républicain. La grande masse des Espagnols qui avaient apporté leurs suffrages au mouvement de Felipe González semblait, en revanche, bien peu disposée à entrer dans ces polémiques du passé. Les socialistes de 1977 comprenaient fort bien, dans leur majorité, que la forme monarchique de l'État n'était nullement incompatible avec un gouvernement de gauche. L'exemple de la Suède ou de la Grande-Bretagne les confirmait dans cette vision moderniste des choses que seule contredisait la référence au passé révolutionnaire du parti de Pablo Iglesias et de Largo Caballero, le « Lénine espagnol » des années trente.

Les dirigeants du PSOE avaient encore quelque mal à se débarrasser de cette hypothèque idéologique, bien qu'ils eussent sans remords accepté le parrainage et les subsides électoraux de la social-démocratie allemande. En fait, Felipe González ne demandait qu'à être convaincu de l'inanité de ces querelles passéistes lorsque pour la première fois, le 20 mai 1977, il accepta de se rendre officiellement à la Zarzuela en compagnie de Javier Solana, le futur ministre socialiste de la Culture qui, lui, était déjà un vieil habitué du Palais.

A sa grande surprise, ce fut le roi lui-même qui, comme il s'agissait d'une question sans grande importance et avec un parfait naturel, aborda le problème au détour de la conversation :

« Est-ce que pour être socialiste il est vraiment nécessaire d'être républicain? » demanda-t-il innocemment à son visiteur.

Felipe, en passant en revue avec le comité exécutif de son parti les divers sujets qui pourraient être abordés au cours de cette première audience, avait pensé à tout sauf à cette si directe et si fraîche initiative de Juan Carlos. Il raconte lui-même, dans ses conversations avec Victor Marques Reviriego [8], qu'il répondit à la sympathique offensive royale par une anecdote qu'il tenait de Willy Brandt ou d'Olof Palme. Lorsque les sociaux-démocrates suédois qui se proclamaient républicains, remportèrent pour la première fois les élections en 1920, Gustave V, contre l'avis de la droite et de la cour, était bien décidé à appeler leur secrétaire général, Branting, à former le gouvernement. Mais, ce faisant, il proposa, d'homme à homme, à ce dernier, l'honnête pacte suivant : pendant un an le premier ministre appliquerait son programme sans chercher à remettre en cause les institutions et passé ce terme ils feraient tous les deux – le roi et le leader socialiste – le bilan de l'expérience.

« Pensez aussi, avait dit avec malice le descendant de Bernadotte à Branting, qu'une monarchie est beaucoup moins onéreuse qu'une république. En me gardant vous vous épargnerez de coûteuses élections tous les quatre ou cinq ans! »

Après cette conversation, Juan Carlos pouvait être rassuré sur les sentiments de Felipe González. Lui-même devait bien convenir que si le PSOE était traditionnellement républicain, il en était beaucoup allé de la faute de son grand-père Alphonse XIII qui, en dépit de sa largeur de vues, n'avait jamais rencontré en fait de socialistes, que des Anglais ou des Français.

L'annonce initiale d'un « vote particulier » du PSOE pour manifester son attachement de principe à la république à l'heure solennelle où étaient posés les grands principes fondateurs de l'État, n'eut ainsi pas plus d'incidence qu'un baroud d'honneur livré par des hommes qu'un succès miraculeux de leur initiative eût fort embarrassé. Peces Barba – qui deviendra président du Congrès après les élections d'octobre 1982 – déposa bien un amendement explicitement républicain devant la Commission constitutionnelle, mais après s'être dûment assuré qu'il serait rejeté. Et lorsque, le

8. *Felipe González : un style éthique*. José-Luis de Vilallonga rapporte les mêmes propos du leader socialiste dans son livre *Les sabres, la couronne et la rose*.

21 octobre 1978, les deux Chambres furent amenées à se prononcer sur la loi fondamentale qui instituait la monarchie parlementaire, les socialistes l'approuvèrent à l'unanimité, laissant à une dizaine de députés de l'Alliance populaire et à autant de représentants du Parti nationaliste basque l'originalité de voter contre ou de s'abstenir.

La Constitution fut ratifiée à près de 88 % des votants par le suffrage populaire le 6 décembre et promulguée par le roi le 27 décembre au cours d'une séance solennelle des Cortes. Ces dernières furent dissoutes deux jours plus tard. Les prochaines élections législatives se dérouleraient le 1er mars suivant et les premières élections municipales le 3 avril.

La démocratie était désormais solidement assise dans les textes. Elle l'était aussi dans la volonté d'une majorité considérable du peuple espagnol. Cependant, un peu plus de 32 % du corps électoral s'était abstenu et les votes négatifs, en très sensible augmentation depuis le précédent référendum de 1976, atteignaient presque 8 %. Ces marges réfractaires ou sourdement hostiles laissaient entrevoir un avenir moins paisible que ne le supposait le fameux consensus de la classe politique.

Curieux amalgame que ce « front du refus ». Au Pays basque les consignes d'abstention du PNV avaient contribué à élever à 55 % le nombre de ceux qui n'avaient pas voté, tandis que les suffrages négatifs reflétaient le poids spécifique des formations politiques indépendantistes liées à l'ETA.

Dans tout le reste de l'Espagne quelques rares « non » pouvaient être attribués à l'extrême-gauche révolutionnaire. Le gros venait de l'extrême-droite qui, incontestablement, redressait la tête. L'Alliance populaire s'était divisée sur la Constitution : Fraga pour, Silva Muñoz et Fernández de la Mora contre, chacun entraînant ses amis. Pas moins de huit évêques ultra-conservateurs sous la houlette de Mgr González Martín, archevêque de Tolède et Primat d'Espagne, avaient violemment dénoncé « l'athéisme » de ce texte constitutionnel qui, certes, excluait toute « religion d'État », mais manifestait néanmoins la volonté de ce dernier « d'entretenir des relations de coopération avec l'Église catholique et les autres confessions ».

C'était autant d'eau – bénite – apportée au moulin de Fuerza nueva et des milieux ultras de l'armée; autant de trouble jeté dans la conscience de nombreux fidèles indécis à l'heure du vote.

« Que fait le roi? »

Lorsque à l'orée de 1979, les Espagnols contemplaient le chemin parcouru depuis deux ans, ils pouvaient légitimement se montrer optimistes. Jamais dans leur histoire tant de choses positives n'avaient été accomplies en si peu de temps et dans un tel élan de concorde nationale. La transition pacifique de la dictature à la démocratie, exemplairement conduite et achevée, soulevait l'admiration légitime du monde entier et le prestige qu'en retirait le roi était encore rehaussé par le constant succès de ses missions internationales.

Depuis sa visite officielle aux États-Unis suivie de celle qu'il fit en France en octobre 1976, il n'avait cessé de porter hors des frontières le message de progrès et d'ouverture de la nouvelle Espagne, préparant tout à la fois son intégration prochaine à la Communauté européenne et le resserrement des liens naturels entre l'Amérique hispanique et son ancienne mère patrie [9]. En juin 1978, c'est le président de la République française, Valéry Giscard d'Estaing, qui était venu confirmer à Madrid les promesses de son premier voyage au temps hasardeux où Juan Carlos n'était encore que l'héritier de Franco. Quelques jours avant le référendum constitutionnel, le roi, au terme d'un périple latino-américain, était en Argentine pour y parler non pas seulement de l'« Hispanidad », mais aussi des droits de l'homme. Et chacun avait pu remarquer avec quelle froideur ostensible, il s'était adressé au dictateur Videla.

Personnage vedette de l'actualité internationale, « homme de l'année » pour de nombreux magazines étrangers, premier au « hit-parade » de la popularité dans les sondages nationaux, Juan Carlos aurait pu reposer sa tête sur la couche de lauriers que la Constitution avait préparée pour lui. Mais comme beaucoup d'Espagnols aussi – et certainement même avant eux, car il était le premier informé – il sentait bien que la partie était encore loin d'être gagnée. Le plus dur était fait, mais tôt ou tard, les démons antagoniques du

9. Dans nombre de ces pays d'Amérique latine, Juan Carlos est tout simplement « el Rey », sans que l'on éprouve le besoin de spécifier qu'il s'agit du roi d'Espagne.

passé tenteraient de prendre leur revanche. Déjà on les voyait ressurgir des ghettos où la foudroyante offensive démocratique les avait parqués depuis le tragique mois de janvier 1977, et conspirer, ennemis et complices à la fois, contre la paix publique. Que pourrait faire ce roi sans pouvoir devant la montée des périls?

Dans un éditorial publié quelques mois après l'entrée en vigueur de la Constitution, le directeur de *El Pais*, Juan Luis Cebrián saura répondre à cette question d'une manière réellement prémonitoire. Relatant une conversation avec un observateur britannique qui lui faisait remarquer que la reine d'Angleterre, même si elle ne les utilisait jamais, disposait de prérogatives beaucoup plus étendues en fait que celles concédées à Juan Carlos, il écrivit à ce propos :

« Elle ne les utilise pas? Eh bien, lui répondis-je, c'est exactement la situation inverse qui va se produire ici. La loi limite considérablement les pouvoirs de la Couronne, mais le poids personnel de Juan Carlos et le rôle historique qui a été le sien pendant la transition laissent prévoir que son intervention dans les affaires de l'État sera encore aussi nécessaire qu'évidente au cours des prochaines années. Ainsi l'exige la consolidation démocratique du pays. »

« Sans rien retirer aux mérites du président Suárez, ajoutait-il, il convient de se demander comment il aurait été possible de décréter l'amnistie politique, de légaliser les partis, d'établir les bases démocratiques du nouvel État si le vide du pouvoir créé par la mort de Franco n'avait pas été comblé par la Couronne. L'histoire actuelle de la démocratie espagnole est indissolublement liée, dans ses origines comme dans les perspectives d'avenir, à l'institution monarchique. Ce n'est pas un problème de conviction, mais de simple réalisme politique [10]. »

L'Espagne, en effet, aura encore le plus grand besoin de Juan Carlos.

10. *El Pais* du 10 juin 1979 : « Que fait le roi?... »

CHAPITRE IX

LE RESSAC FRANQUISTE

Le 17 novembre 1978, tandis que le roi s'envolait vers le Mexique, première étape de son voyage latino-américain, et que la campagne pour le référendum constitutionnel battait son plein, deux obscurs officiers étaient arrêtés à leur domicile. Leurs noms ne disaient alors rien à personne et seul celui du plus haut gradé, un lieutenant-colonel de la Garde civile aux allures de Tartarin moustachu sous son bicorne verni, passera à la postérité. Il s'agissait d'Antonio Tejero Molina, l'homme qui deux ans et trois mois plus tard surgira, pistolet au poing, à la tribune des Cortes.

Le « complot Galaxie »

La seule silhouette du personnage évoquait le complot d'opérette et d'une certaine manière celui qu'il avait monté avec son complice, le capitaine Saenz de Ynestrillas, en était un. Avec deux cents hommes recrutés dans diverses unités des Forces d'ordre public, il se faisait fort de prendre par surprise, ce même 17 novembre, le palais de la Moncloa et d'y faire prisonniers Adolfo Suárez et son gouvernement réunis en Conseil des ministres. Après quoi, il n'en doutait pas, les diverses unités de Madrid se joindraient au mouvement et la rébellion militaire imposerait un « gouvernement de salut national » que le souverain, de Mexico ou d'ailleurs, sur sa route, serait bien obligé d'avaliser.

Peu de gens prirent alors au sérieux cette affaire qui, une fois dévoilée par la presse, ne paraissait pas dépasser en gravité les élucubrations de quatre ou cinq agités en uniforme qui avaient pris l'habitude de conspirer à quelque table de Café du Commerce. Comme pour mieux tromper leur monde, Tejero et ses amis se réunissaient effectivement dans une cafétéria madrilène du nom de *Galaxie*.

L'ennui était qu'en Espagne ce genre de « complot d'opérette » pouvait fort bien aboutir. C'était d'abord affaire de tradition. Toute l'histoire du pays, depuis le XIXe siècle jusqu'en 1936, est jalonnée de « pronunciamientos » dont on ne riait que lorsqu'ils avaient échoué. Un militaire se lançait dans l'aventure : on le suivait ou on ne le suivait pas. Si on ne le suivait pas, la rébellion n'était pas si grave : il n'avait fait après tout que se « prononcer » en clamant bien haut sa conception politique de l'honneur. La justice militaire lui était généralement clémente. Telle était, encore assez vivante – en dépit de quelques bavures sanglantes dans la période qui alla de 1930 à la guerre civile – cette complaisante tradition historique entretenue dans les mess d'officiers [1]. Les constituants de 1978 avaient, en outre, abrogé la peine de mort; raison de plus pour ne pas se gêner.

L'autre motif qui contraignait à prendre au sérieux cette conjuration – ni plus ni moins folle, au demeurant, que celle du 23 février 1981 qui faillit bien réussir – résidait dans le climat de nervosité qui régnait alors chez les militaires.

Ce même jour, choisi par Tejero pour encercler la Moncloa, le général Gutierrez Mellado, ministre de la Défense et vice-président du gouvernement, se trouvait en visite officielle à Carthagène et expliquait devant un aréopage d'officiers les mérites de la Constitution, comme il l'avait fait dans d'autres garnisons, lorsque l'un d'eux l'interrompit pour donner lecture d'un vif réquisitoire dénonçant le caractère athée et immoral de la loi fondamentale. Ce n'était qu'un capitaine de corvette et l'incident aurait pu en rester là, si dans le climat de tension qui s'était propagé, le général commandant la Garde civile de toute la région du Levant, Juan Atares Peña, ne

1. En décembre 1930, quelques mois avant la chute d'Alphonse XIII, les capitaines Fermin Galan et Garcia Hernandez, responsables d'un soulèvement républicain à Jaca, avaient été passés par les armes. Le général Sanjurjo, auteur, en août 1932, d'un « pronunciamiento » contre la République, fut condamné à mort mais aussitôt grâcié.

s'était à son tour levé pour crier à tue-tête : « La Constitution est un mensonge éhonté. Arriba España! Viva Franco! » Le tout assorti de propos virulents contre le ministre. Gutierrez Mellado dut ordonner au général de quitter immédiatement la salle et fit mettre tout le monde au garde-à-vous. Des applaudissements avaient salué l'intervention d'Atares. Dehors on l'entendait encore vociférer des injures : « Traître, embusqué, maçon, espion! ».

Le capitaine général de Valence, Jaime Milans del Bosch était dans la salle. Le ministre lui ordonna aussitôt de faire arrêter Atares [2]. Lorsque ce fut fait, Gutierrez Mellado, qui n'avait pas un instant perdu son sang-froid, put reprendre son auditoire en main et manifesta son indignation devant ce spectacle honteux qui insultait toute l'armée :

« Pas toute l'armée! mon général, lui répondit un lieutenant-colonel. Nous sommes nombreux à penser comme vous et à nous sentir en parfait accord avec le gouvernement!

– Voyez vous-même, commenta le ministre, voilà ce que recherche le terrorisme, voilà ce que veut obtenir l'ETA! Et certains sont assez ignorants pour tomber dans ce piège monstrueux! »

Lorsque Gutierrez Mellado rentra à Madrid, le complot « Galaxie », étouffé dans l'œuf par les services d'information de l'armée qui en avaient aussitôt averti Suárez, faisait la une de tous les journaux, bien que le gouvernement ait tenté de tenir l'affaire secrète. Tejero, à ce qu'il semblait, avait pris contact avec une centaine d'officiers et quelques généraux qui tous, d'accord ou pas d'accord, avaient gardé le silence, la plupart justifiant leur attitude par le fait qu'ils n'avaient pas pris au sérieux les projets du lieutenant-colonel.

On apprit cependant qu'un an auparavant, entre le 13 et le 16 novembre 1977, d'anciens ministres militaires comme l'amiral Pita da Veiga et les généraux De Santiago et Alvarez Arenas s'étaient déjà réunis secrètement à Jativa avec Milans del Bosch et son homologue à Barcelone, Coloma Gallegos, pour planifier ce même gouvernement de « salut national » que les modestes conjurés de la cafétéria *Galaxie* échafaudaient comme un jeu de dominos.

La leçon était claire : une partie de l'armée – et non la moindre

---

2. Le général Atares fut absous par le tribunal militaire et Milans del Bosch confirma cette sentence de clémence. Atares fut assassiné par l'ETA à Pampelune le 23 décembre 1985.

– ne cessait de comploter. Elle attendait le moment propice pour imposer sa solution, et n'eût été la présence du roi à la tête de l'État – présence gênante compte tenu de sa popularité, de sa légitimité franquiste et surtout en raison du fait qu'il était à la tête de toute la « chaîne du commandement » – il y avait sans doute longtemps qu'elle aurait renversé le gouvernement et dissous le Congrès. Si l'armée n'avait pas réagi lors de la légalisation du Parti communiste, c'est qu'elle ne savait pas très bien comment s'y prendre et que, toujours, cet obstacle royal compliquait ses plans. Mais il s'agissait bien d'un complot permanent, mou, à fleur de peau, avec des hauts et des bas au gré des réactions sentimentales que la marche inexorable du processus démocratique et l'agressivité du phénomène terroriste provoquaient dans les casernes. Latent, mal organisé mais protéiforme, il n'en était que plus dangereux.

Sans se compromettre ouvertement, d'importants généraux utilisaient des têtes brûlées comme Tejero pour faire « avancer les choses ». L'homme au bicorne était en tout cas assez sûr de son impunité au sein de l'institution militaire pour jouer tout à son aise les matamores. Dans l'affaire « Galaxie », il n'avait été trahi que par un capitaine timoré qui avait eu la faiblesse de révéler ses états d'âme à son chef hiérarchique, lequel, par un heureux hasard, avait estimé de son devoir d'en informer le général José-Maria Bourgon, chef des services d'information de la Défense, le CESID. Mais à ce stade même, la prudence était de rigueur. Le gouvernement ne pouvait se permettre d'élucider toutes les responsabilités. Mettre à l'ombre un Tejero était une chose, donner le coup de pied dans la fourmilière en était une autre.

La thèse du complot d'opérette, si aisément accréditée, arrangeait ainsi tout le monde, le pouvoir politique comme l'armée. On ne chercha donc nullement à approfondir la nature des contacts qu'avaient pris Tejero et Saenz de Ynestrillas, qui furent seuls inculpés. Encore leur permit-on très vite d'attendre tranquillement chez eux, et sans la moindre restriction de visites, la célébration du conseil de guerre qui devait les juger. Ce dernier, dans le cours de l'été 1980, reconnut qu'ils étaient coupables du délit de conspiration aux fins de rébellion militaire, mais ne les condamna qu'à sept mois de prison. Le soir même, leur peine étant déjà accomplie, ils pouvaient sabler le champagne devant les photographes de presse au milieu de tous leurs amis.

La classe politique et l'opinion démocratique reçurent ce verdict comme une gifle. Mais le pouvoir était ligoté, condamné à ne prendre que des mesures ponctuelles, à déplacer de temps à autre une pièce dangereuse, comme ce fut le cas du général Torres Rojas, commandant la division blindée « Brunete », celle de Madrid, lorsqu'on le soupçonna en janvier 1980 de préparer lui aussi son « golpe ». A dire vrai, il faudra qu'éclate le putsch du 23 février 1981 pour qu'un terme pût être mis – et encore progressivement – à ce climat de conspiration militaire permanente. En attendant, les nuits de Juan Carlos seront bien souvent peuplées de cauchemars, et ses jours occupés à cette subtile partie d'échecs qui consistait à faire glisser d'une case à l'autre des pions rebelles tout en « calmant » par de bonnes paroles le jeu éreintant qu'il disputait avec un adversaire sans visage.

La grande offensive de l'ETA

Aussi « franquiste » qu'elle fût restée dans sa majorité, l'armée n'aurait cependant pas constitué une menace aussi évidente pour la démocratie si son ressentiment et sa colère n'avaient été, jour après jour, alimentés par la pression d'un terrorisme dont l'origine périphérique n'atténuait nullement les effets redoutables.

Le GRAPO comptait finalement pour peu. L'ETA, en revanche, s'était lancée, depuis 1978, dans une offensive d'une violence sans précédent qui exprimait son désarroi devant la naissance d'un véritable État de droit en Espagne. Elle avait surtout compris que le meilleur moyen de venir à bout de la démocratie espagnole, sa nouvelle ennemie, était de la faire abattre par un coup d'État militaire. Et pour provoquer ce coup d'État militaire, il convenait d'exaspérer l'armée en multipliant les attentats contre ses représentants.

Comme par hasard, l'agressivité des deux branches de l'organisation indépendantiste basque : la « militaire » et la « politico-militaire », avait redoublé au moment même où le gouvernement décidait, à la veille des élections de juin, de vider les prisons des derniers détenus de l'ETA, y compris ceux inculpés ou condamnés pour crimes de sang, initiative suivie trois mois plus tard, le 14 octobre 1977, par une amnistie politique générale.

Au souci de ne pas laisser ses militants se démobiliser par de telles mesures d'apaisement, s'ajoutait, pour les dirigeants de l'ETA, celui d'entraver par tous les moyens l'accord sur le statut de pré-autonomie entre le gouvernement et les députés du PNV qui devait être néanmoins conclu et approuvé par les Cortes à l'unanimité le 4 janvier 1978.

Rien n'est en fait plus éloquent que cette concordance, toujours vérifiée, entre les progrès réalisés pour aboutir à une solution pacifique et équitable au Pays basque, raffermir aussi dans toute l'Espagne le consensus démocratique, et le regain immédiat du terrorisme. Chaque espoir de paix sera impitoyablement payé, au cours des années qui vont suivre, par un surcroît de sang versé. Pendant les sept dernières années de la dictature et surtout les trois années de transition politique, le terrorisme avait fait cent quatre-vingt-dix victimes. De janvier 1978 à décembre 1980, il en fera trois cent vingt-sept.

Pas loin de soixante gardes civils ou membres de la Policia armada étaient déjà tombés dans les trois provinces d'Euzkadi depuis un an, lorsque l'ETA assassina dans leur voiture, en plein Madrid, le 21 juillet 1978, un général totalement étranger à la répression au Pays basque et son aide de camp. Cette fois ce n'était plus « l'armée d'occupation en Euzkadi » qui était visée à travers ses plus modestes représentants, mais bien l'institution militaire dans son ensemble. Un mois plus tôt, l'ETA avait aussi assassiné en Biscaye le journaliste José-Maria Portell, qui avait pris une part importante à des négociations avortées entre le gouvernement et l'organisation terroriste. C'était bien la guerre à outrance qui était désormais déclarée contre le régime démocratique. Guerre directe et guerre par ricochet. L'ETA jouait au billard en attaquant le système par son maillon le plus fragile : l'armée.

L'émotion soulevée par le meurtre du général Sánchez Ramos et du lieutenant-colonel Pérez Rodriguez avait été un des facteurs déterminants du climat de sédition qui s'était emparé des milieux militaires. Déjà le 18 juillet 1978, anniversaire du soulèvement nationaliste, l'« euro-droite » avait pu rassembler vingt mille manifestants dans la Plaza de Toros de Madrid pour applaudir Blas Piñar, Giorgio Almirante, le leader néo-fasciste italien, et Tixier Vignancour. Fuerza nueva et le quotidien *Alcazar* alimentaient sans cesse la hargne d'officiers qui, de plus en plus, se forgeaient une mentalité de demi-soldes.

Seule une attitude résolue du Parti nationaliste basque aurait pu calmer les appréhensions de l'armée. Or ce dernier donnait constamment le sentiment de ne condamner l'action de l'ETA qu'à regret et du bout des lèvres. L'ambiguïté des positions du PNV s'était révélée tout au long du processus constitutionnel et se concrétisa, lors du référendum de décembre 1978, par des consignes d'abstention. Le PNV n'avait accepté le statut de pré-autonomie dans le cadre constitutionnel que comme un moindre mal, usant des pires finasseries rhétoriques, pour faire admettre, sinon le droit à l'autodétermination pure et simple – que la Constitution écartait d'emblée à partir du moment où elle posait en postulat « l'unité indissoluble de la nation » – du moins une sorte de négociation préalable de souveraineté à souveraineté, comme si l'État espagnol devait, avant tout accord, abdiquer d'entrée de jeu la sienne propre.

Sur ce point, ni l'armée – obsédée par la dérive du phénomène autonomiste – ni le pouvoir démocratique, pour qui le cadre strict et déjà très ouvert de la Constitution représentait le verrouillage ultime du débat, ne pouvaient évidemment céder. Les parlementaires nationalistes basques le comprirent. Ils n'avaient pas voté la Constitution; du moins déclaraient-ils vouloir la respecter. Mais lorsqu'ils abordèrent, avec l'année 1979, la seconde phase des négociations, celles portant sur le statut d'autonomie lui-même et tel qu'eux-mêmes, à Guernica, l'avaient déjà élaboré, il apparut clairement qu'ils mèneraient longtemps encore la vie très dure au gouvernement sans tenir compte de l'insupportable menace que l'offensive terroriste de l'ETA faisait peser sur toute la société espagnole. Ces nationalistes du PNV acceptaient de condamner les méthodes de l'ETA, mais ne pouvaient cacher que tout statut quel qu'il fût n'était pour eux qu'une simple étape, le moyen de parvenir un jour à une autre fin. Ils n'osaient pas parler ouvertement d'indépendance, mais n'entendaient pas renoncer au « rêve d'indépendance », ni à cette forme d'« impérialisme » provincial qu'impliquait le retour dans le giron d'Euzkadi de la Navarre – qui s'avérait pourtant très majoritairement attachée à sa propre autonomie – et des trois petites provinces françaises des Pyrénées-Atlantiques. Comment dès lors les « pères » pouvaient-ils totalement renier leurs « fils » dévoyés de l'ETA?

Cette incapacité à se déterminer clairement, en fonction d'objectifs réalistes et bien définis, justifiait non seulement le mot plaisant de Tarradellas sur Rome et les Basques, mais le jugement à la fois sévère et attendri qu'avait jadis porté l'écrivain Pio Baroja sur son propre peuple : « Le Basque se battra toujours pour le passé contre la modernité, la part du songe contre celle du concret. »

Les conséquences de cette disposition d'âme n'étaient pas seulement politiques : au cours de ces années terribles jalonnées de centaines d'attentats et de milliers d'extorsions de fonds au nom de l'impôt révolutionnaire, la puissante Biscaye et le Guipuzcoa abandonneront le peloton de tête du revenu national pour régresser au dixième et douzième rang économique des provinces espagnoles.

« Tant que le PNV ne rectifiera pas ses postulats ultimes, déclarait en 1984 le député socialiste basque " Txiki " Benegas, tant qu'il n'acceptera pas clairement l'unité de l'Espagne et la Constitution, il n'y aura pas de solution au problème basque. »

Quant à l'ETA, à quoi joue-t-elle réellement?

« Il est un moment où l'ETA qui, dans la rébellion contre la dictature, avait une raison historique d'exister, cesse d'être légitime », écrit de son côté Juan-Maria Bandres, avocat de nombreux « Etarras » et député du mouvement nationaliste Euzkadiko Ezkerra (gauche basque). « Je le situe, pour ma part, à la date où le peuple basque approuva le statut d'autonomie. Il y a aussi un jour où la lutte armée n'est plus pour elle le moyen pour parvenir à un but, mais bien une fin en soi. Jusqu'en 1977, ETA était encore porteuse d'une certaine idéologie qu'elle s'efforçait de diffuser. Après, elle ne s'emploie plus qu'à tuer : elle a cessé de penser [3]. »

L'adieu aux armes des combattants clandestins, soudain privés des raisons de leur lutte, est toujours un passage extraordinairement difficile. Chaque fois qu'au sein de l'ETA une tendance plus raisonnable tentera de franchir ce pas, une autre s'enfoncera un peu plus dans un entêtement absurde.

Mais l'organisation terroriste a-t-elle vraiment « cessé de penser », n'obéissant plus, comme le suggère Bandres, qu'à des pulsions subconscientes, qui lui font effectivement souhaiter un coup d'État militaire pour revenir au « bon vieux temps » de la lutte contre la dictature et ressourcer ainsi les mauvaises raisons de son obstina-

---

3. *Histoire de la transition.*

tion? Ou bien s'agit-il d'une stratégie délibérée de déstabilisation d'une démocratie occidentale, ce qui n'exclut pas l'hypothèse que ETA ait « cessé de penser », mais n'écarte pas celle que certains aient décidé de penser à sa place?

C'est là un débat où, d'évidence, toutes les explications se conjuguent et s'interpénètrent. En 1979, et en 1980 plus encore, la seule leçon que l'on pouvait tirer de la situation était qu'elle échappait totalement à la dialectique rationnelle des causes et des effets. Le gouvernement avait déjà tout mis en œuvre pour assainir démocratiquement le pourrissoir basque. Dans l'apaisement, dans l'amnistie, dans l'autonomie, il était allé aussi loin qu'il le pouvait. Seul le temps pouvait aider à résoudre le problème. Six ans plus tard, il n'avait encore que partiellement fait son œuvre, érodant peu à peu cependant les réactions de solidarité tribale entre le peuple basque et ses « hors-la-loi » fatigués, sinon désarmés. Le reste est encore affaire de patience.

Modération socialiste et maximalisme basque

Au lendemain du référendum constitutionnel, l'escalade terroriste de l'ETA même accompagnée du terrible attentat perpétré par le GRAPO le 26 mai 1979 dans une cafétéria madrilène connue pour être le lieu de réunion de militants d'extrême-droite, ne paraissait cependant pas susceptible d'enrayer le cours harmonieux du processus démocratique. La violence politique devenait même un phénomène strictement marginal et aisément localisable.

Les élections législatives du 1er mars, auxquelles s'était volontairement soumis le gouvernement d'Adolfo Suárez par la dissolution des Cortes constituantes, avaient reconduit la même majorité relative centriste et n'avaient rien changé fondamentalement au spectre politique. Les socialistes, qui avaient fait leur fusion avec le PSP de Tiero Galván, piétinaient, les communistes progressaient légèrement, la droite de Fraga, rebaptisée Coalition démocratique, perdait 7 sièges sur 16 malgré l'appoint d'Areilza et d'Osorio, et – signe des temps – l'extrême-droite réussissait à faire entrer Blas Piñar au Congrès.

L'UCD reforma donc un nouveau gouvernement homogène sous

la direction de Suárez et de son vice-président Fernando Abril Martorell.

Felipe González, qui avait réellement espéré une victoire socialiste, tira la leçon de son échec relatif et en conclut que le PSOE, pour se poser en compétiteur naturel et crédible du centrisme, devait aller au-devant de son très large électorat modéré, quitte à se dépouiller de quelques vestiges idéologiques chers à ses militants de base. Le Parti socialiste avait déjà remisé sa bannière républicaine; il lui restait à expulser de son credo la référence marxiste qu'il y avait réintroduite explicitement en 1976.

Dès le 8 mai 1978, Felipe González avait annoncé à Barcelone qu'il proposerait le retrait du mot « marxiste » de la définition du parti. Le XXVIIIe Congrès du PSOE, qui se tint à Madrid en mai 1979, lui permit de tenter cette opération, analogue à celle que la social-démocratie allemande avait réalisée bien des années auparavant à Bad-Godesberg.

Les fidèles de la tradition réussirent cependant à bloquer son initiative. Ayant fixé à 65 % des voix le seuil d'approbation de cette dernière et n'en ayant obtenu que 61 %, Felipe décida de ne pas se représenter au poste de secrétaire général.

Aussitôt, les instances socialistes se sentirent orphelines et décidèrent que le problème serait réglé par un Congrès extraordinaire qui se réunirait quatre mois plus tard. Les 28 et 29 septembre, une motion de synthèse permit en effet aux deux courants du PSOE de se mettre d'accord sur un demi « Bad-Godesberg ». Elle proclamait que le parti assumait le marxisme « comme instrument théorique, critique et non dogmatique pour l'analyse de la réalité sociale et sa transformation ».

Les apports marxistes et non marxistes étaient mis ainsi sur le même plan dans la construction de l'alternative socialiste et tous les credos personnels étaient respectés. Felipe González réintégra ses fonctions avec un prestige accru. Se référant à la normalisation du Parti communiste intervenue deux ans et demi plus tôt, Enrique Múgica, qui lui-même avait fait partie du PCE, put s'écrier à la clôture des débats : « Enfin, nous autres non-marxistes nous voilà légalisés! »

Ils étaient non seulement légalisés, mais en bien meilleure posture désormais pour faire accéder le PSOE aux responsabilités gouvernementales.

Entre ces deux congrès socialistes, l'Espagne avait connu un été particulièrement chaud, sous le signe d'une psychose d'attentats à la bombe dûment annoncés par l'ETA et qui devaient avoir pour principal théâtre les plages méditerranéennes fréquentées par des millions de touristes. Le 29 juillet, elle frappait dans la foule à Madrid, faisant cinq morts et une centaine de blessés. Le 22 septembre, le nom du général Lorenzo González, gouverneur militaire de Guipuzcoa, allongea encore la liste des victimes de l'organisation terroriste.

Discuté âprement en commissions et non moins difficilement au sommet entre Suárez et le nouveau président du Conseil général basque, Carlos Garaicoechea, le statut qui allait faire définitivement d'Euzkadi une région autonome, dotée de beaucoup plus de pouvoirs que n'en avait eu l'éphémère gouvernement basque de 1936, fut soumis à référendum dans les trois provinces du nord le 25 octobre 1979 et approuvé par 90 % des votants. Mais avec un taux d'abstention de 40 %.

Ratifié par le Congrès national, sanctionné par le roi le 1er décembre, on pouvait croire que ce statut, dans son principe même, satisferait pour quelque temps les nationalistes modérés qui l'avaient négocié. Or, dès le 18 janvier 1980, prétextant des retards dans les transferts de compétence, le PNV décidait de retirer tous ses députés et ses sénateurs des Cortes espagnoles.

En février, l'ETA tendait une embuscade à un convoi militaire et tuait six gardes civils, obligeant le gouvernement à envoyer, en la personne du général Sáenz de Santamaria, un délégué militaire en mission extraordinaire au Pays basque. Les élections locales pour le Parlement autonome, fixées au 9 mars, ne pouvaient se dérouler dans un plus mauvais climat.

Ces élections, en dépit du même taux d'abstention enregistré lors du référendum, eurent le mérite de révéler le rapport réel des forces au sein de l'opinion publique basque. Le PNV se taillait la part du lion avec 25 députés (contre 9 au PSOE et 6 à l'UCD) tandis que Herri Batasuna, une nouvelle formation qui était en fait l'expression politique de la fraction la plus dure de l'ETA, obtenait 11 sièges qui ne seraient d'ailleurs pas occupés, de par la volonté propre des élus de ce parti qui affirmait ainsi, après le scrutin, sa vocation « extra-parlementaire ». De ces résultats on pouvait déduire que le nationalisme violent pouvait compter sur l'appui d'environ 15 % de la population locale.

Les parlementaires du PNV finirent, en revanche, par revenir siéger dans les assemblées madrilènes dès le mois de septembre. Mais la guerre des nerfs avait été éprouvante pour le gouvernement. Le parti centriste sortait, au demeurant, très affaibli de ces premières élections autonomistes qui venaient de se dérouler tant au Pays basque qu'en Catalogne, puisqu'il avait perdu, dans ces deux régions si importantes près de la moitié des voix qu'il avait obtenues aux législatives de mars 1979.

La ruée contre Suárez

A la vérité, depuis le début de 1980, un mauvais sort semblait s'acharner sur Adolfo Suárez. C'était la conséquence de grands maux, mais aussi de bien petites querelles.

Comme si la pression terroriste et les perpétuelles rumeurs de complots militaires ne suffisaient pas, son parti donnait de plus en plus de signes d'effritement. Il l'avait constitué autour de sa personne, du haut de la présidence et pour la conquête d'un pouvoir durable, à partir d'une dizaine de petites formations et d'une demi-douzaine d'hommes politiques de sa génération qui représentaient des familles de pensée voisines mais, malgré tout, assez différenciées. Sociaux-démocrates, libéraux, démocrates-chrétiens, ex-phalangistes décolorés comme Suárez lui-même étaient inévitablement tentés soit de flirter avec les partis d'opposition situés sur leur droite ou leur gauche, soit même de faire cavalier seul.

Dans son gouvernement de mars 1979, Suárez n'avait pas su maintenir les grands équilibres au sein de l'UCD, ni fait la part assez belle à ses « barons ». Ces derniers, se sentant écartés, eurent tendance à renforcer de plus en plus leurs fiefs au détriment de la commission permanente du parti et de la solidarité gouvernementale. Avec une ironie mordante, Alfonso Guerra, le numéro deux du Parti socialiste, s'étonnait à la tribune du Congrès, en mai 1980, que la moitié des députés centristes pussent faire fête aux discours de Fraga, tandis que l'autre moitié applaudissait ceux de Felipe González. Au sein de l'UCD, les sujets de division naturels ne manquaient certes pas, de la loi sur le divorce au maniement du processus autonomiste en passant par la politique étrangère. Et il semblait de plus en plus difficile de définir une véritable « politique du centre ».

En présentant son premier gouvernement constitutionnel, Suárez avait proclamé que l'époque du consensus était terminée et que chaque parti devrait prendre désormais toutes ses responsabilités dans le fonctionnement normal de la démocratie. Une dynamique de l'union était cependant encore bien utile dans une période aussi délicate que celle qui s'annonçait.

Alors que montaient les périls du terrorisme et de la sédition militaire, un gouvernement de coalition avec les socialistes était sans doute souhaitable. Mais ces derniers, encouragés par les succès qu'ils avaient obtenus aux élections municipales d'avril 1979 grâce à une alliance circonstancielle avec les communistes – ils avaient gagné les mairies de presque toutes les grandes villes – ne semblaient pas davantage envisager cette solution que les centristes eux-mêmes. Le PSOE ne ménagea plus ses coups à ses adversaires, déjà attaqués sans répit par un Fraga en pleine forme et dont l'audience au Congrès dépassait de loin celle de sa modeste Coalition démocratique.

Adolfo Suárez, préoccupé par le tour dangereux que semblait prendre le problème des autonomies, avait commis une grave maladresse en suscitant, en janvier 1980, un référendum en Andalousie pour tenter de rectifier la politique du « même café pour tous ». Cette consultation fut un échec. Trois mois plus tôt il avait été le premier chef de gouvernement européen à recevoir officiellement à Madrid Yasser Arafat. Mieux : il l'avait embrassé. Cette politique « tiers-mondiste » agaçait la droite de son parti.

Au cours de l'été 1980, cette dernière – sans nul doute encouragée par le patronat espagnol – accentua son offensive contre le président du gouvernement. Le principal promoteur de l'opération, Miguel Herrero de Miñon, s'empressera d'ailleurs d'aller rejoindre les rangs du parti de Fraga. Le sacrifice de Fernando Abril Martorell, le vice-président sur lequel s'était appuyé Suárez, permit, en septembre, le retour au gouvernement des principaux barons rebelles de l'UCD. Le ver n'en était pas moins dans le fruit. En dépit d'un vote de confiance au Congrès, le gouvernement sortait de plus en plus affaibli de la guerre d'usure qu'il devait mener contre les oppositions parlementaires et contre la dissidence interne de l'UCD.

La banque, la presse, *a fortiori* l'armée – qui ne pardonnait pas à Suárez de l'avoir trompée sur la légalisation du Parti communiste et le rendait coupable de la montée en flèche du terrorisme – ne voulurent plus voir en lui que l'homme insolent à abattre. Dans son parti, on l'accusait d'être un dictateur; à l'extérieur de ne plus gouverner. Venait le temps où on pouvait enfin lui faire payer quatre ans et plus de succès ininterrompus et la gloire d'avoir été, aux côtés du roi, l'artisan magnifique de la transition politique.

« Décrire le panorama de la situation, écrivait le 23 novembre dans *El Pais* Juan-Luis Cebrián, revient à dresser un catalogue de critiques acerbes qui, toutes, se résument à ceci : il n'y a plus de gouvernement parce que Suárez n'est pas l'homme de la situation. Il faut donc chasser Suárez pour pouvoir gouverner. C'est ce que disent aujourd'hui Felipe González et Fraga. C'est ce que disent les banquiers et les militaires. Et c'est ce que vont dire demain les curés, lorsqu'on approuvera la loi de divorce. »

L'inconscience de la classe politique allait si loin, à dire vrai, que même certains socialistes, à cette époque, semblèrent prêter une oreille attentive aux arguments des militaires qui avançaient l'hypothèse d'un gouvernement salvateur d'Union nationale présidé par l'un d'entre eux. Le « coup de barre » en douceur, « à la de Gaulle », pour ne pas dire « à la turque » était en effet devenu un sujet de discussion à la mode dans cette jeune démocratie désemparée par l'escalade terroriste de l'ETA et l'impatience croissante de l'armée. Une telle disposition d'esprit ne faisait pas seulement le jeu de l'organisation terroriste toute prête, devant une répression généralisée au Pays basque, à quitter son ghetto de plus en plus honteux pour jouer les mouvements de libération populaire; elle encourageait aussi l'armée à imaginer des solutions qui se situaient entre le coup de force pur et simple et une pression de plus en plus accentuée dans le cadre légal des institutions, quitte à les dévoyer. Dans sa hâte de précipiter la chute de Suárez, l'Espagne politique n'hésitait pas à jouer avec le feu.

Contre ce raz de marée, Juan Carlos ne pouvait malheureusement rien. Lui aussi regrettait certaines erreurs manifestes de son chef de gouvernement et ne se gênait pas en privé pour exprimer ses craintes. Mais s'immiscer dans la vie politique courante lui était désormais interdit, et nul plus que lui n'était conscient du danger qu'aurait représenté pour le pouvoir arbitral suprême de la Couronne la moindre intervention du roi. « La confiance du souverain avait été décisive lorsqu'il s'était agi de nommer Suárez; elle était inopérante et déplacée pour l'aider à se maintenir au pouvoir », résumera Josep Meliá qui était à cette époque secrétaire d'État à l'Information et porte-parole du président [4].

Incapables apparemment de concevoir ce qu'est très exactement le rôle d'un monarque dans un régime parlementaire, certains n'hésiteront cependant pas à répandre le bruit que le roi avait délibérément « lâché » un Suárez saisi de mégalomanie, distancié de la Zarzuela et risquant de mener le pays à la catastrophe. Encore eût-il fallu que le roi pût imposer une solution de rechange! Les mêmes suggéreront plus tard que Juan Carlos aurait ainsi encouragé les militaires à prendre des initiatives qui – dans la meilleure des hypothèses, mal interprétées – aboutiront aux événements du 23 février 1981. L'absurdité de ces rumeurs éclatera au grand jour à l'heure de l'épreuve. Ni de près ni de loin, le roi ne pouvait ni n'entendait encourager une opération politique quelle qu'elle fût, et encore moins une opération militaire.

Inévitablement sollicité par certains chefs de l'armée, son devoir était de les écouter pour mieux les raisonner. Du moins leur dira-t-il toujours, et avec la plus grande fermeté, qu'en aucun cas ils ne pouvaient compter sur lui pour couvrir « une action qui, menée contre le gouvernement constitutionnel, le serait automatiquement contre la Couronne ». Inévitablement aussi, les putschistes du 23 février se réclameront du roi pour légitimer leur coup d'État aux yeux de l'opinion publique et de l'armée. Mais si grande était en fait leur méfiance envers Juan Carlos que c'est à Suárez qu'incombera la tâche ingrate d'avertir le souverain – qui ne voulut pas le croire – des manœuvres pour le moins suspectes de son ancien professeur, le général Armada. En dépit de ses étroits contacts avec le milieu militaire, il était logique que le roi fût le dernier averti de ce qui se tramait, comme il était logique que, de tous côtés, on se couvrît de son prestige.

A la fin de l'année 1980, les sondages étaient catastrophiques pour Suárez et pour l'UCD. Le 25 janvier 1981, ce dernier décida de jeter l'éponge en démissionnant à la fois de la présidence du gouvernement et de celle de ce parti deux fois vainqueur qu'il avait

4. *Histoire de la transition.*

accouché aux forceps et qui s'en allait, presque inexplicablement, en lambeaux.

Sa décision était encore secrète lorsqu'il en avisa le roi au cours d'une longue conversation. En offrant sa tête sur un plateau, il épargnerait au chef de l'État le risque politique de résoudre la crise qui s'annonçait. L'UCD était prête à accorder sa confiance à Leopoldo Calvo Sotelo, qui représentait une option légèrement plus conservatrice que la sienne. Tout serait annoncé au Congrès de Palma de Majorque qui allait s'ouvrir dans les prochains jours.

Ce dernier ayant dû être retardé en raison d'une grève des transports aériens et la nouvelle ayant déjà filtré, Suárez annonça sa décision dans un message télévisé le 29 janvier au retour d'une visite officielle au Pays basque qui lui avait valu un surcroît d'affronts de la part du PNV.

Devant les principaux leaders de son parti, il avait désigné les « pouvoirs de fait » comme responsables de son discrédit, sans occulter pour autant ses propres erreurs. Avec une égale dignité, il prit congé du pays après presque cinq ans d'exercice du pouvoir en souhaitant qu'à l'avenir on ne recourre plus aux procédés dont il avait été victime « et qui pouvaient s'avérer si préjudiciables au bon fonctionnement des institutions démocratiques ». Dans son message télévisé, il prononça aussi cette phrase lourde de signification à la lumière des événements qui allaient suivre : « Je ne veux pas que le système démocratique et de bonne entente, tel que nous l'avons voulu, soit, une fois de plus, une simple parenthèse dans l'histoire de l'Espagne. »

Le pays s'offrait une crise politique au pire moment. Depuis le mois de juillet, une nouvelle conspiration militaire était en effet en marche, appuyée, cette fois, par des généraux aussi importants que Jaime Milans del Bosch, capitaine général de la région de Valence et le fameux Torres Rojas, déplacé à La Corogne, en Galicie, mais qui gardait de nombreux appuis au sein de la division blindée de Madrid.

Prémices et figures d'une authentique conspiration

Bien entendu on retrouvait au centre opérationnel de ce complot, plus disposé que jamais à mener une action de commando spectaculaire, l'inévitable lieutenant-colonel de la Guardia civil Antonio Tejero Molina. A l'arrière plan de la conjuration, essayant dans l'ombre de la contrôler pour en tirer un éventuel bénéfice personnel, se dessinait la silhouette tortueuse de l'ambitieux général Alfonso Armada qui, après plus de vingt ans de bons et loyaux services en qualité de secrétaire général de la Maison du prince, puis du roi, avait été écarté de la Zarzuela en 1977 et commandait une division de montagne à Lérida en Catalogne, en attendant de retrouver un poste plus conforme, pensait-il, à ses capacités, et surtout plus proche du pouvoir.

Au mois de janvier 1981, un mois avant la démission surprise de Suárez, deux plans de portée bien distincte mais dont les nuances échappaient à bon nombre de militaires étaient alors envisagés.

Le premier plan – celui incarné par Armada – ne prétendait pas sortir trop abusivement du cadre constitutionnel. Il était porté par cette lame de fond politique – à laquelle participaient certains socialistes – qui inclinait à la formation d'un gouvernement d'union nationale, lequel aurait pu être éventuellement présidé par un général prestigieux, modéré, fidèle au roi et « respectueux de la démocratie ». C'était là en quelque sorte ce que les Espagnols appelaient « l'opération de Gaulle ». Opération éminemment dangereuse si l'on songe à ce qu'était encore l'armée espagnole, mais dont la classe politique, acharnée à détruire Suárez, ne semblait pas discerner tous les périls.

Le seul militaire à vocation politique qui eût pu jouer à la rigueur ce rôle de président constitutionnel était, sans nul doute, le lieutenant général Gutierrez Mellado, qui, depuis cinq ans vice-président du gouvernement et jusqu'en 1979 ministre de la Défense – le poste était assumé depuis lors par un civil, Rodriguez Sahagún –, avait donné toutes les garanties d'une soumission totale et particulièrement énergique aux institutions démocratiques. Mais pour cette raison même et parce qu'il apparaissait comme « l'homme de Suárez », Gutierrez Mellado était honni de l'armée.

Les politiques, quand ils cherchaient le « merle blanc » qui eût apaisé les fureurs militaires sans constituer une menace pour le régime, prospectaient donc ailleurs, et un des noms qui revenait le plus souvent dans leurs tours de table était celui du général Armada.

Agé de soixante ans, dont vingt passés au service de Juan Carlos, Alfonso Armada Comyn, marquis de la Cruz de Rivadulla, ne passait aux yeux de personne pour un militaire « putschiste ». Il avait certes combattu jadis, comme la plupart de ses pairs, dans la division Azul, mais ses idées monarchistes l'avaient tenu quelque peu suspect aux yeux des vrais militaires franquistes. C'était un hobereau de la province galicienne, extraordinairement imbu de sa condition d'aristocrate et qui haussait très exagérément son tempérament très vulgairement manœuvrier au rang de la finesse politique et du talent diplomatique.

Lorsque, dans un de ses articles, le célèbre éditorialiste, ex-phalangiste Emilio Romero parla donc d'une « solution Armada » pour venir à bout de la crise politique, il ne semblait, en fait, qu'exprimer une hypothèse décente aux yeux de bon nombre de démocrates timorés et affolés par la double menace du terrorisme basque et du « golpe » militaire.

Un des défauts de Juan Carlos – qu'il apprendra à corriger pendant la douloureuse expérience du 23 février – était de pécher par excès de confiance envers ceux qui l'avaient longtemps et loyalement servi. Sa générosité et la franchise extravertie de son caractère l'empêcheront en l'occurrence de détecter les ambitions rentrées, mais bien caractérisées de son ancien instructeur et collaborateur.

Éloigné de la Zarzuela sur les instances d'Adolfo Suárez, qui à juste titre se méfiait de lui, Armada demeurait néanmoins un semi-familier du Palais. Et lorsque la famille royale allait faire du ski dans le Val d'Aran, Armada, gouverneur militaire de Lérida, montait aussitôt à Baqueira-Beret, cette station pyrénéenne toute proche de sa capitale de province, pour maintenir le contact avec le souverain. Le général Gabeiras, chef d'état-major de l'armée, lui aussi parfaitement inconscient de la menace que représentait Armada et croyant aussi sans doute plaire au Palais, appela ce dernier à devenir son adjoint, chef en second, à Madrid, de l'état-major. Le roi n'y vit aucune objection. Il était heureux que son ancien collaborateur pût bénéficier de cette promotion. Suárez tenta de s'y opposer. Juan Carlos, le 3 février, alors qu'il partait pour entamer sa visite officielle au Pays basque, était si loin de suspecter Alfonso Armada de manœuvres déloyales qu'il lui téléphona lui-même à Lérida pour lui dire tout le plaisir que lui causait sa nomination.

Au demeurant, comme le prouve la suite des événements, cette promotion d'Armada à l'état-major ne sera d'aucune utilité au « putsch » qui se prépare. Elle ne servira qu'à compromettre celui qui en est le bénéficiaire. Loin d'être la pièce maîtresse de l'action qui se prépare, Alfonso Armada n'en est que l'alibi. Lui-même se situe « au-delà ». Il attend que de moins habiles que lui s'engagent et tirent à sa place les marrons du feu. Ainsi pourra-t-il apparaître comme « l'homme du recours », sans doute même le sauveur de la Constitution et de la monarchie... Alfonso Armada est un homme court mais qui se flatte de voir loin. Sans se compromettre il entend jouer sur tous les tableaux. Ce sont les perdants de l'affaire qui, trompés par lui, le démasqueront.

Le véritable complot, celui des « rustiques », des « têtes brûlées », commence en juillet 1980 quand l'aide de camp de Milans del Bosch, le commandant Mas Oliver, entre en contact à Madrid avec le lieutenant-colonel Tejero par l'intermédiaire de Juan Garcia Carrès, un ancien « parrain » des syndicats verticaux qui a été mêlé de très près au massacre des avocats communistes de la rue d'Atocha en janvier 1977. Au cours de ce déjeuner bien arrosé, Tejero se met, comme il se doit, aux ordres du prestigieux général commandant la région de Valence et se déclare prêt à rééditer son opération avortée de 1979 en prenant cette fois pour cible non plus la Moncloa mais le Congrès des députés.

Milans del Bosch, ce n'est pas n'importe qui. C'est même le général sans doute le plus estimé de l'armée espagnole. Il a participé à la défense de l'Alcazar de Tolède pendant la guerre civile. Il a combattu dans la division Azul. C'est, de surcroît, « un monarchiste de toujours » dont tous les ancêtres depuis l'invasion napoléonienne ont joué un rôle très important dans l'armée, y compris dans les « pronunciamientos » les plus divers du siècle dernier.

Comme celle d'Armada, son image de marque est celle d'un général très réactionnaire, certes, mais dont la fidélité naturelle à la Couronne devrait contrebalancer les nostalgies franquistes.

En 1975, Milans commandait la division blindée « Brunete » – qu'il dota de ses bérets noirs – et il avait éveillé la suspicion de Juan Carlos en se glorifiant – sans penser à mal sans doute – de pouvoir bombarder et prendre la capitale, avec ses AMX, en un tournemain. Avant les événements, le roi le décrivait déjà comme un homme « qui en avait plein le ventre et la poitrine mais dont la cervelle était de la taille d'un pois chiche ». Ce faisant, Juan Carlos ne mettait pas sa loyauté beaucoup plus en doute que celle d'Armada, tout en le maintenant à distance, ce qui agaçait prodigieusement l'intéressé.

Entre cet illustre général royaliste à tête de noble ganache et l'obscur Tejero, « franquiste à cent pour cent » et détestant la monarchie, le courant passa néanmoins si bien que le 18 janvier Milans, Tejero, Mas Oliver et le général Torres Rojas – sans compter vraisemblablement d'autres participants militaires et civils que le procès des conjurés voudra ignorer – se réunirent dans la capitale au domicile de Mas Oliver pour étudier l'opération Dix-Huit brumaire envisagée par Tejero.

Entre-temps, le 10 janvier, Armada, sous un prétexte familial, s'était rendu à Valence pour procéder à un échange de vues avec Milans. Armada était investi du prestige « de l'homme qui voyait le roi quand il le voulait ». Il avait donc beau jeu de se présenter auprès de son hôte comme confident précieux des pensées ou, à défaut, des arrière-pensées du souverain. Et ce que disait Armada, tout occupé de sa promotion personnelle dans le cadre d'une opération aussi « civilisée » que possible, se résumait à ceci : le roi en avait assez de Suárez, il était prêt à « redresser la barre ». Une action violente n'était certes pas souhaitable puisque lui, Armada, pouvait être appelé – on ne savait trop comment au demeurant – à devenir pacifiquement le sauveur de la Patrie, mais, si cette action devait survenir, le roi en profiterait très certainement pour imposer au pays la solution ferme, énergique, que réclamait l'armée, dans le cadre, bien sûr, de la légalité constitutionnelle...

C'était souffler sur le feu tout en jouant hypocritement les modérateurs. L'essentiel était d'être de tous les coups pour en tirer le meilleur usage. Aussi obtus qu'il fût, Milans del Bosch ne pouvait certes croire que Juan Carlos entérinerait si aisément un putsch. Mais il était tout prêt à se persuader qu'on pouvait mettre le roi devant le fait accompli.

Pour que le « golpe » eût quelque chance de réussir, il fallait impérativement qu'il se fît au nom de la Couronne. Les militaires qui étaient prêts à suivre Milans demanderaient nécessairement « si le roi était d'accord », ne fût-ce que pour se sentir couverts. Or le meilleur argument pour les convaincre de cette connivence royale était de brandir le nom d'Armada. Milans avait besoin d'Armada comme prête-nom du souverain. Si Armada était dans l'opération, c'est que, à coup sûr, le roi était derrière.

Ainsi le trop machiavélique général Alfonso Armada, bien loin de tirer comme il le croyait, et sans danger pour lui, toutes les ficelles du jeu, se retrouvera-t-il utilisé, manipulé et compromis en grande partie à son insu. Aux yeux des conjurés il devait apparaître comme le chef politique incontestable de cette opération que très vraisemblablement il n'avait pas commanditée. La véritable escroquerie se ferait, cela dit, sur le dos du roi.

La réunion du 18 janvier à Madrid, au 15 de la rue général Cabrera chez le commandant Mas Oliver, se déroula sans la présence d'Armada, qui en fut néanmoins informé le lendemain à Lérida par l'homme que Milans avait désigné pour servir de liaison entre lui et l'ancien secrétaire général de la Maison du roi, le colonel Diego Ibañez, en qui certains voulurent voir le « cerveau » de l'opération.

Au cours de cette assemblée où devait être approuvé le plan mis au point par Tejero, il fut d'ailleurs décidé de « congeler » l'opération pendant un mois en attendant que le général Armada fût nommé « second chef d'état-major » à Madrid.

On attendait alors le dépôt d'une motion de censure contre Suárez, ce qui eût fourni une bonne occasion de s'emparer du gouvernement et de l'assemblée au grand complet. Une autre se représentera bientôt. La démission surprise du président du gouvernement prit tout le monde de court, au point que l'on pouvait se demander si, en se résolvant brusquement à cette décision, Suárez n'avait pas voulu sauver, de concert avec le roi, des institutions qu'il savait mortellement menacées. Ouvrir une crise ne paraissait cependant pas le meilleur moyen de sauver cette démocratie qui risquait, selon lui, « d'être mise entre parenthèses ».

Dans son éditorial du 24 février, écrit pendant la nuit du « golpe », le directeur du *Pais* s'en prendra « au manque de courage » du président, laissant par là entendre qu'il n'avait pas voulu affronter ce coup d'État militaire qu'il estimait pour le moins probable. Mais l'on peut donner aussi une autre interprétation de l'attitude de Suárez.

La crise politique était inévitable, elle était déjà inscrite dans le présent. La rumeur publique ne propageait que bruits de bottes. Les services d'information parlaient d'un « golpe » de colonels pour le 2 mai prochain. Dans le journal d'extrême-droite *El Alcázar*, un collectif de militaires parmi les plus durs et de « politiques », au nombre desquels se comptaient d'anciens franquistes comme l'ancien ministre démocrate-chrétien Silva Muñoz et Fernando Gonzales de la Mora, entamaient sous le pseudonyme « Almendros » une virulente campagne pour préparer l'opinion à un retour de bâton militaire. « Almendros » cela signifiait amandiers, ce symbole du printemps qui, comme le chante le « Cara al Sol », doit « sourire de nouveau »...

Si dans des milieux plus modérés on évoquait si fréquemment une « opération de Gaulle », confondue, en pointillé, avec la « solution Armada », c'était aussi dans l'espoir assez lâche de transformer le coup d'État brutal en coup d'État en douceur, sous la houlette d'un général rassembleur.

« Lorsque Suárez apprit que même certains socialistes appuyaient une solution de ce type pour mieux se débarrasser de lui, écrit Josep Meliá, il sentit clairement que son maintien au pouvoir ne valait pas un tel déchirement [5] ».

Plus subtilement, il pensa sans doute – et le roi avec lui – que le meilleur moyen d'empêcher une si dangereuse aventure était encore de provoquer la crise pour mieux la contrôler. Céder le pouvoir au PSOE par des voies parlementaires, c'était ouvrir de plus belle la porte au « golpe » annoncé des colonels, leur fournir un prétexte rêvé. Laisser pourrir la situation, c'était entrer dans le piège d'un nouveau bonapartisme à l'espagnole, et ce serait le début de la fin de la brève expérience démocratique. En prenant l'initiative de la crise, Suárez pouvait en revanche faire en sorte que l'UCD continuât de gouverner avec l'homme de son choix, en l'occurrence Calvo Sotelo. Son sacrifice inattendu agirait, selon le mot de Fédérico Ysart, l'un de ses fidèles, comme « un révulsif » capable de sauver et le parti centriste et la démocratie.

Malheureusement, ni le roi ni Suárez n'étaient au courant du complot imminent monté par Milans del Bosch et Tejero. Le regard fixé sur la « floraison des amandiers » – comme Armada lui-même

5. Josep Meliá fut secrétaire d'État et porte-parole du gouvernement d'Adolfo Suárez. Aucun socialiste, évidemment, n'était partisan d'un coup d'État, mais certains, comme Enrique Mújica, spécialiste des questions militaires, avaient eu l'imprudence de maintenir des contacts trop étroits avec le général Armada.

– ils croyaient avoir plus de temps devant eux qu'ils n'en avaient pour conjurer le péril.

Dans la tourmente de Guernica

Le 3 février, après avoir entamé, comme la forme l'y obligeait, les premières consultations destinées à trouver un successeur à Adolfo Suárez, le roi et sa famille entreprirent leur visite officielle au Pays basque. Les vents pyrénéens soufflèrent alternativement le chaud et le froid sur ce voyage depuis longtemps programmé et qu'il ne pouvait être question d'ajourner.

L'accueil de Bilbao fut enthousiaste, mais la chronique ne devait retenir que l'événement choc de ces journées hasardeuses : la réception houleuse qui fut réservée au souverain à la Casa de Juntas de Guernica, le 4 février, par une vingtaine de députés indépendantistes du mouvement Herri Batasuna.

A peine le roi avait-il commencé son discours devant le nouveau Parlement autonome, à l'ombre du chêne séculaire qui symbolise les libertés d'Euzkadi et sous lequel les rois d'Espagne devenaient jadis « seigneurs de Biscaye », que les vingt partisans de l'ETA debout, levant le poing, l'interrompirent en entonnant sans relâche le « Euzku Gudariak », l'hymne nationaliste basque. Juan Carlos, parfaitement maître de lui, les bras croisés sur la poitrine dut attendre dix bonnes minutes avant que le service d'ordre du PNV se chargeât lui-même de faire évacuer les manifestants. La salle criait : « Vive le roi! Vive l'Euzkadi espagnole! », tandis que les perturbateurs reprenaient inlassablement leur refrain.

A un moment, pour détendre l'atmosphère, Juan Carlos mit la main à son oreille et lança de sa voix sourde mais précise : « Un peu plus fort, bon Dieu! On ne vous entend pas! » Sophie ne s'était pas départie, elle non plus, de son sourire de parfaite souveraine et les « infants » témoignaient, devant le charivari, de leur non moins parfaite éducation de princes.

Lorsque le calme fut rétabli dans l'assemblée, le roi fut l'objet d'une ovation qui dura elle aussi plusieurs minutes. « Face à ceux qui ignorent la démocratie et affichent leur mépris de notre volonté commune de vivre en bonne intelligence, déclara-t-il avant de reprendre le fil de son discours, j'entends proclamer ma foi profonde dans le peuple basque. » Nouvelle ovation, applaudissements prolongés et enthousiastes : Juan Carlos sortait moralement victorieux d'une épreuve difficile. Le député d'« Euzkadiko Eskerra », Mario Onaindia, l'un des anciens condamnés de Burgos, dut convenir qu'en l'occurrence « la monarchie représentait la tolérance, la liberté et la démocratie ».

Par son attitude sympathique, digne et courageuse, le souverain s'était gagné beaucoup de cœurs au Pays basque. Mais à Madrid, les milieux généralement les plus hostiles à la monarchie constitutionnelle ne voulurent retenir que « l'affront intolérable fait à la Couronne ». L'exploitation de l'incident effaça jusqu'au succès de ce voyage et lorsque, le 23 février au soir, les gardes civils recrutés par Tejero seront emmenés à l'assaut du Congrès, nombre d'entre eux pourront croire de bonne foi qu'ils allaient empêcher quelque réédition des « honteux événements de Guernica ».

L'impact positif de la visite du roi au Pays basque appelait, au demeurant, une riposte de l'ETA. L'organisation abattit quelques jours plus tard, d'une balle dans la nuque, un de ses otages, un ingénieur de la centrale nucléaire de Lemoniz, proche de Bilbao. D'imposantes manifestations antiterroristes se déroulèrent aussitôt à l'appel des partis modérés, PNV compris. On pouvait croire que, cette fois, l'union sacrée se faisait contre l'ETA.

A l'indignation soulevée par l'assassinat de l'ingénieur Jose Maria Ryan s'en ajouta malheureusement une autre, de signe contraire, lorsque l'on apprit au Pays basque qu'un détenu de l'ETA, Joseba Arregui, avait succombé dans une prison espagnole, très vraisemblablement à la suite des tortures qui lui avaient été infligées. Dans ce climat empoisonné, tout était possible. Y compris une provocation délibérée de certains milieux policiers ou militaires, aussi disposés que pouvait l'être l'ETA à entretenir une stratégie de la tension. Les extrémistes des deux bords, une fois de plus, se donnaient la main.

Conversations dans le Val d'Aran

Le 6 février la famille royale se trouvait de nouveau, pour un bref séjour, dans le Val d'Aran, lorsque le général Armada proposa de monter en voisin de Lérida à Baqueira-Beret pour remercier le souverain de sa nomination à l'état-major.

Un dîner était prévu dans un restaurant du village d'Artiès – la Casa Irène –, célèbre pour son excellente cuisine franco-espagnole. Lorsque Armada se présenta, on lui fit savoir que le repas était annulé. La reine venait d'apprendre que la reine Frédérika, qui s'était soumise à Madrid à une intervention bénigne de chirurgie esthétique, avait eu, à la suite de l'anesthésie, une complication cardiaque. Après qu'un hélicoptère eut emmené Sophie, encore ignorante de la mort de sa mère, des Pyrénées vers la capitale, le roi ne put que proposer à Armada de faire une rapide dînette dans ses appartements. L'infante Elena prépara une omelette, tandis que le roi et son ancien instructeur commentaient la situation politique.

Juan Carlos ne pouvait ignorer les espoirs que certains fondaient sur une « solution Armada », ou pour le moins « de type Armada ». Le général reprenait son thème favori sur la nécessité d'apaiser le malaise de l'armée tout en protestant de son total désintéressement. Comme à son habitude le roi écoutait sans interrompre. C'était une des leçons qu'il avait apprises de Franco. Allait-il contredire son interlocuteur sur la réalité profonde de cette exaspération dont témoignaient assez les articles d'*Almendros* ainsi qu'une insolente mise en garde du général De Santiago, dans *Alcazar,* intitulée « Situation limite ».

Face à ce « général fidèle » qui jouait les conciliateurs navrés, Juan Carlos entendait, une fois de plus, calmer le jeu tout en cherchant à en savoir davantage. Peut-être eut-il là ses premiers soupçons. Le général parlait trop de son influence sur les colonels. Armada, quelles que fussent ses ambitions, ne lui paraissait cependant pas un personnage dangereux. Il n'était pas homme à se lancer lui-même dans une aventure séditieuse. Psychologiquement le roi voyait juste. Mais il ne pouvait évidemment soupçonner le rôle de redoutable alibi qu'Armada occupait déjà dans l'opération montée par Milans et Tejero.

Du moins lui déclara-t-il très clairement qu'en aucun cas il n'admettrait une entorse quelconque à la Constitution démocratique. L'armée devait avoir bien présent à l'esprit le message qu'il lui avait adressé solennellement le 5 janvier dernier : « Nous devons savoir où nous allons et les limites à ne pas franchir... L'accomplissement du devoir implique celui, primordial, de ne pas s'immiscer dans des activités politiques étrangères à la mission suprême des Forces armées : la grandeur de l'Espagne, qui est l'apanage de tous. »

Ces mêmes Forces armées, si cela ne suffisait pas, pouvaient se reporter, en outre, au texte fort explicite de son discours télévisé de fin d'année : « La monarchie que j'incarne est profondément solidaire des élus qui sont les dépositaires de la confiance populaire démocratiquement exprimée. »

En quittant la station d'hiver pyrénéenne, le général n'était en rien fondé à s'illusionner sur l'attitude du roi qui le recevra protocolairement une semaine plus tard à Madrid à l'issue de la cérémonie de condoléances pour la mort de Frédérika et à l'occasion de sa nouvelle prise de fonctions. Armada se gardera bien cependant d'éclairer Milans del Bosch sur les sentiments réels du souverain. Dans les casernes le bruit court au contraire de plus en plus que « l'opération de Gaulle » est en marche avec la bénédiction de Juan Carlos et que la reine est la plus fervente adepte d'un gouvernement à direction militaire. On se répète une supplique absurde qu'elle aurait adressée à Armada : « Alfonso, tu es seul à pouvoir nous sauver! [6]... »

Le général Gutierrez Mellado, vice-président du gouvernement, qui reçoit Armada le 13 février, le jour même de sa dernière audience à la Zarzuela, commence lui aussi à nourrir quelque doute sur le loyalisme de son interlocuteur :

« Les affaires de la Défense paraissaient fort peu le préoccuper, dira-t-il au cours du procès des conjurés. » Armada insista sur le fait que le prestige du roi était au plus bas dans les Forces armées et critiqua ouvertement son attitude devant le Parlement basque. Il protestait si exagérément de ses sentiments monarchistes que j'en vins à penser que, sous prétexte de sauver la Couronne selon ses propres critères, il n'hésiterait peut-être pas à accepter des solutions totalement incompatibles avec ce que pensait Sa Majesté. »

Les jours suivants, les retombées catastrophiques de « l'affaire Arregui » bouleversèrent plus encore le climat politique. Cinq policiers avaient été mis à la disposition de la justice, et au malaise de l'armée s'ajoutait maintenant celui des corps de Sécurité de l'État.

6. C'était évidemment un comble d'attribuer des sentiments et des propos de ce genre à une princesse grecque dont le frère, Constantin, avait été déchu sept ans plus tôt par un gouvernement militaire!

L'atmosphère qui régnait au Congrès ne permettait pas d'envisager un réel dénouement de la crise. Léopoldo Calvo Sotelo avait bien été désigné par l'UCD comme successeur de Suárez. Encore fallait-il qu'il reçût l'investiture du Parlement. Avant même d'être appelé à former le gouvernement, il faisait déjà figure, aux yeux de certains, de simple président de transition.

Les trois atouts de Milans del Bosch

Le 18 février, Milans del Bosch fit demander au lieutenant-colonel Tejero s'il était prêt à mettre à exécution son plan d'attaque des Cortes pour le 20, date à laquelle le Congrès commencerait à voter l'investiture de Calvo Sotelo. Le capitaine général de Valence n'était plus disposé à tergiverser. Il entendait profiter de la brèche ouverte par le « vide du pouvoir » pour s'y engouffrer résolument. Deux jours plus tôt, il avait encore dépêché auprès du général Armada, Diego Ibanez, et du rapport que lui avait fait le colonel, il ressortait qu'Armada continuait à temporiser. Mais qu'importait à Milans l'indécision de son collègue? Il n'était là que pour prendre le train en marche... Avouant volontiers « ne rien entendre à la politique », Milans était prêt sans aucune réticence à laisser à Armada le soin de coiffer le mouvement que lui-même allait déclencher. Son rôle serait de former le gouvernement royaliste et militaire issu du putsch, Milans se réservant le commandement suprême de l'armée.

De toute manière, il ne paraissait pas douter que l'ancien secrétaire général de la Maison du roi entrerait dans le jeu sitôt l'action déclenchée. Milans en avait-il reçu formellement l'assurance? Armada soutiendra toujours qu'il n'avait pas connaissance du plan concerté par Milans et Tejero. Mais les conjurés semblaient au moins persuadés d'une chose : Armada devait se rendre à la Zarzuela pour forcer la main de Juan Carlos. Et s'ils n'en étaient pas, au fond d'eux-mêmes, entièrement convaincus, du moins l'avaient-ils claironné autour d'eux.

Le double sésame de la complicité d'Armada avec Milans et de la connivence entre le roi et Armada demeurait, en effet, plus que jamais indispensable à la réussite du « golpe ». Tejero, certes, se moquait bien de cette couverture. Mais pas Milans, qui, dans ses conversations plus ou moins prudentes avec les dix autres commandants de région que comptait l'Espagne continentale et insulaire, s'était au moins cinq fois entendu répondre : « Oui, à la condition que le roi soit d'accord. »

Une telle campagne d'intoxication pouvait paraître bien puérile, bien légèrement menée. Le climat général d'excitation suppléait en partie à ses failles. Tout imprégné de l'histoire des deux cent et quelque « pronunciamientos » que l'Espagne avait connus, entre le début du XIXe siècle et 1936, Milans del Bosch concevait son « golpe » comme une réédition – à peine plus brutale! – de celui qui avait permis au général Primo de Rivera d'établir sa dictature, dans l'ombre de la couronne, en 1923. Son soulèvement à Valence ne manquerait pas d'entraîner celui des autres régions militaires, comme la chute d'un domino provoque celle des autres pièces du jeu. En 1923 les ralliements de ces capitaines généraux à la proclamation de Primo avaient suffi, sans coup férir, à emporter le consentement d'Alphonse XIII. Milans devinait bien que son petit-fils risquait de se montrer plus coriace. Mais que pourrait faire Juan Carlos, alors que gouvernement et assemblée seraient prisonniers de la Garde civile et que les chars de la division « Brunete » patrouilleraient dans Madrid?

Tous les autres appuis de Milans étaient hypothétiques. Mais les trois pièces maîtresses de son plan semblaient très largement devoir assurer le succès de l'entreprise et l'effet d'entraînement.

La première était le coup de filet monté par Tejero, la deuxième le soulèvement de ses propres troupes à Valence, la troisième – à la charge de Torres Rojas et de deux officiers « sûrs », le colonel San Martín et le commandant Pardo Zancada – celui de la division blindée forte de 14 000 hommes, dont l'état-major était au Pardo et toutes les unités rassemblées au nord-ouest de la capitale.

C'est ce dernier levier qui faillira, mais d'extrême justesse, grâce à la fidélité de deux généraux que le roi avait su placer à des postes clés : le capitaine général de Madrid, Guillermo Quintana, lui aussi pourtant un ancien de la division Azul et ex-commandant de la Garde militaire de Franco, et surtout le lieutenant général José Gabeiras, chef d'état-major de l'armée, un libéral convaincu, grand ami du vice-président Gutierrez Mellado.

Mais si l'on recherche la cause profonde, initiale et déterminante, de l'échec du putsch, c'est bien dans l'attitude de Juan Carlos qu'il conviendra de la trouver. Le moindre signe de faiblesse de sa part, la moindre hésitation, eussent sans nul doute accrédité la thèse extravagante, mais habilement propagée dans les milieux militaires, d'une complaisance royale envers les rebelles et fait basculer l'armée dans la sédition.

Le véritable point faible du plan Milans résidait bien dans cette méconnaissance profonde du caractère du souverain. Nombre de généraux et d'officiers persistaient, contre tout bon sens, à ne voir en lui que le successeur de Franco, le prince que, dans sa magnanimité, le Caudillo avait fait roi. Ils semblaient même incapables d'imaginer que le titulaire de la Couronne – un roi, un chef! – pût se considérer décemment comme le premier serviteur de ces nouvelles et bizarres entités qu'étaient, à leurs yeux, la souveraineté populaire et la Constitution. Beaucoup se plaisaient encore à le considérer comme un soliveau auquel on avait toujours plus ou moins forcé la main et qui céderait à la première pression sérieuse.

Ils se trompaient tout à la fois d'homme et d'époque.

Les événements du 23 et du 24 février se chargeront de dissiper leurs illusions. Ils dévoileront la véritable personnalité de Juan Carlos et démoderont à jamais le temps des « pronunciamientos ».

Après le dénouement, le roi aura cessé de supporter le fardeau de l'héritage franquiste et sera devenu pleinement le fils de ses propres œuvres. Quant à l'Espagne, elle aura cessé plus encore d'être « différente ». L'épreuve lui permettra d'entrer définitivement dans ce monde européen si prosaïque où la loi civile l'emporte curieusement sur la loi non écrite de l'honneur militaire et son appropriation abusive des valeurs patriotiques.

CHAPITRE X

LA NUIT DU SACRE

La date du vendredi 20 février ne convenait pas au lieutenant-colonel Antonio Tejero, pourtant si pressé d'en finir. En cette fin de semaine il estimait qu'il aurait du mal à recruter les gardes civils de son commando. L'intendance pourtant était déjà au point : six autocars de transport scolaire achetés d'occasion au nom de son épouse et deux cents gabardines civiles – qui ne serviront d'ailleurs pas – constituaient l'investissement principal de l'opération [1].

Comme il était assuré que le vote d'investiture de Calvo Sotelo se prolongerait le lundi 23, il fut décidé que ce serait ce jour-là, entre 18 et 19 heures, que l'on attaquerait le Congrès des députés. Le commandant Pardo Zancada, de l'état-major de la division blindée – la « DAC » – fit, dans la journée du dimanche, un aller-retour à Valence pour prendre les dernières consignes du « grand chef » et le lundi matin effectivement les autobus de Tejero, comme les chars de Milans, étaient parés pour l'action.

Tejero n'eut aucune peine à recruter les deux cent quatre-vingt-huit hommes, dont une quinzaine d'officiers, qui allaient envahir le Parlement [2]. Il les trouva pour la plupart dans une caserne du centre de Madrid qui abrite le parc automobile de la Garde civile. Le

---

1. On ne sut d'ailleurs pas exactement quelle était l'origine des fonds qui avaient servi à acheter les autocars. Tejero soutint qu'ils provenaient d'un héritage de sa femme. Certains milieux financiers avaient très certainement investi dans l'opération.

2. Pilar Urbano, dans son livre *J'ai enquêté sur le 23 F,* le plus complet paru sur les événements, estime qu'au total Tejero réunira sous son commandement 445 gardes civils, 7 capitaines, 9 lieutenants et 17 sous-officiers.

colonel Manchado, qui avait déjà reçu les « transports scolaires » de Mme Tejero, ne fera aucune difficulté pour laisser le héros malheureux de l'« opération Galaxie » haranguer sa troupe. Afin de faciliter les choses, une revue d'armes avait été prévue pour 16 heures. Tout le monde ainsi se trouvait équipé.

Sans entrer dans des explications superflues, Tejero réclamera des volontaires pour une « mission spéciale d'importance patriotique exceptionnelle ». Il s'agissait de « sauver l'honneur de l'Espagne ». Bien que cela lui écorchât la bouche, le lieutenant-colonel invoquera même le « service du roi ».

Combien, parmi les quelque deux cents gardes civils que Tejero fait alors monter dans ses véhicules – des renforts suivront venus d'un autre casernement – savent exactement ce vers quoi l'énergumène les pousse? Plusieurs croiront de bonne foi ce que leur disent leurs officiers une fois embarqués : « Nous allons sauver les députés et le gouvernement qui viennent d'être attaqués par un commando de l'ETA. » Les autres se satisferont du mot d'ordre que, nerveusement, les gradés ressassent pendant le court trajet qui les sépare de l'objectif : « Nous allons sauver l'Espagne... Nous allons occuper les Cortes! »

Lundi 23, 18 h 23 : « Tout le monde au sol! »

« Al nombre del Rey... » Il est 18 h 20 lorsque Tejero, pistolet au poing et suivi du gros de sa troupe, force les portes du Congrès. Fonctionnaires, huissiers, journalistes, policiers chargés de la protection des parlementaires sont en un tournemain plaqués au sol sous la menace des mitraillettes. Le central téléphonique est occupé, les abords du Palais étroitement gardés. Dans l'hémicycle feutré où le président de l'Assemblée, Landelino Lavilla, procède au scrutin nominatif pour l'investiture du nouveau chef du gouvernement, le nom du cent quatorzième député appelé à voter est couvert par le brouhaha inquiétant qui sourd des couloirs et des salons annexes.

« Que pasa?... » Lavilla s'est dressé. Juste à temps pour voir surgir au pied de la tribune l'homme au bicorne verni pointant sur lui son arme et suivi par des militaires en tenue de combat qui font crépiter les leurs en visant les corniches et la verrière du noble édifice.

« Tout le monde tranquille!, ordonne Tejero. Ici il ne se passe rien. Par terre! Tout le monde par terre!... »

Du « banc bleu », réservé au gouvernement, un jeune homme de soixante-dix ans, sec comme un sarment, vient de bondir vers Tejero. C'est le lieutenant général Gutierrez Mellado qui ordonne à son tour :

« Déposez vos mitraillettes. A qui obéissez-vous? Qui vous commande?

– La ferme!... Nous sommes aux ordres du général...

– Le seul général, ici, c'est moi : déposez vos armes!

– Tout le monde au sol! hurle Tejero tandis qu'un lieutenant bouscule Gutierrez Mellado.

– Tout le monde par terre! » crie de nouveau Tejero qui de la tribune tire à son tour en l'air, déclenchant de nouvelles rafales de mitraillettes.

Tous les députés sont maintenant tapis entre leurs pupitres et l'épaisse moquette. Sauf Adolfo Suárez et Santiago Carrillo qui se maintiennent très droits sur leurs sièges. Sauf aussi Guttierez Mellado qui seul encore debout, les mains sur les hanches dans une attitude de défi et avec un rictus de dégoût, continue d'affronter le tragique guignol en uniforme vert.

Il faut en finir avec celui-là... Tejero descend de la tribune et avec l'aide de deux lieutenants agrippe le général par le dos de sa veste et d'un croche-pied tente de le faire tomber. Arc-bouté à son banc, Gutierrez Mellado résiste. Suárez se lève brusquement, tente de s'interposer, mais est aussitôt maîtrisé.

Une heure plus tard, alors que sous la menace constante des armes les députés ont été autorisés à se rasseoir, mains posées devant eux, le président du gouvernement se dressera de nouveau, exigeant de parler à Tejero qui a annoncé lui-même, du haut du perchoir, « qu'il agissait aux ordres du roi et du lieutenant général Milans del Bosch ».

Le lieutenant-colonel est alors au standard d'où il a précisément appelé son chef à Valence pour lui rendre compte du succès de l'opération. Il revient dans l'hémicycle pour annoncer que Milans a décrété la mobilisation générale dans sa région et, d'un geste brusque, saisit Suárez par le bras. Un garde emmène le président dans une pièce où il restera seul sous bonne garde jusqu'au dénouement final.

Puis c'est au tour de Gutierrez Mellado, de Felipe González, d'Alfonso Guerra, de Santiago Carrillo et de Rodriguez Sahagún, le ministre civil de la Défense, d'être entraînés vers le « salon de l'horloge », où ils demeureront eux aussi isolés. En les voyant quitter l'hémicycle, le canon des armes dans le dos, beaucoup de leurs collègues croiront ne les revoir jamais. Eux-mêmes pouvaient s'attendre au pire. Était-ce Madrid en juillet 1936 ou Santiago du Chili en septembre 1973? A la tribune de la presse, un rédacteur de *El Pais*, Bonifacio de la Cuadra, voit juste en soufflant à ses camarades : « Le danger n'est pas si grand. C'est encore un coup de ce fanatique de Tejero!... »

De cette même tribune, les journalistes de la radio [3] ont d'ailleurs magnifiquement fait leur devoir, rapportant sur le vif à voix basse tout ce qui se passait dans l'hémicycle jusqu'à ce que les gardes civils leur imposent silence. Ces derniers, en outre, ne s'apercevront pas avant une bonne demi-heure qu'une caméra en circuit fermé a filmé sans désemparer cet événement historique. La plus fascinante vidéo des annales de la télévision servira bientôt à l'édification des citoyens espagnols tout en satisfaisant la curiosité du monde entier. Mais dès 18 h 23 toute l'Espagne aura déjà entendu en direct, sur fond de tirs syncopés, la relation dramatique de l'assaut du Congrès.

Quand les divisions bougent...

Tout, jusqu'à présent, s'est déroulé conformément au plan prévu. Il n'est pas d'usage que les militaires discutent les ordres du titulaire d'une capitainerie générale, *a fortiori* lorsque ce dernier se réclame du roi, chef suprême des Forces armées. Ceux de Valence, dès 16 h 30, ont été informés par Milans que des événements graves allaient survenir à Madrid et que Sa Majesté en est avertie. Devant « le vide de pouvoir » qui s'est installé, lui, Milans, a donc décidé de déclencher les opérations « Alerte rouge » et « Turia ».

Son état-major restreint a été mis au courant dès les premières heures de la matinée. Le colonel Ibañez a rédigé la « proclamation » de son patron, qui sera diffusée à la radio et qui est directement

3. Notamment Rafael Luiz Diaz, journaliste de la chaîne radiophonique « SER », qui a réalisé ainsi le plus sensationnel reportage de sa vie.

inspirée de celle que lança le général Mola en juillet 1936. Elle instaure l'état d'exception dans toute la région, interdit tout arrêt de travail, toute activité politique, soumet les éventuels contrevenants à la juridiction militaire, mais appelle aussi tous les « bons patriotes » à une collaboration active.

Aux généraux et colonels qui sont sous ses ordres, Milans n'a pas caché non plus – mais sous une forme plus ou moins directe – quelle serait l'issue de l'action : le général Armada constituerait un gouvernement et donnerait ses directives à partir du palais de la Zarzuela; lui-même prendrait la présidence de la Junte (Conseil supérieur) des chefs d'état-major, c'est-à-dire le commandement de l'armée [4].

A 19 heures, aussitôt connue par les ondes et par l'appel de Tejero, la nouvelle de l'occupation du Congrès, les diverses radios de Valence passées sous contrôle militaire commençaient à diffuser le « pronunciamiento » de Milans del Bosch, tandis que soixante chars de la division « Maestrazgo » – presque aussi puissante que la « Brunete » – écrasaient l'asphalte de la troisième métropole d'Espagne.

Au siège de la division blindée « Brunete », la « DAC », on avait vu se présenter en uniforme, en fin de matinée, le général Torres Rojas, arrivé en avion de La Corogne. Comme convenu le commandant Pardo Zancada était allé accueillir son ancien chef à l'aéroport de Madrid et l'avait mis au courant des dernières instructions de Milans.

Le général José Juste, commandant en titre de la division, était alors sur la route de Saragosse en compagnie du colonel San Martín, son chef d'état-major. Tous deux devaient participer à des manœuvres en Aragon où étaient engagées plusieurs unités de la « Brunete ». Les deux hommes déjeunaient sur la route au Parador de Santa Maria de la Huerta lorsque San Martin – qui était une des chevilles ouvrières du complot – déclara à son chef qu'il allait téléphoner au QG de la DAC. Il revint à table annonçant que Torres Rojas venait d'y arriver. Le général Juste décida alors de faire demi-tour et de rejoindre ses troupes.

4. La Présidence de la Junte des chefs d'état-major (JUJEM) n'incombait pas au général Gabeiras, mais à son collègue de l'armée de l'air, plus ancien, le général Ignacio Alfaro Arregui, qui se montrera aussi parfaitement loyal.

Avait-il besoin de cet alibi? Considéré comme plutôt libéral, ancien des Services de renseignement de l'armée comme le colonel San Martin, José Juste Fernández ne sera pas, à l'instar de son adjoint, inculpé dans le procès des conjurés. Et pourtant, de retour au QG du Pardo un peu avant 17 heures, il présidera avec Torres Rojas, qui se met « sous ses ordres » la réunion d'état-major où Pardo Zancada à l'invitation de San Martin expose clairement le plan de Milans et où l'on décide de faire sortir des unités de la division, au moins, dans un premier temps, pour occuper le siège tout proche de la radio-télévision espagnole et ceux d'autres radios madrilènes.

Conclusion logique : le général Juste n'était pas considéré comme un danger pour les conjurés, sinon le colonel San Martin l'aurait laissé poursuivre sa route vers Saragosse, abandonnant à Torres Rojas le commandement de la division. Objectivement, la suite des événements en fait un « naïf » qui aurait pu se laisser abuser par les sentiments monarchistes de Milans del Bosch et qui aurait tout ignoré de l'action de Tejero. Ou alors un opportuniste qui, n'ignorant rien de la situation, va retourner sa veste dès qu'il apprend qu'Armada, « l'homme du roi », n'est pas « dans le coup » [5].

C'est lui, en tout cas, qui va déclencher l'alerte à la Zarzuela au moment même où Tejero investit le Congrès, et dessiller bien involontairement les yeux du roi sur les projets du général Armada, projets que Pardo Zancada, San Martin et Torres Rojas, ont exposés aux officiers de la « DAC » aussi clairement qu'avait pu le faire Milans del Bosch aux officiers de sa garnison.

Il est un peu plus de 18 h 30, et des unités de la division font déjà mouvement lorsque Juste décroche enfin son téléphone pour appeler le Palais espérant y joindre le général Armada. Mais au standard, personne n'a connaissance de la présence de l'ancien secrétaire général à la Zarzuela. José Juste demande alors à parler d'urgence à celui qui est son successeur depuis quatre ans, le général Sabino Fernández Campo. On lui répond que ce dernier vient de monter chez le roi, qu'il rappellera dès que possible.

---

5. Juste affirmera qu'au cours de cette conférence qui se tint à son retour à la « DAC », il ne pouvait rien faire sans risquer d'être arrêté par ses propres officiers. Même pas se lever pour téléphoner à ses supérieurs.

Le soir de tous les dangers

Dans son bureau, Juan Carlos, en survêtement de sport, jetait un dernier coup d'œil à un dossier en attendant d'aller disputer une partie de squash avec deux de ses habituels partenaires, lorsque la radio, qui transmettait si paisiblement la litanie des votes d'investiture au Congrès, s'était mise à résonner du crépitement des armes à feu et des aboiements du lieutenant-colonel Tejero.

Livide, le roi écoutait le coup d'État « en direct », commenté d'une voix haletante par un journaliste aussi saisi de stupeur que pouvait l'être Juan Carlos au moment où il appuya sur le bouton de l'interphone. « Sabino! Tu entends ce qui se passe au Congrès? Vite, monte tout de suite!... »

Le visage encore plus pâle qu'à l'accoutumée, le général Fernández Campo venait d'accourir auprès du souverain. Des cinq principaux collaborateurs militaires du roi, il était normal qu'il fût le premier appelé. Depuis 1977, ce militaire cultivé, résolument libéral et qui avait occupé divers postes importants dans plusieurs ministères après la mort de Franco, s'était rendu indispensable à Juan Carlos par la vivacité de son intelligence, l'étendue de ses connaissances et la discrète élégance de son comportement. C'est un Asturien pondéré, suprêmement diplomate qu'auréole une sorte de mystère romantique, mais dont le sang-froid et l'efficacité, dans ces heures dramatiques, vont s'avérer extrêmement précieux.

Lorsque, du standard du palais, on annonce l'appel de Juste, son désir de parler au général Armada, le roi et Fernández Campo ne sont pas longs à comprendre. Juan Carlos, tout son monde réuni, a déjà distribué les tâches les plus pressantes. Le vieux marquis de Mondéjar, chef de la Maison du roi commence à prendre contact avec les différentes régions militaires. Le général Valenzuela, chef du cabinet militaire et lui aussi ancien professeur du roi, s'occupe spécialement de la brigade parachutiste d'Alcalá de Henares. Sabino Fernández Campo parvient à joindre Juste à la Division blindée :

« Comment vont les choses de ton côté?, s'enquiert-il très calmement.

– Comme tu peux l'imaginer, répond Juste, embarrassé. J'imagine qu'Armada vous aura raconté ce qui se passe ici.

– Armada?

– Eh bien oui, Armada! Il n'est pas à la Zarzuela?

– Non seulement il n'est pas ici mais personne ne l'attend!

– Ah bon! murmure Juste abasourdi. Alors ça change tout!... »

Juste n'a pu cacher que des unités de sa division avaient déjà quitté leurs quartiers. Désormais il va user de l'autorité qui lui reste encore pour ordonner leur repli. Pendant ce temps le roi donne ses instructions aux généraux José Gabeiras, chef d'état-major de l'armée, et Guillermo Quintana, capitaine général de Madrid, pour arrêter au plus vite les mouvements de troupes. Les rebelles se réclament de lui : il faut à tout prix éviter le soulèvement en chaîne des régions militaires qui viennent de recevoir le texte de la proclamation de Milans del Bosch.

Entre 20 heures et minuit, Juan Carlos devra appeler chaque capitaine général, chaque gouverneur militaire l'un après l'autre pour s'assurer de vive voix de sa fidélité et, si besoin est, le faire mettre « au garde-à-vous » à l'autre bout de la ligne téléphonique. Un seul parmi les onze capitaines généraux – celui des Canaries, Jesús González del Yerro, sur qui planaient pourtant de forts soupçons – prendra l'initiative d'entrer de lui-même en contact avec le souverain. D'autres diront au roi : « Dommage, Sire... Mais à vos ordres [6]! »

A 20 heures, la situation semble avoir atteint son point critique. La radio-télévision espagnole et plusieurs radios madrilènes sont depuis une demi-heure investies par trois escadrons de la division blindée aux ordres du colonel Valencia Remón [7] et ne diffusent plus que des marches militaires.

Milans del Bosch, auquel Gabeiras a intimé l'ordre de replier ses troupes et de retirer sa proclamation, lui a répondu qu'il ne parlerait qu'à Armada. Le roi lui-même qui lui a réitéré par téléphone – et durement – les ordres du chef d'état-major, semble impuissant à le convaincre. Le général de Valence esquive, proteste de sa fidélité « jusqu'à la mort », de son seul souci de « maintenir l'ordre » et cherche à gagner du temps.

En face du Congrès, l'hôtel *Palace* est devenu le QG des forces

---

6. Propos du roi à l'auteur en avril 1982.

7. Commandant du régiment « Villaviciosa n° 14 » dont les cantonnements étaient tout proches de la « RTVE ». Mondejar contribuera à la convaincre de retirer ses troupes.

loyalistes sous l'autorité du général Aramburu Topete, directeur général de la Garde civile. Un no man's land sépare les insurgés des troupes fidèles. Les hommes à bicorne passent parfois d'un camp à l'autre. Les rues sont vides. Seuls quelques groupes antagonistes manifestent devant les Cortes, prêts, mais mollement, à en venir aux mains. Aramburu, vers 19 heures, est entré vaillamment dans l'enceinte du Congrès pour convaincre Tejero de se rendre : « Avant de m'y résoudre, lui a répliqué son subordonné, je vous tuerai d'abord et me logerai une balle dans le crâne. » Le général, au comble de la fureur, a essayé de dégainer son pistolet. Ses adjoints, devant l'attitude menaçante des hommes de Tejero, ont dû arrêter son geste.

Au ministère de la Défense, dans un angle de la place de Cibelès, le général Armada est, depuis le début des événements, au contact de son chef direct le général José Gabeiras, soixante-quatre ans, un Galicien du Ferrol, comme Franco, mais entièrement dévoué à la cause de la monarchie démocratique. Sans rien perdre de son flegme très britannique rehaussé par une moustache grise qui lui donne des airs de « major Thomson », le patron de l'armée considère maintenant son « second » comme une sorte de prisonnier en puissance, un homme du moins qu'il convient de surveiller de très près.

Lorsqu'il a appelé l'état-major, dix minutes après l'assaut des Cortes, un des premiers soins de Juan Carlos a été en effet d'intimer l'ordre à Armada de demeurer quoi qu'il arrive à son poste. L'ancien professeur du souverain se proposait de venir lui expliquer la situation à la Zarzuela... Juan Carlos, après le coup de téléphone de Juste en savait déjà trop pour accéder à cette insolite proposition. Armada sera contraint ainsi de participer au démantèlement progressif du putsch, tout en essayant de tirer encore tout le parti possible de la situation. C'est lui qui va transmettre l'ordre au régiment « Villaviciosa », qui occupe la radio-télévision, de regagner ses quartiers. Mais tandis que Gabeiras se transporte au siège de la Junte des chefs d'état-major, calle Vitruvio, il en profite aussi pour téléphoner discrètement avec Milans del Bosch qui le presse de proposer la formation d'un gouvernement. Pourquoi ne tenterait-il pas encore ce coup de poker, si c'est la seule issue pour sortir de l'impasse et convaincre Tejero de libérer ses otages?

Le maillon le plus faible de l'opération a cependant déjà cédé.

Torres Rojas, à la « DAC », aurait pu s'emparer du commandement, neutraliser Juste. Dès 19 heures, il a préféré obtempérer aux ordres qui lui étaient donnés d'abandonner immédiatement les lieux et a repris le premier avion pour La Corogne. Le commandant Pardo Zancada, vers 1 heure du matin réussira bien une sortie à la tête d'une unité de police militaire de la division. Avec cent cinquante hommes, il ira grossir les rangs des assaillants du Congrès. Mais il ne s'agira plus que d'un « baroud d'honneur ». La « Brunete » est déjà clouée au sol par la rapidité et la fermeté des décisions du commandement suprême – le roi, Gabeiras, Quintana – et par la défection de ceux – Torres Rojas, San Martín – qui devaient la soulever.

Armada joue son va-tout

Après l'évacuation de la radio-télévision, par la « DAC », Juan Carlos sent bien que le vent commence à tourner. Il va pouvoir utiliser cet instrument capital pour échapper à l'isolement où il est encore maintenu. Il va pouvoir s'adresser à la nation. Techniquement, ce coup d'État laisse beaucoup à désirer. On n'a même pas pensé à couper ses lignes téléphoniques...

Il n'y a plus de gouvernement, soit. Mais les secrétaires et sous-secrétaires d'État qui n'avaient pas de raison de se trouver au Congrès se sont constitués avec l'immédiate approbation du souverain en « commission gouvernementale » qui siège sans désemparer au ministère de l'Intérieur sous la présidence du directeur de la Sûreté, un fonctionnaire jeune et énergique, Francisco Laína. Le roi et Laína demeurent en contact permanent. Aussi fragile qu'il apparaisse, le pouvoir civil se perpétue. Tout est entre les mains du monarque constitutionnel, chef des armées, mais la légalité démocratique – coquetterie suprême dans cette nuit de désarroi – sera entièrement respectée.

A Sabino Fernández Campo qui a pu communiquer avec Tejero dans la première demi-heure de l'occupation du Congrès, le lieutenant-colonel a déclaré qu'il n'obéissait qu'à Milans del Bosch. Au général Aramburu, il a dit qu'il n'accepterait de parlementer qu'avec Armada. Le directeur général de la Garde civile, de son QG du

Palace, insistera donc pour qu'on permette à Armada de se rendre au Congrès.

Après sa conversation avec Milans, l'ancien secrétaire général de la Zarzuela n'a pas hésité à appeler le palais pour proposer, une fois de plus, ses bons offices. Le roi les a catégoriquement rejetés en le traitant de fou. Gabeiras de même, avec la dernière fermeté. Puis, à la réflexion, Juan Carlos et le chef d'état-major se diront qu'il n'y a sans doute pas grand risque à se servir d'Armada pour tenter au moins de désarmer Tejero.

Gabeiras va donc confier à son « second » une mission précise et limitée : proposer au lieutenant-colonel rebelle deux avions pour lui et ses hommes. S'ils libèrent leurs prisonniers ils pourront quitter libres le territoire national pour la destination qu'ils voudront. Toute autre proposition que pourrait faire Armada dans l'enceinte du Congrès ne pourrait l'être qu'à titre « strictement personnel », sans engager d'aucune manière le roi et seulement en cas d'absolue nécessité. C'est évidemment un pari sur la dignité des parlementaires. Est-il pensable qu'ils acceptent d'investir un Armada sous la menace des mitraillettes? Et si même cela devait se produire, quelle valeur pourrait revêtir une telle investiture?

Lorsque la décision est prise de laisser Armada quitter le ministère de la Défense pour le Congrès, le roi est à peu près assuré qu'aucun autre capitaine général n'est prêt à suivre Milans. La chaîne du commandement, à partir de la Zarzuela et de la junte des chefs d'état-major, fonctionne bien. Il ne reste à régler que la situation à Valence et celle, infiniment plus délicate, qu'a créée Tejero.

Armada joue maintenant son va-tout. Aux officiers de l'état-major, aux généraux qu'il rencontre à l'hôtel *Palace* où la voiture officielle vient de le déposer peu avant minuit, il dresse un bilan évidemment plus pessimiste que celui évalué par le roi sur l'état d'esprit qui règne dans les différentes régions militaires. A l'en croire outre la IIIe Région (Valence) déjà soulevée, la IIe (Séville), la IVe (Barcelone), la Ve (Saragosse) et la VIIe (Valladolid), attendent la formation d'un gouvernement présidé par un militaire et qu'il est prêt à former « pour le salut de l'Espagne et dans le respect de la Constitution ».

Dans le bureau que le directeur du *Palace* a mis à leur disposition, les généraux Aramburu et Saenz de Santamaria – ce dernier, inspecteur de la Police nationale – échangent avec Mariano Nicolas à présent gouverneur civil de Madrid, un coup d'œil à la fois complice, perplexe et dubitatif. Ils savent par Francisco Laina, qui vient d'en être averti par le roi, qu'Armada est suspect et que tout ce qu'il pourra proposer dans l'enceinte du Congrès, hormis l'offre de deux avions, se fera sans son aval.

La scène suivante se déroule dans un bureau vitré – presque une loge de concierge – à l'entrée des Cortes. Aramburu et Nicolas ont accompagné Armada jusqu'au portail du Congrès. Seul ce dernier a été autorisé à le franchir après avoir donné le mot de passe des conjurés transmis par Milans : « Duque de Ahumada », un hommage au fondateur de la Garde civile...

Armada et Tejero sont à présent face à face et le général expose son plan au lieutenant-colonel dont la figure s'allonge au fur et à mesure que passent les minutes. Au lieu du chef, du « caudillo », que Milans lui annonçait, il entend un général politicien et cauteleux lui enjoindre de retirer ses troupes de l'hémicycle et de le laisser s'adresser aux députés :

« Je vais proposer aux parlementaires une formule constitutionnelle, la formation d'un gouvernement qui pourra être provisoire et où toutes les forces politiques seront représentées, droite, centre et gauche.

– Alors quoi! Un gouvernement de civils?

– Présidé par un militaire, moi, s'ils m'élisent... »

Tejero a parfaitement compris que ce pour quoi il s'est battu, la constitution d'une junte insurrectionnelle, le retour au franquisme, n'entre nullement dans les projets d'Armada.

« Non, mon général, ce n'est pas ce qui était convenu. Je ne suis pas allé aussi loin pour que vous vous fassiez élire président à la tête d'un gouvernement composé de socialistes et de communistes. Et d'ailleurs qui vous envoie?

– Les choses se sont compliquées. La situation est grave, argumente Armada. L'armée est sur le point de se diviser. Je suis venu vous offrir la seule solution viable. A titre personnel... »

Tejero est une brute, mais pas un lâche. Il ne voudra pas entendre parler de ces DC 8 qui attendent sur la base de « Getafe » et qui pourraient l'emmener, lui et ses hommes, vers l'Argentine ou le Chili. Quant à laisser Armada s'adresser à ses otages, il n'en est pas question. Milans del Bosch, que les deux hommes décident d'appeler par téléphone, a beau donner à Tejero le conseil d'obéir à Armada, le lieutenant-colonel ne veut plus rien entendre. Il le dit clairement au capitaine général de la IIIe Région : « Je n'accepterai qu'un gouvernement militaire présidé par vous. »

Et avant de faire reconduire Armada, il le prévient que si, comme on l'en a menacé, les hommes du « GEO », les Forces spéciales, attaquent le Congrès il convertira son bastion en un nouvel Alcazar de Tolède, un nouveau « monastère de Santa Maria de la Cabeza », autre épisode dramatique et glorieux de la guerre civile!

L'entretien est terminé. Il a duré trois quarts d'heure. Armada voit son « opération de Gaulle », déjà bien compromise, s'évanouir en fumée. Les « rustiques » du putsch n'acceptent pas de se laisser berner par les généraux politiques. Milans, qui jouait sur les deux tableaux, n'a pas davantage réussi à faire glisser le « golpe » violent qui devait forcer la main du roi vers une solution de compromis musclé. Il n'y a plus aucune place pour le coup d'État et même pour un simple « coup de barre », quelles que soient sa couleur, sa consistance, sa virtualité d'acceptation par la Couronne.

1 h 23 : le roi s'adresse à la Nation

Dans l'hémicycle du Congrès, aucun député n'a pu avoir connaissance de ce qui se passait dans les coulisses. De temps à autre, un officier vient annoncer que telle ou telle région militaire s'est jointe au mouvement du général Milans. La nervosité des assaillants fait à la fois craindre le pire et alimente l'espoir. Apparemment tout ne va pas comme ils l'espéraient.

Peu après l'assaut, on a annoncé aux parlementaires qu'une « haute autorité – militaire évidemment – allait s'adresser à eux et leur donner ses consignes ». Le mythique personnage – Armada, Milans lui-même? – n'est toujours pas apparu.

L'occupation de la radio-télévision a plongé les otages dans le désespoir. Lorsque craignant une coupure de courant, les gardes civils arrachent l'étoupe de plusieurs sièges d'époque pour alimenter un brasier hypothétique, ils se disent qu'ils risquent de se consumer tous dans les cendres de l'édifice.

Il se trouve cependant qu'un député est en possession d'un transistor de poche. Il l'a passé à l'ex-vice-président Abril Martorell qui, là où il est placé, peut écouter les nouvelles et les transmettre, dans le souffle, à son entourage immédiat, à l'insu des gardiens. Or depuis 22 h 30, on annonce sur les ondes que, hormis Valence, le calme absolu règne dans le pays et que le roi va adresser un message à la nation. Déjà, un certain nombre de personnes – des journalistes pour la plupart, dont Eugène Mannoni du *Point* [8], un parlementaire cardiaque, une députée socialiste enceinte ont été invités à quitter le Congrès. Cette dernière, Ana Balletbo, s'empressera de téléphoner à la Zarzuela pour raconter au roi par le détail ce qui se passe dans cette immense carlingue détournée par des terroristes qu'est devenu le Parlement espagnol.

Depuis 20 heures, la Zarzuela recherchait désespérément le contact avec le siège de la radio-télévision situé aux environs de Madrid, à Prado del Rey. Le directeur de la RTVE n'avait pu que faire comprendre à Fernando Gutierrez, le chef du service de presse de la Zarzuela, lui-même ancien directeur de la télévision, qu'il était prisonnier.

La voie rendue libre par le repli des occupants, il faudra attendre près d'une heure encore avant que l'équipe technique puisse accéder à la Zarzuela. Lorsque le convoi arrive enfin, après avoir franchi les contrôles renforcés qui gardent l'entrée du vaste domaine royal, Juan Carlos ressort d'une conversation téléphonique épuisante avec Milans del Bosch. Auparavant, il a confirmé par télex à tous les capitaines généraux et tous les commandants des zones maritimes et aériennes les instructions comminatoires qu'il a données de vive voix à la plupart d'entre eux :

« Devant la situation provoquée par les événements qui se sont déroulés au Palais des Congrès, et afin d'éviter toute confusion, j'ai ordonné aux autorités civiles et à la Junte des chefs d'état-major de prendre toutes les mesures nécessaires pour le maintien de l'ordre constitutionnel dans le cadre de la légalité. Toute mesure de caractère militaire qui pourrait être adoptée devra être approuvée au préalable par cette autorité. Je vous prie de me confirmer que ces ordres ont été dûment transmis à tous les échelons de l'armée. »

Les signaux de bonne réception parviendront à la Zarzuela à 23 h 30. C'est précisément l'heure à laquelle Armada se prépare à

---

8. Ce dernier était le seul journaliste français présent dans l'hémicycle. Il raconta son expérience des événements dans deux grands reportages publiés par ce magazine.

parlementer avec Tejero. Vingt minutes plus tard, l'équipe de la RTVE, conduite par Jesus Picatoste, est à pied d'œuvre pour enregistrer le message du roi qui vient de revêtir son uniforme kaki de capitaine général [9]. Le bureau de Juan Carlos s'encombre de câbles et de projecteurs. La reine, les deux infantes, la princesse Irène de Grèce, sœur de Sophie, Manuel Prado, qui devait assister à la partie de squash, et les plus intimes collaborateurs du roi assistent à la scène.

Le prince Philippe, treize ans, lui n'a pratiquement pas quitté son père. Chaque fois qu'il menacera au cours de cette nuit éprouvante de s'endormir sur le sofa, Juan Carlos le secouera d'une bourrade affectueuse : « Anda Felipe! Courage! Il faut que tu apprennes ton métier de roi. »

Pour plus de sûreté, on décide de procéder à deux enregistrements successifs. Le texte est chaque fois identique :

« En m'adressant à tous les Espagnols dans les circonstances extraordinaires que nous sommes en train de vivre, j'entends le faire avec brièveté et concision. Je demande à tous la plus grande sérénité et la plus grande confiance. Je fais savoir que j'ai adressé à toutes les autorités militaires l'ordre suivant (il répète alors le texte du message qu'il a communiqué par télex une heure plus tôt)... La Couronne, symbole de la permanence et de l'unité de la patrie, ne peut d'aucune manière tolérer que certains, par leurs actes ou leur attitude, puissent entraver par la force le processus démocratique que la Constitution a fixé à travers la libre expression du peuple espagnol appelé à l'approuver en son temps par la voie du référendum. »

Le message royal sortit sur les ondes et les antennes à 1 h 23. L'Espagne entière comprit alors que le coup d'État était voué à l'échec, que Juan Carlos était libre et qu'il commandait. Aux yeux et aux oreilles de tous, la démocratie était déjà plus qu'à moitié sauvée. Et le sort du pays ne tenait qu'à ce visage crispé mais serein, à cette voix sourde mais ferme qui comblait à elle seule l'énorme vide du pouvoir qui s'était creusé cette nuit-là et qu'entretenait l'absence quasi totale d'informations crédibles. Dans le

---

9. Cette équipe sera très impressionnée par la sérénité qui règne à la Zarzuela. Picatoste signifiant plus ou moins « biscotte », le roi dira à son fils : « Tu vois cet ami qui vient nous filmer, et bien il a le même nom que ce que tu manges à ton petit déjeuner! »

gouffre où la nation était plongée, la seule lumière venait de la Zarzuela. Et la solitude du roi en était magnifiée.

Milans del Bosch jette l'éponge

Sa tâche, pour autant, était loin d'être terminée. Tejero n'était pas disposé à se rendre et Milans, s'il avait cessé de faire diffuser sa proclamation par la radio, n'avait pas ordonné le repli de ses troupes. Les trois gouverneurs militaires de sa région avaient reçu l'ordre de l'arrêter. Ils ne s'y étaient pas risqués.

De nouveau, Juan Carlos, une fois partie l'équipe de la télévision, appelle la IIIe Région, somme Milans avec une brutalité toute militaire de faire rentrer ses chars, d'annuler son texte subversif, d'ordonner à Tejero d'évacuer le Congrès. « Il faudrait me fusiller pour parvenir à vos fins! », lui déclare-t-il en conclusion. Et aussitôt il lui confirme par télex : « Aucun coup d'État ne peut se faire au nom du roi. Il est par définition " contre le roi ". Je fais le serment de ne jamais abdiquer, de ne jamais abandonner l'Espagne. Ceux qui se sont soulevés doivent savoir qu'ils sont prêts à prendre la responsabilité d'une guerre civile. »

« Jusqu'à présent, dira aussi le roi, à Milans, je pouvais considérer que tu n'étais pas en véritable rébellion. A partir de maintenant je devrai considérer que tu l'es : je ne pourrai plus revenir en arrière... »

Milans commence à flancher. Il voit se profiler à l'horizon le conseil de guerre. Son entourage lui conseille d'abandonner. A commencer par le général Caruana, gouverneur militaire de Valence. Il y a deux heures à peine ce dernier s'était présenté au « capitaine général » pour lui transmettre l'ordre qu'il avait reçu de Gabeiras de l'arrêter : « Vas-y si tu l'oses », avait répliqué Milans en désignant le colt qu'il avait sur son bureau à portée de main.

Maintenant sa superbe est tombée. Le télex du roi lui brûle les doigts. Un appel de Gabeiras, puis un autre de Laina achèvent de le briser.

Au responsable du pouvoir civil qui l'adjure pour la dernière fois « d'obéir aux ordres de Sa Majesté, chef suprême des Forces armées » et de convaincre Tejero de se rendre, faute de quoi, lui, Laina, est prêt à faire donner l'assaut au Congrès, quoi qu'il en coûte, le chef du complot, après s'être une fois de plus indécemment disculpé de mener une action subversive, a promis de « tenter une démarche ».

Mais il répugne encore à abandonner ceux qui l'ont suivi, évoque son honneur de soldat devant son entourage, accepte cependant de faire retirer les blindés du centre de la ville. Il faudra attendre 4 heures du matin pour qu'il se décide à décrocher son téléphone et à composer le numéro de la Zarzuela : « Sire, dit-il d'une voix blanche, conformément à vos ordres j'ai rédigé un texte qui annule mon manifeste... »

Sans consentir à entamer avec lui une conversation, Juan Carlos passe son interlocuteur à Fernández Campo qui l'entend insister encore dérisoirement sur l'opportunité d'une « solution Armada », puis lire le message qu'il va faire diffuser pour annuler le précédent. Sabino lui demande de le transmettre immédiatement sur le télex du palais. La proclamation par laquelle Milans rend les armes pourra être ainsi répercutée par la même voie à toutes les régions militaires, décourageant toute tentation d'adhésion tardive au soulèvement, comme celle de Pardo Zancada dont la colonne a croisé par hasard le camion de la RTVE revenant de la Zarzuela... Tejero lui-même pourra prendre connaissance d'un texte précis et, s'il n'est pas devenu complètement dément, régler sa conduite sur celle de son patron.

C'est bien la seule issue possible, car l'assaut des Cortes qu'envisage Francisco Laina se révèle une opération à si haut risque qu'Aramburu et Saenz de Santamaria mettent tout en œuvre pour l'écarter. Le capitaine qui commande le « Groupe d'opérations spéciales » ne dispose que de quatre-vingts hommes et il a déjà calculé qu'elle risquait de faire quelque deux cents victimes sur les six cents qui, entre les parlementaires et les assaillants, occupent l'intérieur de l'édifice!

Par le transistor de Fernando Abril, les otages de l'hémicycle, exténués, ankylosés, savaient à peu près tous que le roi s'était adressé à la nation, que le soulèvement était jugulé et que Milans avait enfin retiré ses troupes. Sa contre-proclamation parvenue à la Zarzuela à 5 h 15 et qui se terminait, comme son manifeste de la veille, par un « Vive le roi! Vive l'Espagne pour toujours! », commençait aussi à être connue. Seuls Suárez toujours gardé dans un local à part et les cinq autres reclus du salon de l'horloge restaient totalement isolés du monde extérieur.

Les lignes téléphoniques du Congrès avaient été coupées pendant la nuit, et Tejero lorsqu'il entendit la radio annoncer les nouvelles de Valence dut utiliser le téléphone de la mercedes blindée du président du gouvernement pour joindre Milans del Bosch. Mais il était plus de 7 heures du matin et le lieutenant général avait déjà regagné son domicile en attendant l'ordre de son arrestation. A la capitainerie, on lui dit que la consigne était de se rendre et de discuter avec Armada des conditions de la capitulation.

Lorsqu'il revint, défait, dans l'hémicycle, il trouva l'Assemblée en ébullition. Manuel Fraga, qui ne s'était pas particulièrement manifesté depuis les treize heures que durait la claustration et qui peut-être était vexé de n'être pas en compagnie de Suárez, González et Carrillo, dans le quartier réservé aux leaders, criait debout son indignation, affirmait qu'il rentrait chez lui de ce pas, dégageait sa poitrine pour qu'on lui tire dessus et, imité par un certain nombre de députés, faisait mine de quitter la salle.

Tejero dut lui mettre la main au collet et l'entraîner dehors pour le faire taire tandis que les gardes civils, eux aussi à bout de nerfs et certains d'entre eux passablement éméchés par les nombreuses tournées qu'ils s'étaient offertes au bar du Parlement, ajustaient leurs mitraillettes sur les députés en rébellion.

La reddition de Tejero

Pendant ce temps, un officier de l'état-major quittait, avec l'autorisation du général Gabeiras, le ministère de la Défense pour se rendre au Congrès où il espérait convaincre les rebelles. Le commandant Eduardo Fuentes était un ami personnel de Pardo Zancada. Il collaborait à la revue *Reconquista,* dont Pardo était rédacteur en chef.

Ce dernier était un homme de forte conviction, mais avec qui on pouvait discuter. Il était vraiment sorti de la « DAC » sans espoir réel de modifier le cours des événements « pour ne pas laisser à l'abandon une poignée de camarades de la Garde civile ». Peu auparavant le colonel San Martín, lui aussi envoyé par ses chefs et muni d'un message de la Zarzuela, avait tenté en vain de le ramener, avec ses hommes, au bercail. Mais Pardo voulait assumer son geste jusqu'au bout. Ce que lui proposait maintenant son ami Fuentes, c'était autre chose : une reddition dans l'honneur. Elle lui parut d'autant plus acceptable qu'il sentait la mégalomanie de Tejero se transformer peu à peu en folie meurtrière. Il y avait même urgence. Le lieutenant-colonel regroupait à ce moment le gros de ses officiers et de ses hommes pour leur tenir un discours grandiloquent où il était question de résister jusqu'à la mort et où il évoquait une fois de plus l'héroïque sacrifice des défenseurs de l'Alcazar et de la Cabeza en 1936. « Qui parmi vous est prêt à marcher sur leurs traces?... » Mais le ressort était cassé. Les gardes civils se regardaient les uns les autres sans expression sur le visage. Les plus durs, ceux qui quelques instants plus tôt menaçaient encore les députés d'un massacre général, ne se décidaient pas à lui répondre.

Dans l'hémicycle, c'était maintenant Joaquin Satrústegui, député centriste, qui invectivait les gardes laissés au commandement du capitaine César Alvarez : « On vous a menti. Je veux parler au général Milans. Je le connais bien : il est incapable de s'être soulevé contre le roi... »

Tejero dut revenir pour rétablir l'autorité des assaillants tandis que Pardo Zancada et Fuentes achevaient de persuader les hommes au bicorne qu'une issue sanglante souillerait à jamais leur uniforme.

Encore une fois le lieutenant-colonel essaya de joindre Milans. Il ne pouvait croire qu'il était abandonné. Le colonel Diego Ibañez lui confirma ce qu'on lui avait déjà dit : Valence obéissait aux ordres de Sa Majesté. Non, le lieutenant-général ne viendrait pas s'adresser au Congrès; il ne se rendrait à Madrid que si le roi le faisait appeler. Il fallait négocier avec Armada...

« Quelles seraient tes conditions? demandait Fuentes à Pardo Zancada.

– Sortir en bon ordre, après les députés, sans photographes ni télévision, revenir à nos quartiers en convoi comme nous sommes venus et, dans nos unités, là seulement, rendre nos armes et nous constituer prisonniers. »

Au fur et à mesure, Fuentes notait sur un bloc de correspondance à en-tête des Cortes ce que Pardo lui disait. Il irait en référer aussitôt à Aramburu qui préviendrait l'état-major.

« Je tiens aussi à assumer seul la responsabilité de l'action que j'ai commandée, ajoutait Pardo. Qu'aucun de mes hommes, aucun de mes officiers ne soit poursuivi...

– Même pas les capitaines? Ça ne passera pas... Eux au moins savaient ce qu'ils faisaient...

– Alors disons : pas de responsabilité du lieutenant au dernier gradé. »

Ces conditions furent acceptées sous réserve, bien entendu, qu'aucun incident ne survînt dans l'enceinte du Congrès. Après avoir une nouvelle fois consulté ses gardes civils, Tejero accablé, mais s'efforçant de n'en rien laisser paraître, y souscrivit à son tour. Il exigea seulement que le général Armada vienne signer l'accord. Était-ce pour obéir jusqu'au bout aux ordres de Milans del Bosch ou plutôt pour humilier ce « grand chef » qui les avait « trahis » et qui se retrouvait dans « l'autre camp », faute d'avoir eu le courage d'assumer totalement le leur?

Armada, qui avait réintégré l'état-major, dut se résigner à revenir une seconde fois au Congrès pour signer le mémorandum consacrant une défaite qui était aussi la sienne. Il parapha sur le capot d'une Land Rover la feuille sur laquelle Fuentes avait pris ses notes : cela suffisait à la vengeance de Tejero. Au dernier moment, on ajouta sur ce brouillon historique un paragraphe réglant le sort du capitaine de vaisseau Menendez Vives, un vieil exalté du cadre de réserve, qui avait enfilé son uniforme la veille au soir pour lier son sort à celui de son ami Tejero et que l'on avait oublié depuis lors dans les couloirs du Congrès. Lui irait se rendre au ministère de la Marine...

La tragi-comédie était terminée. Pendant dix-huit heures un personnage de vaudeville [10] avait cru jouer les héros de Calderón ou de Corneille. Mais le simulacre ne prêtait pas à rire.

« Un quart d'heure avant l'assaut du Congrès résumera Eugène Mannoni, l'Espagne, c'était enfin, depuis près de cinq ans, l'Europe démocratique, un pays avec les problèmes de tout le monde. Quand les officiers de la Garde civile pénètrent à l'intérieur des Cortes, déchargent leurs armes en direction des plafonds, s'emparent des ministres et des dirigeants parlementaires, en quel pays d'Amérique

10. L'expression est de Felipe González.

latine, en quel Nicaragua, en quelle Argentine au juste se trouve-t-on? Voilà ce qu'ont pensé – le chagrin le disputant à l'humiliation – les Espagnols, dont on venait de bafouer la souveraineté [11]. »

Depuis deux heures déjà on a permis aux femmes députés de quitter les lieux. Certaines s'y sont refusées. Quelques dizaines de gardes civils ont fui par les fenêtres se rendant directement aux troupes d'Aramburu. Tejero, qui dispute à Pardo Zancada l'honneur de sortir le dernier du Congrès – ils le feront ensemble – veut organiser le départ des parlementaires. Lavilla reprend le contrôle de son assemblée. Les députés sortiront les premiers, ensuite le gouvernement, puis le bureau du Congrès. Fraga, qui a reçu l'autorisation de revenir à son banc en même temps que Suárez, Gutierrez Mellado, Carrillo, González, Guerra et Rodriguez Sahagún, fait observer au président qu'il n'a pas levé la séance. « La séance est levée! » proclame Lavilla, avec un sourire qui revient de bien loin.

Il est un peu plus de midi quand tout le monde se retrouve au grand air sur la Carrera de San Jerónimo, pleine de journalistes et de curieux, inondée d'un magnifique soleil hivernal.

Le matin à la Zarzuela

Dans son bureau de la Zarzuela dont les fenêtres s'ouvrent sur le vaste horizon des monts du Pardo, Juan Carlos contemple le téléphone qui a été sa seule arme pendant toute la nuit. Des reliefs de sandwiches, des fonds de tasses de café traînent sur un guéridon. Harassé, engourdi, il n'arrive pas à se défaire de la combinaison noire de pilote d'hélicoptère qu'il a enfilée, à l'heure la plus froide de l'aube, sur sa tenue militaire. Il regarde le combiné téléphonique et il se dit qu'il faudra décidément faire installer au plus tôt des lignes directes avec les capitaineries générales comme celles qui le reliaient, encore heureux!, avec le ministère de l'Intérieur et l'état-major général. A 5 heures du matin, quand Milans a enfin abandonné la partie il a embrassé son fils et l'a envoyé se coucher. Sa « classe de roi » était à peu près terminée et ce matin il y avait l'école de chaque jour comme pour tous les petits Espagnols. Sophie n'a

11. *Le Point*, 2 mars 1981.

pratiquement pas cessé d'être à ses côtés. Il se souvient que lorsqu'un des officiers de Tejero, le capitaine Muñecas – beau parleur – s'est adressé au Congrès vers 19 h 30 pour annoncer qu'une importante personnalité militaire allait venir donner ses ordres au Parlement, la reine s'est écriée : « C'est Armada, j'en suis sûre! »

Et lui se revoit aussi, la tête entre les mains, repassant en un éclair vingt-cinq années de fidèle compagnonnage : Armada!...

Fernández Campo non plus ne l'a pas quitté, relayant sans arrêt ses conversations téléphoniques, l'un et l'autre prenant alternativement en note tout ce qui se disait au bout du fil. Et parfois dans les moments de doute, il posait les deux mains sur les épaules de son plus proche collaborateur : « Sabino... Qui est vraiment avec nous?... »

Terrible, cette impression de flottement dans certaines régions militaires! Et la nécessité de jouer parfois le gouverneur militaire ou le gouverneur civil contre le capitaine général... Aucune phase des opérations n'avait échappé au roi, presque même aucun détail subalterne. Et pour cause : puisque les rebelles avaient le front de se couvrir de son autorité il se devait aux yeux de tous, jusqu'au fond des casernes, de dénoncer la forfaiture.

Gabeiras et Quintana donnaient leurs ordres, mais seul le son de sa propre voix pouvait dans la plupart des cas, dissiper la monstrueuse équivoque et ramener à la discipline ceux qui imaginaient encore que le roi pût se dresser contre la démocratie qu'il avait rétablie. Les généraux les plus fidèles, les plus sûrs, s'ils n'avaient eu la preuve tangible et immédiate de cette adhésion indestructible de la Couronne à la souveraineté populaire, ces généraux eux-mêmes eussent sans doute écouté les sirènes de leurs pairs et cédé aux nostalgies ténébreuses du passé. Car le roi, après tout, leur parlait beaucoup plus que de la démocratie.

Juan Carlos se souvenait aussi de ses premières conversations avec Francisco Laina. Autant il avait commandé en chef aux militaires, autant il s'était gardé d'imposer ses volontés à la Commission des secrétaires et sous-secrétaires d'État dès qu'elle s'était constituée en une sorte de cabinet de crise, assurant la continuité gouvernementale. Laina n'avait certes rien entrepris sans son aval exprès, mais le roi pouvait se flatter de n'avoir à aucun moment outrepassé ses fonctions constitutionnelles. Même dans ces circonstances d'exception, il n'avait jamais « gouverné civilement ». Il était resté au-dessus de la mêlée. Dans le sens le plus fort du terme, il s'était contenté de régner. Mais régner, alors, c'était, ni plus ni moins, mater la rébellion. Et cela, il était bien seul à pouvoir le faire.

Le pays lui-même ne pouvait ni ne devait réagir. Des consignes très strictes dans ce sens furent d'ailleurs transmises par la Commission. Tout désordre, toute mobilisation syndicale eussent fourni aux militaires le prétexte que tant d'entre eux cherchaient pour faire sortir leurs troupes et leurs chars. Qu'aurait pu répondre le roi à l'argument suprême du maintien de l'ordre? La résistance n'était concevable que si la rébellion armée se répandait et s'installait.

Dans certaines provinces, à Valladolid notamment, des groupes fascistes se tenaient prêts à entamer une chasse aux sorcières. Déjà ils rassemblaient des camions pour faire eux aussi leur cueillette d'otages. Plusieurs municipalités, dont les maires étaient socialistes, communistes, ou même centristes, commencèrent, de leur côté, à s'organiser pour résister au ressac franquiste. Mais le premier devoir de ces hypothétiques résistants, dans la nuit du 23 au 24 février, était de préserver leur liberté d'action. Beaucoup évitèrent de dormir chez eux ce soir-là, mais ils ne cédèrent nullement au vertige de 1936. Dans le camp de la démocratie on ressentait tout ce que ce reflux nauséeux du passé avait d'anachronique et de profondément déplacé dans l'Espagne de 1981.

Oui, Juan Carlos pouvait se montrer fier de la maturité et du sang-froid que son peuple avait manifestés, lui aussi, cette nuit-là. L'Assemblée et le gouvernement prisonniers n'avaient pas failli, l'armée dans son immense majorité avait choisi l'obéissance, et il savait que des millions d'Espagnols, l'oreille collée à leurs transistors, avaient tout au long de ces terribles dix-huit heures de folie, accompagné ses efforts pour sauver la démocratie.

Mais était-ce bien l'heure des bilans exhaustifs? Pour le roi, c'était plutôt celle, atone, où les émotions, refoulées par la tension nerveuse, remontent paresseusement à la conscience par vagues douces et régulières. Juan Carlos entend encore la voix de son père, anxieuse d'abord, rassérénée ensuite, le fortifier d'une présence chaleureuse.

Le comte et la comtesse de Barcelone étaient au cinéma à Lisbonne lorsque l'assaut avait été donné aux Cortes. Le film qu'ils étaient allés voir – cela ne s'invente pas – s'intitulait les « Commandos de Sa Majesté ». Ils n'avaient pu joindre la Zarzuela que vers 22 heures.

Don Juan n'avait certes plus de conseils à donner à son fils : il savait bien ce qu'il ferait, il savait bien qu'il ne céderait pas. Après son message télévisé, sans avoir cessé de se tenir au courant de l'atmosphère qui régnait à la Zarzuela, il lui avait simplement dit : « Je suis encore, si c'est possible, plus fier de toi! »

Une fois de plus solidaires et complices, les deux Bourbon évaluaient d'instinct le formidable prestige que la Couronne allait retirer de cette victoire sur le passé franquiste. La monarchie n'avait pas réclamé cette épreuve; elle ne pouvait maintenant en méconnaître la portée.

Juan Carlos se souvenait aussi avec reconnaissance de tous les appels qu'il avait reçus de l'étranger au cours de la nuit. Giscard, Schmidt, Pertini, Baudouin de Belgique, Ramalho Eanes du Portugal, Elisabeth II par la voie de son ambassade, Hussein de Jordanie, Hassan II, son adversaire loyal de la « Marche verte », le grand-duc de Luxembourg, le président du Conseil de l'Europe, les Norvégiens, les Suédois; tous, d'une manière ou d'une autre, s'étaient manifestés pour lui exprimer leur solidarité.

Seule douche froide dans ce concert si amical, la déclaration incroyablement détachée du secrétaire d'État américain, Alexander Haig, au sortir du dîner qu'il venait d'offrir à Washington au ministre français des Affaires étrangères François-Poncet : « Je n'ai rien à dire. C'est une affaire interne qui intéresse les seuls Espagnols. »

Il était pourtant 4 heures du matin à Madrid et l'on devait bien savoir, au département d'État comme à la CIA, de quoi il retournait!

La légitimité suprême

Tout le monde avait pour le moins besoin d'un bain très chaud et de quelques heures de sommeil. Milans del Bosch à Valence, s'il dormait, fut réveillé par Gabeiras qui lui enjoignit de se présenter au ministère de la Défense à Madrid dans l'après-midi. Il y était à 19 heures et fut aussitôt arrêté.

A 21 h 30, le chef d'état-major de l'armée qui sortait d'une réunion extraordinaire de la Junte de la Défense, à la Zarzuela, convoqua le général Armada pour lui communiquer qu'il était relevé de son poste, en attendant qu'une enquête soit ouverte.

Avant cette conférence militaire, le roi avait réuni dans l'après-midi les membres du gouvernement et les principaux leaders du Parlement pour faire avec eux le point de la situation. Les retrouvailles furent d'une chaleur exceptionnelle. La gratitude que tous éprouvaient envers le roi était immense.

« Sire, vous nous avez sauvé la vie ! » résuma Santiago Carrillo, dont l'attitude au Congrès avait été exemplaire et qui était bien le premier habilité à manifester sa reconnaissance, eu égard aux risques qu'il aurait encourus en cas de victoire des rebelles. Adolfo Suárez, qui avait fait preuve d'une bravoure de torero et d'une élégance à toute épreuve en volant au secours de Gutierrez Mellado et en refusant, lui aussi, de baisser le front devant les mitraillettes fascistes, déclara en aparté à Juan Carlos :

« Majesté, je m'en veux d'avoir accusé sans fondement le général Armada. Son attitude semble prouver...

– Elle prouve que tu avais raison, coupa le roi, et que c'est moi qui avais tort : Armada a trahi. »

Felipe González regrettait ses anciennes réticences à l'égard de la Couronne. Seul un roi, effectivement, pouvait venir à bout de la sédition militaire. Paradoxe de cette inclassable transition espagnole : il fallait même pour qu'il pût y parvenir, qu'il tirât son autorité de son héritage franquiste au moins autant que de sa légitimité constitutionnelle ! Et ce ne pouvait être que ce roi-là, roi militaire selon Franco, roi démocrate selon ses œuvres. La Providence, en fin de compte, avait bien fait les choses. Quel président de la République, quel comte de Barcelone, eût réussi à se faire obéir des capitaines généraux, à éviter l'effet de dominos sur lequel comptait si fort Milans del Bosch ?

Lorsque tout le monde se fut épanché et congratulé, Juan Carlos sortit de sa poche le texte d'une allocution qu'il avait mûrement méditée. C'était un appel pressant à la sérénité, à la mesure et à la responsabilité que devrait assumer de plus en plus consciemment la classe politique si elle voulait éviter de nouvelles tempêtes.

« La Couronne, leur dit-il, se sent fière d'avoir servi l'Espagne avec fermeté et avec la conviction profonde que la démocratie et le strict respect des principes constitutionnels sont l'expression de la volonté majoritaire du peuple espagnol. Cependant, chacun doit bien se rendre compte que le roi ne peut ni ne doit être amené à affronter de nouveau, sous son autorité directe, des événements d'une telle gravité. »

En langage plus imagé, cela signifiait qu'on ne pourrait pas toujours lui demander de jouer « les pompiers de service ». Il avait tenu ce rôle hier « car les circonstances avaient voulu que le gouvernement fût retenu prisonnier », mais maintenant que l'ordre constitutionnel était rétabli, il invitait chacun à rechercher les voies d'une plus grande concorde entre les Espagnols et à dépasser les divergences secondaires pour se centrer sur les grands thèmes d'identification nationale.

Les groupes politiques – il le leur demandait instamment au nom de la démocratie et de la paix – se devaient aussi de maintenir « une attitude sereine et prudente face à une situation qui restait extrêmement délicate ».

Les responsables de ces événements subiraient toute la rigueur de la loi mais, ajoutait-il, « une réaction ouverte et dure des forces politiques contre ceux qui ont commis ces actes de subversion ne me paraît guère être de bon conseil. Et ce serait aller à l'encontre encore du but recherché que d'étendre, de généraliser cette réaction à toutes les Forces armées ».

Dans leur ensemble, ces dernières n'avaient-elles pas donné la preuve « de leur discipline, de leur patriotisme et de leur loyauté envers la Couronne »?

A juste titre, et parce qu'il connaissait bien l'esprit de corps qui unissait, par-delà les options politiques de chacun, la « famille militaire », Juan Carlos entendait préserver l'avenir d'un danger qu'il sentait immédiat. Si l'on ne voulait pas voir rebondir la menace, il fallait éviter à tout prix que l'armée, après l'humiliation qu'elle venait de subir, se sentît rejetée, contestée par la nation en tant que groupe social.

Quelques heures seulement après avoir si bien retroussé ses manches, le roi réassumait ainsi naturellement son rôle constitutionnel « d'arbitre et de modérateur ». Quant à l'autre définition que donnait du souverain la loi fondamentale, celle de « symbole de l'unité et de la permanence de l'État », elle avait pris un sens tout à fait concret et précis. Elle semblait, il y a vingt-quatre heures, encore une figure de rhétorique; elle était devenue au cours de la nuit passée, l'expression même de la nécessité historique.

Le mercredi 25 février, le Congrès reprit le vote d'investiture que le lieutenant-colonel Tejero avait si fâcheusement interrompu. Leopoldo Calvo Sotelo obtint du coup la majorité absolue des suffrages.

Dressée comme un seul homme, à l'exception de Blas Piñar, unique représentant de l'extrême droite franquiste, l'Assemblée avait inauguré sa séance par une formidable ovation au souverain. Jamais absent n'avait été aussi présent dans le cœur de ceux qui l'acclamaient : « Pour sa Majesté le Roi, debout! »

Et ce n'était pas seulement les élus du peuple qui applaudissaient avec une extraordinaire ferveur mais tous les otages de la veille, qu'ils fussent ministres, députés, journalistes, huissiers, standardistes, tous ceux qui, pendant un bref mais interminable moment de leur existence, avaient charnellement ressenti ce que les mots si usés de démocratie et de liberté pouvaient recouvrir de richesse sous la menace des armes, quand un totalitaire botté se met à commander : « Tout le monde au sol! Tout le monde couché! »

Debout, le peuple de Madrid le fut encore le vendredi 27, à l'appel des quatre grands partis nationaux, pour participer à la plus gigantesque manifestation pacifique de l'histoire d'Espagne.

De Fraga à Carrillo, toute la nation faisait litière de ses querelles si dérisoires, si superficielles, pour proclamer son attachement aux valeurs qui la rassemblaient et à celui qui les avait si bien incarnées et défendues, ce roi de quarante-trois ans, héritier de Franco par la grâce d'un destin ironique et dont les communistes acclamaient le nom en levant le poing!

Pour l'immense majorité des Espagnols, le « 23 février » fut le vrai révélateur de la stature politique et humaine de Juan Carlos. Ils avaient appris depuis 1976 à apprécier ce souverain qui jamais n'outrepassait ses droits et que l'on disait avoir été le véritable moteur du changement, bien s'il se fût effacé volontairement derrière le chef de la majorité politique. Ils reconnurent désormais en lui l'homme d'État dont la présence était indispensable au soutien du nouvel édifice qui abritait leur société réconciliée. Ils comprirent l'importance de l'institution que représentait la Couronne et, de circonstanciellement « juancarlistes », les démocrates de ce pays devinrent sincèrement monarchistes.

Pilar Urbano, dans le livre qu'elle a consacré au fameux « 23 F », rapporte cette anecdote récente qui lui fut racontée à un retour d'Argentine par l'avocat Rafael Pérez Escolar.

Claudio Sanchez Albornoz, illustre exilé de l'époque franquiste recevait chez lui Manuel Fraga, de passage à Buenos Aires, qui crut bon de lui confier au cours de la conversation :

« Vous le savez, don Claudio, au fond je suis républicain...

– Eh bien vous faites très mal!, lui répondit le vieil historien. En Espagne aujourd'hui un patriote, comme vous l'êtes sûrement de pied en cap, ne peut être que monarchiste... Parfaitement! Et celui qui vous le dit a été président du gouvernement de la République [12]! »

Les Espagnols ne se contentèrent pas de devenir monarchistes et de considérer le trône comme le plus solide rempart de la Constitution; ils se surprirent aussi à aimer pour de bon ce capitaine intelligent et courageux qui avait, en une nuit plus encore qu'en cinq ans d'impeccable trajectoire politique, gagné le cœur de ses compatriotes. Ils aimèrent le roi et ils aimèrent l'homme qui était en lui.

A l'aube du 24 février ils lui conférèrent cette légitimité suprême dont seuls peuvent se prévaloir les rois qui ont su conquérir et mériter leur royaume : le sacre populaire. Le seul qui lui manquait encore, et, de bien loin, le plus glorieux.

---

12. Membre de la « Gauche républicaine », il fut effectivement l'un des chefs de l'exécutif républicain en exil.

CHAPITRE XI

LE ROI DE TOUS LES ESPAGNOLS

Juan Carlos avait eu raison de souligner devant les leaders politiques le caractère encore très délicat de la situation. Il devait être écrit que l'année 1981 resterait jusqu'au bout une année difficile, et, en effet, elle le fut. Tout au long de ces dix mois, ce ne furent encore dans les casernes que bruits de sabre, rumeurs de complot, manifestes de capitaines. Il semblait que le « golpe » de Milans et de Tejero n'en finissait pas d'expirer.

A Barcelone, où une prise d'otages spectaculaire avait attiré l'attention sur les agissements de certains secteurs ultras [1], la police désamorça fin mai un attentat qui devait se perpétrer contre le roi à l'occasion d'un important défilé le jour de la fête annuelle des Forces armées.

Une campagne insidieuse se propageait contre le souverain, l'accusant d'avoir trahi une opération militaire qu'il aurait au préalable encouragée. Certains répandaient le bruit qu'il avait bien donné son feu vert à Armada. D'autres, qu'il avait poussé machiavéliquement les généraux à s'insurger pour apparaître comme le sauveur de la situation et étendre ainsi ses pouvoirs constitutionnels. L'absurdité de ces attaques était manifeste. Elles ne trompaient aucun des démocrates qui avaient pu mesurer la solitude du roi à l'heure des périls, l'avaient vu affronter la

1. Le 23 mai un commando terroriste occupe, place de Catalogne, le centre de la Banque centrale retenant 102 otages et demandant entre autres, pour leur libération, celle de Tejero.

sédition de main de maître, puis, bien loin de chercher à renforcer son pouvoir politique, se replier sur les stricts devoirs de sa charge, une fois le danger écarté.

Il apparaissait cependant que cette campagne lancée par l'extrême-droite militaire et civile trouvait un écho favorable dans les milieux de la droite la plus réactionnaire, certes, mais que l'on pouvait croire sinon entièrement civilisée, du moins en voie de conversion progressive à la démocratie.

L'appropriation de la figure du roi par la gauche intellectuelle et populaire devait l'agacer suffisamment pour qu'elle s'estimât autorisée à dénigrer systématiquement la personne royale [2]. Elle y mêlait tout le vieux ressentiment contre la dynastie d'origine française – ces Bourbon « bourbonnant » qui portaient la trahison en eux – que quarante années de franquisme avaient entretenu savamment.

Cette espèce d'Espagnols était certes en voie d'extinction mais elle s'avérait encore capable de distiller son venin et d'infiltrer le poison jusque dans certains milieux de la « nouvelle droite » européenne, celle qui, sans se proclamer ouvertement fasciste, révérait secrètement Franco et le régime apparemment musclé qu'il avait imposé à l'Espagne pour la défense de « l'Occident chrétien ».

Les nouveaux « républicains » de l'Espagne appartenaient à cette espèce-là. Certains militaires ne s'en cachaient pas : à la prochaine occasion, si elle se présentait, ils jetteraient le roi dehors. Ils n'avaient au demeurant pas le choix. Juan Carlos l'avait dit et le répéterait : « La prochaine fois, il faudrait lui passer sur le corps... »

Ce n'était pas, fort heureusement, un risque que l'armée espagnole dans son immense majorité était prête à assumer. Elle avait été salutairement échaudée le 23 février; il lui restait à digérer le choc qu'elle avait subi et qui avait rompu le mythe de son unité.

Le procès du « 23 F », qui s'ouvrit le 19 février 1982 devant le Conseil supérieur de Justice militaire et qui allait durer plus de trois mois, aida considérablement à séparer dans ses rangs le bon grain de l'ivraie.

Dieu sait pourtant combien choquantes purent apparaître cer-

---

2. Juan Carlos dut même faire savoir publiquement qu'il n'était en rien compromis dans les intrigues qui avaient débouché sur le putsch. Pendant ce temps, Blas Piñar déclarait que « les prisons espagnoles étaient devenues les temples de l'honneur » et des pèlerinages s'organisaient pour aller honorer les militaires inculpés dans leurs maisons d'arrêt!

taines séances de ce prétoire qui promettait de s'ériger bien davantage en juge du régime et du roi lui-même qu'en celui de ses propres accusés.

Journalistes expulsés de la salle, éclats répétés de Milans del Bosch abandonnant tranquillement son banc sans que le président pût l'en empêcher, manifestations d'un public trié sur le volet et tout acquis à la défense : la « grande famille militaire » semblait ici chez elle. Mais condamnée aussi à faire sa propre lessive.

Elle ne s'en priva pas. Des témoignages d'une implacable sévérité morale furent ainsi portés par des généraux contre d'autres généraux. Le clivage entre légalistes et putschistes apparut nettement, clarifiant des positions qui n'étaient pas si évidentes quelques mois plus tôt et que n'éclairaient nullement des profils de carrière – croisade nationaliste et croix de fer sur le front russe – souvent en tous points identiques.

Ces affrontements agirent aussi comme un révélateur. Pour la première fois depuis quarante ans, des militaires étaient amenés à se définir individuellement et publiquement face à leur propre conscience et face à un pouvoir qui n'était plus le leur.

On a dit de ce procès qu'il n'avait pas appris grand-chose. C'est exact en partie, car il est vrai que ni les éléments d'enquête pratiquement inexistants ni les explications des accusés n'apportèrent toute la lumière souhaitable sur l'exacte filière des responsabilités du complot et pas davantage sur les articulations réelles entre les divers projets, sans doute très différents, qui avaient été élaborés pour aboutir à un gouvernement militaire.

Il était évident qu'il y avait au moins trois scénarios distincts. Le premier visant à exercer une pression au plus haut niveau pour dénaturer progressivement le processus démocratique, le deuxième misant sur la formule d'une prise de pouvoir négociée, le troisième tablant sur un coup de force violent. Et, comme l'écrivit *ABC,* « le premier de ces scénarios au moins avait l'approbation de très larges secteurs de l'armée », avec la complicité de certains secteurs politiques. Mais il était difficile – et délicat – de juger à la même aune des projet aussi divers et qui n'avaient manifestement pas la même gravité criminelle.

En revanche, l'opinion publique put se faire une idée très claire de l'incroyable légèreté des militaires putschistes, de leur psychologie élémentaire, de l'anachronisme stupéfiant de leurs réactions et de la conception si particulière qu'ils se faisaient de l'honneur et de la discipline militaire.

Au bout de quelques semaines d'audience, le pays en savait assez pour former son intime conviction. Quant aux militaires que n'aveuglaient pas une passion revancharde ou la conviction qu'il revenait à eux seuls de déterminer ce qu'était le bien et la grandeur de l'Espagne, ils furent les premiers à estimer que certains de leurs pairs, intoxiqués par quarante ans de dictature, s'étaient fourvoyés dans une dangereuse impasse.

Les accusés ne faisaient même pas bonne figure. Armada n'avait rien à dire, tentant ainsi d'accréditer la thèse selon laquelle, par son silence, il couvrait noblement la personne du roi. Milans, dont toute la défense reposait précisément sur la prétendue certitude que son action était couverte par le souverain, enrageait de voir Armada muré dans son silence et, une fois de plus, le trahissant. L'animosité des trente-deux accusés contre l'ancien secrétaire général de la Zarzuela devint si inquiétante que l'on dut isoler Armada pour lui épargner menaces, injures et autres humiliations.

Les professions de foi claironnantes du capitaine général de Valence et du lieutenant-colonel Tejero vinrent elles-mêmes trop tard pour faire leur effet. Elles avaient été noyées sous une cascade de faux-fuyants, une avalanche de : « On m'avait dit que... » « Je croyais sincèrement... »

On était habitué en Espagne depuis les années trente à un peu plus de panache. Les Sanjurjo, les Goded, les Fanjul avaient su, au moins, endosser avec allure l'entière responsabilité de leurs actes. Il est vrai qu'ils avaient, de leur point de vue, autre chose à reprocher au régime espagnol de leur temps que les misérables arguments que l'on pouvait invoquer contre le gouvernement d'Adolfo Suárez. Hormis le cancer du terrorisme basque, héritage du franquisme, où était donc la maladie mortelle de la démocratie espagnole?

Les sentences prononcées le 3 juin parurent scandaleusement clémentes aux yeux du monde politique et de la presse. Il est vrai que tous les lieutenants de la Garde civile qui avaient participé à l'assaut des Cortes étaient absous. Le protocole de reddition signé le 24 février sur le capot d'une voiture et qui les disculpait joua au moins en leur faveur comme une présomption d'irresponsabilité. Les capitaines s'en tiraient avec deux ou trois ans de prison. Le commandant Pardo Zancada, les colonels Ibañez et San Martín étaient respectivement punis de six, cinq et trois ans de détention. Six ans, c'était aussi la peine retenue pour les généraux Torres Rojas et Armada. Seuls Milans del Bosch et Tejero étaient condamnés à trente ans de prison, la peine maximale.

Le Tribunal suprême, saisi par le procureur, allait doubler presque toutes les condamnations qui pouvaient l'être [3]. Il considéra en outre que le général Armada avait encouru une responsabilité identique à celle de Milans et de Tejero et lui infligea le même châtiment.

* * *

Comme elle l'avait été par l'échec du « golpe », la démocratie sortait en définitive confortée par ce procès. Il avait tourné à la confusion d'une certaine caste militaire que l'on n'avait en Espagne que trop tendance à mythifier. Les loyalistes de l'armée qui étaient, de loin, les plus nombreux, y gagnèrent un prestige nouveau. Une nouvelle image de l'officier se dessina, une nouvelle image aussi de la véritable mission de l'armée dans un pays moderne. Peu à peu, dans sa structure, dans son implantation sur le territoire national, elle cessera d'être ce qu'en avait fait Franco – cette armée de guerre civile campant éternellement sur ses positions de 1939 et les canons pointés sur l'ennemi de l'intérieur – pour assumer des tâches plus dignes de son évolution technique et de l'éminente position stratégique de l'Espagne.

Ce fut en grande partie l'œuvre patiente du roi qui sut guider, avec toute la prudence mais aussi toute la fermeté nécessaire, la politique de restructuration des forces armées [4]. Les mutations aux postes clés de commandement continuèrent de relever de la médecine douce. Associées au départ à la retraite de nombreux généraux de la « vieille Garde », elles se révélèrent si efficaces que personne, bientôt, ne sera plus tenté d'évoquer comme hypothèse admissible

3. En 1986, il n'était toujours pas question d'amnistie ou de mesures de grâce pour les principaux condamnés. On n'entendait surtout plus parler d'eux, alors que Tejero, au moins jusqu'à son procès, faisait figure de vedette jusque dans sa prison du Ferrol.

4. Juan Carlos prêta aussi une attention toute spéciale à la formation des officiers dans les Académies. Il n'entendait plus, nous dira-t-il en 1982, « qu'elles demeurent un vivier pour Fuerza nueva ».

la menace d'un nouveau coup d'État « dur » ou « mou ». Même plus celle d'une pression caractérisée des militaires sur le pouvoir civil.

Le meilleur test fut l'acceptation « sans hésitation ni murmure » par les militaires de la victoire électorale des socialistes en octobre 1982. L'armée y gagna au demeurant, en la personne du catalan Narcis Serra, un ministre de la Défense qui, bien qu'il n'eût même pas accompli son service militaire, sut se tailler une réelle popularité dans les casernes et les états-majors.

« Il faut donner à l'Espagne le temps de résorber ses anachronismes », déclarait Juan Carlos à l'auteur de ce livre en avril 1982. L'armée héritée de Franco en était un, à coup sûr, et lorsque le gouvernement de Calvo Sotelo, le 5 juin de la même année, décida de l'adhésion du pays à l'Alliance atlantique, le roi considéra que c'était une bénédiction. Sa tâche de réformateur en serait facilitée.

« Tout ce qui peut nous arracher aux vieux fantasmes nés de notre isolement, tout ce qui nous oblige à tourner nos regards vers le monde et à nous amarrer solidement à l'Europe doit être inlassablement recherché. La classe politique elle-même doit résolument sortir de son provincialisme », affirmait-il aussi [5].

Dans une très large mesure, les quatre années qui se sont écoulées depuis qu'il tenait ces propos, ont répondu à ses vœux. Le Parti socialiste lui-même, qui avait fait du « non » à l'OTAN un slogan de combat, en viendra à rectifier considérablement sa position sous l'impulsion de Felipe González. Le référendum positif de mars 1986 confirmera l'adhésion de l'Espagne au Pacte atlantique.

Un autre anachronisme de la société espagnole résidait et réside encore dans ce nihilisme troglodyte qu'incarne l'ETA. Le terrorisme était le principal alibi des militaires en mal de coup d'État. On peut même dire qu'il était le seul véritable motif capable de mobiliser un nombre important d'officiers dans une rébellion contre la société civile.

C'était au nom des gardes civils lâchement abattus sur « le front basque » – quelque autre mauvaise raison qu'il se donnât aussi – que Tejero avait pu si aisément recruter des volontaires. Un régime militaire n'eût évidemment rien résolu, bien au contraire, mais c'était peut-être beaucoup demander à l'armée que de s'en convaincre. Peu à peu pourtant, la leçon du 23 février et le procès du

5. Conversation avec l'auteur.

printemps 1982 aidant, elle cessa progressivement de rejeter sur le gouvernement démocratique la responsabilité de la situation. Le commandement était, il est vrai, plus ferme. Peut-être aussi certains comprirent-ils mieux dans quel piège le terrorisme cherchait à les faire tomber, contre les intérêts du pays tout entier et de son unité.

En novembre 1982, le nouveau général commandant la division blindée « Brunete », Lago Román, fut assassiné en plein cœur de Madrid par un commando d'ETA « militaire ». Pour la première fois des obsèques de ce genre ne furent interrompues par aucun cri vengeur et se déroulèrent dans une totale dignité [6].

« Nous savons désormais que l'on n'effacera pas le phénomène terroriste d'un coup de baguette magique. C'est dans l'esprit de sacrifice et dans la stricte obéissance à l'ordre constitutionnel que nous entendons occuper notre place dans la société de ce pays », nous disait alors le général Pedrosa, successeur de la victime à la tête de la « DAC ».

Le tournant était pris. Le problème de la violence, celui aussi de la passivité complice d'une partie de la population basque, ne se résoudraient que par lent épuisement. Stoïcisme d'un côté et, de l'autre, conviction du vain combat poursuivi dans un milieu, de moins en moins réceptif, de plus en plus lassé.

Depuis février 1981 la branche la plus modérée de l'ETA, la « politico-militaire », commençait à exprimer des doutes sur l'opportunité de poursuivre la lutte. Le petit parti qui représentait cette tendance, Euzkadiko Eskerra, et son leader, Mario Onaindia, l'ancien condamné à mort de Burgos, dénonçaient de plus en plus ouvertement « l'aveuglement stupide de l'ETA militaire qui avait perdu une bataille fondamentale en rompant les amarres avec le reste de la société ».

En septembre 1982, après, il est vrai, une nouvelle scission, ETA « politico-militaire » décida de déposer les armes et de se réinsérer pacifiquement dans cette société civilisée à l'issue de négociations habilement menées par le ministre de l'Intérieur Juan-José Rosón et Onaindia. L'acte fut publiquement attesté par une conférence de presse. Ce n'était pas évidemment la fin du terrorisme. ETA

6. Lago Román était le huitième général assassiné en cinq ans. D'autres victimes suivront encore sous la haute hiérarchie militaire, et notamment, en janvier 1984, le général Guillermo Quintana.

« militaire » allait continuer sa lutte meurtrière, mais c'était là encore un tournant, le signe que des militants armés pouvaient renoncer d'eux-mêmes à la prison mentale de leur entêtement et à l'absurde fuite en avant qui en résultait.

En dépit d'attentats encore spectaculaires, d'assassinats comme ceux dont furent victimes en 1982 le directeur de la centrale nucléaire de Lemoniz, Angel Pascual ou le général Lago Román, la grande vague terroriste qui avait déferlé sur l'Espagne en 1979 et en 1980 était nettement sur son déclin dès le printemps de 1981. Ce reflux progressif aida incontestablement le roi à maintenir la discipline de l'armée.

Début 1986, nul ne pouvait prétendre que le problème du terrorisme basque était virtuellement réglé. Il ne se résoudrait sans doute pas de sitôt et continuerait à faire des morts. Du moins pouvait-on admettre que depuis déjà trois ans il ne constituait plus directement, ou plus encore par effet induit, une menace sérieuse pour la démocratie espagnole. Le reste est affaire de temps, c'est-à-dire de ferme patience.

* * *

Le message que le roi avait adressé le 24 février 1981 à la classe politique, l'invitant à cesser les querelles byzantines qui avaient eu raison du gouvernement Suárez et fourni aux putschistes un bien inutile prétexte, ne fut à dire vrai entendu qu'à moitié.

Certes, les parlementaires prisonniers de Tejero, de quelque bord qu'ils fussent, avaient tous éprouvé, face à l'agression fasciste, le sentiment de leur solidarité. Pour la première fois, comme le notera Felipe González, certains députés siégeant à droite, trop enclins à ne voir des ennemis qu'à gauche, perçurent même très clairement tout ce qu'ils avaient manqué de perdre avec la chute de la démocratie.

Le souvenir du « 23 F » incita aussi l'opposition de gauche et les syndicats à faire de nombreuses concessions au gouvernement Calvo Sotelo qui, de mois en mois, imprima au pouvoir une direction nettement plus « droitière » que celle d'Adolfo Suárez.

Mais cette inclination générale à la sagesse et à la modération ne se répercuta pas au sein du parti centriste. Calvo Sotelo lors de son investiture avait, d'emblée, rejeté la proposition que lui avait faite le PSOE de constituer un gouvernement de coalition. Sans doute se crut-il plus fort qu'il n'était. Les dissensions au sein de l'UCD resurgirent dès le mois de mars lors des débats sur la loi de divorce et firent bientôt apparaître comme inconciliables les objectifs des deux grands courants antagonistes de la coalition du centre.

D'un côté les sociaux-démocrates de Francisco Fernández Ordoñez, le ministre de la Justice, et les fidèles de Suárez, campaient sur leurs positions de centre-gauche; de l'autre les démocrates-chrétiens – en Espagne résolument conservateurs – rêvaient d'une grande droite alliée avec le parti de Fraga et seule susceptible à leurs yeux de vaincre aux prochaines élections les socialistes de Felipe González.

La démission en août 1981 de Fernández Ordoñez [7] n'était pas de bon augure. Au début de 1982, plusieurs leaders de l'UCD passèrent avec armes et bagages à l'Alliance populaire. D'autres constituèrent de nouveaux partis. Suárez lui-même fonda le Centre démocratique et social. L'UCD, qui était née aux forceps cinq ans plus tôt par la seule volonté de l'ancien président du gouvernement, retournait à sa poussière originelle de nébuleuse hétéroclite.

Calvo Sotelo, qui n'avait pas démérité comme homme d'État mais qui s'était montré incapable de ressouder la coalition centriste, dut prendre acte de son échec en dissolvant le Congrès et en avançant au 28 octobre 1982 les élections législatives.

La déroute était à la clé. Une déroute presque inimaginable puisque l'UCD, qui avait encore recueilli six millions de suffrages en 1979, n'en obtint plus péniblement qu'un million et demi. Réduite à douze députés et à quatre sénateurs, l'UCD disparut définitivement le 18 février 1983. Le centrisme atomisé ne pouvait même pas se flatter de partager une partie de ses dépouilles. Le CDS d'Adolfo Suárez ne comptait que deux sièges dans la nouvelle assemblée...

La grande majorité de l'électorat centriste était passée à ce nouveau grand parti de centre-gauche qu'était devenu le PSOE [8]. Bénéficiant de la majorité absolue au Congrès, Felipe González apparaissait moins comme le porteur d'une idéologie antagoniste à

7. Quittant à la fois le gouvernement et le parti, il entraînait avec lui 10 députés et 9 sénateurs. Il deviendra ministre des Affaires étrangères de Felipe González.

8. Le PSOE, avec plus de 10 millions de voix, obtenait 202 sièges au Congrès. La coalition populaire dirigée par Fraga, avec près de 5,5 millions de suffrages et 106 sièges, devenait le second parti espagnol.

celle de l'UCD que comme l'héritier du charisme évanoui d'Adolfo Suárez. Le peuple espagnol avait ouvert les bras au seul leader jouissant d'un prestige national au moins égal à celui du Suárez de 1979 et au seul parti susceptible de conduire d'une main ferme la politique du pays dans la nouvelle conjoncture.

Sa réaction était parfaitement saine. L'électorat cherchait une cohérence. Elle ne s'exprimait pas dans un appétit de changement à tout prix, dans une volonté impérieuse de tester les vertus de l'alternance comme cela avait été le cas de la France en mai 1981, mais bien plutôt dans cette assurance de continuité sécurisante et socialement progressiste que pouvait lui offrir, face à une droite encore marquée par des nostalgies franquistes, le grand parti « démarxisé » qui présentait à l'Espagne une option social-démocrate, selon, plus ou moins, les canons de l'Europe septentrionale.

Les bases du PSOE, historiquement si révolutionnaire, pouvaient bien rechigner; le mérite de Felipe González fut de comprendre qu'elles étaient celles infiniment plus larges, de son électorat. Les élections du 22 juin 1986 en redonnant aux socialistes une majorité absolue, encore qu'amoindrie, montreront que ce dernier n'était pas prêt à abandonner de sitôt son option de 1982.

*

Juan Carlos, à la veille des élections qui donnèrent le pouvoir au Parti socialiste, ne pouvait réagir qu'à l'unisson de son pays. Sans doute, en son for intérieur, souhaita-t-il cette victoire du PSOE. Pour la première fois dans l'histoire d'Espagne, la Couronne allait cohabiter avec un gouvernement de gauche et il était évident qu'elle avait tout avantage à assumer ce test.

Nul ne pourrait dire désormais que l'institution monarchique était incompatible avec tel ou tel gouvernement. La dynastie sortirait renforcée de l'expérience, inaccessible désormais aux aléas du pou-

---

9. Les socialistes avaient promis de créer en quatre ans 800 000 emplois. Ils n'y sont nullement parvenus et le chômage s'est accru. En revanche, ils peuvent se targuer d'une gestion rigoureuse et très capitaliste de l'économie. En quatre ans, la balance commerciale s'est nettement améliorée, le PIB s'est accru et l'inflation qui atteignait 14,6 % en 1981 était réduite à 8,3 % en 1985. La semaine de travail a été fixée à 40 heures mais aucun frein n'a été mis au développement de l'initiative privée et la restructuration industrielle, en prévision de l'entrée dans le Marché commun, a été entreprise avec courage et décision. Le grand problème demeure le chômage : 22 % de la population active, presque le double de la moyenne européenne.

voir politique, symbole de l'État, unanimement admise et respectée par tous les partis quels qu'ils fussent.

Faut-il ajouter que Juan Carlos ne joua aucun rôle dans cette partie dont les électeurs espagnols étaient les seuls maîtres? Cela nous semble bien superflu. Les relations du roi avec Felipe González furent et restent ce qu'elles étaient avec Adolfo Suárez. Les uns disent bien meilleures, en oubliant ce qu'avait été, dans l'époque cruciale de la liquidation de la dictature et de la transition démocratique, la si fervente communion de pensée et la si étroite collaboration entre le souverain et le chef du gouvernement qu'il avait lui-même initialement choisi.

Disons simplement que le même rapport affectif s'est établi spontanément entre ces deux hommes de la même génération que sont eux aussi Juan Carlos et Felipe González. Les anciennes préventions du secrétaire général du PSOE envers « l'héritier de Franco » s'étaient depuis bien longtemps dissipées lorsqu'il accéda à la présidence du gouvernement. Elles avaient fait place chez lui à un véritable sentiment d'admiration et de reconnaissance depuis les événements de février 1981. Quant au roi, il lui suffisait d'être lui-même pour trouver avec le nouveau chef de la majorité, doté en outre d'un tempérament très proche du sien, les voies naturelles d'une relation politiquement impeccable et humainement chaleureuse.

Le talent particulier que manifeste Juan Carlos pour mettre à l'aise ses interlocuteurs et s'en faire aussitôt aimer n'est sans doute pas un des éléments les moins négligeables de l'heureux climat qui présida à la transition espagnole et à ce que l'on appela le consensus politique.

A l'époque où Felipe González précisément manifestait encore de sérieuses réserves à l'égard de la fonction royale et n'était pas si loin de reprendre à son compte les critiques sournoises et xénophobes que les phalangistes naguère dirigeaient contre « le prince venu d'ailleurs », le roi lui-même raconta comment il s'y était pris pour nouer un contact plus amical avec le secrétaire général du PSOE :

« Nous étions ensemble à une réception. Il semblait ne pas me voir. Par-derrière, je lui pris le bras et lui dis que je désirais bavarder un moment avec lui. Il sembla surpris et je lui demandai alors de quelle couleur il croyait que j'avais les yeux. En me regardant bien il déclara qu'ils étaient gris. Alors je lui dis en riant : Dans ce cas, la prochaine fois, ne va pas dire partout que je suis un grand blond aux yeux bleus [10]. »

Cette manière très bourbonienne de traiter son monde, avec cette familiarité complice héritée de son père et de son grand-père est source de nombreuses anecdotes qui, récemment, donnaient matière à deux livres de l'Argentin Ricardo Parrotta qui eurent un grand succès de librairie. Sont-elles toutes exactes? Cela n'a peut-être pas si grande importance. Elles reflètent presque toutes des traits de caractère que tous ceux qui connaissent bien Juan Carlos peuvent authentifier.

Le plus visible est une authentique générosité de cœur, une bienveillance naturelle qui s'exprime d'une manière totalement spontanée, ou qui du moins paraît telle. Si la qualité humaine des grands de ce monde se mesure d'abord à l'attention qu'ils portent à la personne et aux problèmes des autres, à la fidélité qu'ils témoignent à leur entourage le plus modeste, le roi d'Espagne peut se flatter d'avoir haussé cette vertu au rang d'un grand art.

Art, en l'occurrence, peut signifier calcul, astuce, dans certains cas démagogie. La nature a doté Juan Carlos d'une intelligence essentiellement intuitive associée à une mémoire surprenante et il ne fait nul doute qu'il sait fort bien utiliser ces dons à des fins politiques au sens étroit comme au sens le plus large du terme.

Son aisance dans les contacts humains et le caractère heureux de sa nature pourraient ainsi convertir en simple jeu royal la mise en œuvre systématique de ces talents. Mais quelque chose en lui – sans doute une loyauté foncière – dément tout artifice dans cette simplicité, si bien que personne ne peut la croire feinte.

Entre le savoir-faire et le savoir-être, où est la vérité d'un homme? Le propre de Juan Carlos est de mettre l'un tout entier au service de l'autre. C'est d'une grande habileté, mais d'une habileté tout à fait naturelle et parfaitement sincère.

Au demeurant, le roi est né timide. Sa personnalité ne s'est épanouie qu'au prix de dures conquêtes : celle de son propre bonheur familial, celle de son identité, celle de son trône, celle de sa réussite politique confondue avec celle de son peuple. Rien de tout cela n'a pu se faire dans l'ingénuité.

---

10. *Anatomie d'un changement de régime,* par José Oneto.

De même qu'il lui a fallu de la patience, de la ténacité, une parfaite maîtrise de lui-même pour y parvenir, il lui a fallu aussi la juste dose de ruse pour déjouer les pièges qui lui étaient tendus.

Il lui arrive encore, très certainement, de jouer les innocents, pour en savoir plus, et parce qu'un roi aussi, un roi dont le devoir est de ne pas « faire de politique », ne doit pas, ne peut pas se montrer « trop intelligent ».

Ce qui paraît admirable dans son cas, c'est que cette suprême adresse n'ait troublé en rien la transparence de son être. Peu à peu, par ces chemins si difficiles, il est devenu ce qu'il était : un homme heureux qui peut beaucoup apporter aux autres, et à son pays, parce qu'il se sent entièrement bien avec lui-même. Toute sophistication lui est ainsi étrangère aussi bien qu'inutile. Quand il va dans un restaurant goûter les plats à la cuisine, avant de dîner en famille ou avec des camarades de promotion, quand il s'arrête sur une piste pour aider un skieur maladroit à rechausser, il n'y met pas plus d'ostentation que lorsqu'il prend Carrillo par le bras, au milieu d'une réception, pour lui soutirer une confidence : « Don Santiago, racontez-moi donc cette histoire de Moscou... »

Dans cette Espagne démocratique où la presse est si indiscrète, nul ne fait – et c'est un signe révélateur – mauvais usage de cette familiarité royale. Les anecdotes sont dans les livres, jamais dans les journaux. S'il est au moins une chose que les Espagnols ont appris à respecter, c'est le naturel du roi. Cette qualité-là force la discrétion parce que l'on sait précisément qu'elle n'est jamais forcée.

Mais si la simplicité de Juan Carlos est proverbiale, nul ne peut se méprendre sur le sens inné qu'il a de la dignité royale. On l'a vu se mettre terriblement en colère contre un ministre des Affaires étrangères centriste qui, lors d'un voyage officiel à Djakarta, avait pris la liberté d'entamer en sa présence une conférence de presse impromptue.

Le journaliste Pedro Rodriguez rapporte aussi dans une de ses chroniques que Giscard d'Estaing, emporté sans doute par cette sympathie un peu protectrice que lui inspirait le jeune souverain, s'étant un jour risqué à lui dire : « Appelez-moi donc Valéry », le roi continua imperturbablement de lui donner du « Monsieur le Président », ce qui impliquait durablement le traitement réciproque de « Sire ».

Un général de l'armée de l'air, enfin, se souvient encore de la fermeté avec laquelle s'adressant à lui et à quelques-uns de ses collègues en 1976, Juan Carlos, sur une remarque de l'un d'entre eux donnant pour acquise la fidélité politique du souverain au Caudillo, répondit sur un ton glacial : « Écoutez bien : vous pouvez me faire entendre tout ce que vous voudrez, sauf que Franco est toujours vivant. Franco est mort et bien mort, sachez-le une fois pour toutes! »

Mais le même roi se refusera toujours – et avec la même vivacité – à laisser quelque esprit courtisan proférer devant lui une remarque humainement désobligeante à l'égard de l'ancien chef d'État. Aussi sévère que puisse être son jugement sur la dictature, Juan Carlos ne supporte pas que l'on inflige à l'Histoire pirouettes et simagrées. Il estime aussi que Franco s'est toujours comporté « plus que correctement » à son endroit et il entend préserver la dignité de son sommeil. A la condition bien entendu qu'on ne lui parle pas de sa résurrection.

Leçons données? Parlons plutôt d'exemple. Plus qu'aucun autre, et le premier, le roi aura su montrer la voie de la cohabitation harmonieuse entre les Espagnols. Sa bonne humeur exempte de tout préjugé a amené d'anciens franquistes à accepter les communistes comme elle a convaincu un Carrillo de dialoguer avec Fraga. Sa jeunesse de cœur et d'esprit s'est confondue avec l'oubli collectif des rancœurs du passé. Elle est devenue le point de référence d'une autre Espagne tournée vers les valeurs constructives de l'avenir. Si un homme a bien, et très concrètement, mérité de la paix, de la concorde, dans le vaste domaine national qui lui était imparti, c'est bien lui. Le prix Nobel du même nom lui a échappé au profit d'idéaux plus vaguement humanitaires, et c'est dommage. Nul mieux que le roi d'Espagne ne peut se vanter d'avoir été un rassembleur. Hormis par quelques ultras en voie de disparition, il est reconnu très exactement pour ce qu'il voulait être, « le roi de tous les Espagnols ».

***

Il fallait pour cela, c'est vrai, inventer une nouvelle monarchie. Non pas celle « politique » qu'entendait Franco en faisant de Juan Carlos l'héritier de son régime. Mais un nouveau style de monarchie, débarrassé de tout cet apparat de cour, de tous ces parasites qui encombraient l'appareil de ses ancêtres. Il ne fallait pas – et en ce sens Franco servit son dessein – qu'il y eût « restauration ». L'ancien devait servir le nouveau dans l'essence même de l'institution, dans son principe dynastique, garant de la permanence de l'État et de la cohésion nationale, mais sans jamais réveiller les nostalgies du temps révolu où la Couronne était, contre la République, l'incarnation de la moitié d'Espagne en lutte contre l'autre.

C'est là une des clés du comportement politique de Juan Carlos à l'égard de son père. Don Juan avait fait dans l'exil le premier pas vers une monarchie moderne authentiquement démocratique, et rien ne pouvait certes lui ôter le mérite d'avoir affronté la dictature. Mais les comportements personnels des rois, fussent-ils exilés, comptent moins à la limite que ceux des hommes que leur pouvoir ou leur prestige attire. Autour du comte de Barcelone, il y avait aussi, outre d'intelligents et dévoués conseillers, ces « monarchistes de toujours » qui sont à l'hermine royale ce que les poux sont au vulgaire. La plupart avaient servi le dictateur plus encore que leur roi et leurs préjugés d'aristocrates les rendaient fort peu aptes à occuper une place dans la nouvelle monarchie. Ce serait faire injure au père du roi que de prétendre qu'il leur accordât quelque crédit ou même qu'il en fût réellement encombré [11]. Mais la rupture avec ce passé devait être totale. Le sens politique si aigu de Juan Carlos ne pouvait s'y tromper.

Sans cour, presque sans protocole, la Zarzuela n'est qu'une maison familiale dans les dépendances de laquelle travaillent une quinzaine de fonctionnaires civils et militaires, les mêmes pour la plupart qui se trouvaient déjà là au temps du prince d'Espagne. S'il arrive à certains d'être Grands du royaume, c'est pur hasard, et même survivance paradoxale de l'époque franquiste. La reine, pourtant plus sensible à l'étiquette, n'a jamais voulu s'embarrasser de « dames d'honneur » et son unique secrétaire, Laura Hurtado de Mendoza, est à son service depuis 1971. Les actes très officiels, comme les dîners de gala, se déroulent au Palais royal de Madrid, voué pour l'essentiel à sa fonction de musée, exactement comme le souhaitait

11. José-Luis de Vilallonga dans son livre *Les sabres, la couronne et la rose*, fait une description terrible de certains de ces personnages tout en reconnaissant qu'ils n'avaient pas d'influence politique sur Don Juan.

Miguel Maura dans ses conseils au « Merle blanc ». A la Zarzuela, il est impossible de réunir plus d'une quinzaine de personnes dans la salle à manger.

C'est dans ce cadre et cette atmosphère d'une parfaite simplicité que le couple royal a élevé ses trois enfants : deux princesses à marier qui ont mené la vie universitaire et sportive de toutes les jeunes filles de leur âge et un prince héritier qui, avant de régner un jour sous le nom de Philippe VI, suit trait pour trait, après des études secondaires parachevées au collège canadien de Lakefield le cursus militaire de son père [12].

La famille de Franco, qui décidément n'avait rien à craindre de la démocratie, s'est défaite peu à peu sous les coups de boutoir de petits scandales et de divorces médiocres qui alimentent les gazettes spécialisées. Certains jugent que c'est un peu triste et que le Caudillo, ce parangon de toutes les vertus, patriotiques et familiales, ne méritait pas cela. C'est oublier que son règne fut aussi celui d'une incroyable corruption et d'un népotisme impudent. Certains cousins du roi, dans la descendance de Don Jaime, ne se conduisent d'ailleurs pas d'une manière plus rigoureuse. Du moins ne sont-ils plus reçus à la Zarzuela quand leur vie privée laisse trop à désirer.

La dignité de la famille royale n'a rien d'austère pour autant. Les Espagnols ne se reconnaîtraient pas dans un roi puritain. Il leur plaît que ce souverain bouleverse les barrières. Il ne leur déplaît pas que la reine, derrière lui, les remette en place avec un si charmant sourire. L'équilibre leur paraît ainsi parfaitement respecté. A roi expansif, reine sage et précise. Il paraît que le prince Felipe, qui, en taille, dépasse déjà son père et qui lui voue une véritable vénération, tient plutôt du caractère de sa mère. Comme il est déjà plein de séduction, beaucoup d'Espagnoles ont pour lui les yeux de Chimène. Voilà pour notre dernier album de famille. Au début de

12. L'aînée des enfants, l'infante Elena, a suivi les cours de l'École normale d'institutrices. C'est une excellente cavalière de concours hippiques. L'infante Cristina poursuivait en 1986 des études de sciences politiques à l'université de Madrid. Le prince Felipe est entré en 1985 à l'Académie de Saragosse. Sa formation militaire achevée, il poursuivra comme son père des études universitaires. C'est apparemment un garçon intelligent, studieux et réservé, pour qui « être roi, c'est de m'efforcer de faire la même chose qu'a faite et que fait mon père ». Il a déjà représenté officiellement son pays à l'étranger, notamment en Colombie en 1983 aux côtés de Felipe González et, en 1985, dans les États du golfe Persique. Il a prêté serment devant les Cortès en qualité d'héritier du trône lors de ses 18 ans, le 30 janvier 1986.

ce livre, nous en avions ouvert un autre autrement plus mélancolique!

*
* *

Les Espagnols sont-ils devenus monarchistes pour autant? A leur manière sans doute, qui passait fatalement par le « juancarlisme », cet accident de l'Histoire si bien assumé par son héros.

« Je garde par-devers moi », écrivait il y a plusieurs années déjà Francisco Umbral, le brillant chroniqueur de *El Pais,* « que ce roi sportif nourrit en secret l'ambition d'être le souverain de tous les républicains espagnols. Jamais on n'aura vu une monarchie si républicaine, une république si discrètement couronnée. Ce n'est pas un " intellectuel ", ce n'est pas davantage, il me semble, un politique professionnel, mais son esprit et son corps de plein air abritent toute une culture, toute une mémoire d'intrépidité politique, de grandes bourrasques historiques qui le maintiennent en forme. Et moi, à force de l'écouter, de l'observer, je me dis que jamais il n'abandonnera son projet démocratique pour l'Espagne, son rêve d'une monarchie européenne et socialisante. »

Ce juste hommage d'un membre de l'intelligentsia progressiste ne s'est pas démenti. Juan Carlos et Sophie, non contents de se soustraire à tous les écrans qui auraient pu les éloigner de l'« Espagnol moyen », ont voulu que la Zarzuela devienne aussi la maison des écrivains et des artistes, un lieu où soufflent l'esprit nouveau et l'air vif du pays. Ils y ont réussi sans effort, sans contorsion, comme chose elle aussi naturelle, parce que ces mêmes artistes, ces mêmes écrivains trouvaient dans leur intimité une source toujours rafraîchissante de jeunesse, de fierté et de confiance dans un avenir éclairé et chaque jour meilleur pour leur pays et son image dans le monde.

Les Espagnols sont en fait devenus monarchistes sans même s'en apercevoir. Et ceux qui le sont sans doute le plus sont précisément ceux qui, par disposition naturelle, devraient être républicains.

Il est probable que cet ironique retournement de l'Histoire suffira à asseoir durablement la dynastie. « Ce roi a mérité que son fils règne un jour », proclamait avant le scrutin de 1982 Carmen García, une dirigeante du Parti socialiste. On pourrait ajouter : à la condition bien sûr que cette dynastie ne démérite pas, car si l'institution est respectée, si le souvenir d'Alphonse XII, d'Alphonse XIII et celui de Don Juan – ce roi sacrifié – l'est également, la véritable popularité de la monarchie espagnole réside bien, essentiellement, dans la personnalité exceptionnelle de Juan Carlos.

Ce dernier a, certes, tout le temps d'enraciner la Monarchie plus profondément encore et d'asseoir fermement sa descendance. En mettant le souverain à l'abri de toute responsabilité politique, la Constitution rend sans nul doute service à cette institution dans sa fonction permanente et intemporelle. Le seul risque est d'ordre psychologique. Le prestige personnel de Juan Carlos, fondement du consensus actuel autour de la monarchie, ne risque-t-il pas lui-même de s'enliser dans les eaux dormantes de ce statut de chef d'État sans pouvoir? La stature politique du roi n'est-elle pas trop à l'étroit dans le rôle symbolique qui lui est maintenant imparti?

Il existe dans l'Espagne d'aujourd'hui – pourquoi le nier? – une certaine tendance à l'inflation très personnalisée de la fonction présidentielle. Adolfo Suárez y succomba, ce qui fut en grande partie la cause du rejet irrationnel dont il fut victime. Et lorsque Felipe González fit réarmer le yacht de Franco – le célèbre *Azor* – pour ses vacances de l'été 1985, on put se demander en Espagne si une certaine mégalomanie n'avait pas elle aussi atteint le leader socialiste.

Il est possible que ce dernier, dans un geste volontairement iconoclaste, ait voulu signifier par cette croisière insolite que dix ans après la mort du dictateur, tous les tabous qu'avait inspirés son régime devaient être une bonne fois renversés. Mais déjà en novembre 1983, après un an d'exercice du pouvoir par le PSOE, un homme aussi éloigné du combat politique que peut l'être le philosophe Julian Marías éprouvait le besoin de tirer discrètement la sonnette d'alarme :

« Felipe González, nous disait-il, est un homme très sympathique, très sincère, très pragmatique. Mais je n'aime pas qu'on en fasse une sorte de personnalité intouchable. Je ne voudrais pas que l'imagerie socialiste rejoigne la franquiste. »

Felipe González, pas davantage qu'Adolfo Suárez, ne peut être décemment suspecté de vouloir déséquilibrer les pouvoirs de l'État. Il est bien entendu, de surcroît, que si on règne à la Zarzuela, c'est bien la Moncloa, et elle seule, qui gouverne. Il serait néanmoins dangereux qu'une querelle de prestige pût un jour éclater entre la

Couronne et la Présidence si d'aventure cette dernière échéait à une personnalité qui ne se reconnaîtrait pas comme Suárez ou González la même dette de reconnaissance envers la personne du chef de l'État. Le seul fait que l'on ait pu évoquer en Espagne, à propos de cette symbolique de l'*Azor,* la tentation chez le leader socialiste de quelque « caudillisme latent », devrait néanmoins suffire à conjurer ce genre de péril. Les Espagnols sont attentifs à ces dérives [13].

Lorsque s'élaborait la Constitution, en janvier 1978, Juan Carlos, après une discussion avec le professeur de droit public Sánchez Agesta, déclarait à José Oneto : « Du train où vont les choses, je crois bien que j'aurai moins de pouvoirs que le roi de Suède. Mais si cela favorise l'acceptation de la forme monarchique de l'État par tous les partis politiques, je suis disposé à l'accepter. »

Il accepta en effet cette situation avec une élégance vraiment royale, s'y tint scrupuleusement dans les pires moments et jamais on ne l'aura entendu exprimer l'ombre d'un regret sur un tel chapitre.

Les critiques que certains Espagnols expriment parfois contre ce système qui contraint théoriquement le roi à soumettre au gouvernement jusqu'au moindre de ses discours, les craintes surtout qu'ils manifestent parfois devant « la paralysie croissante de la fonction monarchique » doivent ainsi être prises avec beaucoup de précautions. Elles n'émanent pas toujours des plus sincères amis du roi. Ceux qui, à droite, dénoncent à mots couverts la monarchie ligotée, brimée par le pouvoir politique, menacée même dans son avenir étaient souvent les premiers à accueillir avec bienveillance les pressions qui s'exerçaient il y a cinq ans sur Juan Carlos pour les placer, lui et la démocratie, sous tutelle militaire...

Le roi en est parfaitement conscient et n'accorde à ces inévitables

13. Rejetant totalement l'idée que le président du gouvernement soit tenté de devenir un « chef de l'État bis », Juan Carlos, dans son interview recueillie en janvier 1986 par la revue *Cambio,* reconnaissait cependant qu'il était parfois difficile de délimiter exactement les rôles réciproques qui incombent, dans le domaine international, au roi que la constitution désigne comme « la plus haute représentation de l'État » et au président du gouvernement qui « dirige la politique intérieure et extérieure ». « Ces deux fonctions, disait-il, doivent être complémentaires et se manifester en parfaite harmonie. L'utilisation des relations personnelles du roi combinées avec celles que maintient le pouvoir exécutif constitue la procédure la plus adéquate pour obtenir les meilleurs résultats. »

et sournoises manœuvres du jeu politique que le prix qu'elles méritent. La Couronne, il est vrai, a besoin de son espace propre, et peut-être même, dans la seule pratique des faits, d'un peu plus d'espace vital qu'elle n'en a actuellement. Le prestige international de l'Espagne aurait tout à y gagner et le rôle modérateur du souverain pourrait servir plus efficacement qu'il ne le peut encore – faute souvent de leviers techniques – la cause de sa démocratie. La Maison du roi n'est, de fait, qu'une minuscule administration, à peine un bureau d'études.

Mais la vocation de Juan Carlos est peut-être de demeurer, au plus haut niveau de la responsabilité morale qu'il assume, ce personnage solitaire qui ouvrit à son peuple le chemin des libertés et, qui dans la même solitude, sauva ces libertés.

De tels titres suffiraient amplement à l'éclat de ses dix années de règne si l'on ne devait, depuis le 1er janvier 1986, en ajouter un autre. Ce jour-là l'Espagne devint membre à part entière de la Communauté européenne et nul mieux que le roi ne peut s'enorgueillir d'avoir joué un rôle aussi éminent dans cette consécration. Toute la nation a voulu passionnément ces noces qui abolissent définitivement quarante ans de dictature et, par-delà, un ou deux siècles de retard économique et de relatif isolement politique. Artisan et messager de ces retrouvailles de l'Espagne avec notre commun foyer de culture, le roi en est, plus encore, le symbole, aux yeux de ses compatriotes comme à ceux du monde extérieur. Car si Juan Carlos est bien le cœur de son pays il en est aussi le poumon, et la voix, et le souffle.

Après la liquidation définitive du mythe dévastateur des « deux Espagnes », opération d'assainissement qui fut l'œuvre si brillante de cette décennie démocratique et monarchique, s'ouvre maintenant devant la Couronne et devant la nation un autre pari qu'elles se sont engagées à gagner :

« Nous voici désormais confrontés à une autre grande tâche historique, écrivait récemment Juan Carlos. Moderniser et rénover l'Espagne, abolir la distance qui nous sépare encore des pays les plus avancés du continent, apporter à l'Europe une contribution sans cesse plus élevée en termes de culture, de science, de technique, de valeurs spirituelles et historiques. Tant que nous n'aurons pas atteint ces buts la transition ne sera pas réellement achevée. Le roi ne veut pas davantage manquer ce rendez-vous avec notre destin.

Il s'était juré de devenir le roi de tous les Espagnols; il entend être l'aiguillon qui pousse sur la voie du progrès pour faire de notre Patrie une terre pour tous plus juste et plus heureuse, tout en relevant le défi de notre intégration européenne [14]. »

14. In *Histoire de la transition* et *Cambio 16.* Ce défi est à la mesure des ambitions de l'Espagne. Le produit national brut par habitant (4 200 dollars), s'il a presque doublé en dix ans, demeure inférieur de moitié à la moyenne européenne. L'abaissement rapide des barrières douanières qui protègent encore l'économie nationale imposera de redoutables sacrifices à l'industrie espagnole et réduira sans nul doute l'excédent commercial que l'Espagne dégage actuellement avec la CEE et la France en particulier.

Les Espagnols comptent sur le dynamisme de leurs entreprises, la jeunesse de leur société, la modernisation accélérée de leur économie pour vaincre ces handicaps. « Stabilité sociale et politique, vitalité, pragmatisme, ouverture croissante sur l'extérieur : les conditions paraissent réunies pour que l'Espagne connaisse un second démarrage économique après celui des années soixante » concluait la revue *L'Expansion* en janvier 1986.

BIBLIOGRAPHIE

PRINCIPAUX OUVRAGES CONSULTÉS

PREMIÈRE PARTIE

Hugh Thomas : *La guerre d'Espagne* (Robert Laffont, 1961).
Philippe Nourry : *Francisco Franco : la conquête du pouvoir 1892-1937* (Denoël, 1975).
Ramon Chao : *Après Franco, l'Espagne* (Stock, 1975).
Guy Hermet : *L'Espagne de Franco* (A. Colin, 1974).
Max Gallo : *Histoire de l'Espagne franquiste* (R. Laffont, 1970).
Éd. de Blaye : *Franco ou la monarchie sans roi* (Stock, 1974).

Ouvrages en espagnol

Manuel Tuñon de Lara : *La España del siglo* (1973).
Julian Cortés Cavanillas : *Alfonso XIII* (Éd. Juventud, 1966).
Juan Pablo Fusi : *Franco* (Éd. El Pais, 1985).
Ricardo de la Cierva : *Francisco Franco : un siglo de España* (Editora Nacional, 1974) (52 fascicules).
José Gutierrez Ravé : *El Conde de Barcelona* (1962).
Victor Salmador : *Don Juan de Borbon* (Éd. Planeta, 1976).
José-Maria Gil Robles : *La monarquía por la que yo luché* (Éd. Taurus, 1976).
José-Maria Peman : *Mis almuerzos con gente importante* (Dopesa, 1970).
F. Franco Salgado-Araujo : *Mis conversaciones privadas con Franco* (Éd. Planeta, 1976).
Pedro Sainz Rodriguez : *Testimonios y recuerdos* (Éd. Planeta, 1978).

– *Un reinado en la sombra* (Éd. Planeta, 1981).
Raymond Carr et Juan Pablo Fusi : *España de la dictatura a la democracia* (Éd. Planeta, 1979).
Miguel Maura : *Asi cayó Alfonso XIII* (Éd. Ariel, 1966).
Sergio Vilar : *La oposicíon a la dictadura* (Lib. espagnole, Paris, 1968).
Eugenio Vegas Latapie : *Memorias políticas* (Éd. Planeta, 1983).
Laureano Lopez Rodó : *La larga marcha hacia la Monarquia* (Éd. Noguer, 1978).
Xavier Tusell : *La oposicíon democratica al Franquismo* (Éd. Planeta, 1977).
Juan Antonio Perez Mateos : *Juan Carlos : la infancia desconocida de un Rey* (Éd. Planeta, 1980).
– *El Rey que vino del exilio* (Éd. Planeta, 1981).
Rafael Calvo Serer : *Franco frente al Rey* (Paris, 1972).

SECONDE PARTIE

Historia de la transicíon (Ouvrage publié en 52 fascicules par *Diario 16*, 1974).
Pilar Cernuda, José Oneto, Ramon Pi, Pedro Ramirez : *Todo un Rey* (Éd. EYE, 1981).
José Maria de Areilza : *Memorias exteriores 1947-1964* (Éd. Planeta, 1984).
– *Cronicas de libertad* (Éd. Planeta, 1985).
Ricardo Parrotta : *Las mejores anecdotas del Rey* (Éd. Planeta, 1982).
– *Nuevas anecdotas del Rey* (Éd. Planeta, 1985).
Ramon Borrás Betriu (en coll. avec Carlos Pujol et Marcel Plans) : *El dia en que mataron a Carrero Blanco* (Éd. Planeta, 1974).

TROISIÈME PARTIE

José Maria de Areilza : *Diario de un ministro de la monarquia* (Éd. Planeta, 1977).
– *Cuadernos de la transicion* (Éd. Planeta, 1983).
Paul Morodó : *La transicion politica* (Éd. Tecnos, 1984).
Joaquin Bardavio : *Los silencios del Rey* (Éd. Strips, 1979).
– *Sabado Santo rojo* (Éd. UVE, 1980).
Alfonso Osorio : *Trayectoria de un ministro de la Corona* (Éd. Planeta, 1980).
Alfonso Armada : *Al servicio de la Corona* (Éd. Planeta, 1983).
José Oneto : *La noche de Tejero* (Éd Planeta-Cambio, 1981).
–*Anatomia de un cambio de regimen* (Éd. Plaza & Janes, 1985).
Pilar Urbano : *Con la venía... Yo indagué el 23 F* (Éd. Argos Vergara, 1982).

José Luis de Vilallonga : *Los sables, la corona y la rosa* (Éd. Argos, Vergara, 1984).
Julian Marías : *La España real* (chroniques) (Éd. Espasa Calpe).
Juan Luis Cebrian : *Cronicas de mi pais* (Éd. El Pais, 1985).
Victor Marquez Reviriego : *Felipe González, un estilo ético* (Éd. Argos Vergara, 1982).
Federico Ysart : *Quien hizó el cambio?* (Éd. Argos Vergara, 1984).
Victor Alba : *La soledad del rey* (Planeta, 1981).

JUAN CARLOS
L'ESPAGNE, LE MONDE

1874	*Décembre :* Fin de la République espagnole et restauration de la Monarchie.	*Janvier-février :* en France, l'amendement Wallon ouvre la voie à la constitution de la IIIe République.
1885	*25 novembre :* mort d'Alphonse XII. Début de la régence de Maria-Cristina de Habsbourg, sa veuve.	*22 mai :* mort de Victor Hugo.
1892	*4 décembre :* naissance de Franco au Ferrol. Premières œuvres de Picasso à 12 ans. Alternance au pouvoir des conservateurs (Canovas) et des libéraux (Sagasta).	*Août :* alliance franco-russe.
1898	*25 avril-10 décembre :* guerre entre l'Espagne et les États-Unis. Perte de Cuba, de Porto Rico, des Philippines et de Guam (Traité de Paris.)	*13 janvier :* Émile Zola publie son « J'accuse » (affaire Dreyfus). *18 septembre :* incident de Fachoda entre Français et Anglais. *Novembre :* fondation de l'« Action française ».
1902	*17 mai : couronnement d'Alphonse XIII à 16 ans.*	*30 avril :* première de « Pelléas » de Debussy. *31 mai :* fin de la guerre des Boers.
1906	*31 mai : mariage d'Alphonse XIII et de Victoria Euqenia de Battenberg.*	*7 avril :* Traité d'Algésiras plaçant le Maroc sous protectorat français et espagnol.
1913	*20 juin : naissance, à La Granja, de Don Juan, quatrième enfant d'Alphonse XIII et père de Juan Carlos.*	*17 janvier :* Raymond Poincaré, président de la République française.
1916	*29 juin :* le capitaine Franco gravement blessé pendant la campagne du Maroc.	*Février-novembre :* bataille de Verdun. *21 novembre :* mort de l'empereur François-Joseph.
1923	*Octobre :* le colonel Franco nommé commandant en chef de la Légion étrangère, épouse Carmen Polo à Oviedo. *12 septembre :* dictature du général Primo de Rivera.	*Janvier :* les Français occupent la Ruhr. *Mars :* mort de Sarah Bernhardt. *Décembre :* mort de Maurice Barrès. Faillite de l'économie allemande.

1926	Franco promu général *(février).*	*25 mai :* Abd-el-Krim se rend à la France. Fin de la guerre du Rif. *7 octobre :* l'Italie adopte officiellement le régime fasciste.
1930	*28 janvier :* démission de Primo de Rivera. *12 décembre :* soulèvement républicain de la garnison de Jaca.	*20 mai :* arrestation de Gandhi et émeutes en Inde.

L'EXIL ET LE ROYAUME

1931	*Alphonse XIII quitte l'Espagne (14 avril).* Proclamation de la IIe République. Succès de la gauche aux élections du 28 juin.	Guerre civile en Chine contre le régime de Tchang Kai-Chek. *La famille royale s'installe au « Savoy » de Fontainebleau.* *13 mai :* Paul Doumer, président de la République française.
1933	Fondation de la Phalange par José Antonio Primo de Rivera *(29 octobre).* Victoire de la droite aux élections législatives du 19 novembre.	*30 janvier :* Hitler devient chancelier du Reich. *Juin : après renonciation de ses deux frères aînés à leurs droits dynastiques, Don Juan, officier de la Royal Navy, devient prince des Asturies.*
1934	Franco chargé de réprimer la révolte des Asturies *(octobre).*	*6 février :* émeutes sanglantes à Paris. *25 juillet :* assassinat à Vienne du chancelier Dollfuss. *12 août : mort accidentelle en Autriche de l'Infant Gonzalo, dernier fils d'Alphonse XIII.* *29 octobre :* « Longue Marche » de Mao Tsé-Toung.
1935	*13 mai :* Franco nommé chef d'état-major de l'Armée.	*3 octobre :* l'Italie envahit l'Éthiopie. *12 octobre : mariage à Rome de Don Juan et de Maria Mercedes de Bourbon-Orléans, mère de Juan Carlos.*
1936	*16 février :* victoire de la gauche aux élections législatives. Second gouvernement de Manuel Azaña. *13 juillet :* assassinat de Calvo Sotelo à Madrid. Soulèvement des généraux Mola et Franco. *18 juillet :* début de la guerre civile. *1er octobre :* Franco chef de l'État et généralissime.	*26 avril :* victoire du Front populaire en France. *Juillet : naissance à Cannes de l'Infante Pilar, sœur aînée de Juan Carlos.* *Décembre :* mort de Miguel de Unamuno.

	Octobre-décembre : bataille de Madrid.	
1938	*Janvier :* Bataille de Teruel. *Juillet :* Bataille de l'Èbre. *Décembre :* offensive nationaliste en Catalogne.	*5 janvier : naissance à Rome de Juan Carlos.* *30 septembre :* accords de Munich suivis de l'annexion des Sudètes par Hitler.
1939	*1ᵉʳ avril :* fin de la Guerre civile.	*15 mars :* Hitler entre à Prague. *23 août :* pacte germano-soviétique. *1ᵉʳ septembre :* début de la Deuxième Guerre mondiale.
1940	*23 octobre :* entrevue Hitler-Franco à Hendaye.	*15 mai :* Hitler envahit la France. *10 juin :* l'Italie entre en guerre. *22 juin :* Armistice entre la France et l'Allemagne. *22 août :* assassinat de Trotsky à Mexico. *24 octobre :* entrevue Hitler-Pétain à Montoire.
1941	*12 février :* Franco pressé par Hitler d'entrer en guerre contre l'Angleterre, rencontre Mussolini à Bordighera, puis Pétain à Montpellier. *Juillet :* envoi sur le front russe de la « Division Azul ». *18 décembre :* Franco réaffirme sa politique de non belligérance.	*15 janvier : Alphonse XIII abdique en faveur de Don Juan.* *28 février : mort d'Alphonse XIII au « Grand Hôtel » de Rome.* *22 juin :* Hitler envahit l'URSS. *7 décembre :* Pearl Harbour. Les États-Unis en guerre.
1942	*12 mai :* lettre de Franco à Don Juan lui exposant ses vues sur la monarchie. *3 septembre :* Franco remplace Serrano Suñer par le comte Jordana, pro-allié, aux Affaires étrangères.	*Début mars : Don Juan et sa famille s'installent à Lausanne où vit la reine Victoria Eugenia.* *8 novembre :* Débarquement allié en Afrique du Nord.
1943	*Mars-juin :* échanges de lettres entre Franco et Don Juan sur l'avenir de l'Espagne. Offensives politiques des monarchistes pour une restauration *décembre :* la « Division Azul » rapatriée du front russe.	*2-6 février :* défaite allemande de Stalingrad. *10 juillet :* Débarquement allié en Sicile. *2 août :* après la chute de Mussolini, Don Juan adresse à Franco un *télégramme l'invitant à rétablir au plus vite la monarchie.*
1945		*4-11 février :* Conférence de Yalta *19 mars : Don Juan publie son « Manifeste de Lausanne », réclamant le départ de Franco.*

	2 août : le régime franquiste condamné à la Conférence de Potsdam.	*11 avril :* mort de F.D. Roosevelt *8 mai :* capitulation de l'Allemagne nazie. *14 août :* capitulation du Japon.
1946	*9 février :* l'ONU, à Londres, ratifie la résolution de Potsdam contre Franco. 1er-4 mars : fermeture de la frontière franco-espagnole. Déclaration franco-anglo-américaine contre le régime franquiste. *13 décembre :* l'ONU recommande le retrait des ambassadeurs à Madrid.	*23 janvier :* De Gaulle quitte le gouvernement. *2 février : Don Juan et sa famille s'installent à Estoril au Portugal. Juan Carlos pensionnaire à Fribourg (Suisse).* *26 février : signature des « Bases d'Estoril » entre Don Juan et les Carlistes.* *1er octobre :* verdict de Nuremberg.
1947	*31 mars :* Franco annonce aux Espagnols la « Loi de succession » faisant de l'Espagne une monarchie sans roi. *9 mai :* voyage officiel en Espagne d'Eva Perón.	*7 avril : Don Juan publie, en réponse à cette loi, son « Manifeste d'Estoril ».* *Août : négociations entre Gil Robles et Indalecio Prieto.* *15 août :* indépendance de l'Inde.
1948	*8 novembre : Juan Carlos âgé de 10 ans commence ses études en Espagne au collège de « Las Jarillas ».*	*10 février :* la France rouvre sa frontière avec l'Espagne. *25 février :* coup de force communiste à Prague. *25 août : entrevue Don Juan-Franco à bord du yacht « Azor » au large de Saint Sébastien.* *1er septembre : Pacte de San Sebastian entre monarchistes et socialistes espagnols.*
1949	*18 mai :* Franco fait l'éloge de la monarchie élective.	*Septembre :* Juan Carlos entreprend une année scolaire au Portugal.
1950	*Août :* crédits américains accordés à l'Espagne. *4 novembre :* l'ONU abroge sa résolution de 1946 contre le régime franquiste.	*14 avril :* début de la campagne du sénateur Mc Carthy. *25 juin :* début de la guerre de Corée. *Octobre : Juan Carlos renvoyé en Espagne pour poursuivre ses études à Saint Sébastien, au collège de Miramar.*
1953	*27 août :* l'Espagne signe un concordat avec le Saint-Siège. *26 septembre :* Accords militaires entre les États-Unis et l'Espagne. Concession de bases aériennes et navales.	*5 mars :* mort de Staline. *2 juin :* Élisabeth II couronnée à Londres. *27 juillet :* armistice en Corée. *19 août :* destitution du sultan du Maroc Mohammed V.

		23 décembre : René Coty, président de la République française.
1954	*22 juin : Juan Carlos passe son baccalauréat à Madrid avec mention « bien ».* *Croisière de l'Agamemnon.* *29 décembre : entrevue Don Juan/Franco en Extremadure à Las Cabezas.*	*7 mai :* chute de Dien-Bien-Phu. *18 juin :* Pierre Mendès France, Président du Conseil en France. *30 août :* échec de la CED. *1er novembre :* début de la guerre d'Algérie.
1955	*18 octobre :* mort du philosophe José Ortega y Gasset. *15 décembre :* l'Espagne admise aux Nations-Unies. *Le prince Juan Carlos prête serment au drapeau lors de son entrée à l'Académie militaire de Saragosse.*	*18 avril :* mort d'Albert Einstein. *16 novembre :* retour de Mohammed V au Maroc.
1956	*29 mars : mort accidentelle à Estoril de l'Infant Alfonso frère cadet de Juan Carlos.*	*25 février :* XXe Congrès du PC d'URSS Staline désavoué. *Mars :* indépendances du Maroc et de la Tunisie. *Novembre :* les chars russes écrasent la révolte de Budapest. L'ONU bloque les opérations franco-britanniques à Suez.
1957	*26 février :* Franco fait entrer au gouvernement les technocrates de l'Opus Dei.	*24 mars :* Traité de Rome portant création du Marché commun européen. *Juin :* Don Juan tente de se rapprocher de Franco après avoir conclu un nouvel accord avec les Carlistes.
1959	*22 juillet :* mise en œuvre du plan de stabilisation économique. *12 décembre : Juan Carlos reçoit ses brevets militaires dans les trois armes.*	*1er janvier :* Fidel Castro triomphe à Cuba.
1960	*29 mars : seconde entrevue à Las Cabezas entre Franco et Don Juan.* *Juan Carlos commence ses études universitaires à Madrid.*	*26 janvier :* Journée des Barricades à Alger. *1er juillet :* indépendance du Congo belge et guerre civile. *Août :* jeux Olympiques de Rome. *9 novembre :* J.F. Kennedy, président des États-Unis. *15 décembre :* Fabiola, reine des Belges.

1962	*9 février :* l'Espagne demande l'ouverture de négociations avec le Marché commun. *Juillet : Juan Carlos et Sophie s'installent au Palais de la Zarzuela.*	*9 avril :* De Gaulle gagne le référendum sur le destin de l'Algérie. *14 mai : Juan Carlos épouse à Athènes Sophie de Grèce.* *5-6 juin :* Congrès européen de Munich. *11 octobre :* Ouverture de « Vatican II ». *22-28 octobre :* crise des missiles soviétiques de Cuba.
1963	*20 avril :* exécution à Madrid du dirigeant communiste Julian Grimau. *20 décembre : Naissance de l'Infante Elena, pemier enfant de Juan Carlos et de Sophie.* *28 décembre :* lancement du 1er plan de développement économique et social de 4 ans.	*3 juin :* mort du pape Jean XXIII. *22 novembre :* assassinat de J.F. Kennedy.
1965	*13 juin : naissance de l'Infante Cristina.* *7 juillet :* Lopez Rodó, ministre.	*24 janvier :* mort de W. Churchill. *Février :* intensification de l'engagement américain au Vietnam. *29 avril :* crise de Saint-Domingue. *19 décembre :* De Gaulle élu président au suffrage universel pour son second septennat.
1966	*14 décembre :* approbation par référendum de la loi organique de l'État	*21 août :* début de la « Révolution culturelle » en Chine.
1967	*21 septembre :* l'amiral Carrero Blanco nommé vice-président du gouvernement.	*5 juin :* guerre des Six Jours dans le Sinaï. *14 décembre :* le roi Constantin de Grèce, frère de Sophie, condamné à l'exil par la Junte militaire après 3 ans de règne.
1968	*5 janvier : Juan Carlos atteint sa majorité constitutionnelle : 30 ans.* *30 janvier : naissance de l'Infant Felipe, futur prince des Asturies.* *8 février : retour à Madrid de la reine Victoria Eugenia, veuve d'Alphonse XIII, pour le baptême de son petit-fils.* *20 décembre :* expulsion de la famille de Bourbon-Parme.	*4 avril :* assassinat de Martin Luther King à Memphis. *6 mai :* début des « événements de Mai » à Paris. *20 août :* le « Printemps de Prague » écrasé par les chars soviétiques.
1969	*7 janvier : importante interview de Juan Carlos sur le problème successoral.* *24 janvier :* état d'exception sur	*28 avril :* démission de De Gaulle. *21 juillet :* les cosmonautes américains Armstrong et Aldrin se posent sur la lune.

l'ensemble du territoire espagnol.
22 juillet : Juan Carlos désigné comme successeur de Franco. Il prête serment le lendemain devant les Cortes et prend le titre de prince d'Espagne.

Don Juan d'Estoril écarte toute responsabilité dans la désignation de son fils, mais annonce la dissolution de son Conseil privé.

LE PRINCE D'ESPAGNE

1970 *6 juin :* Franco reçoit de Gaulle au Pardo.
29 juin : accord commercial entre l'Espagne et la CEE.
Octobre : visite de Nixon à Madrid.
30 décembre : Franco commue les six peines de mort des condamnés du procès de Burgos.

9 novembre : mort de De Gaulle.

1972 *8 mars : mariage de la petite fille de Franco avec Alfonso de Bourbon, cousin germain de Juan Carlos.*

11 septembre : jeux Olympiques de Munich.
7 novembre : Nixon réélu.

1973 *8 juin :* l'amiral Carrero Blanco nommé chef du gouvernement.
20 décembre : assassinat de Carrero Blanco. Arias Navarro est désigné chef du gouvernement le 29 décembre.

8 avril : mort de Pablo Picasso.
11 septembre : coup d'État au Chili. Assassinat du président Allende.

1974 *12 février :* Arias Navarro annonce un programme de « libéralisation ».
19 juillet : Franco, hospitalisé depuis 10 jours pour une phlébite, transmet ses pouvoirs à Juan Carlos, puis les reprend le 2 septembre.
13 septembre : attentat meurtrier de la « Cafétéria Rolando » à Madrid par l'ETA.

2 avril : mort de Georges Pompidou.
25 avril : « Révolution des œillets » au Portugal.
19 mai : Valéry Giscard d'Estaing élu président de la République en France.
Juillet : Fondation d'une « Junte démocratique » espagnole à Paris.
Octobre : Congrès du PSOE à Suresnes.

1975 *4 mars :* crise au sein du gouvernement Arias Navarro. Démissions en chaîne.
27 septembre : 5 condamnés à mort de l'ETA et du FRAP fusillés à Madrid, Burgos et Barcelone. 15 pays rappellent leurs ambassadeurs à Madrid.
1er octobre : manifestation de soutien au Caudillo sur la place d'Orient. Dernière apparition en public de Franco.

5 avril : mort de Tchang Kai-Chek.
30 avril : Saigon tombe aux mains du Viet-cong.
6 septembre : début de la guerre civile au Liban.

22 octobre : premier communiqué médical alarmant sur la santé de Franco.
30 octobre : Juan Carlos de nouveau investi des pouvoirs de chef de l'État par interim.
2 novembre : Juan Carlos se rend à El Aïun pour soutenir le moral des troupes.
3 novembre : Franco opéré au Pardo.
7 novembre : Franco hospitalisé et opéré pour la 2e fois.
20 novembre : mort de Franco.
22 novembre : Juan Carlos prête serment devant les Cortes et devient roi d'Espagne.
23 novembre : obsèques de Franco.
27 novembre : cérémonie d'investiture de Juan Carlos en présence de délégations du monde entier.
2 décembre : Torcuato Fernández Miranda, président des Cortes.
13 décembre : Arias Navarro reconduit forme son nouveau gouvernement.

1er novembre : le roi du Maroc déclenche la « Marche verte » sur le Sahara espagnol.
14 novembre : accord entre les négociateurs espagnols, marocains et mauritaniens sur le Sahara.
10 décembre : Sakharov prix Nobel de la Paix.

LE ROI

1976 *Janvier :* grèves générales dans toute l'Espagne.
3 mars : incidents de Vitoria.
26 mars : fusion de la « Junte démocratique » et de la « Plate-forme de convergence », les deux formations d'opposition de gauche.
9 mai : incidents de Montejurra entre Carlistes rivaux.
2 juin : le roi et la reine en visite officielle aux États-Unis. Discours devant le Congrès américain.
1er juillet : démission forcée d'Arias Navarro suivie de la désignation par le roi d'Adolfo Suárez.
30 juillet : première amnistie politique.
16-18 novembre : les Cortes du régime franquiste votent la réforme politique et leur propre dissolution.
5-8 décembre : 1er congrès du PSOE réuni en Espagne depuis 1932.
15 décembre : référendum sur la réforme politique.

1er août : jeux Olympiques de Montréal.
26 août : en France, R. Barre succède comme Premier ministre à J. Chirac, démissionnaire.
9 septembre : mort de Mao Tsé-Toung.
2 novembre : Jimmy Carter, 39e président des États-Unis.
Mort d'André Malraux.

1977	*24 janvier :* massacre de cinq avocats communistes à Madrid et autres attentats meurtriers. *2-3 mars :* sommet euro-communiste à Madrid. *9 avril :* légalisation du Parti communiste espagnol. *29 avril :* légalisation des centrales syndicales. *14 mai : Don Juan renonce à ses droits dynastiques* au cours d'une cérémonie familiale à la Zarzuela. *15 juin :* premières élections libres et démocratiques. *23 octobre :* rétablissement de la Généralité de Catalogne et retour à Barcelone de J. Tarradellas. *27 octobre :* pactes de la Moncloa.	*27 mars :* catastrophe aérienne de Teneriffe : 575 morts. *16 septembre :* mort de Maria Callas. *19 novembre :* Sadate s'adresse à la Knesset à Jérusalem. *25 décembre :* mort de Charlie Chaplin.
1978	*17 novembre :* voyage officiel du roi en Amérique latine (Mexique, Pérou, Argentine). *27 décembre :* promulgation par le roi de la constitution après le référendum du 6 décembre.	*9 mai :* assassinat d'Aldo Moro. *6 août :* mort de Paul VI. *17 septembre :* sommet de Camp David. *22 octobre :* Jean-Paul II élu pape.
1979	*1er mars :* élections législatives remportées par l'Union centriste d'Adolfo Suárez. *29 juillet :* campagne terroriste de l'ETA. Graves attentats à Madrid. *29 septembre :* Felipe González reprend le contrôle du PSOE après en avoir relativisé la définition marxiste. *25 octobre :* référendum sur le statut basque en Euzkadi largement approuvé.	*22 janvier :* le Shah quitte l'Iran. *5 mai :* Margaret Thatcher, Premier ministre de Grande-Bretagne. *17 juillet :* Somoza renversé par les sandinistes au Nicaragua. *26 décembre :* L'URSS envahit l'Afghanistan.
1981	*29 janvier :* Adolfo Suárez démissionne de la présidence du gouvernement et de celle de son parti. *4 février :* visite officielle du roi et de la reine au Pays basque. Incident de Guernika. *6 février :* mort à Madrid de la reine Frédérika de Grèce.	*20 janvier :* Téhéran libère les otages américains.

	23 février : assaut et prise des Cortes par le lieutenant-colonel Tejero. Occupation de Valence par les troupes du général Milans del Bosch. *24 février :* message du roi à la nation. Reddition des rebelles. Libération des otages. Avertissement du roi à la classe politique. *25 février :* L. Calvo Sotelo investi président du gouvernement. *27 février :* grandiose manifestation à Madrid. *23 mai :* prise d'otages à Barcelone et attentat manqué contre le roi.	*10 mai :* François Mitterrand élu président de la République française. *6 octobre :* assassinat de Sadate.
1982	*19 février-3 juin :* procès des auteurs de la rébellion militaire du 23 février. Milans, Armada et Tejero condamnés à 30 ans de prison. *5 juin :* adhésion de l'Espagne à l'OTAN. *13 juin :* coupe du monde de football en Espagne. *Septembre :* l'ETA « politico-militaire » décide de déposer les armes. *28 octobre :* les élections législatives consacrent la déroute de l'UCD et donnent la majorité absolue du Congrès au PSOE. Felipe González président du gouvernement.	*2 avril-14 juin :* guerre des Malouines. *6 juin :* Israël envahit le Liban. *14 septembre :* mort de Grace de Monaco. *1er octobre :* Helmut Kohl, chancelier de la République fédérale allemande. *18 octobre :* mort de Pierre Mendès France. *12 novembre :* mort de Brejnev.
1984	*11 janvier :* réorganisation des Forces armées et de l'état-major. *10 mai :* visite officielle du roi en Union soviétique.	*9 février :* mort d'Andropov. *31 octobre :* assassinat de Indira Gandhi.
1985	*12 juin :* l'Espagne signe le traité d'adhésion à la CEE. Remaniement ministériel. Fernando Morán cède les Affaires étrangères à Fernandez Ordoñez. Miguel Boyer, ministre de l'Économie quitte le gouvernement, remplacé par Carlos Solchaga. *8-10 juillet :* voyage officiel du roi et de la reine en France. *11 octobre : le prince des Asturies, 17 ans, prête serment* au drapeau lors	*18 mars :* Gorbatchev nouveau maître de l'URSS. *8 août :* la France secouée par l'« Affaire Greenpeace ». *21 septembre :* tremblement de terre de Mexico.

de son entrée à l'académie militaire de Saragosse.

13 novembre : éruption volcanique en Colombie, à Armero : 20 000 morts.
21 novembre : sommet Gorbatchev-Reagan.

1986 *1er janvier :* entrée officielle de l'Espagne dans la CEE.
30 janvier : le prince des Asturies prête serment à la constitution pour sa majorité légale (18 ans).
12 mars : succès du référendum sur le maintien de l'Espagne dans l'OTAN.

16 mars : élections législatives en France, renversement de majorité.

INDEX
des principaux noms cités

Dans le souci de ne pas alourdir cet index, nous avons volontairement omis d'y faire figurer les noms trop souvent cités de : Juan Carlos, Franco et Don Juan, comte de Barcelone.

Les Bourbons

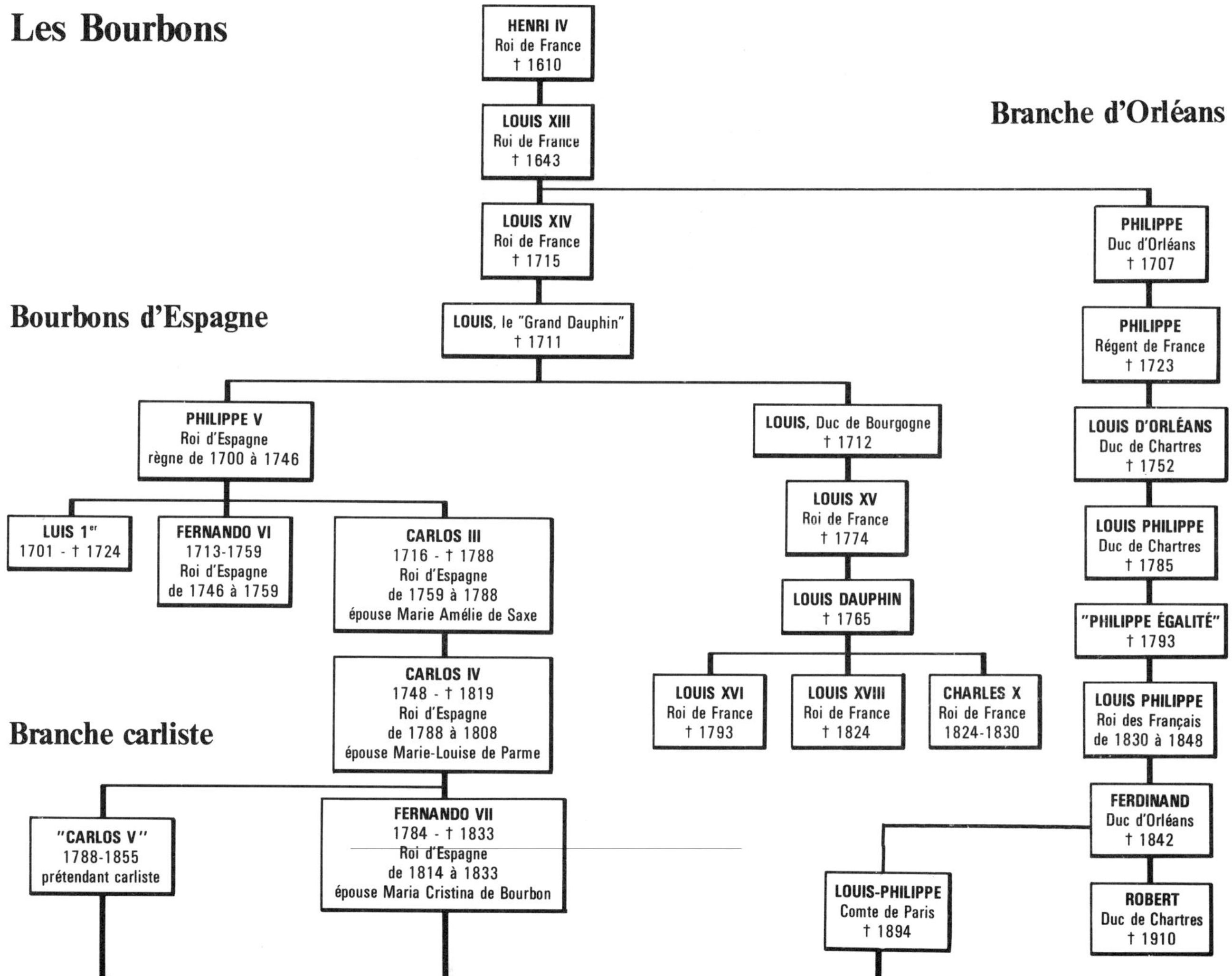

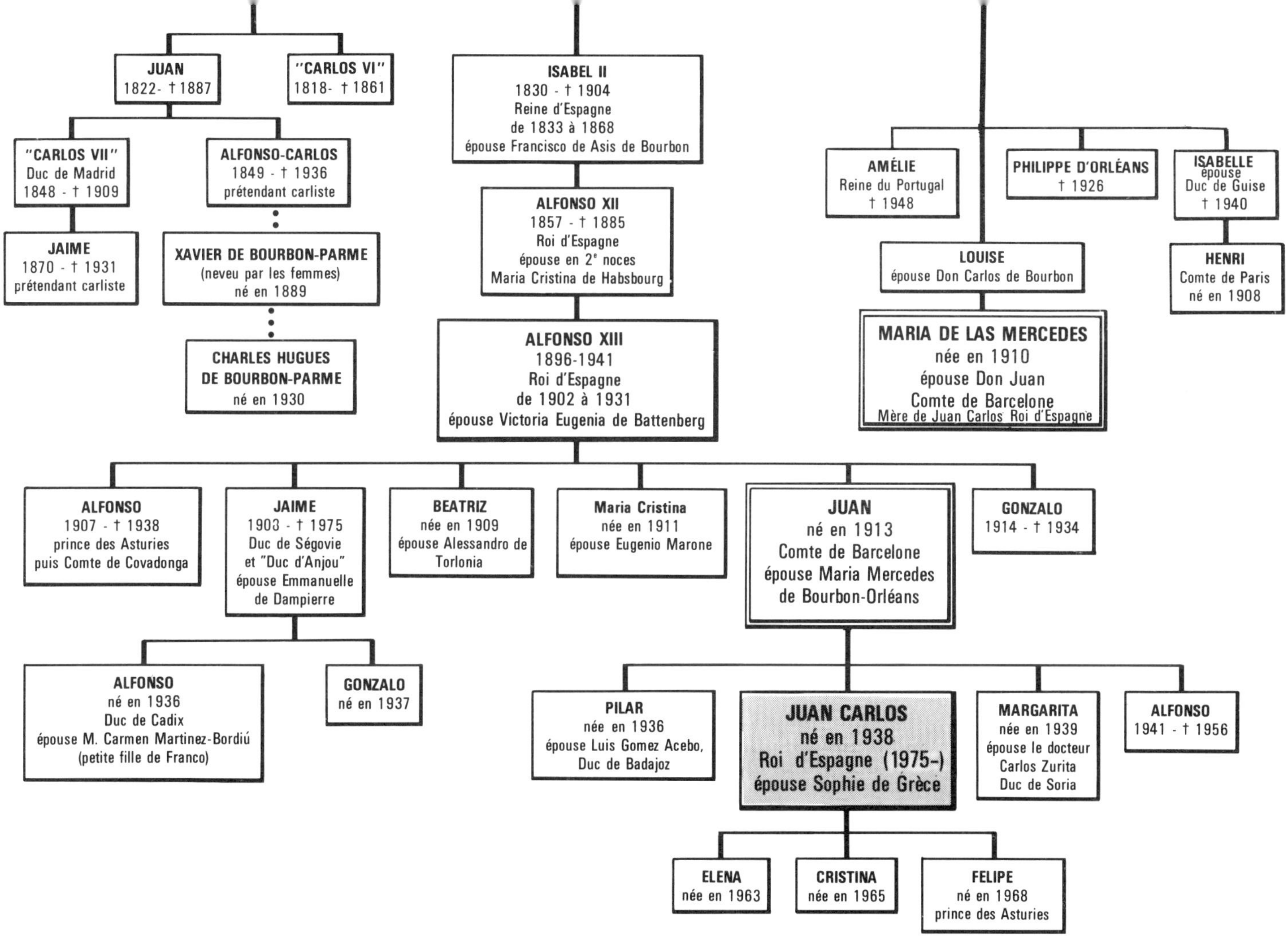
JUAN 1822- † 1887
"CARLOS VI" 1818- † 1861
"CARLOS VII" Duc de Madrid 1848 - † 1909
ALFONSO-CARLOS 1849 - † 1936 prétendant carliste
JAIME 1870 - † 1931 prétendant carliste
XAVIER DE BOURBON-PARME (neveu par les femmes) né en 1889
CHARLES HUGUES DE BOURBON-PARME né en 1930
ISABEL II 1830 - † 1904 Reine d'Espagne de 1833 à 1868 épouse Francisco de Asis de Bourbon
ALFONSO XII 1857 - † 1885 Roi d'Espagne épouse en 2e noces Maria Cristina de Habsbourg
ALFONSO XIII 1896-1941 Roi d'Espagne de 1902 à 1931 épouse Victoria Eugenia de Battenberg
AMÉLIE Reine du Portugal † 1948
PHILIPPE D'ORLÉANS † 1926
ISABELLE épouse Duc de Guise † 1940
LOUISE épouse Don Carlos de Bourbon
HENRI Comte de Paris né en 1908
MARIA DE LAS MERCEDES née en 1910 épouse Don Juan Comte de Barcelone Mère de Juan Carlos Roi d'Espagne
ALFONSO 1907 - † 1938 prince des Asturies puis Comte de Covadonga
JAIME 1903 - † 1975 Duc de Ségovie et "Duc d'Anjou" épouse Emmanuelle de Dampierre
BEATRIZ née en 1909 épouse Alessandro de Torlonia
Maria Cristina née en 1911 épouse Eugenio Marone
JUAN né en 1913 Comte de Barcelone épouse Maria Mercedes de Bourbon-Orléans
GONZALO 1914 - † 1934
ALFONSO né en 1936 Duc de Cadix épouse M. Carmen Martinez-Bordiú (petite fille de Franco)
GONZALO né en 1937
PILAR née en 1936 épouse Luis Gomez Acebo, Duc de Badajoz
JUAN CARLOS né en 1938 Roi d'Espagne (1975-) épouse Sophie de Grèce
MARGARITA née en 1939 épouse le docteur Carlos Zurita Duc de Soria
ALFONSO 1941 - † 1956
ELENA née en 1963
CRISTINA née en 1965
FELIPE né en 1968 prince des Asturies

TABLE DES MATIÈRES

Cet ouvrage
a été composé
et achevé d'imprimer
en août 1986
par l'Imprimerie Floch
53100 – Mayenne

Dépôt légal : août 1986.
N° d'imprimeur : 24567.
Imprimé en France.